山東師範大學中國語言文學山東省一流學科資助出版

殷墟王卜辭龜腹甲文例研究

何會 ◎ 著

中國社會科學出版社

圖書在版編目(CIP)數據

殷墟王卜辭龜腹甲文例研究/何會著.—北京：中國社會科學出版社，2020.8
ISBN 978-7-5203-7164-3

Ⅰ.①殷… Ⅱ.①何… Ⅲ.①甲骨文—研究 Ⅳ.①K877.14

中國版本圖書館 CIP 數據核字(2020)第 169037 號

出 版 人	趙劍英
責任編輯	郭　鵬
責任校對	劉　俊
責任印制	李寡寡

出　　版	中國社會科學出版社
社　　址	北京鼓樓西大街甲 158 號
郵　　編	100720
網　　址	http://www.csspw.cn
發 行 部	010-84083685
門 市 部	010-84029450
經　　銷	新華書店及其他書店
印　　刷	北京明恒達印務有限公司
裝　　訂	廊坊市廣陽區廣增裝訂廠
版　　次	2020 年 8 月第 1 版
印　　次	2020 年 8 月第 1 次印刷
開　　本	710×1000　1/16
印　　張	27
字　　數	386 千字
定　　價	158.00 元

凡購買中國社會科學出版社圖書，如有質量問題請與本社營銷中心聯繫調換
電話:010-84083683
版權所有　侵權必究

序

　　山東師範大學文學院何會博士所著《殷墟王卜辭龜腹甲文例研究》一書，是一部在甲骨文例研究領域頗有價值的學術著作。她告訴我，該書即將在中國社會科學出版社印行，要我寫幾句話作序，我欣然應命。

　　《尚書·多士》記載"惟殷先人有典有冊。"據學者研究，種種證據表明，《尚書》的記載是可靠的，殷人的書寫材料主要不是甲骨而是竹木簡牘。我們今天所看到的商代文字，之所以只有甲骨文和金文，這是因為其書寫材質是堅硬的龜甲獸骨和青銅器，才得以留存至今。而竹木簡牘，容易腐爛，所以今天看不到商代簡牘的蹤影。

　　殷墟出土的有字甲骨絕大多數是卜辭，即占卜之辭。卜辭之外還出土有少量的"非卜辭"，即與占卜無關之辭，又叫"記事刻辭"。說到記事刻辭，可以舉兩個例子來談一談。第一個例子是小臣牆刻辭骨牘（《甲骨文合集》36481）。小臣牆刻辭骨牘呈長方形，推測其原先的長度有17釐米，與商代一尺的長度差不多，應是模仿商代的木牘而製作的，所以稱為骨牘。骨牘文例是"下行而左"刻寫的，跟簡牘是一樣的。第二個例子是大司空村刻辭胛骨（《考古》2018年3期）。其上刻有一道一道豎的格子，這應該是受了簡冊的影響。由此可知，甲骨記事刻辭的文例十分簡單，跟簡牘是一樣的，都是"下行而左"刻寫的，不需要做專門的研究。那末，甲骨"卜辭"的文例十分複雜，研究難度很大，這是什麼原因造成的呢？我想，應該是跟甲骨形態學和甲骨占卜學有密切的關係。有關甲骨形態學，我過去寫過一篇小文《甲骨形態學》（《甲骨拼合集》，學苑出版社 2010 年），有興趣的讀者可以參看，在此不再贅述。這裡主要談談甲骨占卜學。

殷墟出土的有字甲骨主要是殷代占卜的遺物。殷人迷信，遇到疑難的事情一定要求神問卦，甲骨文絕大多數是占卜時所刻之辭，要通讀卜辭，必須要先瞭解甲骨占卜學，其核心是"守兆"。何會博士《殷墟王卜辭龜腹甲文例研究》（第 146—149 頁）在前人研究的基礎上指出，占卜的第一要務，即在求兆。兆即卜兆，指在龜甲和獸骨背面上經過灼炙之後，在其正面出現的裂紋（兆象）。殷王和貴族便是通過觀察甲骨上的裂紋來預測吉凶禍福的。李學勤先生在《西周甲骨的幾點研究》（《文物》1981 年 9 期）一文中說："商周甲骨上的刻辭都是守兆的，也就是說總是和一定的兆聯繫的。有些西周甲骨字刻得小如粟米，便是為了把辭局限在相關的兆旁邊，不與其他的兆相混。殷墟甲骨大都有兆序，在兆側刻上'一、二、三、四……'等數字，容易看出兆與兆和兆與卜辭間的聯繫，所以卜辭可以刻得大一些。同時，殷墟甲骨上面常有勾勒的界線，把無關的兆或辭分割開。"何會博士認為，甲骨文例"都體現了守兆的原則"。這是十分正確的。她在書中舉了很多"守兆"的精彩例子，限於篇幅，我從眾多的例子中選取一個例子來談一談。

何會博士《殷墟王卜辭龜腹甲文例研究》（分別見第 55—56 頁、第 166 頁）指出，《甲骨文合集》14 是一版比較完整的龜腹甲，其正面左側的序數自上而下，依次為"一二三四五"，然正面右側序數若也依自上而下的順序來看，則會出現"一二一三四"這樣的序數，讓人產生混亂之感。但實際上只要我們稍微用心觀察就會發現，右側的序數也是很有秩序地排列的，他們分別隸屬於不同的卜辭：

貞：乎（呼）雷耤于名。一二三四
庚申卜，古貞：勿華改（殺）于南庚窜，用。一

  丙戌卜，賓貞：令眾黍，其受㞢〔年〕。一二三四五

  可見，右側的序數"一二三四"隸屬於"貞：呼雷耤于名"，而"一"則是隸屬於"庚申卜，古貞：勿𢀛南庚宰，用"一辭的。這版龜腹甲背面的占辭同與它相關的刻於正面的卜辭，在刻寫部位上是相應的：

  王占曰："吉，受〔㞢〕年。"
  王占曰："吉。"

  "王占曰：吉，受〔㞢〕年"刻寫在背面千里路附近。"王占曰：吉"刻寫在背面左甲橋下端，與其相關卜辭"庚申卜古貞：勿𢀛故（殺）于南庚宰，用"也刻在正面的相應部位。甲骨卜辭的文例之所以複雜，我認為"守兆"是其主要緣故之一。

  甲骨文例，是甲骨學中一項重要的研究課題。通曉甲骨文例，不僅有助於補足殘辭、通讀卜辭、考釋文字、綴合殘片，而且對解讀商代的占卜制度、祭祀禮儀、宗教思想等問題也大有裨益，非常值得研究。本書全面探討以龜腹甲為刻寫載體的各類組王卜辭的行款走向、版面佈局、占卜次第、首刻卜辭等諸特徵，系統地描繪出不同類組王卜辭龜腹甲文例間的差異及其演變趨向，並總結了文例研究的意義與價值，多有創獲。最後，何會博士結合實踐經驗重點討論了甲骨文例研究的作用，尤其是在綴合甲骨和校勘釋文這兩個方面。她利用龜腹甲文例的規律，推知殘辭內容，對龜腹甲綴合有提示作用，從而綴合龜腹甲57則（詳附錄二：龜腹甲新綴五十七則）。這是材料的創新，原先斷片殘辭，不可卒讀，經過綴合，成為珍貴的史料。她又利用龜腹甲文例校勘糾正一批在釋讀方面存在訛誤的卜辭，為甲骨文的研究提供了可靠的新資料。

  本書受時間與精力所限，主要對殷墟王卜辭的龜腹甲文例作了全面的整理與研究，不但吸收學術界的最新成果，還有自己的創

見。希望將來得暇，繼續對"非王卜辭"和龜背甲的文例作全面的整理與研究。

黃天樹

2020 年 8 月 17 日

於清華大學寓所

凡　例

1. 本書引用甲骨卜辭時，釋文多採用寬式，如讀為"貞"的"鼎"直接寫作"貞"，讀為"在"的"才"直接寫作"在"，讀為"婦"的"帚"直接寫作"婦"等。有些尚存爭議的字，儘量隸定或採用一家之說，如：將"㱿"釋為"殻"。

2. 釋文中，□表示缺一字，☑表示所缺字數不詳，〔　〕中之字表示是據文例擬補的。異體字、通假字等一般隨文注明，用來注釋的字外加（　）號。

3. 本書引用卜辭時，命辭末尾一律標句號。

4. 本書對殷墟甲骨卜辭不同類組的名稱，採用黃天樹《殷墟王卜辭的分類與斷代》一書所命名稱。為行文簡潔，必要時會在引用卜辭後標明類別，類名則用簡稱。如：〔賓一〕指賓組一類。

5. 本書所用甲骨資料，主要是《甲骨文合集》等。但《合集》出版過程中，受當時條件所限，其中很多拓本是翻印的，特別是《合集》所收錄的殷墟第十三次發掘的甲骨拓本，大都不及新版《乙編》清晰。因此，為便於參互比勘，必要時本文會不憚繁瑣，詳為注明。例如：《合集》13759 反 =《乙編》5302，表示《合集》的 13759 片反面又見於《殷虛文字乙編》的第 5302 片。引用甲骨著錄書一般用簡稱，見後所附《引書簡稱》。

6. 本書引用的綴合用"＋"表示，多參照蔡哲茂《甲骨綴合集》《甲骨綴合續集》，黃天樹《甲骨拼合集》《甲骨拼合續集》《甲骨拼合三集》《甲骨拼合四集》。舊有綴合成果凡見於這些書中者，一般僅標明綴合者，不一一注明來源；較新的綴合則注明其來源；凡一版有綴合，又有加綴時，則全部標出，多僅注明最新綴合來源。引用綴合成果截至 2013 年 12 月 31 日。

  7. 書中所引甲骨拓本，因版式關係，並非原大，且縮放比例也不統一，僅為便於說明文例特徵。

引書簡稱

一　甲骨金文資料著錄書

《北大》　　《北京大學珍藏甲骨文字》
《丙編》　　《殷虛文字丙編》
《國博》　　《中國國家博物館館藏文物研究叢書》（甲骨卷）
《合補》　　《甲骨文合集補編》
《合集》　　《甲骨文合集》
《花東》　　《殷墟花園莊東地甲骨》
《輯佚》　　《殷墟甲骨輯佚——安陽民間藏甲骨》
《甲編》　　《殷虛文字甲編》
《美藏》　　《美國所藏甲骨錄》
《屯南》　　《小屯南地甲骨》
《乙編》　　《殷虛文字乙編》
《乙補》　　《殷虛文字乙編補遺》
《遺珠》　　《殷契遺珠》
《英藏》　　《英國所藏甲骨集》

附錄中的簡稱參看黃天樹主編《甲骨拼合續集》607－611頁"本書引用甲骨著錄簡表"

二　工具書及研究論著

《合集釋文》　　《甲骨文合集釋文》

殷墟王卜辭龜腹甲文例研究

《校訂》　　　　《殷墟甲骨刻辭摹釋總集校訂》
《類纂》　　　　《殷墟甲骨刻辭類纂》
《摹釋總集》　　《殷墟甲骨刻辭摹釋總集》
《醉古集》　　　《醉古集——甲骨的綴合與研究》
《綜覽》　　　　《甲骨文字字釋綜覽》

目　　錄

緒　論 ………………………………………………………（1）
　　壹　文例的界定及分類 …………………………………（1）
　　貳　甲骨文例研究成果概述 ……………………………（3）
　　叁　本書的研究對象和方法 ……………………………（14）

第一章　龜腹甲形態及部位辨識 ………………………（23）
　　第一節　龜腹甲的構造及形態 …………………………（23）
　　第二節　材質及部位辨識的方法 ………………………（27）

第二章　殷墟王卜辭龜腹甲文例特點（上） …………（34）
　　第一節　賓組一類卜辭的文例 …………………………（34）
　　　　壹　行款走向及版面佈局特徵 ……………………（34）
　　　　貳　占卜次序釋例 …………………………………（49）
　　　　叁　首刻卜辭 ………………………………………（80）
　　第二節　典賓類卜辭的文例 ……………………………（84）
　　　　壹　行款走向及版面佈局特徵 ……………………（84）
　　　　貳　占卜次序釋例 …………………………………（102）
　　　　叁　首刻卜辭 ………………………………………（124）
　　第三節　賓組䖦類卜辭的文例 …………………………（128）
　　第四節　賓組三類卜辭的文例 …………………………（131）
　　　　壹　行款走向及版面佈局特徵 ……………………（131）
　　　　貳　首刻卜辭 ………………………………………（136）

第五節　賓組的一種特殊文例（正反相承）……………（144）
　　　壹　序數、兆語與反面卜辭相承例………………（145）
　　　貳　前辭與正面卜辭相承例…………………………（158）
　　　叁　占辭與正面卜辭相承例…………………………（165）
　　　肆　驗辭與正面卜辭相承例…………………………（181）
　　　伍　其他…………………………………………………（185）

第三章　殷墟王卜辭龜腹甲文例特點（中）……………（199）
　　第一節　自組卜辭的文例………………………………（199）
　　第二節　自賓間類卜辭的文例…………………………（212）
　　　壹　行款走向及版面佈局特徵………………………（212）
　　　貳　占卜次序與首刻卜辭……………………………（223）

第四章　殷墟王卜辭龜腹甲文例特點（下）……………（228）
　　第一節　出組卜辭的文例………………………………（228）
　　　壹　行款走向及版面佈局特徵………………………（228）
　　　貳　占卜次序釋例……………………………………（235）
　　第二節　何組卜辭的文例………………………………（246）
　　　壹　何組二類卜辭的文例……………………………（246）
　　　貳　何組一類卜辭的文例……………………………（263）
　　　叁　何組事何類卜辭的文例…………………………（264）
　　第三節　黃類卜辭的文例………………………………（266）
　　　壹　行款走向及版面佈局特徵………………………（266）
　　　貳　占卜次序釋例……………………………………（276）
　　　叁　首刻卜辭…………………………………………（288）

第五章　文例演變趨向及成因……………………………（290）
　　壹　文例演變趨向………………………………………（290）
　　貳　文例的成因…………………………………………（291）

第六章 文例研究的作用 ································(306)
    第一節　文例與甲骨綴合 ······························(307)
    第二節　校勘舊有釋文 ································(315)

結　語 ··(324)

參考文獻 ··(327)

附錄一：分上、中、下三部而用的賓組龜腹甲行款
          佈局類型總表 ································(351)

附錄二：龜腹甲新綴五十七則 ···························(354)

後　記 ··(417)

緒　　論

壹　文例的界定及分類

甲骨文例，是甲骨學研究中最基本而又十分複雜的一個分支，所以早在甲骨文研究之初，就備受學者關注。但究竟何為"甲骨文例"，早期研究者卻並未給出明確的界定，或曰："卜辭行文格式"[①]，或曰："書契文辭之公例"[②]，或曰："寫刻卜辭的定例"[③]，大都語焉未詳，但從他們的論述和例證來看，主要集中在刻辭的行文格式、位置、次序等層面。隨著研究的深入，文例的內涵和外延也在不斷的擴大和完善。學者們將卜辭的問卜方式（如單貞卜辭、對貞卜辭、選貞卜辭等），卜辭的段落結構（如前辭、命辭、占辭、驗辭等），同組卜辭的位置關係（如邊面對應、相間刻辭等），同版異版卜辭的關係（如同文卜辭、成套卜辭、同對卜辭等），以及一些契刻特例（如正反相承、省文、缺刻）等也納入到文例研究的範疇。

但直到1989年，王宇信先生在《甲骨學通論》一書中，才明確給出文例的定義，他說：

[①] 胡光煒：《甲骨文例》，中山大學語言歷史學研究所1928年版；收於《胡小石論文集三編》，上海古籍出版社1995年版，第1—88頁。

[②] 董作賓：《商代龜卜之推測》，《安陽發掘報告》1929年第1期；後收入《董作賓先生全集》甲編第三冊，藝文印書館1977年版。

[③] 胡厚宣：《甲骨學緒論》，收入《甲骨學商史論叢》二集下冊，成都齊魯大學國學研究所專刊，1945年3月；又收入《甲骨文獻集成》第21冊，四川大學出版社2001年版。

刻辭在甲骨上的刻寫部位（即分佈情況）及行款（即左行、右行，或向左、右轉行），是有一定規律的，這就是甲骨文例。甲骨文例包含兩種類型，一種是卜辭文例（及一些較為特殊的文例），一種是非卜辭的記事文例。①

王先生首次將文例細分為"卜辭文例"和"非卜辭的記事文例"，但顯然其界定並未能準確反映出文例的實際研究狀況。1999年，在他主編的《甲骨學一百年》中，此節撰寫者宋鎮豪先生對此說進行了修正。後宋先生又在為李旼姈博士的《甲骨文例研究》一書所作的序中，進一步完善了甲骨文例的內涵，現引述如下：

甲骨文例，主要有記事刻辭文例和卜辭文例兩類，由於前者地下出土遺存甚少，故甲骨文例通常指卜辭文例。卜辭文例，在甲骨學上的約定意義，為占卜文辭與占卜載體相結合關係之表像，專指刻在卜用甲骨上的卜辭行文形式、位置、次序、分佈規律、行款走向的常制與特例，包括字體寫刻習慣等等，不同於一般語言學對"文例"一詞的界定，是對特定用語規定其體例意義範圍而言。②

宋先生的這一描述非常准確。本書所要探討的"甲骨文例"除引用他人著作中的稱謂外，即專指"卜辭文例"。另外，考慮到契刻材料不同，文例又各有特點，所以，我們將卜辭文例又進一步細分為：龜腹甲文例、龜背甲文例和骨文例，這也正是本書的寫作緣起。

---

① 王宇信：《甲骨學通論》，中國社會科學出版社1989年版，第131頁。
② 宋鎮豪：《甲骨文例研究·序》，見李旼姈《甲骨文例研究》，台灣古籍出版有限公司2003年版。

緒　論

貳　甲骨文例研究成果概述

著錄甲骨文，傳佈第一手資料，目的在於研究。而研究之基礎和首要之工作又在於考察文例。不同的研究者由於對甲骨文例的理解不同，考察的方法和側重也不同，各有千秋。我們現將前輩學者對甲骨文例的研究，做一梳理，大致分為以下四個階段：

第一階段：草創階段（1899—1928年）。

清光緒己亥（1899年），著名金石學家王懿榮發現了甲骨文。但追蹤溯源，第一部研究甲骨文的論著，當非孫詒讓的《契文舉例》①莫屬。值得一提的是，該書對文例已經有所涉及，其中《雜例第十》專門討論卜辭內容上的形式，以及一些特殊的契刻現象，雖多有舛誤，但實已開甲骨文例研究之先河。

1928年，第一部研究卜辭文例的專著——胡光煒的《甲骨文例》②問世，是書分形式、辭例兩篇。形式篇專論卜辭文例，舉二十八例，如：單字例、單列下行例、單列右行例、單列左行例、複列右行例、複列左行例、倒書例、重文例等。辭例篇舉16例，主要討論"之"、"其"、"在"、"乎"、"曰"、"隹"等字的出現情況。從嚴格意義上來說，此篇實屬語法範疇，而非文例。董作賓先生評價說："胡氏作此書，用力甚勤，惜材料不足以供用，而方法亦欠精密"，"分類之詳盡，故屬甚善。然一則不別常例與例外；二則綱目不清，徒使讀者對於文契，益增繁難之感，為可惜耳"③。但此書"篳路藍縷，初立規模，艱苦締造，亦非易事，後之學者，踵事增華，推陳出新，亦可有所遵循"。④

---

① 孫詒讓：《契文舉例》（樓學禮校點），齊魯書社1993年版。
② 胡光煒：《甲骨文例》，中山大學語言歷史學研究所1928年版；收於《胡小石論文集三編》，上海古籍出版社1995年版，第1—88頁。
③ 董作賓：《商代龜卜之推測》，《安陽發掘報告》1929年第1期；後收入《董作賓先生全集》甲編第三冊，藝文印書館1977年版。
④ 張秉權：《甲骨文與甲骨學》，台北"國立"編譯館1988年版，第150頁。

第二階段：奠基階段（1929—1946年）。

這一階段的主要特徵是甲骨文例研究已初具規模，極大的豐富了甲骨文例的內涵和外延，為文例的深入研究奠定了堅實的基礎。

董作賓先生在文例研究方面用力頗勤，所獲頗豐。1929年，董先生發表了《商代龜卜之推測》①一文，創出一條依卜辭所在龜版部位，推勘文例的定位研究法。將龜腹甲依自然紋理劃分為九個部分，並分別排比，將分佈其上的文例進行歸納，說：

中甲刻辭自中縫起，在右者右行，在左者左行。
首右甲刻辭，由右邊始，左行。
首左甲刻辭，由左邊始，右行。
前右甲刻辭，除前足叉之上由右邊起者左行外，其餘各辭一律右行。
後右甲刻辭，除後足叉之下由右邊起者左行外，其餘各辭一律右行。
尾右甲刻辭，自右邊起，左行；但尾甲不刻辭者為多。
前左甲、後左甲，刻辭與右方對稱，其左右行適相反。
總而言之，沿中縫而刻辭者向外，在右右行，在左左行；沿首尾之兩邊而刻辭者向內，在右左行，在左右行。如是而已。
卜辭之文例，以下行為主，因分節段，不能不有所左右；故有下行而右、下行而左之分。其單行而完全向左或向右者，則變例耳。

隨後又發表了《大龜四版考釋》②，以出土大龜四版的行文來佐證前文之推測。同時，董先生還發現了龜版卜辭"左右對貞"的契刻習慣，並將龜版上的貞卜次序總結為：

---

① 董作賓：《商代龜卜之推測》，《安陽發掘報告》1929年第1期；後收入《董作賓先生全集》甲編第三冊，藝文印書館1977年版。
② 董作賓：《大龜四版考釋》，《安陽發掘報告》1931年第3期。

緒　論

先右後左，若一事兩貞，則皆在對稱處。

先外後內。

先下後上。

先中部後四隅。

先疏後密，有時為填滿空隙而上下內外錯落。

1936 年，董氏又發表《骨文例》[①]一文，按部位以求骨版刻辭行文之通例，並將其總結為：

> 凡完全之胛骨，無論左右，緣近邊兩行之刻辭，在左方，皆為下行而左，間有下行及左行者。在右方，皆為下行而右，亦間有下行及右行者。左胛骨中部如有刻辭，則下行而右；右胛骨中部反是，但亦有下行而右者。
>
> 如胛骨之逼近骨首處，刻辭每從中間起，在左者下行而左，在右者，下行而右，此因骨之上部，有並列之卜兆二，故即從中間為之劃界分疆，每一卜兆予一刻辭區域，兩方刻辭，皆從中間起首。不然，若右方之卜兆（兆區甲），逕從右方開始寫起，一直下行，便侵佔下一卜兆（兆區乙）之地域，但有時下方無卜兆，或不礙其他刻辭者，則可以一直下行。如折而左行，卜辭字多，便超過中間界限而侵及左邊卜兆之地域。故彼此即從中間分劃，但在自己卜兆地域之內刻辭。

董先生利用定位研究法總結出的卜辭行款規律，即使在今天看來，也是十分正確的，其研究文例的方法更值得後人學習和借鑒。除此之外，董先生還提出"甲尾刻辭"[②]、"骨臼刻辭"[③] 等，引起

[①] 董作賓：《骨文例》，《歷史語言研究所集刊》7 本 1 分，第 5—44 頁，1936 年 12 月。

[②] 董作賓：《商代龜卜之推測》，《安陽發掘報告》1929 年第 1 期；後收入《董作賓先生全集》甲編第三冊，藝文印書館 1977 年版。

[③] 董作賓：《帚矛說——骨臼刻辭研究》，《安陽發掘報告》1933 年第 4 期；又收入《甲骨文獻集成》，第 17 冊。

了學界對記事文字的關注。這一階段除董先生外，其他有關甲骨文例的研究還有：

1933年，郭沫若先生《殷契餘論》①中收錄的《殘辭互足二例》和《缺刻橫畫二例》亦當屬文例之列。前者指出"卜辭紀卜或紀卜之應，每一事數書，因之骨片各有壞損時而殘辭每互相補足"，郭氏已注意到殷墟卜辭有"一事數書"的習慣；後者指出了甲骨文的缺刻現象。此二文對甲骨文例研究，極具啟發意義。

1936年，唐蘭先生的《卜辭時代的文學和卜辭文學》②一文，對卜辭的結構作了分析。他指出卜辭的組成，可分為敘事、命辭、占辭、占驗四個部分。敘事，主要是記錄占卜的時間和占卜人的名字；命辭，是占卜人貞問的事情；占辭，是卜兆所示對所問事情的成敗和吉凶；占驗，是記載應驗與結果。其中唐先生所說的占辭涵蓋較廣，除普通的"王占曰"辭外，還包括了"一告"、"二告"、"三告"、"小告"、"不午"、"不午黽"、"吉"、"大吉"、"弘吉"等，這顯然與現在的研究相左，但唐先生開創了卜辭結構分析法，實屬難能可貴。

1939年，胡厚宣先生發表《卜辭雜例》③，共舉28例：1. 奪字例 2. 衍字例 3. 誤字例 4. 添字例 5. 刪字例 6. 刪字又添例 7. 空字未刻例 8. 疑字畫圈例 9. 文字倒書例 10. 人名倒稱例 11. 干支倒稱例 12. 成語倒稱例 13. 方國倒稱例 14. 文字側書例 15. 數字側書例 16. 一字析書例 17. 行款錯誤例 18. 左右橫行例 19. 追刻卜辭例 20. 兩史同貞例 21. 先祖世次顛倒例 22. 多辭左右錯行例 23. 一辭左右兼行例 24. 獸骨卜辭對貞例 25. 獸骨相間刻辭例 26. 一辭分為兩段例 27. 正反面文字相倒例 28. 同面文字倒正錯綜例。儘管其中有些例證不夠

---

① 郭沫若：《殷契餘論》，日本東京文求堂書店石印本，1933年12月；又收入《郭沫若全集·考古編》第一卷，科學出版社1982年版。
② 唐蘭：《卜辭時代的文學和卜辭文學》，《清華學報》11卷3期，第689頁，1936年。
③ 胡厚宣：《卜辭雜例》，《中央研究院歷史語言研究所集刊》，第8本第3分，第399頁，1939年。

準確，但此文已基本涵蓋了甲骨文中的特殊契刻現象，尤其是發現了"獸骨相間刻辭"這一重要文例，並指出甲骨卜辭"因其不經意書寫，少一層校對工夫，故常有奪字、衍字、誤字之處；亦有發現有誤之處，迺刪，迺添，或刪而又添者"，道破甲骨文特殊契刻現象的成因。

1944年，胡先生又充分吸收這一階段記事刻辭的研究成果，完成了《武丁時五種記事刻辭考》[①]一文。該文釋名輯例、辨誤考義，全面系統地探討了甲橋、甲尾、背甲、骨臼、骨面五種記事刻辭的名稱、形式、特點及含義。在"補正二"中，胡先生還分析指出："所以知此五種刻辭為記事文字者，因此種刻辭，絕無'貞''卜'等類之字，無論從實物或拓本觀之，又絕無其所屬之鑽灼卜兆之痕跡，且此五種刻辭，在甲骨上所佔之地位，皆極偏僻而不關重要，顯與卜辭不同，而觀後五五七之骨笄銘文，與'甲橋''甲尾''背甲'刻辭文體全同，尤為此種刻辭必為記事刻辭之確證也"。這些區別特徵，使記事刻辭研究成為甲骨學研究中，一個相對獨立而又十分重要的組成部分。

第三階段：發展階段（1947—1977年）。

這一階段的主要特徵是進一步擴大文例的研究範圍，更加關注同版異版卜辭之間的聯繫，通過對同文、成套、邊面對應等文例形式的探討，提升了文例研究的地位和價值，也為文例的研究，提供了新的思路，促使其向縱深方向發展。

1947年，胡厚宣先生發表《卜辭同文例》[②]，指出殷人一事多卜，"又有在不同甲骨上為之者，則同一卜辭，常刻於每一甲骨，即今所謂卜辭同文之例也"。他彙集了"一辭同文"、"多辭同文"、"同文異史"、"同文正反"等十一種同文卜辭，並分別附以例證。此文的可貴之處在於，"把卜辭文例的研究從甲骨定位研究法及同

[①] 胡厚宣：《武丁時五種記事刻辭考》，《甲骨學商史論叢》初集第3冊，成都齊魯大學國學研究所專刊，1944年3月，又收入《甲骨文獻集成》第21冊。

[②] 胡厚宣：《卜辭同文例》，《中央研究院歷史語言研究所集刊》第9本，1947年9月。

版同文卜辭系聯關係拓展到異版同文卜辭系聯方面，也把甲骨文例的研究推進到了一個新的階段"①。

1956年，張秉權先生在其《卜龜腹甲的序數》②一文中，指出"對貞卜辭，在甲骨上的部位，似乎是有一定的原則的，即正面的問題，常在腹甲的右邊，反面的問題，常在腹甲的左邊"，但其"正反"不能簡單的以有無否定詞來斷定，而是要考慮到占卜者的意願，占卜者希望占卜結果是肯定的，卜辭就是正貞，反之為反貞。文中還通過對卜辭序數的研究首次提出"成套卜辭"的概念。1957年又在《殷虛文字丙編·序》③中指出："成套卜辭與同文卜辭的性質是不同的，'同文'的著眼點，在求卜辭的相同，不管序數的能否聯繫，而成套的關係，則完全建立在序數上。在一套中，有些卜辭可以省簡到僅存一二個字，這是無法用同文的關係來加以解釋的，也不是用同文的觀點，所能發現的，所以成套卜辭，未必同文，同文卜辭也未必成套。只有從成套的卜辭中，才能看出卜辭省簡的由來，進而研究卜辭省簡的語法。從成套卜辭的辭例中，可以瞭解另一些零碎的，省簡的卜辭的真義，進而瞭解那些像謎一樣難解的卜辭的意義"。1960年，又寫成專文《論成套卜辭》④，文中明確指出："成套卜辭是指甲骨上的那些可以結合數條而成為一套的卜辭。換句話說，成套卜辭是由甲骨上的那些在同一天內占卜同一事件而連續契刻在若干卜兆之旁的若干條辭義相同而序數相連的正問或反問卜辭組合而成的"。成套卜辭的發現，將同版或異版上那些簡短、艱澀的卜辭相互系聯為一個整體，為卜辭的釋讀、綴合、排譜等工作開拓了新的途徑，也開創了甲骨文例研究的新局面。

---

① 王宇信、楊升南主編：《甲骨學一百年》，社會科學文獻出版社1999年版，第263頁。
② 張秉權：《卜龜腹甲的序數》，《中央研究院歷史語言研究所集刊》第28本上冊，1956年；又《甲骨文獻集成》第17冊，四川大學出版社2001年版，第31頁。
③ 張秉權：《殷虛文字丙編·序》，"中央研究院"歷史語言研究所1957年版。
④ 張秉權：《論成套卜辭》，《中央研究院歷史語言研究所集刊》外編第4種上冊，《慶祝董作賓先生六十五歲論文集》，1960年。

緒　論

　　1959 年，李學勤先生在《關於甲骨的基礎知識》①一文中提出："胛骨邊上面積狹小，所以武丁時常只刻幾個字，而詳細的卜辭則抄在骨扇上，骨扇和骨邊互相對照"，這種"邊面對應"的文例，對於釐清同版胛骨上卜辭之間的相互關係，具有積極意義。

　　1969 年，周鴻翔先生的《卜辭對貞述例》②收集了大量龜甲和牛骨上的對貞卜辭例，利用定位分析法研究對貞卜辭行文格式的常例和變例。

　　1972 年，香港李達良先生的《龜版文例研究》③出版。此書分為甲乙兩篇。甲篇——方位篇，論述卜龜之概說、刻辭之位置、行文之方向、同組卜辭之相對位置、與背面之相承。乙篇——文例篇，論述卜辭之類別、段落結構之組織、前辭之繁變、文辭之省簡等例。"方位篇"細分行款形式，特別注重討論卜辭間的相承關係，是董作賓氏卜辭文例定位研究法的又一次具體實踐；而"文例篇"則在成套卜辭認識的基礎上，又有了相當精細的梳理和不少新的認識④，可以說是此前文例研究的集大成之作。

　　第四階段：深化階段（1978—今）。

　　這一階段的主要特點是，研究隊伍日益擴大，研究日趨活躍，研究成果日益增多，在深度和廣度兩個方面均有突破，進入了一個全新的發展階段。

　　進入二十世紀八十年代後，隨著《甲骨文合集》（1978—1982 年）、《小屯南地甲骨》（1980—1983 年）、《甲骨文合集補編》（1999 年）等大型甲骨文著錄書的相繼出版，甲骨文例方面的論著也大量湧現，涉及到文例研究的各個層面。如 1980—1984 年裘錫圭先生先後發表的《甲骨文重文和合文重複偏旁的省略》、《再談

---

① 李學勤：《關於甲骨的基礎知識》，《歷史教學》1959 年第 7 期。
② 周鴻翔：《卜辭對貞述例》，萬有圖書有限公司 1969 年版。
③ 李達良：《龜版文例研究》，香港中文大學聯合書院中國文學系，1972 年；又見《甲骨文獻集成》第 17 冊，四川大學出版社 2001 年版。
④ 此處參宋鎮豪《甲骨文例研究·序》。

甲骨文中重文的省略》、《甲骨文字特殊書寫習慣對甲骨文考釋的影響舉例》[1], 1983年宋鎮豪先生的《甲骨文"九十"合書例》[2], 1983年沈之瑜、濮茅左二位先生的《套卜大骨一版考釋》[3], 1986年蕭良瓊先生的《卜辭文例與卜辭的整理和研究》[4], 1987年常玉芝先生的《晚期龜腹甲卜旬卜辭的契刻規律及意義》[5], 1988年蔡哲茂先生的《甲骨文合集的同文例》[6], 1988年吳振武先生的《古文字中的借筆字》[7], 1991年黃天樹先生的《關於無名類等的用辭》[8], 1992年曹錦炎先生的《甲骨文合文研究》[9], 1996年劉釗先生的《談甲骨文中的倒書》[10], 1997年李學勤先生的《賓組卜骨的一種文例》[11], 1998年彭邦炯先生的《書契缺刻筆劃再探索》[12]等。

值得一提的是, 1999年台灣"國立"政治大學韓國學生李旼妗的《甲骨文例研究》[13]。此書內容詳實, 規模宏大, 在充分吸收前人研究成果的基礎上, 又多有創獲, 書中總結了甲骨刻辭偽誤辨

---

[1] 裘錫圭:《古文字論集》, 中華書局1992年版, 第141—153頁。
[2] 宋鎮豪:《甲骨文"九十"合書例》,《中原文物》1983年第4期。
[3] 沈之瑜、濮茅左:《套卜大骨一版考釋》,《上海博物館集刊》(1982) 總第2期, 建館三十周年特輯, 上海古籍出版社1983年版。
[4] 蕭良瓊:《卜辭文例與卜辭的整理和研究》,《甲骨文與殷商史》第2輯, 上海古籍出版社1986年版, 第24—64頁。
[5] 常玉芝:《晚期龜腹甲卜旬卜辭的契刻規律及意義》,《考古》1987年第10期。
[6] 蔡哲茂:《甲骨文合集的同文例》,《大陸雜誌》第76卷第5期, 1988年5月。
[7] 吳振武:《古文字中的借筆字》,《中國古文字研究會第七屆年會論文集》(抽印本), 第1—23頁, 1988年7月。
[8] 黃天樹:《殷墟王卜辭的分類與斷代》附錄二, 文津出版社1991年版; 又科學出版社2007年版。
[9] 曹錦炎:《甲骨文合文研究》,《古文字研究》第19輯, 中華書局1992年版, 第445—460頁。
[10] 劉釗:《談甲骨文中的倒書》,《于省吾教授百年誕辰紀念文集》, 吉林大學出版社1996年版, 第55—59頁。
[11] 李學勤:《賓組卜骨的一種文例》,《南開大學歷史系建系七十五周年紀念文集》, 南開大學出版社1997年版。
[12] 彭邦炯:《書契缺刻筆劃再探索》,《甲骨文發現一百周年學術研討會論文集》, 台灣師範大學國文系、"中央研究院"歷史語言研究所發行, 1998年5月。
[13] 李旼妗:《甲骨文例研究》, 碩士學位論文, 台灣"國立"政治大學中國文學系, 1999年; 又台灣古籍出版有限公司2003年版。

證的十二種特殊現象，提出誤刻 189 例，缺刻 484 例，奪文 121 例，衍文 31 例，補刻 61 例，倒文 252 例，側書 63 例，行款顛亂 19 例，省文 197 例，合文 260 例，借字 33 例，並繪成表格便於讀者檢索借鑒。

另外，這一時期有關甲骨學通論性的著作中，文例自然是相當重要的組成部分。如 1978 年嚴一萍先生的《甲骨學》[①]、1985 年吳浩坤、潘悠二位先生的《中國甲骨學史》[②]、1987 年陳煒湛先生的《甲骨文簡論》[③]、1988 年張秉權先生的《甲骨文與甲骨學》[④]、1989 年王宇信先生的《甲骨學通論》[⑤]、1993 年馬如森先生的《殷墟甲骨文引論》[⑥]、1999 年王宇信、楊升南二位先生主編的《甲骨學一百年》[⑦]、2006 年宋鎮豪、劉源二位先生合著的《甲骨學殷商史研究》[⑧] 等書，均列有專門的章節進行討論。

2003 年，《殷墟花園莊東地甲骨》一書出版，公佈了 1991 年殷墟花園莊東地編號為 91 花東 H3 這一甲骨坑所出土的全部有字甲骨資料[⑨]。此書整理者亦非常重視對甲骨文例的研究。《前言》第八部分內容為"H3 甲骨刻辭的特點"，其中之（二）為"文例"。整理者分"前辭多樣化"、"常見占辭"、"用辭使用極普遍"和"行款複雜"四項討論了花東卜辭的"文例"特點，可謂全面細緻。之後，劉源先生《試論殷墟花園莊東地卜辭的行款》[⑩]、姚萱博士論文《花園莊東地甲骨卜辭的初步研究》[⑪] 又分別對第四項和

[①] 嚴一萍：《甲骨學》，台灣藝文印書館 1978 年版。
[②] 吳浩坤、潘悠：《中國甲骨學史》，上海人民出版社 1985 年版。
[③] 陳煒湛：《甲骨文簡論》，上海古籍出版社 1987 年版。
[④] 張秉權：《甲骨文與甲骨學》，台北"國立"編譯館 1988 年版。
[⑤] 王宇信：《甲骨學通論》，中國社會科學出版社 1989 年版。
[⑥] 馬如森：《殷墟甲骨文引論》，東北師範大學出版社 1993 年版。
[⑦] 王宇信、楊升南：《甲骨學一百年》，社會科學文獻出版社 1999 年版。
[⑧] 宋鎮豪、劉源：《甲骨學殷商史研究》，福建人民出版社 2006 年版。
[⑨] 中國社會科學院考古研究所編：《殷墟花園莊東地甲骨》，雲南人民出版社 2003 年版。
[⑩] 劉源：《試論殷墟花園莊東地卜辭的行款》，《故宮博物院院刊》2005 年第 1 期。
[⑪] 姚萱：《花園莊東地甲骨卜辭的初步研究》，綫裝書局 2006 年版。

前三項內容做了補充和修正，並對造成花東文例複雜多變的原因進行了有益探討。此外，專門研究《花東》文例的論著還有魏慈德先生的《花園莊東地甲骨卜辭的幾組同文例》[①]、劉一曼、曹定云二位先生的《論殷墟花園莊東地 H3 的記事刻辭》[②]、朱歧祥先生的《論花園莊東地甲骨的對貞句型》[③]、章秀霞先生的《花東卜辭行款走向與卜兆組合式的整理和研究》[④]、《從花東甲骨看殷商時期甲骨占卜中的若干問題》[⑤] 等。2011 年，孫亞冰博士的學位論文《殷墟花園莊東地甲骨文例研究》[⑥]，在前人研究的基礎上，對《花東》文例做了全面細緻的梳理，該文分別討論花東卜辭的行款特點、段落結構、貞卜次序、成批卜辭以及記事刻辭文例和契刻特例。論文不乏新見，創獲頗多，為瞭解《花東》文例的全貌，提供了有益的參考。

近年甲骨文例研究漸成熱門，一方面得益于《花東》等成批新材料的公佈及甲骨綴合成果的大量涌現，另一方面也與甲骨文分期分類研究的日趨精密化密切相關。尤其是當下甲骨文分期分類研究已取得重大突破，學界早已不再把甲骨文材料籠統地看作是屬於整個殷商晚期之物，也意識到"同一王世不見得只有一類卜辭，同一類卜辭也不見得屬於一個王世"[⑦]。李學勤、黃天樹等先生亦均指

[①] 魏慈德：《花園莊東地甲骨卜辭的幾組同文例》，《東華人文學報》2004 年第 7 期，又見於《殷墟花園莊東地甲骨卜辭研究》第五章。按："第四章　花東甲骨刻辭中的特殊字例"介紹了倒書、側書、誤書等現象，也屬於文例的範疇。

[②] 劉一曼、曹定云：《論殷墟花園莊東地 H3 的記事刻辭》，王宇信等主編《2004 年安陽殷商文明國際學術研討會論文集》，社會科學文獻出版社 2004 年版。

[③] 朱歧祥：《論花園莊東地甲骨的對貞句型》，《中國文字》新 31 期，台北藝文印書館 2006 年版，收入《殷墟花園莊東地甲骨論稿》。

[④] 章秀霞：《花東卜辭行款走向與卜兆組合式的整理和研究》，王宇信等主編《紀念王懿榮發現甲骨文 110 周年國際學術研討會論文集》，社會科學文獻出版社 2009 年版。

[⑤] 章秀霞：《從花東甲骨看殷商時期甲骨占卜中的若干問題》，《中州學刊》2010 年第 6 期。

[⑥] 孫亞冰：《殷墟花園莊東地甲骨文例研究》，博士學位論文，中國社會科學院研究生院，2011 年。

[⑦] 李學勤：《評陳夢家殷虛卜辭綜述》，《考古學報》1957 年第 3 期；後收入《李學勤早期文集》，河北教育出版社 2008 年版，第 52—68 頁。

緒　論

出，卜辭的分類和斷代是兩個不同的步驟，我們應先根據字體、字形等特徵分卜辭為若干類，然後分別判定各類所屬時代。殷墟卜辭有王卜辭和非王卜辭之別，王卜辭又分為南北兩系，這些不同系別、不同類組的卜辭之間既有聯繫，又在很多方面存在差異[①]。因此，進行甲骨文例研究，必須以分期分類理論為指導。事實上，文例的研究一直伴隨在甲骨分期分類研究的過程中，如黃天樹先生的《殷墟王卜辭的分類與斷代》[②]、李學勤、彭裕商二位先生的《殷墟甲骨分期研究》[③]、林宏明博士的《小屯南地甲骨研究》[④]、蔣玉斌博士的《殷墟子卜辭的整理與研究》[⑤]、劉風華博士的《殷墟村南系甲骨卜辭的整理與研究》[⑥]、劉義峰博士的《無名組卜辭的整理與研究》[⑦]、門藝博士的《殷墟黃組甲骨刻辭的整理與研究》[⑧]、崎川隆博士的《賓組甲骨文字體分類研究》[⑨]、莫伯峰博士的《殷墟甲骨卜辭字體分類的整理與研究》[⑩]等都涉及到相關文例的整理和論述。

[①] 大會秘書組：《吉林大學古文字學術討論會紀要》，《古文字研究》第 1 輯，中華書局 1979 年版；李學勤《殷墟甲骨分期的兩系說》，《古文字研究》第 18 輯，中華書局 1992 年版；李學勤：《我和殷墟甲骨分期》，《學林春秋三編》上冊，朝華出版社 1999 年版，第 234—240 頁；黃天樹：《殷墟王卜辭的分類與斷代》第一章"緒論"，文津出版社 1991 年版。

[②] 黃天樹：《殷墟王卜辭的分類與斷代》，文津出版社 1991 年版；又科學出版社 2007 年版。

[③] 李學勤、彭裕商：《殷墟甲骨分期研究》，上海古籍出版社 1996 年版。

[④] 林宏明：《小屯南地甲骨研究》，博士學位論文，台灣"國立"政治大學中國文學系，2003 年。

[⑤] 蔣玉斌：《殷墟子卜辭的整理與研究》，博士學位論文，吉林大學，2006 年。

[⑥] 劉風華：《殷墟村南系甲骨卜辭的整理與研究》，博士學位論文，鄭州大學，2007 年。

[⑦] 劉義峰：《無名組卜辭的整理與研究》，博士學位論文，中國社會科學院研究生院，2008 年。

[⑧] 門藝：《殷墟黃組甲骨刻辭的整理與研究》，博士學位論文，鄭州大學，2009 年。

[⑨] 崎川隆：《賓組甲骨文字體分類研究》，博士學位論文，吉林大學，2009 年；又《賓組甲骨文分類研究》，上海人民出版社 2011 年版。

[⑩] 莫伯峰：《殷墟甲骨卜辭字體分類的整理與研究》，博士學位論文，首都師範大學，2011 年。

殷墟王卜辭龜腹甲文例研究

2011年，劉影博士的《殷墟胛骨文例》[①] 更是基於甲骨卜辭"村北"、"村中南"之"兩系說"理論基礎上的一次學術實踐。該文分別就"村北系"的七個類組及"村中南系"七個類組的牛肩胛骨卜骨文例展開了細緻的考察，通過對各類組骨首、骨扇、骨邊三個區域卜辭文例的分佈規律、行文走向、卜辭系聯關係等方面的釐析，總結了不同類組卜辭文例的異同及各自所固有的文例特徵。重點分析了骨首刻辭的出現、發展、消失的具體過程及骨邊相間刻辭、首扇對貞、邊面對應、邊面連讀等文例現象，新見新知迭出，特別是該文還通過對胛骨卜辭文例的整理分析，糾正過去學界對一些卜辭的誤綴、誤讀，並綴合復原甲骨一百多組，使該項研究有一系列新的提升，對甲骨學發展有積極的推動意義。

通過上述學者的努力，甲骨文文例研究的成果已經蔚為壯觀，但同時也凸顯出一些亟待解決的問題，尤其是龜腹甲文例研究方面。以往的研究或只是對某批腹甲的文例進行分析研究；或只是對一些腹甲文例現象做具體的描述而缺乏對不同文例類型成因的探討。這就使得或因研究的不夠系統，或因材料的不完整，使我們無法對整個殷墟腹甲文例的發展脈絡有清晰的認識。因而，對殷墟王卜辭龜腹甲文例做一全面系統的梳理就顯得尤為必要。

叁　本書的研究對象和方法

本書主要從事殷墟王卜辭龜腹甲文例的研究，並以殷墟甲骨分期分類理論為指導，重點探討各類組王卜辭的行款走向、行文形式、分佈規律及卜辭間的關係與釋讀次第等，以期較準確的描繪出不同類組王卜辭龜腹甲文例的主要特徵及它們發展演變的軌跡，並總結文例研究的意義和價值。一切規律性的認識都應是對具體現象深入細緻的剖析後才能歸納得到的。因而，我們在考察的過程中，還時時

---

① 劉影：《殷墟胛骨文例》，博士學位論文，首都師範大學，2011年；又首都師範大學出版社2016年版。

注意將不同類組的腹甲文例特徵作比較，說明其變化之所在，並努力揭示其變化的根由。調查的材料主要包括《合集》、《合補》、《屯南》、《英藏》、《國博》、《北大》、《輯佚》等七種著錄書。

本書的研究方法主要有以下幾種：

1. 定位分析

定位分析法為董作賓先生首創，他在《商代龜卜之推測》一文中說：

> 余曩蓄志拼集龜版，使成完全之腹甲，以覘其文字之體例。今既不可能。廼就龜版中之可以認其部位者，凡七十。分別排比，以求其例，蓋如此研究之價值，實不減於拼成完全龜版也。"所使用的方法，是將整個"龜版分為九部"份，再將殘破龜甲依此定其部位，並進一步"取其同部位者排比之，其結果則同部者其刻辭之例皆同。①

此為董氏定位分析法之雛形。後董先生又在《骨文例》一文中，進一步明確地說：

> 一、取現世之肩胛骨，左右各一版，依其形狀，以為斷定卜用骨版左右及其部位之標準。
>
> 二、就第一、二、三次發掘殷虛所得之卜用骨版，取其版片較大，可定部位者，比對完整之骨版，定其部位。先定胛骨之左或右，次定上、中，下各部分。
>
> 三、印成左右胛骨之邊緣輪廓，作為稿紙，取有卜辭之骨版，依其部位，摹錄于上。
>
> 四、摹錄之法，首繪版片大小，次摹卜兆，次錄卜辭，次記原編登記號數。背面繪其鑽鑿，燋灼之處②。

---

① 董作賓：《商代龜卜之推測》，《安陽發掘報告》1929年第1期；後收入《董作賓先生全集》甲編第三冊，藝文印書館1977年版。

② 董作賓：《骨文例》，《歷史語言研究所集刊》7本1分，第5頁，1936年12月。

殷墟王卜辭龜腹甲文例研究

　　隨著甲骨材料的不斷出土和研究者的拼綴整理，雖已有一批完整的甲骨材料可資利用，但殘碎者仍佔所著錄甲骨之大部。故董先生之定位研究法，在今天的文例整理和研究中仍發揮著極其重大的作用。這種按卜辭所在甲骨部位推勘文例的研究方法，使刻辭繁雜的甲骨資料，即刻變得有章可循，有法可依。但由於殷墟甲骨又存在類組上的差異，其上的文例也存在個體的差異，李達良先生就曾指出：

　　　　卜龜腹甲刻辭行文方向之例，董氏彥堂於大龜四版考釋一文已論及之，但限於材料，所言多有未盡，如謂："沿中縫而刻辭者向外，在左左行，在右右行；沿首尾甲之兩邊而刻辭者向內，在右左行，在左右行。"茲說大致近是，唯未臻完密，尚待補苴。至其從腹甲之自然膝理分成九部，每部定其行文方向之說，則過於拘泥，殆不可從，以殷人刻辭於腹甲，實不避自然膝理與鱗痕，其字常跨於自然膝理之上，不拘墟於九部也。①

　　誠如李先生所言。由於當時材料所限，董先生分腹甲為九部來討論其刻辭特點的方法，對晚期卜辭比較適用，但與早期卜辭則略有扞格。崎川隆博士在《賓組甲骨文字體分類研究》中也注意到這一點，他說：

　　　　然而在瞭解龜甲版的版面佈局特徵時，還是分成上、中、下三個構成單位來觀察更為恰當，所以本書擬將首甲與中甲合併為"上部"、前甲與後甲與甲橋合併為"中部"、尾甲單獨為"下部"來進行各部位版面佈局特徵的類型化②。

------

　　① 李達良：《龜版文例研究》，《香港中文大學聯合書院文史叢刊乙種之二》，香港中文大學聯合書院中國語言文學系，1972年，第31頁；又收入《甲骨文獻集成》第17冊，四川大學出版社2001年版。
　　② 崎川隆：《賓組甲骨文字體分類研究》，博士學位論文，吉林大學古籍研究所，2009年；又《賓組甲骨文分類研究》，上海人民出版社2011年版。

緒　論

　　但在實際的操作過程中崎川隆博士卻並未嚴格按照他所劃分的三部分來分類，而是無形中擴大了其所界定的"上部"的範圍，這一點從崎文的圖示（見下）中不難看出：

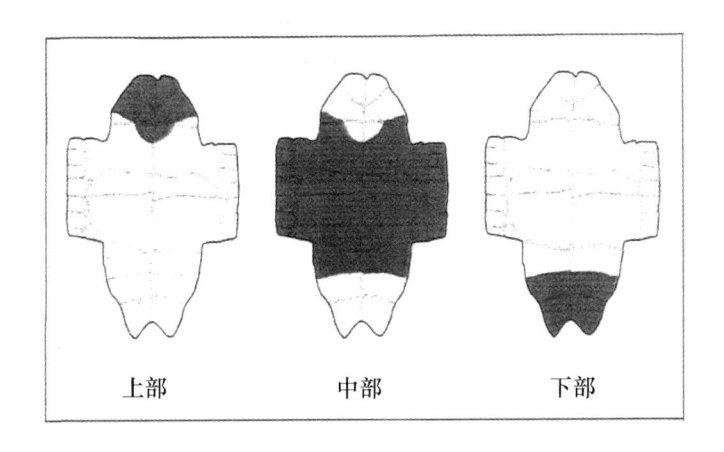

上部　　　中部　　　下部

崎文圖 31

崎文圖 33

　　因此，我們在討論龜腹甲卜辭行款走向與版面佈局特徵時，除考慮龜腹甲本身的結構特點外，並不拘泥於其自然腠理，而是根據殷人的用龜習慣，大致分為三種類型分別討論：一、著眼於整版龜腹甲而用者；二、以第二道齒紋（舌下縫）為界一分為二而用者（圖 0.0.1）；三、以甲橋上下兩端為界分為上、中、下三部而用者（圖 0.0.2）。這裡需要說明的是，第三種類型的腹甲所佔的比重較

17

大，另外再加上早期腹甲行款走向及佈局富於變化，因此，我們所設定的兩條界綫可能會根據實際情況上下浮動，特別是沿中甲的內舌縫契刻的卜辭，由於刻寫空間和位置所限，若按我們的界綫可能會將完整的卜辭割裂，所以，在遇到類似情況的時候，我們在討論時將卜辭歸為"上部"。

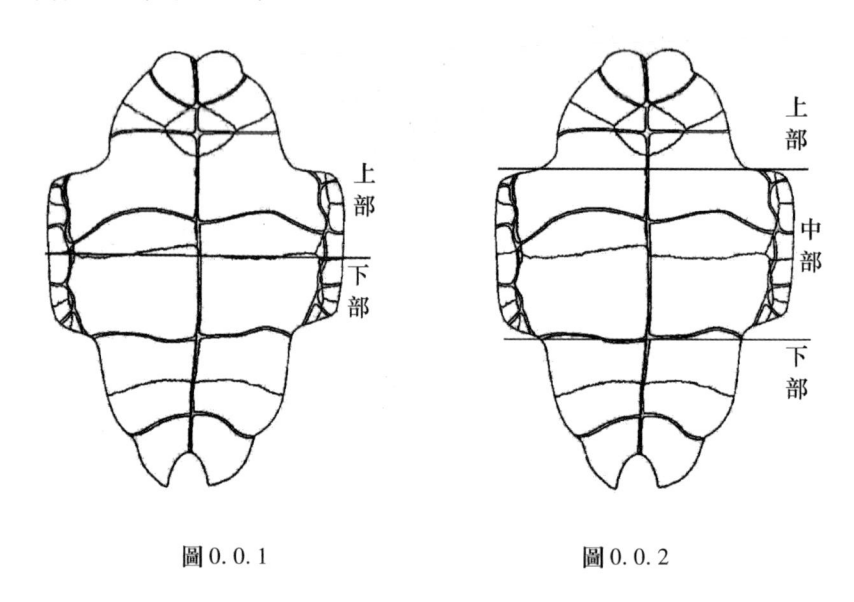

圖0.0.1				圖0.0.2

2. 整版考量

整版考量，是指在研習甲骨的過程中，我們不僅要注重正面的盾紋、齒紋、卜辭、卜兆，更要重視背面的齒縫、鑽鑿、灼痕、刻辭等信息；不僅要注重每條卜辭的內容，更要注重同版甚或異版卜辭間的內在關聯，以期更加客觀、科學地利用和研究甲骨材料，還原殷商這段歷史時期的真實面貌。茲僅以一例綴合加以說明：

(1a) 癸亥卜，賓貞：王㞢，若。十三月。一

(1b) 丙子卜，賓貞：䊤隹（唯）蠱。一

(1c) 貞：不［隹（唯）］蠱。十三月。

(1d) 庚辰［卜］，囗貞：翌癸未尸西單田，受㞢（有）年。十三月。一

(1e) 癸未囗貞：囗于囗。一

(1f) ☒亡匄。

(1g) ☒十三月。一

(1h) 戊子卜，賓貞：王往逐🐗于沚亡災。之日王往逐🐗于沚，允亡災，獲🐗八。一

(1i) 貞：其㞢（有）。一月。一

(1j) 癸巳☒貞：☒往☒刻☒。一

  A.《合集》5080 + B.《合集》17331 + C.《合集》9572 +
  D.《合集》16399 + E.《合集》17464（圖 0.0.3）

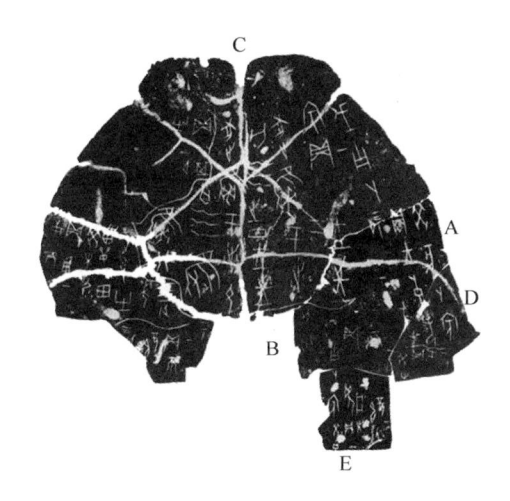

圖 0.0.3

  A、B 為林宏明先生所綴，收入《醉古集》[①] 第 192 組，後林氏又加綴 C 片[②]，今筆者再加綴 D、E 兩片[③]。綴合後，不僅內容十分豐富，辭例形式和刻寫方式亦極具研究價值。

[①] 林宏明：《醉古集——甲骨的綴合與研究》，台灣書房，2008 年 9 月。
[②] 林宏明：《甲骨新綴第八九例》，先秦史研究室網站：http://www.xianqin.org/blog/archives/1948.html，2010 年 6 月 15 日；又收入林宏明：《契合集》，第 84 組。
[③] 何會：《龜腹甲新綴第三十八則》，見黃天樹主編：《甲骨拼合續集》第 459 則，學苑出版社 2011 年版；蔣玉斌先生在本組綴合的基礎上又加綴《合集》9583，收入《蔣玉斌甲骨綴合總表》第 287 組，先秦史研究室網站：http://www.xianqin.org/blog/archives/2305.html。

首先，此版卜辭的兆序辭均為"一"，所以，它極有可能是一組成套卜辭的第一版。

其次，從干支次序和卜辭的契刻情況來看，前甲上較為完整的卜辭，其占卜和刻寫的時間要早於首甲部位的卜辭。

最後，從內容上來說首甲部位的兩條卜辭是對貞關係。這是一組田獵卜辭，貞問的焦點在"有災"、"亡災"。根據美國華盛頓大學司禮義教授的"其"字規則①，可知占卜者是不希望田獵過程中有災難發生的。且從界劃綫情況來看，驗辭"之日王往逐🐾于汕，允亡災，獲🐾八"很有可能是後來補刻的。

"㞢田"，裘錫圭先生認為："有可能讀為'選田'，指在某地的撂荒地中選定重新耕種的地段。此外，選擇可開闢的荒地的工作，或許也可包括在內"②。

卜問"選田受年"的卜辭，與田獵卜辭看似兩件不相干的事，卻見於同版，往往使讀者費解。但事實上，在上古時代田獵與農業有著極為密切的關係。裘先生在其《甲骨文中所見的商代農業》③一文中做了很好的總結：他認為，一方面，"很可能在卜辭所提到的田獵活動裏，有一些活動的真正目的就在於為開墾農田作準備，擒獲野獸只是附帶的收穫"；另一方面，"古代野獸多，農田往往受它們踩躪，田獵還有為農田除害的作用"。顯然本版所涉的這兩組卜辭當屬後者，田獵是為了維護農田。

這一點從占卜的時間上也可以看出來，"殷人在殷曆一月即夏曆五月種黍和𪎭，今此條卜辭記錄殷人於歲末的十三月（閏月）進行選田，年終之月選擇耕地，歲首之月播種，正合於農事活動的安排順序"④。

---

① 司禮義：《商代卜辭語言研究》，第 25—33 頁；又見《關於商代卜辭語言的語法》，《中央研究院國際漢學會議論文集·語言文字組》，第 342—346 頁，台北，1981 年。
② 裘錫圭：《甲骨文中所見的商代農業》，《古文字論集》，中華書局 1992 年版，第 154—189 頁。
③ 同上。
④ 常玉芝：《殷商曆法研究》，吉林文史出版社 1998 年版，第 415 頁。

緒　論

甲骨文中有"四單"之稱，即東單、西單、南單和北單。于省吾先生讀"單"為"臺"，四單即四臺，是在以商邑為中心的四方遠郊①。西單即西郊，而"沚"地又恰位於大邑商西部及西界外的田獵區內②，卜辭中亦見卜"沚受年"之例（《合集》18805），可見它同時也是商代重要的農田，而且極有可能是"選田"時最終所選之田。那麼，一月播種的同時對農田進行維護，驅逐禽獸，也就不難理解了。

可見，同一版上有些看似毫無關係的卜辭，卻實則有一定的聯繫，這一點尤為值得關注，特別是在探討殷商卜法文例、歷史文化及語言文字等諸問題時，更應全方位的掌握卜甲上所提供的信息，整版考量，深入挖掘史料價值。

3. 共時比較與歷時比較相結合

唐鈺明先生在談到古文字資料的語法研究方法時，指出：

　　古文字資料中，找不到其前後聯繫的語法現象是存在的（或由於資料所限、或確屬某時期的獨特現象），但這畢竟是極少數；多數語法現象是有脈絡、有軌跡可尋的，具有綫性發展的過程。無論是新生、延續還是消亡，我們都要盡可能作出合理的解釋。為此，要提倡"縱橫交錯"的系統論的研究方法。橫，就是對共時的資料作系統的窮盡性的研究；縱，就是對歷時的資料作上串下聯的追蹤式研究。要有強烈的歷史層次觀念，不僅要分殷商、西周、春秋戰國，必要時在商代甲骨文內部還得再分五期，在西周金文中還得分早、中、晚三期。③

唐先生所說的這一方法，同樣適用於甲骨文例的整理與研究

---

① 參見于省吾：《甲骨文字釋林》，中華書局1979年版，第129—131頁。
② 李學勤：《殷代地理簡論》，科學出版社1959年版，第34頁。
③ 唐鈺明：《古文字資料的語法研究述評》，原載《中山大學學報》1988年第4期；後收入《著名中年語言學家自選集——唐鈺明卷》，安徽教育出版社2002年版，第8—22頁。

工作。

  我們的甲骨文例研究是建立在黄天樹先生關於殷墟王卜辭分期分類研究的基礎上的，這就決定了在文例的研究過程中要始終貫穿"縱橫交錯"這一研究方法，將共時比較與歷時比較相結合。首先將同一類組同一時期的卜辭文例進行橫向系聯比較，總結出其自身特點和規律；然後再運用歷時比較的方法，將不同類組不同時期的卜辭文例進行縱向比較，從而探討卜辭文例發展演變的歷史過程，以及在這一過程中所呈現出的規律性的變化。

第一章　龜腹甲形態及部位辨識

第一節　龜腹甲的構造及形態

黃天樹先生在《甲骨形態學》[①] 一文中指出：

> 甲骨文，是刻寫在龜甲獸骨上的文字，因此，甲骨學者不僅要研究文字，也要研究文字所依附的甲骨材料及其形態。

黃先生所言極是。文例研究更是如此，因此，我們先介紹一下龜腹甲的構造及其形態特徵。

殷人尚鬼，遇事喜好占卜，占卜所用龜甲，大都是經過加工處理的。《周禮·春官》載："凡取龜用秋時，攻龜用春時"，注謂"秋取龜，及萬物成也"；"攻龜"即殺龜，春天將龜殺死，去其血肉、內臟，使其成為龜甲空殼。其實，這僅僅是若干程序中的一步，殷人用龜之法尤為繁瑣，董作賓先生曾在《商代龜卜之推測》一文中將其歸納為十事：取用第一，辨相第二，釁燎第三，攻治第四，類例第五，鑽鑿第六，燋灼第七，兆璺第八，書契第九，皮藏第十。[②] 後陳夢家先生在《殷虛卜辭綜述》中又將其總結為：取

[①] 黃天樹：《甲骨形態學》，《甲骨拼合集》，學苑出版社2010年版，第514—538頁。
[②] 《安陽發掘報告》第1冊，1929年12月，收入《董作賓先生全集》甲編第3冊，台北藝文印書館1977年版，第813—884頁；又收入《甲骨文獻集成》第17冊，第1—19頁。

材、鋸削、刮磨、鑽鑿、灼兆、刻辭、書辭、塗辭、刻兆九事。①

可見，甲骨的修治是不可或缺的一步。卜龜在修治時一般是先將其沿左右兩甲橋（即連接龜腹甲與背甲的部分）鋸剖為腹甲和背甲兩部分。腹甲上通常會保留一部分甲橋，有時會鋸去甲橋邊緣的突起部分，並錯磨成整齊的弧形，使腹甲較為平直，易於儲藏。

一版完整的腹甲最主要的特徵是，其上佈滿了"齒縫"和"盾紋"。所謂齒縫，是骨片與骨片以細密的鋸齒狀咬合的地方；所謂盾紋，是剝去腹甲正面表皮上的角質盾片，盾片結合的地方，留有淺凹溝，施拓之後，拓本上出現的白色條紋一般稱之為"盾紋"。② 為方便稱說，腹甲上的這些"齒縫"和"盾紋"，我們採用黃天樹先生在《甲骨形態學》一文中的命名（圖1.1.1）：

"中甲"右上和左上的兩條齒縫稱為"上內縫③"；"中甲"右下和左下的兩條齒縫稱為"內舌縫"。除了"中甲"之外，從上到下有橫向的三道齒縫和縱向的三道齒縫④。第一道齒縫（上舌縫）與中甲（內腹甲）兩側角相連。第二道齒縫（舌下縫）和第三道齒縫（下劍縫）則基本平直。

腹甲從上到下有橫向的五道盾紋（五"橫"）和縱向的三道盾紋（三"縱"）⑤ （圖一）（筆者按：即本書圖1.1.

---

① 《殷虛卜辭綜述》，科學出版社1956年版，第10—16頁。
② 黃天樹：《殷墟龜腹甲形態研究》，原載《北方論叢》2009年第3期，後收入《甲骨拼合集》，學苑出版社2010年版，第501—506頁。
③ 齒縫的命名，取相鄰兩塊骨板的第一個字組合而成。如"上內縫"即"上腹甲（首甲）"之"上"加上"內腹甲（中甲）"之"內"組合而成的。其餘類推。
④ 縱向的三道齒縫指"中縫"（又稱"千里路"）和左右兩側的"腹橋縫"。"中縫"沒有穿過"中甲"，而是圍繞"中甲"而下，跟"上內縫"、"內舌縫"重合（參看《合》9950反）。
⑤ 縱向的中間一道盾紋貫穿"中甲"而下，跟"中縫"（又稱"千里路"）基本重合。縱向的左右二道盾紋貫穿左右二道"腹橋縫"而下，跟左右二道"腹橋縫"互有重合。

第一章　龜腹甲形態及部位辨識

1）……第一道"盾紋"（喉肱溝①）呈"V"字形。第二道"盾紋"（肱胸溝）呈"一"字形，從中甲（內腹甲）的中後部橫貫而過。第三道"盾紋"（胸腹溝）橫貫前甲中部，呈"⌒"字形。第四道"盾紋"（腹股溝）呈稍後凸的弧綫，兩側終止於甲橋下端胯凹處。第五道"盾紋"（股肛溝）呈"人"字形。

以齒縫為界，腹甲可分為九個部分：中甲、右首甲（右上腹甲）、左首甲（左上腹甲）、右前甲（右舌腹甲）、左前甲（左舌腹甲）、右後甲（右下腹甲）、左後甲（左下腹甲）、右尾甲（右劍腹甲）、左尾甲（左劍腹甲）。

以盾紋為界，分為十二部分：右喉盾、左喉盾、右肱盾、左肱盾、右胸盾、左胸盾、右腹盾、左腹盾、右股盾、左股盾、右肛盾、左肛盾。

此外，烏龜前肢伸出縮入之處，我們稱之為"腋凹"；後肢伸出縮入之處，稱之為"胯凹"，參看圖1.1.1。另，有關腹甲的正反、左右、內外、上下，我們均採用張秉權先生在《卜龜腹甲的序數》②一文中的界說，他說：

> 正面與反面　每一龜腹甲，都有二面，一為疏鬆的、粗糙的海綿狀組織所構成，一為平滑的、細緻的密質組織所構成，平滑的一面，是接近表皮的部分，是龜身爬行的時候，貼近地面的部分，亦即灼卜之後，呈現兆坼的那一面，大部分的卜辭，都是刻在這一面上的，因為灼龜以見兆為主，所以我們稱這有兆坼的那一面為龜腹甲的正面，正面之反，即為反面，也就是粗糙的，海綿狀組織的那一面，亦即龜甲的裏面，接近內臟的部分，鑽鑿燒灼，都在這一面上，有時雖亦契刻卜辭，但

---

① 所謂"喉肱溝"即喉盾與肱盾之間的盾溝，其餘名稱以此類推。
② 張秉權：《卜龜腹甲的序數》，《甲骨文獻集成》17冊，四川大學出版社2001年版，第29—30頁。其後張秉權又在《丙編·序》中有進一步的說明。

殷墟王卜辭龜腹甲文例研究

是為數極少，遠不如正面之多。

　　右邊與左邊　　龜腹甲的中間，有一條縱分的齒縫（筆者按：即千里路），恰好將一版龜腹甲，自然地劃分為左右對稱的二個半邊，齒縫之右，我們稱它為右邊，齒縫之左，我們稱之為左邊，但是，左右之分，又有以人為本和以物為本的不同，因為人和物相對，則人在右邊便是物的左邊了，即以物的本身而言，又有正面與反面的不同，譬如正面之左，翻過來便是反面之右，這些看來似乎很容易了解的觀念，如果不給它們規定一個硬性的界說，則對於左右的認識，就會因人而異的，現在，我們規定以人為主，人的左邊為左，人的右邊為右，至於龜甲，則不論它是正面也好，反面也好，一律從人之左右為左右。

　　內與外　　在龜腹甲上，我們用內外二字來表明它們的部位，其含義是：接近中間的那條縱分的齒縫的部分者為內，接近邊緣的部分者為外。

　　上與下　　龜腹甲的上下，是比較容易分別的，因為卜辭都是下行而左，或下行而右的，只要一看卜辭，便可以辨別何者為上，何者為下了，通常我們稱接近首甲（舌腹甲）的一端為上端，接近尾甲（劍腹甲）的那端為下端。

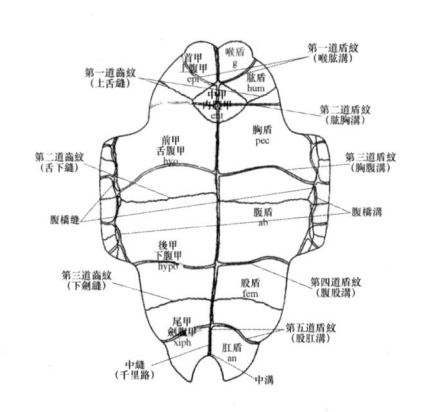

圖1.1.1（圖片源自黃天樹《甲骨形態學》）

26

第一章 龜腹甲形態及部位辨識

第二節　材質及部位辨識的方法

殷人占卜所用的材料，主要是龜的腹甲、背甲以及牛的肩胛骨。完整的占卜材料，很容易分辨。但殷墟甲骨，深埋地下三千年之久，再加之出土及流傳過程中的因素，多有殘碎，要進行文例研究，必須具備辨識不同材質及部位甲骨殘片的能力。下面我們來看分辨龜腹甲殘片及部位的幾種方法。

一　據齒縫、盾紋判斷

腹甲正面的"齒縫"和"盾紋"為龜甲所特有，它們是判斷龜甲與獸骨的重要標誌，也是分辨龜甲的背、腹、左、右等部位的天然的標準。因此，掌握腹甲各個部位齒縫和盾紋的特徵，是判斷腹甲部位的前提條件。黃天樹先生在《甲骨形態學》一文中，將腹甲九塊骨板輪廓和其上盾紋的形態簡述如下：

中甲外形輪廓見圖二（筆者按：即本書圖1.2.1，下同）：9，盾紋多為"十"或"未"字形。

右首甲外形見圖二：1，盾紋為"丿"（"撇"）字形。
左首甲外形見圖二：2，盾紋為"乀"（"捺"）字形。
右前甲外形見圖二：3，盾紋為反"匚"（音方）字形。
左前甲外形見圖二：4，盾紋為"匚"字形。
右後甲外形見圖二：5，盾紋為反"𠃊"（音隱）字形。
左後甲外形見圖二：6，盾紋為"𠃊"字形。
右尾甲外形見圖二：7，盾紋為"乀"（"捺"）字形。
左尾甲外形見圖二：8，盾紋為"丿"（"撇"）字形。[1]

龜腹甲因其特殊的構造，當角質層受到破壞時，腹甲很容易沿

---

[1] 黃天樹：《甲骨形態學》，《甲骨拼合集》，學苑出版社2010年版，第519頁。

殷墟王卜辭龜腹甲文例研究

齒縫自然分解，而盾紋一般不會自然斷裂，除非受外力的影響。因此，掌握了這九個部位的外形輪廓及其上的盾紋特徵，若遇到腹甲殘片，可以拿來比較，對號入座，很容易分辨出其所屬部位。

另外，李延彥女士在其碩士論文《殷墟龜腹甲形態的初步研究》①中，提到：甲橋上端與前甲相連處，有"丫"字形盾紋（圖1.2.2）。甲橋下端與後甲相連處，有倒"丫"字形盾紋（圖1.2.2）。後甲倒"丫"字形盾紋內側的分支與腹股溝構成倒"八"字形盾紋（圖1.2.2）。這些特徵，對於判斷腹甲部位也極具價值。

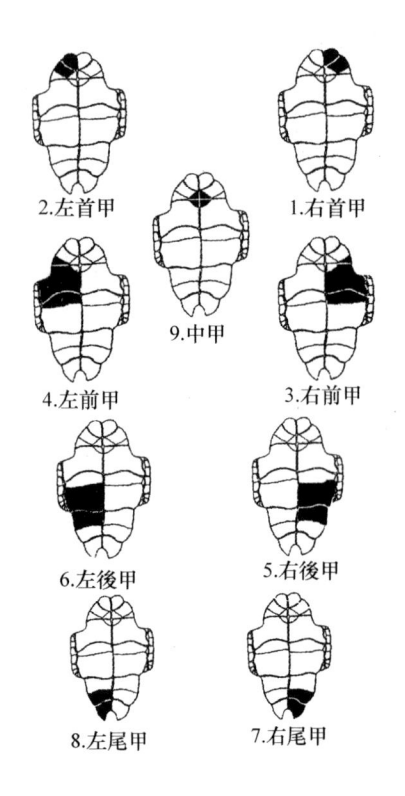

圖1.2.1（圖片來源：黃天樹《甲骨形態學》圖二）

---

① 李延彥：《殷墟龜腹甲形態的初步研究》，碩士學位論文，首都師範大學，2011年。

28

第一章　龜腹甲形態及部位辨識

丫字形盾紋

倒八字形盾紋　　倒丫字形盾紋

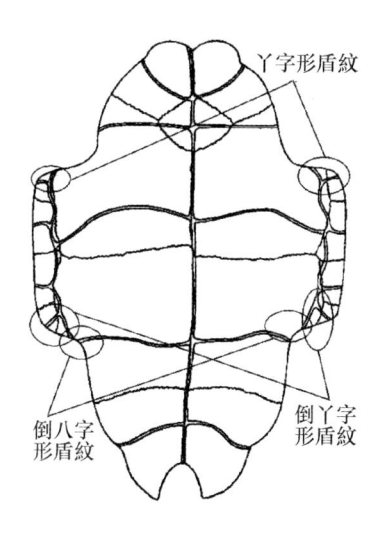

圖 1.2.2

二　據邊緣形態判斷

瞭解腹甲斷裂的邊緣形態及其成因，對於判斷腹甲的部位也至關重要。黃天樹先生說：

> 腹甲古脆，出土之後，多裂為碎片。碎裂的原因有三：第一，骨板沿齒縫處斷裂。第二是腹甲沿兆坼的裂紋而斷裂。第三是人為的斷裂。所以，依據碎片邊緣的形態，碎片邊緣可分為四類：第一類沿齒縫斷裂的邊緣，簡稱"齒邊"。第二類沿兆坼斷裂的邊緣，簡稱"兆邊"。第三類是人為折斷的邊緣，簡稱"斷邊"。第四類是原來天然形態的邊緣，簡稱"原邊"。掌握這四類邊緣特徵，可以判斷出它在全甲上的部位[1]。

齒邊，因其形狀像鋸齒而得名，所以，在拓本上極易分辨。
兆邊，或平直，或峭立。每一個卜兆都是由縱向的兆幹和橫向

---

[1] 黃天樹：《殷墟龜腹甲形態研究》，《甲骨拼合集》，學苑出版社 2010 年版，第 503 頁。

的兆枝構成的，所以兆邊又可以進一步細分爲"兆幹斷邊"和"兆枝斷邊"。"對每一個卜兆來說，其'兆幹斷邊'呈縱向的直綫形；其'兆枝斷邊'呈橫向的直綫形或斜綫形。但是，對一連串多個卜兆來說，其'兆幹斷邊'或'兆枝斷邊'並非筆直的。這是因爲'灼點'往往是參差不齊的，因此，形成的一連串多個卜兆的'兆幹斷邊'或'兆枝斷邊'也是參差不齊的"①。

斷邊，形狀千姿百態，或直，或曲，或略帶波折。

原邊，圓潤平滑，自然天成，與人爲因素造成的邊緣有明顯不同。

殘斷的龜腹甲，其邊緣形態多種多樣。有的齒邊、兆邊、斷邊、原邊四者俱全，有的由兆邊、斷邊、原邊組成，有的由齒邊、原邊、斷邊組成，還有的僅有齒邊和兆邊、或僅有齒邊和原邊等等。根據它們在腹甲碎片上的位置，很容易判斷出，腹甲的部位。如《合集》1158（圖1.2.3）爲左前甲殘片，左側較圓滑的爲原邊，上方及右上方鋸齒狀的爲齒邊，右側和下方則是因卜兆斷裂而形成的兆邊。

三　據卜兆、序數判斷

殷人用龜之法尤爲繁瑣，於腹甲背面施以鑽鑿，再加以燒灼，使正面坼裂出卜兆，是必不可少的環節。卜兆的出枝方向及刻寫在其周圍的序數，對判斷腹甲左右具有積極意義。張秉權先生曾指出：

> 兆坼的方向，更是辨别甲骨碎片屬於原龜的左右部位的指針，因爲在龜腹甲上，所有的坼兆的方向，永遠是向内的，即向中間的縱分的齒縫那一邊，腹甲左邊的坼兆，一定是向右邊坼裂的，右邊的坼兆，一定是向左邊坼裂的，我們只要一看坼兆的方向，便可以確定它是屬於腹甲的左邊或右邊的了，但是有些腹甲上的卜兆，是未經刻過，也沒有碎裂的痕跡的，於是

---

① 黄天樹：《〈甲骨拼合續集〉序》，《甲骨拼合續集》，學苑出版社2011年版。

第一章 龜腹甲形態及部位辨識

它底坼兆方向，在拓本上，便無法看得出來了，在這種情形之下，就須求助於序數方面的知識了，我們知道，序數字通常都可在卜兆的左（或右）上端，由於卜辭避兆的情形，以及序數排列的行式，便可以確定卜兆的方向了，由於卜兆的方向，便可以分別出這一版拓本是屬於龜甲的左右部位了，這是一種非常簡易的方法，也是十分淺顯的知識，但是假使我們對於序數的部位，及其排列的行式，沒有作一番分析綜合的深刻研究，我們就無從獲得這一知識，也無法利用這一方法[①]。

張先生所說，十分有理。利用卜兆和序數來判斷腹甲左右的方法，簡便易行。

另外，晚期卜辭腹甲上的序數排列也很有特點，一般來說，右腹甲上的序數多為奇數，左腹甲上的序數多為偶數。因此，當遇到甲骨殘片時，若其上的兆序辭均為"奇數"或均為"偶數"時，我們便可以確定它是龜腹甲的殘片。然後，再根據序數辭的"奇、偶"情況，進一步判斷是左半還是右半。如《合集》24014（圖1.2.4）為出組二類卜王卜辭，上面有序數辭"四、六、八、十"，均為偶數，據此我們判斷，它應是左腹甲殘片。

1158　　24014　　35995

圖1.2.3　　圖1.2.4　　圖1.2.5

[①] 張秉權：《卜龜腹甲的序數》，《中央研究院歷史語言研究所集刊》第28本上冊，1956年；又《甲骨文獻集成》第17冊，四川大學出版社2001年版，第32頁。

四 據鑽鑿判斷

施於甲骨背面的鑽鑿，其排列情況和鑽鑿的朝向也是判斷腹甲部位的一個重要依據。遺憾的是，甲骨背面的拓本著錄的較少。一般來說，腹甲背面的鑽鑿排列比較密集，且對稱的分佈在腹甲的左右兩半。右腹甲，鑿在鑽的左方，作"☾"形；左腹甲，鑿在鑽的右方，作"☽"形。與正面卜兆的兆坼方向一致。因此，如果一個甲骨殘片的鑽鑿左右對稱的分佈，那麼，它必定是龜腹甲殘片。同時，若鑿在鑽的左方則為右腹甲，反之則為左腹甲。

五 據文例判斷

一方面，從事龜腹甲文例研究首先要將龜腹甲材料從甲骨資料中提取出來並判斷其所處部位；另一方面，我們總結的腹甲的文例規律和現象又可以反過來幫助我們整理這些材料。如：

首先，從卜辭的行款走向與佈局特徵方面上說：早期卜辭近邊緣者多"由外而內"刻寫，即在左者右行，在右者左行，且卜辭下行時常略帶一定弧度。這與腹甲其它部位卜辭有別，亦與背甲、胛骨刻辭有別，可作為判斷的一個標準。

晚期黃類卜辭千里路兩側往往分別刻有兩或三縱列卜辭，它們排列緊密，行款齊整，大多在左左行，在右右行。這也可以作為分辨腹甲部位的參照。

其次，從問卜方式方面上說：甲骨占卜常採用對貞的形式，而對貞卜辭在腹甲上的分佈又很有規律。一般正貞多位於右腹甲右側，反貞多位於左腹甲，可以據此來分辨腹甲的左右。

最後，從分佈規律方面上說：黃類卜辭，每版甲骨上的占卜事類比較單一，卜夕辭和祊祭卜辭多刻寫在龜腹甲上。因此，根據這一特點很容易判斷出甲骨材料的性質。

彭裕商先生曾指出："祊祭以中縫為界，右邊全是一卜，左邊

第一章　龜腹甲形態及部位辨識

全是二卜，左右位置相對應的卜辭都是選擇卜問，合為兆序"①；沈之瑜先生也指出祊祭卜辭："首辭'干支卜貞王名（宗、必）丁其牢'均刻於右腹甲，絕無見於左腹甲之例，序數均為一；次辭'其牢又一牛'全見於左腹甲，絕無見於右腹甲之例，序數均為二"②。二位先生所說十分正確，據此，又可以判斷是左腹甲還是右腹甲。如《合集》35995（圖1.2.5）為右尾甲殘片，其上有兩條卜辭，它們的序數分別是"一"和"三"，其中序數為"一"的卜辭辭式完整為"丙申卜，貞：康祖丁祊其牢"。

另外，背甲、肩胛骨的形態特徵及部位辨識的方法，學界已多有討論③，茲不贅述。這些研究成果，對正確分辨腹甲殘片也大有裨益。

總之，判斷一個甲骨碎片，究竟是龜還是骨，是龜或骨的具體哪一部位的方法很多，我們不再一一列舉。這裡要特別強調的是，這些判斷方法並不是孤立的，在實際運用中，它們往往交織在一起，彼此聯繫，互為參照。因此，我們在分辨甲骨殘片，尤其是殘片的拓本時，要綜合運用各種判斷方法與技巧，確保做到正確無誤，為接下來的文例研究夯實基礎。

---

① 彭裕商：《殷代卜法初探》，《夏商文明研究》，第179—181頁，中州古籍出版社；又收入《甲骨文獻集成》第17冊。
② 沈之瑜：《甲骨文講梳》，上海書店出版社2002年版，第96頁。
③ 宋雅萍：《殷墟YH127坑背甲刻辭研究》，碩士學位論文，台灣"國立"政治大學中國文學系，2008年；黃天樹：《關於卜骨的左右問題》，《紀念王懿榮發現甲骨文110周年國際學術研討會論文集》，社會科學文獻出版社2009年版；林宏明：《賓組骨首刻辭與左右胛骨的關係》，《出土文獻研究視野與方法》第一輯，台北秀威資訊科技發行，2009年；劉影：《殷墟胛骨文例》，首都師範大學出版社2016年版。

第二章　殷墟王卜辭龜腹甲文例特點（上）

殷墟賓組甲骨卜辭，不僅數量大，內容豐富，其中也不乏完整的龜腹甲，利於研究。同時，賓組卜辭時間跨度較長，文例形式豐富多樣，既具有早期卜辭文例靈活多變的一面，又有晚期卜辭趨向成熟穩定的一面，承上啟下，便於在比較中總結和發現其它各類組卜辭的文例特徵和規律。因此，本書先討論賓組卜辭的文例特徵。另外，為討論方便，筆者將分為上、中、下三部而用的賓組龜腹甲行款走向與佈局特徵分別歸納總結為幾種不同的類型，並以綫圖示意，詳見下文（類型總表見附錄一）。

第一節　賓組一類卜辭的文例

壹　行款走向及版面佈局特徵

正如上文所述，文例是占卜的表象，而這一表象最直接的體現就是卜辭刻寫的行款走向及版面佈局等外在的形式特徵。所謂卜辭行款是指甲骨卜辭在甲骨上的書契和排列方式，它往往與卜辭在甲骨上的刻寫部位密切相關。而我們這裡所涉及的"版面佈局"特徵，正是通過卜辭在甲骨版上的刻寫部位、行款排列方式及走向、行距、字距等形式上的特徵所體現出來的。可見，二者既相互關涉又密不可分。換句話來說，不同類組，不同部位的卜辭，其刻寫行款走向存在一定差異，而這些差異，恰恰反映出版面佈局的特徵。因此，我們在討論時將二者有機的結合在一起，先通過卜辭行款、部位等因素，對龜版的佈局特徵進行總結概括，將龜版進行粗略的分類，然後在此基礎上，再對卜辭的行款類型做進一步的細化分析。這樣，既便於概括總結發現規律，又不會忽視對某些特例的分析與研究。下面我們先從行款與佈局特徵入手來研究卜龜腹甲的文例特徵。

一　著眼於整版而用者

著眼於整版而用者，主要有兩種類型：

（一）近邊緣契刻者，多沿腹甲輪廓"自上而下"順勢契刻。如：

（1a）□巳卜，㱿貞：妥以㞢（有）取。一　二　不䍃　三　四　五

（1b）貞：妥弗其以㞢（有）取。一　二　三　四　五

《合集》9075（圖2.1.1）

（2a）庚申卜，賓貞：惠鼠。一　二　三

（2b）庚申卜，賓貞：勿隹（唯）鼠。一　二　三　二告

《合集》18353（圖2.1.2）

這兩版腹甲上的對貞卜辭分別位於腹甲左右兩側近邊緣處，卜辭自前甲頂端始，沿腹甲輪廓自上而下順勢契刻，受腹甲形態等因素影響，整條卜辭略帶一定弧度，呈"（"、"）"型。

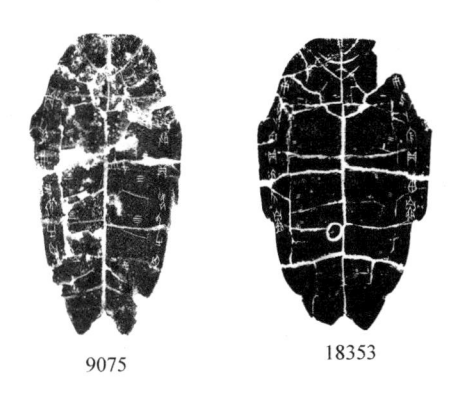

9075　　　18353　　　9742正

圖2.1.1　　圖2.1.2　　圖2.1.3

35

殷墟王卜辭龜腹甲文例研究

（二）近千里路契刻者，多自上而下縱向契刻，基本呈直綫型。如：

(3a) 甲午卜，賓貞：西土受年。一　二　三　四　五　六 〔七〕

(3b) 貞：西土不其受年。一　二　二告　三　四　二告　五　六
《合集》9742 正（圖2.1.3）

此組對貞卜辭分別位於千里路兩側，自中甲下方始，直至尾甲結束，縱貫整版，給人一氣貫通之感。

賓組一類"著眼於整版而用"的龜版，完整的比較少，但通過對一些殘片和上舉例證的研究，可以看出它們具有以下特點：

1. 一般使用的龜版都比較小，不超過25釐米。

2. 甲橋經過修治，僅殘留很少一部分，有些則幾乎修治殆盡。

3. 雖然上舉例證沒有給出腹甲背面的圖片，但透過正面的卜兆和序數的排列與分佈情況，不難看出背面鑽鑿一般情況下，左右各一列。

4. 卜辭以沿腹甲邊緣契刻者居多，且在刻寫時受腹甲輪廓影響，下行時略向外側彎曲，呈弧綫型。

二　以第二道齒紋（舌下縫）為界一分為二而用者

此類腹甲上的卜辭多沿腹甲外部輪廓，"自上而下，由外而內"契刻。位於腹甲上部的卜辭大多契刻在首甲下部和前甲上部的區域內，受腹甲形態影響，卜辭下行時略帶一定弧度，行款排列及走向呈"∭"、"∭"型。下部一般在第二道齒紋的下方近甲橋處有一到兩條刻辭，但這一部位的卜辭有一部分是"自上而下，由外而內"刻寫的，也有相當一部分是"自上而下，由內而外"刻寫的。如：

(1a) 乙丑卜，賓貞：蠱以紵。一

(1b) 貞：蠱不其以紵。一

(1c) 貞：蠱以紵。二

(1d) 蠱不其以紵。二　二告　　《合集》9002（圖2.1.4）

此版兆序辭為"一"的兩條卜辭分別位於前甲上部，兆序辭為"二"的兩條卜辭則分別契刻於第二道齒紋下近邊緣處，即甲橋下半

部，從而形成了以第二道齒紋為界分為上下兩部分的版面佈局特徵。它們都沿腹甲外部輪廓"自上而下，由外而內"契刻。但是，這裡需要說明的是，雖然上部兩辭與下部兩辭分別為一組對貞卜辭的"一二卜"，即他們屬於同版成套卜辭，但我們這裡僅僅考慮的是卜辭契刻時所呈現的外在分佈形態，並不涉及卜辭內容方面的聯繫。

(2a) 王弗以祖丁罙父乙，隹（唯）之。一

(2b) 王往于田，弗以祖丁罙父乙，隹（唯）之。二

(2c) 王弗以祖丁罙父乙，不隹（唯）之。一

《合集》10515（圖 2.1.5）

其中"王弗以祖丁罙父乙唯之"一辭位於左前甲上半部，而其餘兩辭則分別刻寫於甲橋下半部。但它們都是沿腹甲邊緣輪廓"自上而下，由外而內"契刻的。

(3a) 辛卯卜，㱿貞：其艱。三月。四

(3b) 辛卯卜，㱿貞：不艱。四

(3c) 壬辰卜，貞：亘亡囚（憂）①。三

(3d) 貞：亘其㞢（有）囚（憂）。三月。三 二告

《合集》10184（圖 2.1.6）

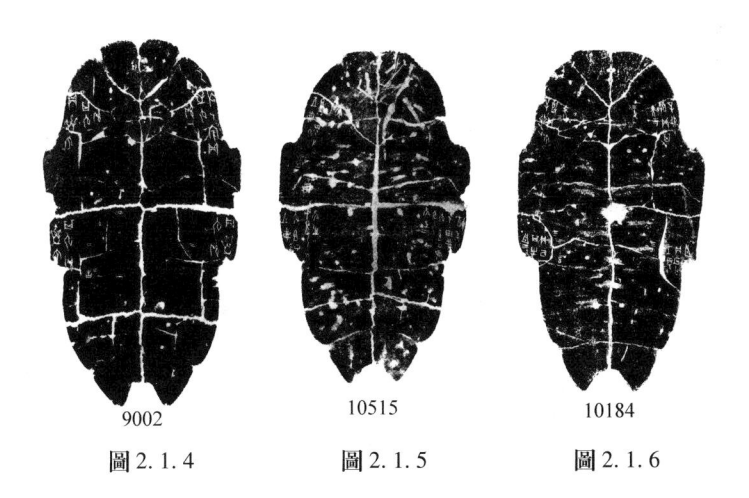

9002　　　10515　　　10184
圖 2.1.4　　圖 2.1.5　　圖 2.1.6

---

① 此字學者多從郭沫若說，釋為"禍"。現從裘錫圭先生釋，讀為"憂"，見《古文字論集》，中華書局1992年版，第105頁。

此版兆序辭為"四"的這組對貞卜辭,分別刻寫於前甲的上半部,兆序為"三"的對貞卜辭分別刻寫於甲橋下端。它們雖然都是沿腹甲外部輪廓契刻,但腹甲上部卜辭的行款是"自上而下,由外而內"的,而腹甲下部兩辭的行款卻是"自上而下,由內而外"的。

也有些龜版上部位於第二道齒縫的上方,靠近甲橋的部位會有刻辭,但這部分卜辭通常是"自上而下,由內而外"契刻的。另外,有時後甲和尾甲的邊緣也會契刻卜辭,它們多"自上而下,由外而內"刻寫,下行時受腹甲輪廓影響,略帶一定弧度。如:

(4a) 壬戌卜,古貞:禦疾㐄妣癸。一

(4b) 禦疾㐄于妣癸。二

(4c) 貞:勿禦于妣癸。一

(4d) 癸亥卜,內貞:乎(呼)般比剛。一

(4e) 乎(呼)般比剛。二

(4f) 勿乎(呼)般比剛。一 《合集》13675 正(圖 2.1.7)

此版上部不僅前甲上半部有刻辭,在第二道齒紋的上方近邊緣處,即甲橋的上半部分也有兩條刻辭,這兩條刻辭的行款與腹甲下部近甲橋處的兩條刻辭相同,都是"自上而下,由內而外"契刻的。

(5a) 王夢隹(唯)囚(憂)。一 二

(5b) 王夢不隹(唯)囚(憂)。一 二

(5c) 貞:衒出。一 二 三 四 二告 五

(5d) 貞:勿衒出。一 二 三 四

(5e) 貞:若王。一 二 三 四

(5f) 弗若王。一 二 三 四

(5g) 貞:王往出,若。一 二告 二 三 四 五

(5h) 貞:王勿出,[若]。一 二 三 四 [五]

《合集》5096 正(圖 2.1.8)

此版上的卜辭相對來說多一些,除前甲和甲橋處有刻辭外,沿後甲下部和尾甲邊緣也刻有卜辭。這些卜辭雖都位於腹甲近邊緣

處，但它們的行款走向卻不完全相同，位於甲橋上的兩組對貞卜辭是"自上而下，由內而外"刻寫的，其餘兩組則是"自上而下，由外而內"刻寫的。

(6a) 庚午卜，賓貞：㞢以𦥑［芻］。一

(6b) 貞：㞢弗其以𦥑芻。一 二告

(6c) 貞：㞢以𦥑芻。二

(6d) 㞢弗其以𦥑芻。二

(6e) 于九□［燎］。一

(6f) 勿于九山燎。一 《合集》96（圖 2.1.9）

此版除前甲上半部和甲橋下半部有刻辭外，後甲下半部邊緣處也刻有一組卜辭，且通版都是"自上而下，由外而內"契刻的。

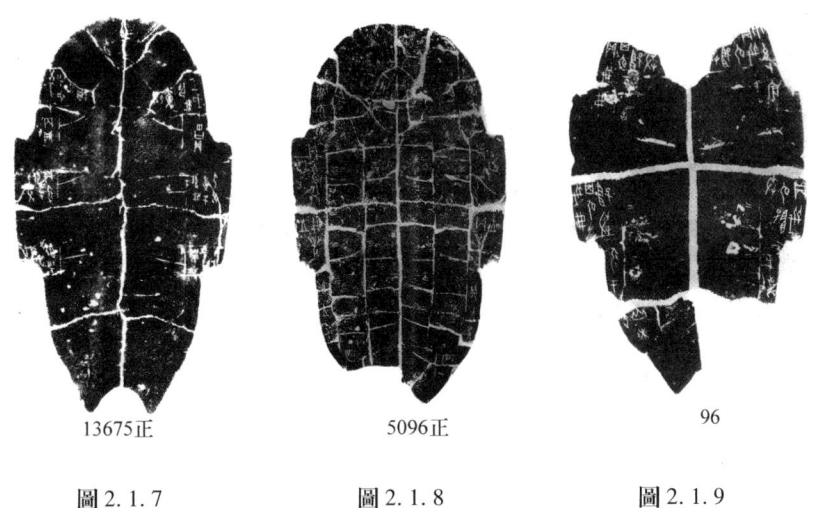

13675正　　　5096正　　　96

圖 2.1.7　　　圖 2.1.8　　　圖 2.1.9

(7a) 丙辰卜，㱿貞：帝隹（唯）其冬（終）茲邑。二

(7b) 貞：帝弗冬（終）茲邑。二

(7c) 貞：帝隹（唯）其冬（終）茲邑。二

(7d) 貞：帝弗冬（終）茲邑。二

(7e) 翌庚申㩱于黃奭。二

(7f) 貞：我舞，雨。二 《合集》14209 正（圖 2.1.10）

39

(8a) 丙辰卜，㱿貞：帝隹（唯）其冬（終）茲邑。四

(8b) 貞：帝弗冬（終）茲邑。四

(8c) 貞：帝隹（唯）其冬（終）茲邑。四

(8d) 貞：帝弗冬（終）茲邑。四

(8e) 翌庚申㷛于黃奭。四

(8f) 貞：我舞，雨。四　　《合集》14210正（圖2.1.11）

這兩版腹甲分別是成套卜辭的第二版和第四版，它們除上部和下部甲橋處有刻辭外，後甲下半部的近邊緣處也分別有兩條刻辭。近甲橋處刻辭是"自上而下，由內而外"契刻的，其餘的則是"自上而下，由外而內"契刻的。

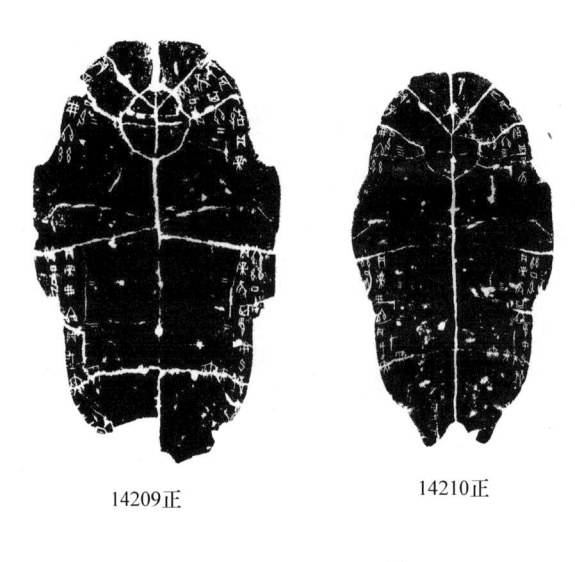

14209正　　　　　14210正

圖2.1.10　　　圖2.1.11

另外，此種類型的腹甲卜辭也有個別是自千里路始，"自上而下，由內而外"契刻的。如：

(9a) 貞：帝令隹（唯）杌。一

(9b) 帝令。

(9c) 惠子效令西。一

40

(9d) 惠子商令。一

(9e) 貞：惠王自往西。一

(9f) 甲申卜，王貞：余征獛①。六月。乙酉□量，旬癸巳向甲午雨。一　二

(9g) 丙戌卜，爭貞：王㞢心正。一

《合集》6928 正（圖 2.1.12）

本版（9a）（9b）（9c）（9d）這四條卜辭分別位於千里路兩側，即是自千里路始，"自上而下，由內而外"契刻的，且除（9f）的驗辭"乙酉□量，旬癸巳向甲午雨"是"自上而下，由外而內"契刻外，其餘均"自上而下，由內而外"契刻。這裡要說明的是，《合集釋文》將"乙酉□量，旬癸巳向甲午雨"視為獨立的一條卜辭，但《丙編·考釋》第 371 頁中指出："第（6）辭（筆者按：即（9f）一辭）及其序數，字跡較粗，均填朱色，其餘各辭，則填褐色"，據此可知其確應為"甲申卜"的驗辭，只是受腹甲形態及契刻空間等因素的制約而被分刻他處。

(10a) 戊辰卜，爭貞：其雨。一

(10b) 貞：不雨。一

(10c) 庚午卜，內貞：屯乎（呼）步。八月。一　二

(10d) 庚午卜，內貞：王勿乍（作）邑在茲，帝若。一　二　三　四

(10e) 庚午卜，內貞：王乍（作）邑，帝若。八月。一　二　二告　三　四

(10f) 貞：王乍（作）邑，帝若。八月。一　二　[三]　四

(10g) 貞：[王]勿乍（作）邑，帝若。一　二　三　[四]　五

《合集》14201（圖 2.1.13）

---

① 此字從裘錫圭先生釋，見《裘錫圭學術文集》（第一卷），復旦大學出版社 2012 年版，第 122 頁。

殷墟王卜辭龜腹甲文例研究

　　此版雖也可視為以第二道齒紋為界分為上下兩部分而用的一版腹甲，但卜辭的行款和佈局比較獨特。上部兩條"貞雨"之辭，基本刻寫在首甲上，而"庚午"一辭則是自千里路始刻的。下部兩條"庚午"日占卜之辭雖是一組對貞卜辭，但二者的刻寫行款與一般對貞卜辭的行款有別，它們並沒有按照對稱的原則契刻。最下部的兩條對貞卜辭則符合對稱刻辭的原則，均是自千里路始"由內而外"契刻。

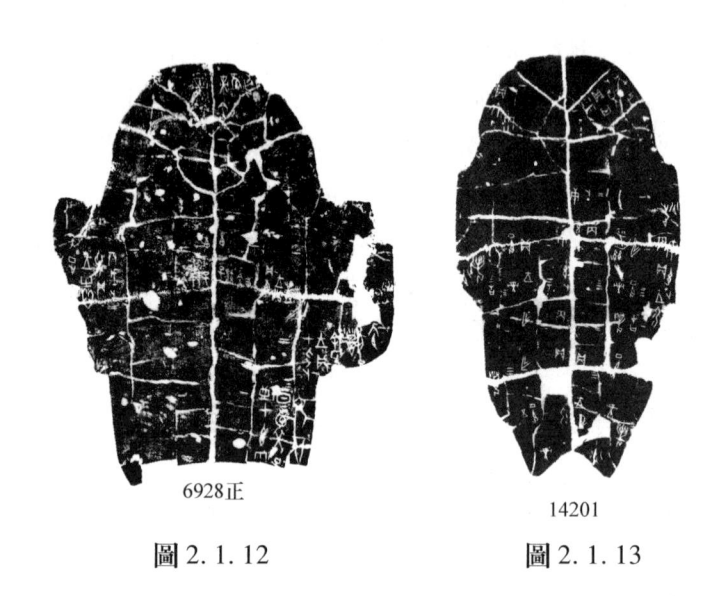

6928正

圖 2.1.12

14201

圖 2.1.13

　　通過上面的例子不難看出，這兩種佈局的龜版具有以下特點：
　1. 一般使用的龜版都比較小，不超過 25 釐米。
　2. 甲橋經過修治，僅殘留很少一部分，有些則幾乎修治殆盡。
　3. 雖然上舉例證沒有給出腹甲背面的圖片，但透過正面的卜兆和序數的排列與分佈情況，不難看出背面鑽鑿一般較為稀疏，個別鑽鑿密集者，也至多左右各一到兩豎列。
　4. 卜辭大部分分佈在腹甲近邊緣處，且在刻寫時受腹甲輪廓影響，特別是腹甲首尾兩端的卜辭，下行時略向外側彎曲，呈弧綫型。

5. 刻寫於甲橋附近的卜辭在行款走向上並不完全一致，既存在"自上而下，由外而內"契刻的情況，也存在"自上而下，由內而外"契刻的情況。

三　以甲橋上下兩端為界分為上、中、下三部而用者

（一）上部

賓組一類龜腹甲上部卜辭（千里路兩側卜辭暫不考慮）的行款走向及佈局主要有以下三種類型：

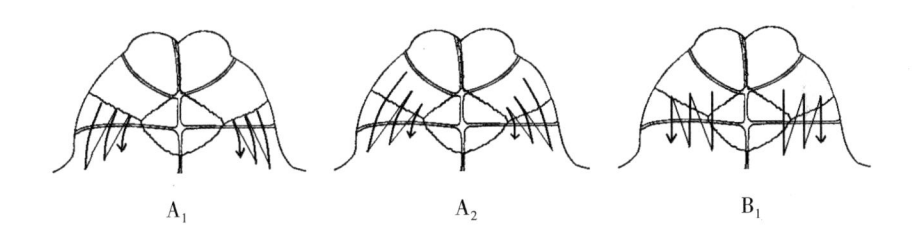

A_1　　　　　　　A_2　　　　　　　B_1

A_1類基本以第一道齒紋（上舌縫）為上端，沿腹甲外部輪廓"自上而下，由外而內"契刻。這類卜辭大多契刻在前甲上部的區域內，受腹甲形態影響，卜辭下行時略帶一定弧度，如：《合集》110正、《合集》698正、《合集》7076正、《合集》7352正、《合集》13490＋《乙編》3240①、《合集》13505正等。這種類型在賓組一類龜腹甲上最為常見。

A_2類雖然也是沿腹甲外部輪廓"自上而下，由內而外"契刻，但卜辭的佈局與 A_1 類有別，刻辭已超出前甲的範圍，上及首甲。如：《合集》816正、《合集》6945、《合集》6946正、《合集》10656、《合集》10976正等。另外，《合集》6571正、《合集》6834正兩版上部的卜辭，除最外側一兩行超出了首甲的範圍外，其餘則均以第一道盾紋（喉肱溝）為上端，以第一道齒紋（上舌縫）為下端刻寫。而《合集》3458正、《合集》13514正甲上部的卜辭，最外側一或兩行以第一道盾紋（喉肱溝）為上端"自上而

---

① 林宏明綴合，見《醉古集》256組。

下"契刻，餘下的內容則沿上舌縫橫向契刻。由此可見，雖然從整版卜辭的行款佈局來看，它們打破了腹甲的紋理特徵，但就具體的刻寫細節來說，卜辭仍會受到齒紋盾紋的影響，自覺不自覺地以它們為界來契刻。這一特徵對甲骨復原綴合非常有益，特別是齒紋處的卜辭往往會隨齒紋分解為兩部分，這樣我們就可以根據殘存的筆劃來進行綴合了。

B_1類卜辭首行所處的位置比較特殊，一般會經過中甲齒縫左右兩端的交界處。雖有些卜辭已刻寫近腹甲邊緣但它們的行款走向卻與一般卜辭不同，仍是"自上而下，由內而外"契刻的。如：《合集》900正、《合集》903正、《合集》945正、《合集》1027正、《合集》1051正、《合集》6583、《合集》10936正、《合集》11018正、《合集》12883、《合集》17257正等。這一類型在龜腹甲上比較少見，僅見於賓組一類和典賓類卜辭中。

另外，賓組一類上部近千里路處半數以上不刻卜辭，其餘刻寫卜辭者，位置一般比較靈活，且受齒紋和盾紋的影響較大，有的基本局限在中甲的範圍內，如：《合集》190正、《合集》738正、《合集》892正、《合集》1191正、《合集》2953正、《合集》5658正、《合集》6946正等；有的以第二道盾紋（肱胸溝）為頂端，如：《合集》940正、《合集》13624正等，有的以上內縫為頂端，如：《合集》10613正、《合集》14755正等；還有的以內舌縫為頂端，如：《合集》816正、《合集》880正、《合集》1027正、《合集》1051正、《合集》6583、《合集》6945、《合集》7352正、《合集》10346正、《合集》10976正等。當然，A_1、A_2、B_1這三種類型，近千里路處刻辭、不刻辭的情況都存在，我們不再一一列舉。

（二）中部

中部在腹甲上所佔的比例較大，刻辭也相應較多，特別是腹甲內部，卜辭多且刻寫位置也比較靈活，散見各處。它們一般按照"自上而下，由內而外"的原則契刻，如：《合集》371正、《合集》536、《合集》672正、《合集》716正、《合集》738正、《合集》5658正、《合集》6583、《合集》6834正、《合集》6943、

《合集》10344正、《合集》14755等。

也有少數"由內而外"橫行的例子，如：

《合集》816正上的對貞卜辭"貞：弜其屮（有）囚（憂）／貞：弜亡囚（憂）"沿第二道齒紋（舌下縫）由內而外橫行。

《合集》1385正的"貞：燎于咸㞢／貞：勿燎于咸㞢"，這組對貞卜辭比較特殊，它們不僅由內而外橫行，而且是"犯兆"刻寫的。

《合集》6664正上的"十豻于上甲"位於右後甲，沿第四道盾紋（腹股溝）由內而外橫行。另外，此版上還有一組對貞卜辭"乙酉卜，爭貞：隹（唯）父乙降齒／貞：不隹（唯）父乙降齒"，它們除開頭兩字豎刻外，餘下的部分也是沿第二道齒紋（舌下縫）由內而外橫刻的。

《合集》7852正[①]的"貞：茲邑其屮（有）降囚（憂）"也是沿第二道齒紋（舌下縫）由內而外橫刻的。

《合集》10299正的位於右腹甲第二道齒紋（舌下縫）處的"隹（唯）南庚壱（害）王"一辭，除"隹"字外，其餘四字都是沿齒縫橫刻的。

中部近邊緣處即甲橋上的卜辭，刻寫位置一般比較固定，常刻於甲橋中央和下端，有時上端也會刻寫卜辭，也有"自上而下"直行的，如下圖所示：

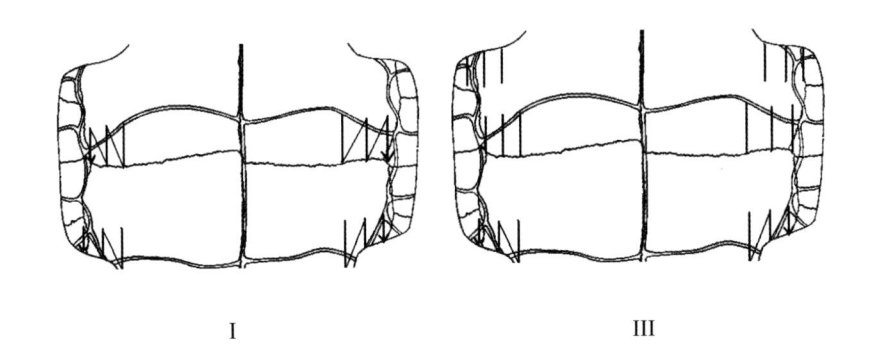

I　　　　　　　　III

---

① 林宏明加綴《乙編》8629，見《契合集》第319組。

殷墟王卜辭龜腹甲文例研究

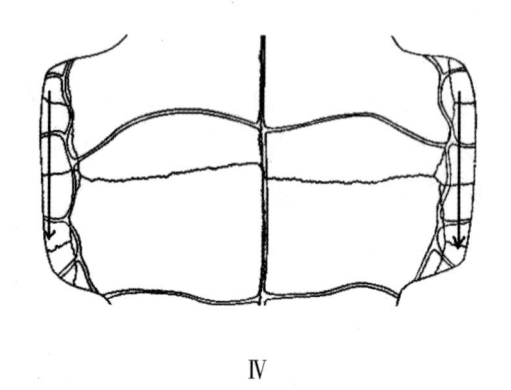

Ⅳ

　　Ⅰ類在賓組一類腹甲上最為常見。兩辭位置比較固定，一辭以第二道齒紋（舌下縫）為底端，一辭以甲橋下端為底端。卜辭的行款走向以"自上而下，由內而外"為主，如：《合集》110 正、《合集》698 正、《合集》776 正①、《合集》880 正、《合集》1901 正②、《合集》3458 正、《合集》5439 正、《合集》6460 正、《合集》6959、《合集》13490③、《合集》13505 正、《合集》13707 正、《合集》14735 正等。少數一辭"自上而下，由外而內"，一辭"自上而下，由內而外"刻寫，如：《合集》1051 正、《合集》6947 正等。也有個別兩辭均"自上而下，由外而內"刻寫的例子，如：《合集》635 正、《合集》10863 正等。

　　Ⅲ類位於腹甲甲橋處的三條卜辭，其行款走向組合關係較為多樣。有的是甲橋上端一辭"自上而下，由外而內"刻寫，其餘兩辭"自上而下，由內而外"刻寫，如《合集》902 正；也有的是位於中央的卜辭"自上而下，由外而內"刻寫，而上下兩端的卜辭則是"由內而外"刻寫的，如：《合集》5532 正、《合集》10315 正；還有的則是位於甲橋上端和中央的兩條卜辭"自上而下，由外而內"刻寫，甲橋下端的卜辭"自上而下，由內而外"刻寫，如《合集》

---

① 林宏明綴合，見《醉古集》153 組。
② 何會綴合，見《甲骨拼合三集》第 653 則。
③ 林宏明綴合，見《醉古集》256 組。

6946 正，這裡要說明的是，此版甲橋處雖也刻有三條卜辭，但它們的刻寫位置卻比較特殊，其中有兩辭位於甲橋中央，它們分別以第二道齒紋（舌下縫）為上端和下端刻寫，另一辭則位於甲橋的底端；另外，也有三辭行款走向一致的情況存在，三辭均"自上而下，由內而外"刻寫，如：《合集》1027 正、《合集》1140 正；或均"自上而下，由外而內"刻寫，如《合集》13646 正。

由此可見，位於甲橋處的三辭，只有下端的卜辭其行款走向較為固定，如圖 III 所示，它們一般是"自上而下，由內而外"刻寫的。

當然，甲橋上也存在僅刻一辭的情況，其中位於甲橋下端的例子最為常見，如：《合集》891 正[①]、《合集》900 正、《合集》904 正、《合集》6647 正、《合集》7351 正、《合集》9520（與《合集》9521、《合集》9522、《合集》9523、《合集》9524 為異版成套卜辭）、《合集》10136 正、《合集》10345 正、《合集》10613 正、《合集》17409 正等。也有少數位於甲橋中央，如：《合集》6664 正、《合集》7768 等，還有個別刻於甲橋上端的例子，如：《合集》810 正、《合集》10936 正等。

Ⅳ類情況在賓組一類卜辭中並不多見，它們常沿甲橋邊緣，"自上而下"直行，如：《合集》309 正甲、《合集》940 正、《合集》14721 正等。

（三）下部

賓組一類腹甲下部近邊緣處卜辭的行款佈局主要有以下幾種類型：

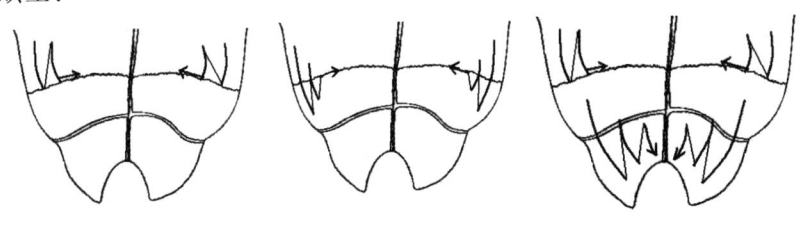

ia　　　　　ib　　　　　ii

[①] 林宏明綴合，見《醉古集》308 組。

殷墟王卜辭龜腹甲文例研究

　　ia類卜辭基本以第三道齒紋（下劍縫）為底端，沿腹甲輪廓"自上而下，由外而內"刻寫，受腹甲形態影響卜辭下行時略帶一定弧度。有時卜辭末端幾個字會沿齒紋橫行。這一類型在賓組一類卜辭中最為常見，如：《合集》698正、《合集》738正、《合集》904正、《合集》5439正、《合集》6647正、《合集》7852正、《合集》9520、《合集》9521、《合集》9522、《合集》9523、《合集》9524、《合集》10306正、《合集》13490、《合集》17271正等。

　　ib類卜辭一般最外側一兩行沿腹甲輪廓"自上而下，由外而內"刻寫，其餘則沿第三道齒紋（下劍縫）橫向刻寫，整條卜辭跨後甲和尾甲兩部分。如：《合集》6571正、《合集》6583、《合集》10136正、《合集》11593、《合集》13514正甲、《合集》14755正等。

　　ii類沿腹甲邊緣一般刻有兩或三條卜辭，卜辭在下行時均受腹甲輪廓影響，略帶一定弧度，特別是刻於尾甲下端的卜辭，通常會以尾甲"∧"形邊為底端刻寫，從而呈現出一種獨特的行款及佈局類型。如：《合集》776正、《合集》892正、《合集》6834正、《合集》6952正、《合集》9741正、《合集》11018正①、《合集》13646正等。

　　當然，腹甲下部內部，即近千里路附近，有時也會刻寫卜辭，這些刻辭多以第三道齒紋（下劍縫）為頂端，"自上而下，由內而外"刻寫。如：《合集》536、《合集》3458正、《合集》7387、《合集》7772正、《合集》8808正、《合集》14787正等。其中《合集》14659下部的卜辭則直接沿第三道齒紋"由內而外"橫行。

　　通過以上論述不難看出，這種佈局的龜版具有以下特點：

1. 一般使用的龜版都比較大。
2. 甲橋雖經修治，但保留的部分比較多，也有些是未經修治

---

① 林宏明綴合，見《醉古集》307組。

的甲橋。

3. 此類腹甲背面的鑽鑿一般比較密集。
4. 卜辭刻寫時受腹甲形態和紋路的影響較為明顯。

貳　占卜次序釋例

在釋讀和研究卜辭時，卜辭在龜版上排列分佈的先後次序即辭序，顯得尤為重要，更是甲骨文例研究不可避免的課題。目前就這一問題進行集中探討的學者，主要是李達良先生和孫亞冰博士。

李達良先生在《龜版文例研究》中，取《丙編》綴合復原之大龜三十餘版，專門討論刻辭位置及先後順序，將其歸納為十一式：

（一）由上而下，左右對稱，兩兩平行而下；（二）由上而下，左右對稱，逐層平行而下，先刻外，後刻內；（三）由上而下，左右對稱，平行而下，內與外依次遞用；（四）由上而下，先刻內，後刻外，左右平行而下；（五）由上而下，先刻外，後刻內，左右平行而下；（六）先用上部（自左右首甲至甲橋上端之頂為上部），次用下部（自左右甲橋下端之末至尾甲末端為下部），最後用中部（自左右甲橋上端之頂至下端之末為中部）。每部都是由上而下，左右平行；（七）由下逆行而上，左右對稱，平行逆上；（八）先用外，其序由上而下，左右對稱，平行而下；後用內，其序由下逆而上；（九）先用外，其序由下逆而上，左右平行逆上；後用內，其序由上而下；（十）忽上忽下，先後次序極亂，但大致仍守左右對稱平行之例；（十一）無規律可尋，這類龜腹甲上卜辭較多，多單貞或三條辭交互綜錯，故左右對稱平行之例亦不能盡守。[①]

孫亞冰博士也對《花東》龜腹甲同版所有卜辭的占卜次序進行了總結，共輯98例，其中"從上到下或基本從上到下"的10

---

① 李達良：《龜版文例研究》，《香港中文大學聯合書院文史叢刊乙種之二》，香港中文大學聯合書院中國語言文學系，1972年，第8—30頁；又收入《甲骨文獻集成》第17冊，四川大學出版社2001年版。

例、"先上後下、又轉而向上或基本先上後下、又轉而向上"的6例、"從下到上或基本從下到上"的37例、"先下後上、又轉而向下或基本先下後上、又轉而向下"的8例、"次序較亂"的37例。①

通過李、孫二氏的研究，我們很容易得出與孫亞冰博士相同的結論，即"花東子卜辭與賓組王卜辭的龜腹甲貞卜特點很相似，即除正反對貞卜辭多左右對稱、先右後左外，其他卜辭的貞卜和燋灼都比較隨意，無規律可循"②。

但這一結論，與其他研究往往相左。究其原因，主要有兩個方面。

第一、從主觀上來說：

首先，多半是我們"以今釋古"的觀念在作祟，即在考察書寫次序時，往往以書寫載體為主要參照而非書寫內容。這大大脫離了甲骨文的實際，殷墟甲骨文作為占卜記錄，刻寫在甲骨上時要遵循一定的卜法，因此在探討他們的次序時，應以卜辭內容為主要依據。

其次，再加之有一部分刻辭較少、占卜主題較單一的龜版，其上的卜辭順次排列，秩序井然，更容易使我們誤以為其他龜版上的卜辭亦應如此。從而忽略了占卜的實際情況和卜辭的性質，生搬硬套地去整理一版雜卜辭的次序，這勢必得出與事實不相符合的結論。

第二、從客觀上來說：

首先，李達良先生在《龜版文例研究》中指出："同組刻辭位置者，述同屬一組之辭相對位置之例也。同契一版上之辭，事類非一，而刻辭位置則以左右平行為常例（詳上章），故從整版觀，多左右對稱，而卜問之事則不必同也。是以從'事'為分，每事尋其同組之辭，就同組各辭所在之位置，求其相對向之例，

---

① 孫亞冰：《殷墟花園莊東地甲骨文例研究》，上海古籍出版社2014年版，第175—224頁。

② 孫亞冰：《殷墟花園莊東地甲骨文例研究》，上海古籍出版社2014年版，第224頁。

亦有可述者。"① 可見，龜版上卜辭的位置關係比較複雜，除左右對稱外，還有上下相對、斜向相對、三角相對等，下面我們分別舉例說明。

位於千里路同側，左右相對的，如：

《合集》248② 上的"戊寅卜，古貞：我永。/貞：我永"；

《合集》8808 上的"王出（有）䘚（害）。/亡䘚（害）"；

《合集》903 正上的"父乙不隹（唯）伐求。/父乙隹（唯）伐求"；

《合集》10344 上的"屮宰屮一人。/屮惠犬屮羊屮一人"；

《合集》14207 正上的"庚酒河。/勿庚酒河"和"沉五牛燎三牛卯五牛。/勿沉五牛燎三牛卯五牛"等。

上下相對的，如：

《合集》190 上的"乙未卜，爭貞：來辛亥酒𨾫報于祖辛。七月。/來辛亥惠𨾫報酒祖辛"；

《合集》698 正上的"屮妣庚屮㠯（彗）③。/其屮于妣庚亡其㠯（彗）"；

《合集》952 上的"貞：屮咸戊。/勿屮"和"屮于學戊。/勿屮"；

《合集》905 正上的"貞：于妣己禦子賓/貞：勿于妣己禦子賓"；

《合集》1027④ 上的"戊午卜，殼貞：我其乎（呼）𢀛𡧊，㞢。/戊午卜，殼：我𢀛𡧊，㞢"；

《合集》10133 上的"禦王固于妣癸。/勿禦王固于妣癸"；

《合集》14395 正上的"甲辰卜，爭貞：翌乙巳燎于土牛。/燎

---

① 李達良：《龜版文例研究》，《香港中文大學聯合書院文史叢刊乙種之二》，香港中文大學聯合書院中國語言文學系，1972 年，第 53 頁；又收入《甲骨文獻集成》第 17 冊，四川大學出版社 2001 年版。
② 林宏明綴合，見《醉古集》326 組。
③ 從裘錫圭釋，見《殷墟甲骨文"彗"字補說》，《華學》第二輯，中山大學出版社 1996 年版。
④ 林宏明綴合，見《醉古集》350 組。

于土惠羊虫豚"等。

斜向相對的，如：

《合集》902 正上的"己卯卜，殼貞：不其雨。/己卯卜，殼貞：雨。王占曰：'其雨隹（唯）壬'。壬午允雨"；

《合集》904 正上的"丙戌卜，殼（反面）：來甲午虫伐上甲十。/來甲午虫伐上甲八"、"貞：虫于妣己㞢✿。勿虫㞢于妣己"和"貞：乍不其來。一/戊子卜，爭（反面）貞：乍其來"；

《合集》1051 正上的"貞：于王矢。/壬辰卜，殼貞：于王矢"；

《合集》9774 正上的"癸丑卜，殼貞：菁受年。/貞：菁不其受年。二月"；

《合集》9774 正上的"貞：罗受年。/貞：罗不其受年"；

《合集》11274 正上的"［戊辰］卜，殼貞：翌己巳步于卒。/貞：于庚午步于卒"和"貞：翌戊辰王步易日。翌戊辰勿步"；

《合集》914 正上的"貞：戒往來其虫（有）囚（憂）。/癸丑卜，爭貞：戒往來亡囚（憂）。王占曰：'亡囚（憂）'"；

《合集》6461 正上的"辛卯卜，賓貞：沚戒啓巴王勿隹（唯）之比。/辛卯卜，賓貞：沚戒啓巴王惠之比。五月"；

《合集》10133 正上的"貞：乙保黍年。/乙弗保黍年"；

《合集》11462 正上的"乙酉卜，爭（反面）貞：皋來舟。/皋不其來舟"等。

三角相對的，如：

《合集》190 正上的"貞：王其逐兕，獲。弗罙兕，獲豕二。/弗其獲兕。/貞：其逐兕，獲。弗罙兕"；

《合集》536 上的"［辛卯卜，爭］：乎（呼）取奠女子。/辛卯卜，爭：勿乎（呼）取奠女子。/辛卯卜，爭：乎（呼）取奠女子"；

《合集》795 正上的"貞：王出囧，若。/貞：王出囧，不若。/貞：王出囧，若"；

《合集》880 正上的"甲戌卜，內（反面）貞：祖乙孼王。/祖

第二章　殷墟王卜辭龜腹甲文例特點（上）

乙弗其孽王。／貞：祖乙孽王"；

《合集》893 正上的"㞢于上甲十伐卯十牢。／上甲十伐㞢五卯十小牢。／貞：廿伐上甲卯十小牢"和"舊㞢（有）鹿。／㞢（有）鹿。／亡其鹿"；

《合集》903 正上的"翌丁酉㞢于祖丁。／翌辛丑㞢祖辛。／翌乙巳㞢祖乙"；

《合集》1051 正上的"㞢王矢伐一卯牢。／㞢王矢伐三卯牢。／㞢王矢伐五卯牢"；

《合集》456 正上的"甲午卜，爭貞：翌乙未用羌。用，之日陰①。／甲午卜，爭貞：翌乙未勿蕭用羌。／貞：翌乙未用羌"和"乙未卜，賓貞：以武芻。／以武芻。／貞：弗其以武芻"等。

其次，腹甲上存在大量的單貞卜辭，它們往往位置比較靈活，散見於龜版各處，如：

《合集》110 正上的"庚辰卜，賓貞：乎（呼）取犾芻于韋"位於左後甲近甲橋處；

《合集》3458 正上的"不延雨"位於右後甲近千里路處，"貞：翌己未王步"位於左胯凹，"貞：燎于河"位於左尾甲近千里路處；

《合集》6016 正上的"貞：乎（呼）麥豕从北"位於右前甲，"戊戌卜，爭貞：王歸奏玉其伐"位於左前甲，"貞：禦于妣庚"位於中甲下方，"其㞢砸得"位於左後甲近千里路處；

《合集》10936 正上僅有一組對貞卜辭，其餘均為單貞卜辭；

《合集》151 正上的"貞：方其大即戎"位於左首甲與左前甲交接處，"王□乎（呼）入禦事"位於右前甲近甲橋處，"乎（呼）往"位於左後甲近千里路處；

《合集》376 正上的"貞：王其疾🀆"位於右甲橋下端、"貞：今般取于尻，王用若"位於右後甲近千里路處；

---

① 此字舊多從于省吾說，釋為"霧"，今從孫常敘釋作"陰"，見孫常敘：《㞷雀一字形變說》，《古文字研究》第 19 輯，中華書局 1992 年版，第 377—390 頁。

《合集》768 正上的"庚戌卜（反面），貞：翌辛亥于祖辛一牛"位於右前甲；

《合集》775 正上的"貞：今王其猷"位於中甲上；

《合集》812 正上的"貞：翌甲午用多屯"位於右前甲上，"貞：亡蚩（害）"位於左前甲，"貞：王不酒"位於右後甲近甲橋處；

《合集》975 正上的"乙巳卜，爭貞：今日酒伐啓"位於右前甲上等。

再次，根據目前的研究，可以知道殷人每天要卜問許多事情，這些事情有些是刻寫在同一版甲骨上的，有些則被刻寫在多塊不同的甲骨上，而且每版甲骨也並非僅用一次，而是常常相隔數日之後，再次用來占卜，因此，同一龜版上的卜辭往往內容繁雜，歷時較長。如：《合集》376（《丙編》96）張秉權先生在考證部分說：

> 這一版復原了的大龜腹甲上有"乙丑""庚子""乙巳""庚申"等四個不同的占卜日期。乙丑標明在三月。從三月乙丑至庚申，前後達五十六日，或者自庚申經過三月乙丑而至乙巳，前後亦有四十六天，可見它的使用，是經過一段相當長的時間的。
>
> 使用這塊大腹甲來問事的貞人有殼和古二個，另外還有在反面甲橋上簽名的貞人兼史官爭，這些都是武丁時代著名的老史官老貞人。所以至少有三位名人曾經與這一塊大龜腹甲接觸過。

同時，由於目前我們所掌握的資料還很難發現他們之間的內在聯繫。

最後，這些龜版在使用的時候，往往先疏後密，"每次承用

第二章　殷墟王卜辭龜腹甲文例特點（上）

前次之餘位，往往後刻之辭跨於先刻者之上"①。明確這一點尤為重要，因為它是造成早期腹甲卜辭"混亂"的首要因素。事實上，它也是造成卜骨上的"相間刻辭"、"邊面對應"、"邊面連讀"、"首扇對貞"等複雜文例現象產生的原因之一。這也說明，儘管卜骨文例與卜甲文例表面上存在較大差異，但本質上卻是密切相關的。

總之，上述這些情況的客觀存在，使得早期龜腹甲上卜辭刻寫的先後次序變得尤為複雜，易給人一種混亂、隨意的印象。

那麼，同版卜辭的次序究竟是怎樣的呢？

我們知道腹甲背面的鑽鑿排列整飭有序，這似乎在暗示殷人用龜井然有序的一面。但從《丙編·考釋》部分不難看出，很多腹甲背面的鑽鑿並沒有被用來炙灼見兆，而且這些沒有被炙灼的鑽鑿常常雜陳在已炙灼見兆的鑽鑿中間。可見，殷人灼龜並非依次而進，對鑽鑿的使用有一定的選擇性。這就促使我們不得不求助於腹甲正面的卜兆和序數。

眾所周知，甲骨正面的卜兆和序數，若整版來看次序常常比較混亂，但如果條分縷析，各就各位，從占卜的實際出發，即為每一條卜辭找到其應該隸屬的卜兆和序數，便即刻會有"殷人占卜事事分明，秩序井然"之感。

這一點張秉權先生也已指出，他說"在龜腹甲上，序數的分佈情形，是非常複雜的，但是如果把它們一組一組地分開來看，那麼也就不難著手整理的了，因為它們總是左右對稱的情形居多，雖則也有一些龜腹甲上的序數，是左右不對稱的，然而這只是一些比較特殊的情形而已，為數不多，在全部腹甲中真是微不足道"②。張氏所言極是，這樣的例子俯拾即是，如：

《合集》14，其左側的序數自上而下，依次為"一　二　三

---

① 李達良：《龜版文例研究》，《香港中文大學聯合書院文史叢刊乙種之二》，香港中文大學聯合書院中國語言文學系，1972年，第87—88頁；又收入《甲骨文獻集成》第17冊，四川大學出版社2001年版。

② 張秉權：《甲骨文與甲骨學》，台北"國立"編輯館1988年版，第166頁。

四　五",然右側序數若也依自上而下的順序來看,則會出現"一　二　一　三　四"這樣的序數,讓人產生混亂之感。但實際上只要我們稍微用心觀察就會發現,右側的序數也是很有秩序的排列的,他們分別隸屬於不同的卜辭:

{貞:乎(呼)雷耤于明。一　二　三　四
庚申卜,古貞:勿萑敊(殺)①于南庚牢,用。一
丙戌卜,賓貞:令眾黍,其受㞢[年]。一　二　三　四　五

可見,右側的序數"一　二　三　四"隸屬於"貞:呼雷耤于明",而"一"則是隸屬於"庚申卜,古貞:勿萑敊(殺)于南庚牢,用"一辭的。

《合集》122其上的序數和卜辭如果整版來看也是雜亂無章,但實際上,其上只有兩組卜辭:

{貞:王夢啓,隹(唯)囚(憂)。一
貞:隹(唯)囚(憂)。一
王夢啓,不隹(唯)囚(憂)。一

{貞:擇②雍芻。一　二
擇雍芻。三
貞:擇雍芻。四　五
貞:勿擇雍芻。一　二　三　四　五

其中右側腹甲上的"貞:擇雍芻"的序數是"自上而下"的,大概由於它們比較分散,且容易與"貞:王夢啓,唯憂"的序數相混同,所以分別在"一　二"、"三"、"四　五"兆旁用卜辭標記。左側"貞:勿擇雍芻"的序數"一　二　三　四　五"則井然有序,"自上而下"排列,便僅記一辭。

《合集》150左右後甲下部和尾甲部分的序數若按"自上而下,由外而内"的次序分别為"一　一　二　三"、"一　一　二　三　一",看上去也較為雜亂,實際上我們並不能因為它們同在一版,

---

① 此字舊多釋"施",今從陳劍釋為"殺",參陳劍:《試說甲骨文的"殺"字》,《古文字研究》第29輯,中華書局2012年,第9—19頁。
② 此字從孫詒讓釋,見孫詒讓:《契文舉例》(樓學禮校點),齊魯書社1993年版。

第二章 殷墟王卜辭龜腹甲文例特點（上）

位置相鄰，就簡單地將它們視為一組，若將它們分別隸屬於不同的卜辭則全然不同：

$\begin{cases}雍舀于雇。一\\勿于雇。一　二告\end{cases}$

$\begin{cases}貞：其入屮報，示若。一　二　二告　三\\貞：勿屮報。一　二告　二　三\end{cases}$

貞：屮祖乙。一

可見，左右後甲最下端外側的兩個序數"一"分別隸屬於第一組卜辭；"自上而下，由外而內"的兩組序數"一　二　三"則分別隸屬於第二組卜辭；右尾甲近千里路的序數"一"的命辭"貞：屮祖乙"則被刻於腹甲背面的相應部位。

《合集》9671首甲和前甲上的序數左側是"一　一　二"，右側是"一　二　一"也談不上什麼次序，但實際上它們也是分別屬於兩組卜辭的：

$\begin{cases}貞：王聽佳（唯）孽。一\\貞：王聽不佳（唯）孽。一\end{cases}$

$\begin{cases}辛卯卜，古貞：我受年。一　二　三　四　五　六\\\quad 七　二告　八　九\\貞：我不其受年。一　二　三　四　小告　五　六　七\end{cases}$

可見，左右前甲上的兩個序數"一"是屬於第一組卜辭的，而"一　二"則分別和後甲、尾甲上的序數為一組屬於第二組卜辭，它們"自上而下"排列。從這一版上卜辭和序數的分佈我們也不難看出，殷人灼龜見兆時，選用的鑽鑿也並非依次燒灼的，而是有跳躍性的，可以越過一部分鑽鑿，繼續施行，這也是造成整版卜辭次序看上去無規律可循的一個原因。

《合集》12648後甲和尾甲處的序數為"一　二　三　四　五　六　四　七　五"，從表面上看，也雜亂無章，毫無規律，實際上，它們也並非隸屬於同一條卜辭，而是分別為兩組卜辭的序數：

57

$\left\{\begin{array}{l}\text{［己未卜，殻］貞：今十三月雨。一}\\ \text{己未卜，殻貞：今十三月不其雨。一}\\ \text{己未卜，殻貞：今十三月雨。二}\\ \text{貞：十三月不其雨。二}\\ \text{貞：今十三月［雨］。三}\\ \text{貞：今十三月不其雨。三　二告}\\ \text{［貞：今十三月雨。四］}\\ \text{貞：今十三月不其雨。四}\\ \text{今十三月雨。五}\\ \text{今十三月不其雨。五}\end{array}\right.$

$\left\{\begin{array}{l}\text{隹（唯）上甲𡧊（害）雨。一　二　三}\\ \text{不隹（唯）上甲。一　二　三}\\ \text{隹（唯）上甲。四}\\ \text{不隹（唯）上甲。四　二告　五　六}\\ \text{隹（唯）上甲。五　六}\\ \text{隹（唯）上甲。七}\\ \text{不隹（唯）上甲。七}\end{array}\right.$

　　本版上的這兩組卜辭是成套卜辭，大概占卜者也覺得如果每組占卜僅刻一條卜辭，容易引起混亂，所以不厭其煩的為每組占卜刻上數條卜辭，以便查閱的人能夠更清楚的理清卜兆與卜辭間的關係。這裡要說明的是，第一組卜辭的序數很顯然是"自上而下"排列的，然而第二組卜辭的序數，雖然它們同屬一組卜辭，但其排列方式卻不同，其中序數"一　二　三"是"由內而外，自下而上"排列的，而序數"四　五　六　七"則是"由內而外，自上而下"排列的。同條卜辭本身便呈現出兩種不同的排列行式，可見，早期的占卜規則並不是十分嚴格，貞人根據需要，可以適當變通，這大概也是早期卜辭複雜多變的原因之一，因此，我們更不能苛求整版卜辭都整齊劃一的，按照某種方式排列了。

　　由此可見，張秉權先生的這種分析方法是非常科學合理的。龜版上卜辭的次序與序數的排列是一脈相承的，上面的例子正是打開刻辭繁雜的龜版上卜辭釋讀順序的一把鑰匙。

因此，我們在分析同一版上所有卜辭的次序時，也應以組為單位，一組一組的來看，將一組一組的相關卜辭視為一個整體來進行研究，並在此基礎上歸納總結同版所有卜辭的分佈規律，只有這樣才能歸納出符合殷人占卜實際的用龜原則，避免產生"卜辭繁雜無序"的錯覺。

其實這一方法，董作賓先生在《大龜四版考釋》中雖未明確提出，但從其所得出的"先右後左，若一事兩貞，則皆在對稱處；先外後內；先下後上；先中部後四隅；先疏後密，有時為填滿空隙而上下內外錯落"的結論不難看出，他並沒有把整版的所有卜辭視為一個整體，而是根據干支和事類聯繫總結出每組卜辭的刻寫原則和次序，從而得出整版卜辭的刻寫原則和次序。所以，我們在考察整版卜辭次序的時候，也不能苛求，一定要總結出整版卜辭的釋讀順序，而是要弄清每一組貞問的釋讀順序即可。

這裡需要說明的是，我們所說的"組"比較寬泛，主要是為辨別同版卜辭的次序而劃分出來的一個概念。因此，只要是通過干支、卜兆序數及內容上的內在聯繫能夠排列出先後次序的卜辭，我們都稱為一組。就目前的研究來看，一版龜腹甲上的卜辭，其次序主要有下列幾種類型：

先右後左

先左後右

先上後下或自上而下

先下後上或自下而上

先外後內

先內後外

由於腹甲上卜辭關係較為複雜，所以，一版腹甲上往往多種類型並存。同時，不同類組的腹甲上卜辭的次序又存在一定的差異。下面我們來看賓組一類卜辭的占卜次序。

殷墟王卜辭龜腹甲文例研究

一 據序數與卜辭間的關係判斷

腹甲上複雜多變的"序數",是我們理解殷人占卜次序的鑰匙。下表中我們列舉的是賓組一類龜腹甲上通過序數系聯而得到的同組卜辭,它們大部分是張秉權先生所說的"同版成套卜辭"。雖然這些成套的數條卜辭從意義上來說,僅相當於一條卜辭的功用,但透過這些卜辭的排列次序以及它們在龜版上的分佈情況,可以總結出賓組一類貞人用龜的習慣和原則。

序號	著錄號①	部位	右甲	左甲	次序
1	96	前、後	(1) 庚午卜,賓貞:兴以斝[犭匆]。一 (3) 貞:兴以斝犭匆。二	(2) 貞:兴弗其以斝犭匆。一 二告 (4) 兴弗其以斝犭匆。二	先右後左 先上後下
2	110	前、後	(1) 貞:周置。一 (3) 庚午卜,賓貞:周豕置。二	(2) 弗其豕。一 (4) 貞:周弗其豕置。二	先右後左 先上後下
3	122	首、前、後、尾	(1) 貞:擇雍犭匆。一 二 (2) 擇雍犭匆。三 (3) 貞:擇雍犭匆。四 五	(4) 貞:勿擇雍犭匆。一 二 三 四 五	先右後左 先上後下
		前、後	(1) 貞:王夢启,隹(唯)囚(憂)。一 (2) 貞:隹(唯)囚(憂)。一	(3) 王夢启,不隹(唯)囚(憂)。一	先右後左 先上後下
4	203	前、後、尾	(1) 乙巳卜,賓貞:鬼獲羌。一月。一 (3) 貞:鬼獲羌。二 三 四	(2) 乙巳卜,賓貞:鬼不其獲羌。一 (4) 貞:鬼不其獲羌。二 三 四	先右後左 先上後下

---

① 為行文簡潔,此欄凡源自《合集》的著錄號前,一律不再加"合集"等字樣,源自其他著錄書的也直接用簡稱標注,不加書名號,下文同。

第二章 殷墟王卜辭龜腹甲文例特點（上）

续表

序號	著錄號	部位	右甲	左甲	次序
5	672正＋1403＋7176＋15453＋乙編2462	後、尾		（1）翌癸卯帝不令風，夕陰。一 （2）貞：翌癸卯帝其令風。二	先下後上
6	698	前	（1）貞：酚妣庚十伐，卯十宰。一 （2）酚妣庚十伐，卯十宰。二		先上後下
		後、尾	（1）貞：亡囚（憂）。一 （3）亡囚（憂）。二	（2）其出（有）囚（憂）。一 （4）其出（有）囚（憂）。二	先右後左 先正後反
7	716	首、中、前	亡來艱。一 亡來艱。二	貞：其有來艱。一 二	先右後左 先內後外
8	776＋乙編7618＋乙編7619＋乙編7620＝醉古集153	前、尾	（1）己丑卜，殼貞：王夢隹（唯）祖乙。一 （3）己丑卜，殼貞：王夢隹（唯）祖乙。一	（2）貞：王夢不隹（唯）祖乙。一 （4）貞：王夢不隹（唯）祖乙。二	先右後左 先下後上 先內後外
		前、後		（1）癸卯卜，殼：翌甲辰出于上甲十牛。一 二 〔三〕 （2）翌甲辰出于上甲十牛。四 五 六	先下後上 先內後外
9	880	前	（1）辛酉卜，內貞：往西多蝦其以王伐。 （3）貞：往西多蝦其以王〔伐〕。二 三	（2）貞：往西多蝦不其以伐。一 （4）往西多蝦不其以伐。二 三	先右後左 先上後下

61

续表

序號	著錄號	部位	右甲	左甲	次序
10	900	前、後	(1)［丁］酉［卜］，賓貞：姐受年。［一］ 二 三 四 (3) 丁酉卜，㱿貞：我受甫糕在姐年。三月。五 六	(2)［貞］：姐［弗］其受年。［一］ 二［三 四］ (4) 丁酉卜，㱿貞：我弗其受甫糕在姐年。五 六	先右後左 先上後下 先内後外
11	902＋乙編5833	前	(1) 辛亥卜，㱿貞：令比強。一 二 (3) 辛亥卜，㱿貞：令比強。三	(2) 貞：令弗其比強。一 (4) 貞：令䖈弗其比強。二	先右後左 先下後上
12	1854	前	(1) 乙丑卜，爭貞：于祖丁禦。一 (3) 于祖丁禦。二 三	(2) 乙丑卜，爭貞：勿于祖丁禦。一 (4) 勿于祖丁禦。二 三	先右後左 先上後下
		後	(1) 乙□卜，賓貞：祖丁隹（唯）値，若于王。一 二 三 四 (2) 祖丁隹（唯）値，若于王。五 六		先外後内 先下後上
		後、尾	(1) 戊戌卜，賓貞：出于父乙。一 二 三 四	(2) 貞：出于父乙。五 六	先右後左
13	1868	後	(2) 貞：出于黃尹。二	(1) 壬子卜，㱿貞：出于黃尹。一	先左後右
14	1901＋乙編5484＋乙編6660	前	(1) 乙巳卜，賓貞：勿卒出祼于父乙。一	(2) 乙巳卜，賓貞：祼于父乙。二	先右後左
15	2498＋乙編7973	前、後	(1) 壬戌卜，内貞：之其興。一 (3) 隹（唯）之其興。二	(2) 貞：不隹（唯）之其興。一 (4) 不隹（唯）之其興。二	先右後左 先上後下

第二章 殷墟王卜辭龜腹甲文例特點（上）

续表

序號	著錄號	部位	右甲	左甲	次序
16	5439＋乙編2439＋乙編2472＋乙編3461＋乙編7475＋乙編7540＋乙補1845＋乙補2090＋乙補6825＋乙補6893（反面）	前、後	（1）癸亥卜，爭貞：徝正化亡囚（憂），𠙴（堪）①王事。一 （3）貞：徝正化亡囚（憂），𠙴（堪）王事。二 （5）貞：徝正化亡囚（憂），𠙴（堪）王事。十月。三	（2）☑貞：徝［正］化［其有］囚（憂），☑。一 （4）徝正化其㞢（有）囚（憂）。二 （6）徝正化其㞢（有）囚（憂）。三	先右後左 自上而下
17	5658 正	中、前	甲子卜，㱿貞：妥以巫。一 二 三	貞：妥不其以巫。一 二 貞：妥以巫。三 四 五	先右後左 先上後下
18	6571	前、後、尾	（1）壬寅卜，㱿貞：自今至于甲辰子商弗其戈基方。五月。三 （3）貞：自今壬寅至于甲辰子商戈基方。六	（2）壬寅卜，㱿貞：自今至于甲辰子商戈基方。三	先右後左 先上後下
19	6577	前、後	（1）乙亥卜，内貞：［今乙亥子商敢基方，戈。一 二］ （3）［今乙亥子商敢基方，戈。三］	（2）乙亥卜，内貞：今乙亥子商敢基方，弗其戈。一 二 （4）今乙亥子商敢［基］方，弗其戈。三	先右後左 先上後下

---

① 從陳劍先生釋。參看陳劍：《釋"𠙴"》，載《出土文獻與古文字研究》第三輯，復旦大學出版社 2010 年版，第 1—89 頁。

63

续表

序號	著錄號	部位	右甲	左甲	次序
20	6945	前、後	(1) 壬午卜，殼貞：亘允其㞢鼓。八月。一 (3) 壬午卜，殼貞：亘允其㞢鼓。二	(2) 壬午卜，殼貞：亘弗㞢鼓。一 (4) 壬午卜，殼貞：亘弗㞢鼓。二	先右後左 先上後下
21	9002	前、後	(1) 乙丑卜，賓貞：蠱以紒。一 (3) 貞：蠱以紒。二	(2) 貞：蠱不其以紒。一 (4) 蠱不其以紒。二	先右後左 先上後下
22	10306	後		勿乎（呼）多子逐鹿。一 勿乎（呼）逐鹿。二	先上後下
23	10515	前、後	(2) 王往于田，弗以祖丁眔父乙，佳（唯）之。二	(1) 王弗以祖丁眔父乙，佳（唯）之。一 (3) 王弗以祖丁眔父乙，不佳（唯）之。一	先左後右
24	10613	後、尾	(1) 甲午卜，賓(反面)貞：多介㞢。一 二 (2) 介㞢。三 四 五 (3) 介。六		先上後下
		前	(1) 己未卜，賓（反面）貞：王不祼示左。一 二 (3) 示左王。三	(2) 貞：示弗左王不祼。一 二 (4) 示弗左。三	先右後左 先上後下
25	10833	前、後		(1) 貞：弗其獲。一 (2) 弗其獲。二 (3) 弗獲。三	自上而下（腹甲右半殘缺）
26	11274	前	(1) 丙寅卜，爭貞：我亡囚（憂）。一 二 三 四	(2) 貞：我亡囚（憂）。五 六 七 八	先右後左

第二章　殷墟王卜辭龜腹甲文例特點（上）

续表

序號	著錄號	部位	右甲	左甲	次序
27	12316	後、尾	（1）貞：自今五日至于丙午雨。一 （3）自今日雨。二　三	（2）貞：今五日至［丙午不其雨］。一 （4）自今五日不其雨。二　［三］	先右後左 先上後下
28	12648	前、後、尾	（1）［己未卜，㱿］貞：今十三月雨。一 （3）己未卜，㱿貞：今十三月雨。二 （4）貞：今十三月［雨］。三 （6）［貞：今十三月雨。四］ （8）今十三月雨。五	（2）己未卜，㱿貞：今十三月不其雨。一 （5）貞：今十三月不其雨。三 （7）貞：今十三月不其雨。四 （9）今十三月不其雨。五	先右後左 先上後下（自上而下） 先外後內
		前、後、尾	（1）隹（唯）上甲𡧊（害）雨。一　二　三 （3）隹（唯）上甲。四 （5）隹（唯）上甲。五　六 （6）隹（唯）上甲。七	（2）不隹（唯）上甲。一　二　三 （4）不隹（唯）上甲。四　五　六 （7）不隹（唯）上甲。七	先右後左 先上後下（自上而下） 先內後外
29	13505	前、後、尾	（1）丁酉卜，爭貞：乎（呼）甫秛于姐受有年。一 （3）甫秛于姐受有年。二　三 （5）受年。四 （7）貞：受年。五　六	（2）丁酉卜，爭貞：弗其受有年。三月。一 （4）弗其受有。二　三 （6）弗其受。四 （8）弗其受有年。五　六	先右後左 自上而下 先外後內
		前、後	（1）戊戌卜，㱿貞：旃𡧊㱿亡囚（憂），肩①告。一 （2）旃𡧊㱿。二 （3）旃𡧊㱿亡囚（憂），肩告。三		先上後下 先外後內轉而再外

---

① 此字舊多釋為"骨"，今學者據石鼓文改釋為"肩"。吳匡：《釋肩》（未刊稿），參看蔡哲茂：《殷卜辭"肩凡有疾"解》，台灣高雄師範大學國文系、中國文字學會編：《第十六屆中國文字學國際學術研討會論文集》，2005 年；徐寶貴：《石鼓文研究與考釋》，參看裘錫圭：《說"冎凡有疾"》，《故宮博物院院刊》2000 年 1 期。

续表

序號	著錄號	部位	右甲	左甲	次序
29	13505	前、後		（1）己亥卜，內貞：王有石在庐北東，乍（作）邑于之。一 （2）王有石在庐北東，乍（作）邑于之。二 （3）乍（作）邑于庐。三	自上而下 先外後內
30	13675	前	（1）壬戌卜，古貞：禦疾䖵于妣癸。一 （2）禦疾䖵于妣癸。二	（3）貞：勿禦于妣癸。一	先右後左 先上後下
		前、後	（2）乎（呼）般比剛。二	（1）癸亥卜，內貞：乎（呼）般比剛。二 （3）勿乎（呼）般比剛。一	先左後右 先上後下
31	13931	前、後	（1）庚申卜，爭貞：婦好不延有疾。一 （3）貞：婦好不延有疾。二	（2）婦好其延有疾。一 （4）婦好其延有疾。二	先右後左 先上後下
32	14888	前、後	（2）貞：示弗左王。五 六 七 八	（1）貞：示弗［左］王。一 二 三 四	先左後右
33	17409	前、後	（1）戊午卜，殼貞：王有夢其出（有）囬（憂）。一 （3）貞：王有夢其出(有)囬（憂）。二	（2）戊［午］卜，殼［貞］：王有夢亡囬（憂）。一 （4）貞：王有夢亡囬（憂）。二	先右後左 先上後下

　　從上表中，不難看出這些同版成套的卜辭，以左右對貞的形式為主。關於對貞卜辭的先後次序，學界多有討論。

　　董作賓先生最早發現龜腹甲上存在左右對貞的文例並總結它

66

第二章　殷墟王卜辭龜腹甲文例特點（上）

們的占卜次序為"先右後左"。由於對貞卜辭常常包含正反兩個方面的卜問，右邊往往為正面的卜問，常用肯定句，左邊往往為反面的卜問，常用否定句。因此，有學者又將"左右對貞"稱為"正反對貞"，相應的也主張它們的占卜次序為"先正後反"。同時，"大家一般用'否定詞'的有無來判定正反貞問。在正面貞問的句子中，主要動詞不是否定動詞，也沒有否定副詞修飾。而反面貞問的句子，主要動詞前有'不、弗、勿（包括'弜'）、毋'等否定副詞修飾；有時候，句子的主要動詞就是否定詞'亡'"[①]。

然而，根據這一標準，卜辭中也存在不少反貞在右，正貞在左的例子。那麼，這些例子該如何理解呢？

對此張秉權先生解釋說：這些"將一般所謂的正問卜辭刻在左邊，而將反問卜辭刻在右邊的，似乎是與甲骨上的一般原則相違反了，但是，事實上，它們仍然沒有違反這個原則，因為他們所希望的，仍舊是獲得一個肯定的答案，如問：'亡禍？'，則希望的答案是：'是的，亡禍！'，問：'不死？'，則希望的答案是：'是的，不死！'他們雖則用否定語詞來發問的，而其答案還是肯定的，所以這一類的卜辭，還是應該屬於正面問題的卜辭，放在龜腹甲的右邊，因此我們對於卜辭的屬於正面或反面，不能僅從字面上去分別，而應看它所希望的答案是肯定的或否定的，看它在龜腹甲上的部位而定。然而，同樣是問下不下雨，但在久雨之後與久旱之際，卜問時的心情完全不同，所希望的答案絕對相反，同樣是問疾病死亡或災禍，但是問親人的，與問仇人的占卜時的心境並不一樣，所希望的答案也不相同，即使同是為了占卜王的疾病吉凶，出行有亡災禍，也要看國王當時的心理狀態而定，假如國王認為沒有什麼禍患的，那末便以'亡禍'為正面問題去占卜，而以'有禍'為反面問題去反問，假如他認為一定會

[①] 沈培：《殷墟卜辭正反對貞的語用學考察》，《漢語史研究：紀念李方桂先生百年冥誕論文集》（《語言暨語言學》專刊外編之二），"中央研究院"語言學研究所2005年版，第196頁。

有什麽禍患,那末便以'有禍'去正問,以'亡禍'去反問,總之,他們所希望的答案是肯定的,則其卜辭便屬正面,而刻在龜腹甲的右邊,他們所希望的答案是否定的,則其卜辭便屬反面,而刻在龜腹甲的左邊,這是腹甲刻辭的原則,這原則是我分析了許多整版的與殘碎的腹甲而發現的。"①

可見,張氏已經意識到簡單的以否定詞的有無來判斷貞問的正反的局限性,並提出以占卜者"希望"得到肯定或否定的答案來作為判定的標準。這一方法雖有一定的合理性,但因在操作的過程中,很難把握殷人當時占卜的實際情形,而受到質疑,李達良先生就評論說:

> 對貞者,謂從正負二面卜之之辭也。其例有四:正問刻於右,負問刻於左;二問皆正與二問皆負也。其前二例,董氏於大龜四版考釋中已言之,唯近時張秉權氏於卜龜腹甲序數一文中頗持異議,以為正負左右之分不在有否定辭與否;謂殷人未卜之前先期豫答案;又推測殷人占卜時之心理,以為卜者意亡禍則以無禍為正問,意有禍則以有禍為正問云云。然細辨之,其說似是實非,不可從也。蓋卜以決疑,疑則卜之,去就出處,繫於吉凶,而吉凶之見,存乎兆象,兆象見而吉凶判,未卜之前不必求期答案如何也;問正問反,則決事之加詳加密而已。且以占驗之辭正面有驗則系於正面,反面有驗則系於反面之例觀之,則殷人占卜實嚴正反之界。至有否定辭與否,則屬語氣之分別;正面問之辭刻在左或右則屬方位之別,俱事理所當分者也。頗疑張氏所以作如是之論,殆囿於所謂'尚右說',先執定刻辭先右後左、先正後反,故遇正面問之辭刻於左邊者,乃曲為之說,以為不背於先右後左之例耳。但驗諸事實,殷人刻辭或不必如是規整,觀胡厚宣氏卜辭雜例所舉者,思過

---

① 張秉權:《卜龜腹甲的序數》,《中央研究院歷史語言研究所集刊》第28本上冊,1956年;又《甲骨文獻集成》第17冊,四川大學出版社2001年版,第33頁。

第二章　殷墟王卜辭龜腹甲文例特點（上）

半矣。①

　　李氏反駁的理由雖不充分，但我們必須承認卜辭中確實存在反貞先卜問的情況，且有些刻在右邊的正貞也並非占卜者所希望的。這些問題究竟該如何解決呢？

　　對此沈培先生從語用學的角度，引入"先設"的概念，大體的意思是表示說話者根據當時的實際情況事先假定的一種看法。按照占卜主體對所卜之事的行為動作或狀態變化能否控制，將48組"右反左正"的例子分為兩類進行考察：一類是占卜主體對所卜之事的行為動作能夠控制，一類是占卜主體對於所卜之事的行為動作不能控制。其所得的結論為："當占卜主體對其所要採取的行為動作可以控制時，占卜時是通常先卜正貞、後卜反貞，如果情況相反，我們總能找到其中的原因，只有個別例子我們現在還難以解釋。""在正反對貞中，先卜問的一方代表著占卜主體當時的先設。人們在正常的情況下，先設總是傾向於好的一面，因此先卜問的一般都是好的一面。但是，當人們真的處於不好的境地時，也不能無視這一事實。這時候，貞人把實際的情況先提出來進行貞問，也是很正常的。這種不好的情況，當然不是占卜主體所希望的。但是，它卻是當時貞人真實的先設。可見'先設'是隨當時占卜的實際情況而定的，實際情況本來就有好有壞，因此，正反對貞中先卜的那條卜辭就有可能是好的情況，也有可能是壞的情況。不過，一般來說，人們日常生活中，好的情況總比壞的情況多，因此，先卜問的那條卜辭往往反映的是好的情況。"

　　沈文很好地說明了為什麼正貞、反貞都可以先卜問，且多數情況下，正貞先卜問，只要是先卜問的，一般都刻在腹甲的右邊。沈文雖以"龜腹甲採用先右後左的卜問方式"為前提進行論證，但其

---

① 李達良：《龜版文例研究》，《香港中文大學聯合書院文史叢刊乙種之二》，香港中文大學聯合書院中國語言文學系，1972年，第87頁；又收入《甲骨文獻集成》第17冊，四川大學出版社2001年版。

結論又反過來為"先右後左"說提供了有力的支持。關於龜腹甲採用先右後左的卜問方式，沈文作了充分的說明，現引述如下：

> 龜腹甲採用先右後左的卜問方式，有很多證據。大家都注意到右邊的前辭往往要比左邊的完整（張秉權 1956：244，周鴻翔 1969：60—62，李達良 1972：139—140）。吉德煒（1978：51 注 125）還注意到一個有趣的現象。卜辭中"卜"字的字形方向，一般的情形，正如陳夢家（1956：13）所指出的：所刻的卜辭，都是在相關的兆的附近，凡屬於此兆的卜辭，若兆是向左的，則卜辭中"卜"字的橫枝亦刻向左，反之向右。吉德煒指出，《丙編》8.2、14.4、16.6、20.2、28.3（筆者按：前四例為對貞卜辭中的一條，後一例為選貞中的一條）等例中，所有左邊的刻辭中，"卜"字皆向左，指向腹甲的邊緣。這種不對稱的情況，說明腹甲右邊的刻辭中左向的"卜"是先刻的，刻字的人在刻寫左邊的"卜"字時，只是簡單地把右邊的"卜"字拷貝過來，這就造成了左邊的"卜"字跟右邊的"卜"不形成相對的形狀，左邊的"卜"也與它自身所在的卜辭旁邊的兆枝方向不同。
>
> 曹兆蘭（1998）調查了《甲骨文合集》1—6 冊共 502 版龜腹甲，從鑽鑿、紀兆、刻辭三個方面進行考察，得出了三個結論：商代人安排內腹甲鑽鑿的一般習慣是先左後右，紀兆的一般習慣先右後左，刻辭的一般習慣是反面先左，正面先右。這三個方面實際上是一致的，都反映看龜腹甲正面的卜問當以右為先，以左為後。①

至此，我們更可以確定多數情況下，腹甲是採用"先右後左"的次序卜問的。所以，本書在確定貞卜次序時，不論對貞還是選

---

① 沈培：《殷墟卜辭正反對貞的語用學考察》，《漢語史研究：紀念李方桂先生百年冥誕論文集》（《語言暨語言學》專刊外編之二），"中央研究院"語言學研究所 2005 年版，第 195—196 頁。

第二章　殷墟王卜辭龜腹甲文例特點（上）

貞，只要是它們處於"以龜腹甲千里路為中心，平行且對稱的分佈在它的左右兩邊"的位置，沒有干支、兆序作為參照的情況下，我們一律視為"先右後左"。

由上表中序數與卜辭的排列分佈來看，賓組一類卜辭基本符合這一規律，僅第23、30、32這三版，從序數與卜辭的關係看，他們的先後次序為"先左後右"。其中第32版上，正貞"丙申卜，賓貞：示左王"位於右甲橋，序數為"一　二　三　四"，左後甲有殘缺，僅存卜兆和序數"五　六　七　八"，按照對稱的原則，它們大概也是屬於正貞的卜兆。這樣的話，此版的貞問就比較特殊，同一貞問卻分處腹甲的左右兩半，且正貞時"先右後左"，反貞則轉為"先左後右"卜問了。

卜辭按"先下後上"的次序分佈的也屬少數。上列三十多組卜辭中，僅有五組是"先下後上"的。

二　據卜辭所屬干支的先後判斷

序號	著錄號	部位	右甲	左甲	次序
1	903	首、前	（1）癸卯卜，殼（反面）貞：我用🈳孚。二	（2）丁未卜，殼貞：酒升伐卜，卜牢。二	先右後左
2	904	前	（1）辛巳卜，殼貞：酒我報大甲祖乙十伐十牢。一	（2）癸未卜，殼貞：其。一	先右後左
3	1747	前	（1）壬子卜，内貞：翌癸丑出于祖辛。一	（2）癸丑卜，殼貞：隹（唯）祖辛𡆥（害）王🈳。一	先右後左
4	6571	後、尾	（1）壬寅卜，殼貞：㞢子商🈳癸敦。五月。三 （2）㞢🈳甲敦。三 （3）㞢子商于乙敦。三		先下後上（自下而上）
5	6647	前	（1）甲戌卜，賓貞：今日先牛，翌乙亥用祖乙。一	（2）乙亥卜，爭貞：王往于敦。二	先右後左

71

续表

序號	著録號	部位	右甲	左甲	次序
6	6664	前、後、尾	（3）乙酉卜，爭貞：佳（唯）父乙降齒。一 二 三	（1）甲申卜，[殻]貞：佳（唯）[父]乙[降]齒。一 二 （2）[甲申]卜，殻貞：不佳（唯）[父]乙[降]齒。一 二 （4）貞：不佳（唯）父乙降齒。一 二	先右後左 先下後上
7	6834	後、尾	（1）庚申卜，王貞：獲缶。一 （3）癸亥卜，殻貞：我史戈缶。一 二 （5）癸亥卜，殻貞：翌乙丑多臣戈缶。一 二	（2）庚申卜，王貞：雀弗其獲缶。一 （4）癸亥卜，殻貞：我史毋其戈缶。一 二 （6）翌乙丑多臣弗其戈缶。一 二	先右後左 先上後下
8	6948	前	（1）辛丑卜，殻貞：王夢肰佳（唯）又。一	（2）癸卯卜，殻貞：乎（呼）雀衔伐亘，戈。十二月。一	先右後左
9	6952	前、後、尾	（1）乙巳卜，爭貞：雀獲亘。一 二 （3）辛亥卜，殻[貞]：雀[其]獲亘。	（2）乙巳卜，爭貞：雀弗其獲亘。一 二	先右後左 先下後上
10	10184	前、後	（1）辛卯卜，殻貞：其艱。三月。四 （3）壬辰卜，貞：亘亡囚（憂）。三	（2）辛卯卜，殻貞：不艱。四 （4）貞：亘其坐（有）囚（憂）。三月。三	先右後左 先上後下
11	11274	首、後	（1）丙寅卜，内：翌丁卯王步，易日。一 二 （3）貞：翌戊辰王步，易日。一 二 （4）翌戊辰勿步。一 二	（2）翌丁卯王步，不其易日。一	先右後左 先上後下 先外後内

72

续表

序號	著錄號	部位	右甲	左甲	次序
12	11893	後、尾	（1）乙未卜，永：其雨。一 二 三 （3）丙申卜，永：其雨。一 二 三 （5）辛亥卜，永：其雨。一 二 三 （7）壬子卜，永：其雨。一 二 三	（2）不其雨。一 二 三 （4）不其雨。一 二 三 （6）不其雨。一 二 三 （8）不。一 二 三	先右後左 先下後上 先外後內

殷人以干支計日，通過干支可以明確得知貞問的先後次序，但可惜的是，因卜辭簡略，很多卜辭不附干支。而且由於六十干支是循環的，所以有時即使卜辭記有干支，也很難判斷其先後次序。因此，在排列卜辭先後次序時，我們通常以干支相距時間的遠近為依據。例如：當腹甲上僅有"甲寅"、"庚午"兩個干支時，根據"甲寅至庚午"需十六日，而"庚午至甲寅"則長達四十四日之久，我們將會按照先"甲寅"再"庚午"的次序來釋讀卜辭。當然，這樣做只是權宜之計，難免會有所失誤。

表中第1、2、3、5、8版上的卜辭，內容上關係並不是很明確，我們列在這裡主要是因為兩辭處於左右對稱的位置上，又有干支可以明確其占卜次序的先後，可為處於同一部位的它辭的占卜次序提供參照。

三 據卜辭間的內在邏輯關聯判斷

序號	著錄號	部位	右甲	左甲	次序
1	110	前	（1）貞：王聽隹（唯）孽。一 （3）妣己蚩（害）王。一	（2）貞：不孽。一	先右後左 先外後內

续表

序號	著錄號	部位	右甲	左甲	次序
2	536	後、尾	（2）辛卯卜，爭：勿乎（呼）取奠女子。一 二	（1）［辛卯卜，爭］：乎（呼）取奠女子。一 二 三 四 （3）辛卯卜，爭：乎（呼）取奠女子。一 二	先右後左 先上後下
3	915＋16133＋乙補6283＋1869＋乙編7915＝醉古集373	首、前	（1）丁巳卜，爭貞：王其出曰祖丁，克。一 二 三 四 五 （2）王其出曰祖丁，允克贔。一 二 三 四 五 六		先上後下 （腹甲有殘缺）
4	1027＋乙補4919＝醉古集350	前、甲橋	（1）己未卜，殼貞：缶其嶠我旅。 （3）己未卜，殼貞：缶其來見王。一月。	（2）己未卜，殼貞：缶不我嶠旅。一月。 （4）己未卜，殼貞：缶不其來見王。	先下後上
5	5516＋3675＝醉古集151	後、尾	（1）辛巳［卜］，賓貞：立人。一 二 三 四 五 （3）辛巳卜，賓貞：惠翌甲申立人。一 二 三 四	（2）辛［巳卜］，賓貞：勿立人。一 二 三 四 五 （4）辛巳卜，賓貞：勿隹（唯）翌甲申立人。一 二 三 四	先右後左 先下後上
6	6572	前	（1）癸未卜，內貞：子商𢦏基方缶。一 二 三 二告 （3）癸未卜，內貞：子商出（有）保。四月。一 二 三 四	（2）癸未卜，內貞：子商弗其𢦏基方缶。一 二 三 （4）癸未卜，內貞：子商亡其保。一 二 二告 三 四	先右後左 先外後內
7	6949＋乙補954＝醉古集28	後、尾	（1）貞：今十二月我步。一 二	（2）貞：于生一月步。一 二 （3）貞：王惠翌乙巳步。 （4）壬寅卜，爭貞：翌丁未王勿步。	先右後左 先下後上

第二章　殷墟王卜辭龜腹甲文例特點（上）

续表

序號	著錄號	部位	右甲	左甲	次序
8	7351	後、尾	（1）己未卜，㱿貞：王惠今日往。一 （3）于翌庚申往。一	（2）貞：王勿隹（唯）今日往。一 （4）勿于翌庚申往。一	先右後左 先上後下
9	7352	前、後	（1）己未卜，爭貞：王亥求（咎）①我。 （3）貞：我其出（有）田（憂）。	（2）貞：王亥不我求（咎）。 （4）貞：我亡田（憂）。	先右後左 先上後下 先外後內
10	7772＋乙補2614＝醉古集38	前、後	（1）己酉卜（反面）：翌庚戌王入。一　二 （3）貞：翌辛亥王入。 （5）庚戌卜，內貞：王入于商，亡乍（作）田（憂）。一　二　三	（2）翌庚戌王勿入。一　二 （4）翌辛亥王勿入。 （6）貞：王入于商，其出（有）乍（作）田（憂）。一　二　三	先右後左 先下後上 先內後外
11	9741	後、尾	（1）丁未卜，㱿（反面）貞：西土受年。一　二　三　四　五　六 （3）𡧏受年。一　二　三 （5）婎受年。一　二　三 （7）丁未卜，㱿貞：乙受年。一　二　三　四　五	（2）貞：西土不其受年。一　二　三　四　五　六 （4）不其受。一　二　三 （6）婎不其受年。一　二　三 （8）貞：乙不其受年。三月。一　二　三　四　五	先右後左 先上後下 先外後內

---

① 此字從裘錫圭先生釋，見裘錫圭：《釋"求"》，《古文字論集》，中華書局1992年版，第67頁。

续表

序號	著錄號	部位	右甲	左甲	次序
12	14295 + 3814 + 乙編 4872 + 13034 + 乙編 5012 + 13485 = 醉古集 73	前、中、後	（1）辛亥，内貞：今一月帝令雨。四日甲寅夕向乙卯，帝允令雨。一 二 三 四 （3）辛亥卜，内貞：禘于北方曰夗，風曰役，禱①年。一月。一 二 三 四 （5）貞：禘于東方曰析，風曰劦，禱年。一 二 三 四 （7）辛亥卜，内貞：生二月⚹有聞。一 二 三 四	（2）辛亥卜，内貞：今一月帝不其令雨。一 （4）辛亥卜，内貞：禘于南方曰彭，風夷，禱年。一 二 三 四 （6）貞：禘于西方曰彝，風曰韋，禱年。一 二 三 四 （8）⚹亡其聞。一 二 三 四	先右後左 先上後下 先内後外
13	14732	尾	（1）丙子卜，内貞：翌丁丑王步于𠄎。一 二 （3）丙子卜，内：翌丁丑其雨。一	（2）丙子卜，内貞：翌丁丑王勿步。一 二 （4）翌丁丑不雨。一	先右後左 先上後下 先外後内

利用序數和干支來判斷卜辭的次序，是相對客觀的手段，而利用卜辭間的内在關聯來判斷其先後次序則存在一定的主觀因素，有時會因為對卜辭理解的不同而存在差異，這是難免的。

第1版上的"王聽唯孽"大概是一種不好的狀況，因為有不好的事情發生，所以貞卜者接著貞問是否是"妣己害王"，以便對其舉行祭祀活動，禳除災禍。

第2版上的這組卜辭比較特殊，正貞在左，反貞在右。沈培先生指出："第一條卜辭前辭已殘，此據張秉權先生《丙編》釋文所

---

① 禱，從冀小軍釋。見冀小軍：《說甲骨金文中表祈求義的桒字》，《湖北大學學報》（哲學社會科學版）1991年第1期；陳劍：《據郭店簡釋讀西周金文一例》，《北京大學中國古文獻研究中心集刊》2，北京燕山出版社2001年版。

第二章　殷墟王卜辭龜腹甲文例特點（上）

補。（b）［筆者按：即表中的（2）（3），下同］是一對正反對貞，看起來反貞在右，似乎是先於正貞而卜問的。從（a）［筆者按：即表中的（1），下同］辭所處的位置看，它很可能是先於（b）而刻的，表示進行（b）這對正反對貞時之前，曾經卜問過（a）。因此，第（b）先反貞後正貞的原因大概是先設已變，應當屬於特殊情況。"① 如果沈先生的解釋沒有問題的話，那麼（1）為單貞卜辭，（2）（3）正反對貞卜辭，單貞卜辭的位置比較靈活，刻在了腹甲的左邊，對貞卜辭則"先右後左"，所以，此組同卜一事卜辭在腹甲上的位置為"先上後下，先右後左"。

第3版卜辭中的"瘉"字，有痊愈的意思②。可見，卜辭是有關"王疾"之占。（1）辭先卜問對祖丁舉行祭祀活動，疾病會不會好起來；接著（2）辭又用"允"字加強語氣，進一步卜問疾病是不是的確會好起來。因此，從兩辭的邏輯關係看，它們的卜問次序應為"先上後下"。

第4版所列卜辭中的"見"當作"觀見"的意義③。喻遂生先生曾從語法的角度證明"稟我旅"屬於雙賓語結構④。其說可從。"稟我旅"也就是供給我旅眾之意。這是商朝征兵的記錄⑤。正因缶有供給我旅眾的義務，故而接著卜問"缶"是否會前來觀見。

第5版卜辭中的"立"當讀為"涖"，義為"臨"，有徵召會聚之義，"立人"即"立眾"、"立眾人"。⑥ 卜人於辛巳日先卜問

---

① 沈培：《殷墟卜辭正反對貞的語用學考察》，《漢語史研究：紀念李方桂先生百年冥誕論文集》（《語言暨語言學》專刊外編之二），"中央研究院"語言學研究所2005年版，第206頁。
② 參姚萱：《殷墟花園莊東地甲骨卜辭的初步研究》，綫裝書局2006年版，第170頁。
③ 蔡哲茂：《釋殷卜辭的"見"字》，《古文字研究》第24輯，中華書局2002年版，第95頁。
④ 參見喻遂生《甲骨文雙賓語句研究》，載《甲金語言文字研究論集》，巴蜀書社2002年版，第132—150頁。
⑤ 時兵（《上古漢語雙及物結構研究》，安徽大學出版社2007年版，第95—96頁）也把這樣的辭例當作雙賓語結構，不過他是把"喬"劃歸"取得類"雙賓語結構。
⑥ 張政烺：《卜辭"裒田"及相關諸問題》，《張政烺文史論集》，中華書局2004年版，第432頁。

是否立人，顯然得到的結果是較適合立人，所以，才進一步卜問立人的日子，這也符合事物發展的邏輯順序。因此，其在龜版上的貞問次序為"先下後上"。

第6版所列卜辭是有關"子商"的卜問。卜人首先貞問子商是否能戰勝基方缶，顯然子商要參加與基方的戰爭，所以，又接著貞問他會不會受到保護和庇佑。

第7版所列卜辭是有關"王步"的占卜。"生一月"即"下月一月"，相對於十二月來說為遠稱，其前用虛詞"于"；"翌乙巳"相對於"翌丁未"來說，距離"壬寅"日更近為近稱，所以其前用"惠"。這符合陳夢家先生指出的"卜辭近稱的紀時之前加虛字'惠'，遠稱者加虛字'于'"的結論①。魏慈德先生認為殷王先占問"十二月"或"生一月"，後來決定於十二月間"步"，才又再占問十二月的"乙巳"和"丁未"哪一天合適②，因此，這兩組卜辭的占卜次序為"先右後左，先下後上"。

第8版所列卜辭與上同，也是近稱用"惠"，先卜問；遠稱用"于"，後卜問。

第9版從卜辭間的邏輯關係看，應該先卜問王亥是否會降災咎於我。大概就是因為有"王亥"為祟於我的事情，所以"我有憂"，因此先卜問"我其有憂"。可以說，"我有憂"對於占卜主體來說，已經差不多是一個事實了。③

第10版上這組卜辭是有關"王入"的貞問。卜辭先卜問王入的時間，是在"庚戌"日，還是在"辛亥"日入，顯然占卜的結果是於"庚戌"日王入，因此，才會在庚戌日進一步貞問王入後是否會有災難發生。所以，此組卜辭的貞問次序為"先下後上，先內

---

① 陳夢家：《殷虛卜辭綜述》，科學出版社1956年版，第227頁。
② 魏慈德：《十三月對甲骨文排譜的重要性》，《第十三屆全國暨海峽兩岸中國文字學學術研討會論文集》，萬卷樓出版社2002年版，第555—564頁。
③ 沈培：《殷墟卜辭正反對貞的語用學考察》，《漢語史研究：紀念李方桂先生百年冥誕論文集》（《語言暨語言學》專刊外編之二），"中央研究院"語言學研究所2005年版，第211頁。

第二章　殷墟王卜辭龜腹甲文例特點（上）

後外"。這一點從卜辭的卜日干支，也可以很明確的判斷出。

第11版所舉為"卜年"之辭。張秉權先生在《丙編·考釋》第401頁中指出："第（1）（2）二辭的卜日與貞人刻在反面。""此問西土受年與否，而（3）（4）（5）（6）（7）（8）等辭，則問箙、姐、☒各地受年與否，其卜之日相同，貞問之人相同，也許後列各地俱在'西土'，所以總問之後，繼以分貞各處。"張先生所言極是，因此，上列卜辭的貞問次序當為"先右後左，先上後下，先外後內"。

第12版上的三組卜辭均是在一月的辛亥日，貞人內所卜的。李學勤先生在《申論四方風名卜甲》①中，認為第二組"看四方的次第應為北、東、南、西，即先卜右前甲，再卜左前甲，皆先上後下，每卜四兆"本版的辛亥日很可能為一年的元旦之日。並指出這三組卜辭彼此有關，第一組卜辭卜今一月是否有雨，是因為雨利於農事；第二組卜禘四方四風，為整年農事順遂而祈求年成，典禮非常隆重。第三組則是卜問樂師能否告東風之至。李先生的分析很有道理，這樣便可確定這三組卜辭是按照"先右後左，先上後下，先內後外"的次序卜問的。

第13版所舉卜辭均為"丙子"日的貞卜。卜辭先貞問王是否要於第二天丁丑步至喜地，很顯然結果是決定於第二天步，所以接著卜問丁丑日的天氣狀況，問會不會下雨。卜辭用"其"字，根據司禮儀的"其"字規則，可以看出占卜者是不希望下雨的。這正符合因需外出，所以不希望下雨的心理預期。

總之，通過上面三個表格中所舉的卜辭不難看出，賓組一類卜辭的貞卜次序是有規律可循的，它們在龜腹甲上常常採取"先右後左，先上後下，先外後內"的刻寫次序，僅有少數卜辭採用"先左後右，先下後上，先內後外"方式刻寫。如果用百分比來表示的話，"先右後左"佔41%、"先左後右"僅佔3.2%、"先上後下"佔30%、"先下後上"佔10%、"先外後內"佔9.7%、"先內後

---

① 李學勤：《中國古代文明研究》，華東師範大學出版社2005年版，第28—32頁。

外"佔5.6%。當然,我們所列舉的僅是一版上比較具有代表性的卜辭的次序,上文也已經言明,特別是一些刻辭複雜的龜版,其上卜辭的刻寫次序也不是一成不變的,而是根據刻寫空間、卜辭長短等綜合因素合理安排卜辭的刻寫次序與所處部位。

叁 首刻卜辭

通過上文的論述,不難看出,龜腹甲上的卜辭,特別是一版雜卜的腹甲上的卜辭,目前很難找到放諸四海而皆准的統一的通讀順序。因此,要進一步探討殷人的契刻習慣、用龜原則以及占卜制度,找到"首刻卜辭"的位置,弄清腹甲最先啟用的部位和啟用時間,就顯得尤為重要。

首刻卜辭,是林宏明先生在其博士論文《小屯南地甲骨研究》中首先提出的概念,他說:

> 甲骨卜辭經常需要針對一件事情正反對貞、選貞、多次卜問,很多卜辭因為內容和之前卜問的內容相關,為了避免重複而以較省簡的形式出現。在這種情況下,可以發現有些卜辭顯然就是某一群卜辭中較早卜問的句子,它的刻辭比較完整,對於理解一組卜辭來說,它起著帶領的作用,筆者把它稱為"領句"。由"領句"所帶領的卜辭稱為"附屬卜辭","附屬卜辭"的形式經常比較省略。[①]
>
> 具有領句性質的卜辭中,有一種比較特別,它應該是這版胛骨中最早契刻的卜辭,它在被契刻時通常全版還尚未契刻其他的卜辭,所以它的契刻位置比較固定。[②]

我們這裡所說的首刻卜辭,不一定具有領屬的性質,只要是最早卜問的即可。賓組一類腹甲上的首刻卜辭,一般位於腹甲近邊緣

[①] 林宏明:《小屯南地甲骨研究》,博士學位論文,台灣"國立"政治大學中國文學系,2003年。

[②] 同上。

第二章 殷墟王卜辭龜腹甲文例特點（上）

處，但具體位置不固定。下面以幾塊通版先後次序較明晰的龜腹甲為例，來探討首刻卜辭的具體位置，從而為那些一版雜卜或殘缺不全的腹甲上卜辭次序的排列提供一定的參考。如：

(1a) 壬戌卜，爭貞：翌乙丑虫伐于唐，用。

(1b) 貞：翌乙丑勿蕾虫伐于唐。一

(1c) 貞：翌乙丑亦禩于唐，用。一

(1d) 翌乙丑勿酒。一

(1e) 貞：虫咸戊。

(1f) 勿虫。一

(1g) 貞：虫學戊。

(1h) 勿虫。一

(1i) 翌乙丑其雨。

(1j) 翌乙丑不雨。　　　　　　　　　　　　　　《合集》952 正

由卜辭間的邏輯關係看，此版是"自上而下"依次卜問的。首刻卜辭位於右前甲，即本版最早啟用的部位。從內容上看，應該都是"壬戌"日的卜問。卜辭首先卜問是否要對唐舉行虫祭和伐祭，接著再卜問是否還要對其施行禩祭、酒祭，然後卜問是否對咸戊和學戊舉行虫祭，最後因要舉行祭祀活動，所以關心當時的天氣狀況，故連帶卜問是否會下雨。

(2a) 乙卯卜，爭貞：旨戋瞿。一　二　三

(2b) 貞：旨弗其戋瞿。一　二　三

(2c) 辛酉卜，內貞：往西多紎其以王伐。一

(2d) 貞：往西多紎不其以伐。一

(2e) 貞：往西多紎其以王［伐］。二　三

(2f) 往西多紎不其以伐。二　三

(2g) 甲戌卜，內（反面）貞：祖乙孽王。一　二

(2h) 祖乙弗其孽王。一　二告　二

(2i) 貞：祖乙孽王。一　二　三

(2j) 翌乙亥喪乎（呼）子商敁（殺）。一

(2k) 貞：專。　　　　　　　　　　　　　　《合集》880 正

81

殷墟王卜辭龜腹甲文例研究

由卜日干支"乙卯→辛酉→甲戌"可知，此龜版最先啟用的部位為中部的右甲橋下端，然後再轉而"自上而下，先外後內"依次遞用。

(3a) 丙申卜，殼貞：婦好孕，弗以婦囚（殟）。二
(3b) 貞：婦孕，其以婦囚（殟）。二
(3c) 己亥卜，爭貞：在姤田，虫（有）正雨。一
(3d) 虫于妣己𠂤，卯牝。一
(3e) 壬寅卜，殼貞：虫于父乙牢曰：勿卯鼎。一
(3f) 貞：勿虫于父乙牢，子狀羸。一　　《合集》10136 正

從卜辭的干支次序來看，此版的首刻卜辭位於腹甲下部，但整版卜辭的問卜次序並非"自下而上"依次進行，而是"先用下，次用上，再用中"。

再例如：

《合集》203 正、《合集》5439 正，由序數"一　二"的位置可知，首刻卜辭位於右前甲上端，腹甲是"自上而下"依次遞用的。

《合集》904 按卜日干支排列，次序為"辛巳→癸未→甲申→丙戌（反面）→戊子（反面）"，"辛巳卜，殼貞：酒我報大甲祖乙十伐十牢"一辭，即首刻卜辭位於右前甲上端，整版的使用次序為"先用上部，次用下部，再用中部"。

《合集》945 干支先後為"癸未→癸巳→丁酉→辛亥"，首刻卜辭"癸未卜，殼（反面）貞：翌甲申虫伐自上甲"，位於右後甲下端近邊緣處。整版"先用外，後用內"。

《合集》6571 正干支先後次序為"辛丑→壬寅→甲辰"，首刻卜辭"辛丑卜，殼貞：今日子商其敢基方缶，𢦏。五月"，位於腹甲上部，右首甲至前甲處。

《合集》6647 正干支次序為"壬申（反面）→甲戌→乙亥→戊戌"，可知首刻卜辭為"壬申卜，爭（反面）貞：王夕出"，位於右後甲上端近千里路處。

《合集》6834 正干支次序為"壬子→癸丑→庚申→辛酉→癸

82

第二章　殷墟王卜辭龜腹甲文例特點（上）

亥→乙丑→丙寅"，首刻卜辭"壬子卜，爭貞：自今日我戋囧"，位於右首甲。

《合集》11893干支為"乙未→丙申→辛亥→壬子"，此版上的卜辭均位於腹甲下部，其首刻卜辭"乙未卜，永：其雨"，位於右尾甲上。

《合集》12973此版為整版卜雨之辭，除《合集》所綴外，之後鐘柏生先生在《台灣地區所藏甲骨概況及合集12973之新綴合》中又加綴了台灣某收藏家所藏的甲骨，在丙篇補遺中張秉權先生又加綴了乙621、乙補5318、乙補229，① 至此腹甲基本完整。卜辭的干支次序為"辛酉→壬戌→癸亥→甲子→乙丑→丙寅→丁卯→戊辰→己巳→壬申→癸酉→乙亥→丙子→丁丑"，首刻卜辭"辛酉卜，㱿貞：翌壬戌不雨，之日夕，雨，不延"，位於右首甲上。因卜問內容一致，卜甲的使用次序也十分清晰，"先外後內，先疏后密，自上而下或自下而上"依次而進。

《合集》14153正雖有殘缺，但仍可知也是整版卜雨。干支次序為"丙寅→丁卯→戊辰→己巳→辛未→壬申→甲戌→乙亥→丙子"，首刻卜辭"丙寅卜，〔㱿：翌丁〕卯帝其令雨"，位於右首甲。整版也因內容一致，次序清晰，"先外後內，先疏后密，外部自上而下，內部自下而上"依次而進。

《合集》13505正上有三組成套卜辭，它們的干支次序為"丁酉→戊戌→己亥"。這三組卜辭分別按照"自上而下"的次序卜問。由干支和序數的位置可知首刻卜辭"丁酉卜，爭貞：乎（呼）甫秫于妣，受有年。一"，位於右前甲等。

可見，賓組一類龜腹甲上的首刻卜辭，多位於腹甲上部近邊緣處，也就是說貞人拿到一版腹甲後，一般先從這一部位開始使用。但同時腹甲的使用又是比較靈活的，既可以先用上部，也可以先用中部，還可以先用下部。因此，有些釋文不顧客觀實際，徑直"自

---

① 參魏慈德《殷墟YH一二七坑甲骨卜辭研究》，博士學位論文，台灣"國立"政治大學中國文學系，2001年。

上而下"或"自下而上"來釋讀早期卜辭的做法是極不可取的。這一點充分說明，在整理和研究早期龜腹甲上的卜辭時，必須以卜辭的內容為依據，先將同一占卜主題的卜辭按先後次序排列在一起，然後再看它們在腹甲上的分佈情況。這樣才能更合理、科學地釋讀卜辭，避免出現因果顛倒，事件相混，關係不明的情況。

第二節　典賓類卜辭的文例

壹　行款走向及版面佈局特徵
一　著眼於整版而用者
典賓類腹甲著眼於整版而用者，主要也有兩種類型：
（一）近邊緣契刻者，多沿腹甲輪廓"自上而下"順勢契刻。如：

（1a）丙申卜，永貞：乎（呼）窒侯。一　二　三　四　五　六　七

（1b）貞：勿乎（呼）窒侯。一　二　三　四　五　六

《合集》3333（圖2.2.1）

（2a）丙午卜，賓貞：[乎（呼）]省牛于多奠。一　二　三　四　五　六　[二告]

（2b）貞：勿乎（呼）省牛于多奠。一　二　三　不𢀓　四　五　六

《合集》11177（圖2.2.2）

（3a）丁巳卜，賓貞：婦娥不汏疾。一　[二]　三　四　五　六　七

（3b）貞：婦娥其汏疾。一　二　三　四　小告　五　六

《合集》13716（圖2.2.3）

這三版腹甲上的卜辭分別位於腹甲左右兩側近邊緣處，卜辭自首甲或前甲始，沿腹甲輪廓自上而下順勢契刻，縱貫整版。這種行款佈局在典賓類卜辭中比較常見，類似的還有《合集》2422、《合

第二章 殷墟王卜辭龜腹甲文例特點（上）

集》4264、《合集》4769、《合集》5445、《合集》5446、《合集》8310、《合集》8985、《合集》8987、《合集》9233、《合集》9791、《合集》10174、《合集》12163、《合集》12628、《合集》12862、《合集》12898、《合集》13338、《合集》13750、《合集》14311、《合集》15563、《合集》17230、《合集》17411 等。

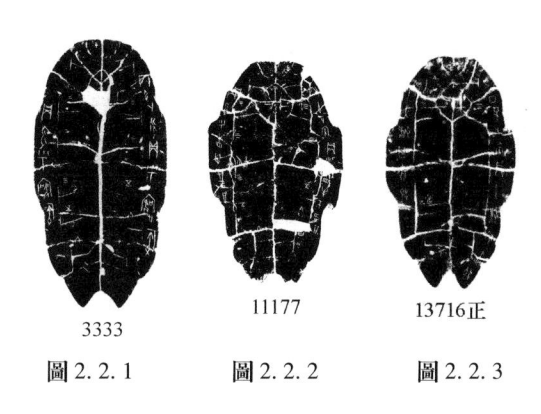

3333　　　　11177　　　　13716正
圖 2.2.1　　圖 2.2.2　　圖 2.2.3

這類行款佈局的龜腹甲，除大多數單行契刻外，也有少數龜版上的卜辭有一兩個或幾個字轉而內行的，下面我們來看幾版具體的例子。

(4a) 辛亥卜，賓貞：㞢正化以王係。一　二　二告　三　四　五

(4b) 辛亥卜，賓貞：㞢正化弗其以王係。一　二　三　四　五

《合集》1100 正（圖 2.2.4）

(5a) 乙巳卜，殼貞：我其㞢令或，叀用王。一　二　三　四　五　六　七　二告

(5b) 乙巳卜，殼貞：我勿㞢令或，弗其叀用王。一　二　三　四　不⸎　五　六

《合集》1107（圖 2.2.5）

(6a) 己酉卜，殼貞：方肩馬取乎（呼）御事。一　二　二告　三　四　五　六　七

85

殷墟王卜辭龜腹甲文例研究

(6b) 貞：勿乎（呼）取方肩馬。一　二　三　四　五　六
《合集》8796正（圖2.2.6）

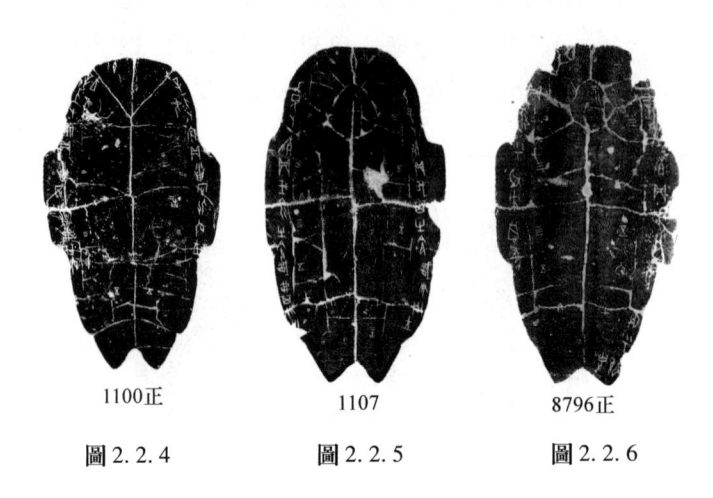

1100正　　　　1107　　　　8796正

圖2.2.4　　　圖2.2.5　　　圖2.2.6

　　《合集》1100右側一辭"係"字，左側的"王係"二字，雖龜版下部仍有空間，但卻轉到內側，契刻於首甲部位。《合集》1107左側一辭的"王"字也沒有順勢向下繼續刻寫，而是轉到內側第三道齒紋（下劍縫）上。《合集》8796右側一辭的"事"字，大概是受刻寫空間限制，轉而順勢刻在"御"字的內側。可見，它們雖同是被刻於內側，具體位置卻不固定。
　　也有轉而外行的例子，如：
(7a) 丁丑卜，賓貞：父乙允𪭰多子。一　二　三　四　五
(7b) 貞：父乙弗𪭰多子。一　二　二告　三　四　五
《合集》3238正（圖2.2.7）
(8a) 丙申卜，殻貞：戉禹冊，[乎（呼）比伐巴]。[一　二]三　四　五　六　七　[八]　九　二告　十
(8b) 丙申卜，殻貞：戉禹冊，[勿]乎（呼）比伐巴。一　二　三　四　二告　五　六　七　八　九　十　[一]　二
《合集》6468（圖2.2.8）
(9a) 丙辰卜，殻貞：我受黍年。一　二　三　四　五

86

第二章　殷墟王卜辭龜腹甲文例特點（上）

(9b) 丙辰卜，殼貞：我弗其受黍年。四月。一　二　三　四　二告　五

《合集》9950 正（圖 2.2.9）

這三版腹甲上的卜辭雖然都位於腹甲的邊緣，也是自邊緣起刻，但有一部分內容卻被刻寫到甲橋上去了，從而形成"自上而下，由外而外"的特殊契刻方式，呈"⟨"或"⟩"型。值得注意的是這種形式的行款走向，均出現在甲橋部位，也只能出現在甲橋部位，這大概是由腹甲的形態所決定的，因為自腹甲邊緣起刻的卜辭，一般呈弧綫型，這樣在弧綫的外側也只有甲橋位置會有一定的空間可供契刻卜辭。與上一類型稍加比較便不難發現，此種行款的腹甲其甲橋部分雖經修治但保留的比上一類型的要稍微多一點，上一類型的甲橋幾乎被修治殆盡，已經沒有再刻寫卜辭的空間，這大概說明刻手在契刻卜辭時並不是一味唯某種規則是從，而是具有一定的"因地制宜"的靈活性。

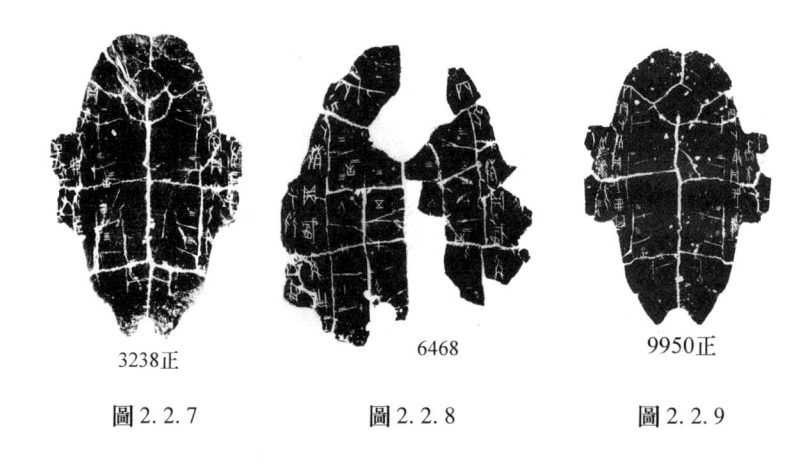

3238正　　　6468　　　9950正

圖 2.2.7　　圖 2.2.8　　圖 2.2.9

另外，還有一些龜版上的卜辭，雖然大部分是沿腹甲外部邊緣契刻，但卜辭卻是"由內而外，自上而下"契刻的，從而基本呈現出"⌈"或"⌉"型的特殊行款佈局。如：

(10a) 辛巳卜，爭貞：誖不其受年。一　二　三　四　五　六　七　八

87

殷墟王卜辭龜腹甲文例研究

（10b）貞：罸①不其受年。二月。一　二　三　四　五　六　二告　七　八

《合集》9775 正（圖 2.2.10）

（11a）庚辰卜，亘貞：㱿受年。二月。一　二　三　四　五　六　七　八　九　十　一　二　三　四　[五]　二告　[六]　七　八

（11b）貞：㱿不其受年。一　二　三　四　五　六　七　八　九　十　一　二　三　[四]　五　六

《合集》9810 正②（圖 2.2.11）

（12a）貞：隹（唯）帝蚩（害）我年。二月。一　二　三　四　五　六　七　八　九　十　一　二　三　四　五　六七　八　九　十

（12b）貞：不隹（唯）帝蚩（害）我年。一　二　三　四　五　六　七　八　九　[十]　一　[二]　三　四　五　六　[七　八]　九　二告

《合集》10124 正（圖 2.2.12）

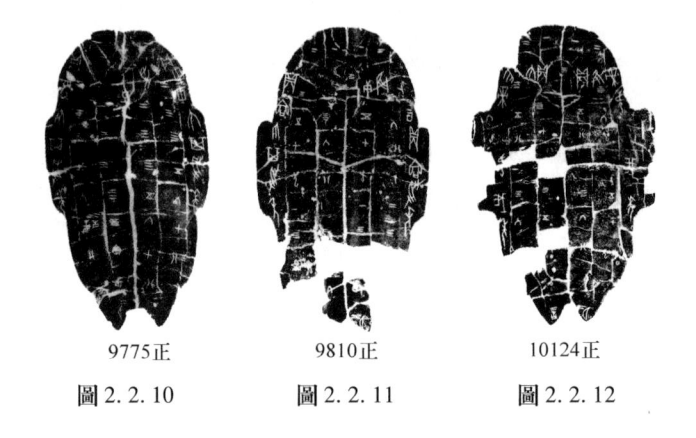

9775正　　　9810正　　　10124正
圖 2.2.10　　圖 2.2.11　　圖 2.2.12

---

① 此字考釋可參于省吾：《釋𠂤》，見《駢枝三編》，1944 年；林澐：《釋眴》，《古文字研究》第 24 輯，中華書局 2002 年版，第 57—60 頁。

② 此版可與《乙補》5324 綴合，見：台灣史語所考古資料數位典藏系統網站。

第二章　殷墟王卜辭龜腹甲文例特點（上）

　　此種行款佈局的龜腹甲，這三版是目前發現較為完整的。《合集》9775右側卜辭"辛巳卜爭"自中甲上的千里路處始"由內而外"契刻，餘下的"貞㝵不其受年"的內容則沿腹甲外部輪廓順勢"自上而下"契刻。《合集》9810右側"庚辰"二字"由內而外"橫行，《合集》10124左右兩側的"貞不"和"貞唯"也分別"由內而外"橫行，形成龜版上較為少見的佈局類型。這三版的共同特點是卜兆十分密集，而卜辭的字體又比較粗大，龜版上所剩刻寫空間極其有限，特別是後甲和尾甲的外部邊緣部分，很難刻下卜辭。因此，之所以會出現這種特殊的行款類型，應該是由於刻寫空間不足，刻手所採取的權宜之計。與上兩種情況不同的是，卜辭的契刻不是在快要結束時才有變化，而是在開始契刻時便採取了措施。這種特殊的刻寫類型，對我們研究卜辭的刻寫規律非常重要，正是因為他們的存在，才進一步說明卜辭的刻寫並不是隨意的，而是有一定規則的，刻手在刻寫卜辭時要做到既遵守規則又要適度的靈活處理，由此可見，刻手在契刻卜辭之前，先進行"謀篇佈局"的工作則是必不可缺的。

　　（二）近千里路契刻者，"自上而下"縱向契刻。這種行款佈局的腹甲比較少見，如：

　　（13a）辛酉卜，賓貞：㞢正化㞢夒。一　二　三　四　五

　　（13b）貞：㞢正化弗其㞢夒。一　二　三　四　二告　五

　　　　　　　　　　《合集》6654正（圖2.2.13）

　　（14a）戊午卜，古貞：般往來亡囚（憂）。一　二　三　四　五　二告

　　（14b）貞：般往來其㞢（有）囚（憂）。一　二　二告　三　四

　　　　　　　　　　《合集》4259正（圖2.2.14）

　　這兩版腹甲上的對貞卜辭都是在近千里路處，自中甲下方始直至尾甲，給人整飭之感。不同的是前一版有個別卜辭轉而外行了，後一版則不存在這種現象，這大概與卜辭的字數和龜版的契刻空間有關。

89

殷墟王卜辭龜腹甲文例研究

6654正

4259正

圖2.2.13　　　　　　　圖2.2.14

綜上典賓類"著眼於整版而用"的龜版主要有以下一些特徵：

1. 一般使用的龜版都比較小，不超過25釐米。

2. 甲橋經過修治，僅殘留很少一部分，有些則幾乎修治殆盡。

3. 雖然上舉例證沒有給出腹甲背面的圖片，但透過正面的卜兆和序數的排列與分佈情況，不難看出背面鑽鑿一般以左右各一到兩豎列為主。

4. 卜辭以沿腹甲輪廓契刻居多，且在刻寫時受腹甲輪廓影響，下行時略向外側彎曲，呈弧綫型。個別一列刻寫不下的卜辭，既有轉而內行的，也有轉而外行的，內行時卜辭契刻的位置並不固定，外行時則一般在甲橋上繼續刻寫。

5. 腹甲內部，即千里路兩側契刻的例子較少，卜辭的佈局形式更加靈活多變。

二　以第二道齒紋（舌下縫）為界一分為二而用者

此類腹甲上的卜辭多沿腹甲外部輪廓契刻。上部卜辭通常在首甲下半部和前甲上部或前甲大部近邊緣處契刻，遵循"自上而下，由外而內"的刻寫原則；下部卜辭通常自第二道齒紋下方始刻至甲橋下端或胯凹處轉而內行或外行，即整條卜辭基本位於甲橋的下半部分，這個部位的卜辭有一部分是"自上而下，由外而內"刻寫的，也有相當一部分是"自上而下，由內而外"刻寫的，當然，有些卜辭可能不僅僅局限在下半部甲橋上，會向下有所延伸。另外，有時後甲和尾甲的邊緣也會契刻卜辭，它們多"自上而下，由外而內"刻寫。如：

(1a) 貞：在攸田武其來告。一

(1b) 貞：枼🈳其來告。一

(1c) 貞：鹹任霍界舟。一

(1d) 貞：王占卩（孚）①。一　《合集》10989 正（圖 2.2.15）

此版即以第二道齒紋為界，分為上下兩部分而用者，其上下各刻兩條卜辭。腹甲上部的兩條卜辭基本位於前甲上部，"自上而下，由外而內"契刻。腹甲下部兩辭的行款走向卻有別，右側一辭"自上而下，由外而內"刻寫，左側卜辭則是"自上而下，由內而外"契刻。

(2a) 貞：翌辛亥于祖辛一牛。一

(2b) 勿出于妣庚十🈳。一

(2c) 貞：出于妣庚十🈳。一

(2d) 勿🈳出十🈳。二　二告

(2e) 勿出于妣庚。二　　　　《合集》768 正（圖 2.2.16）

此版五條卜辭分別位於腹甲上部和下部邊緣處，且均符合"自上而下，由外而內"的刻寫規律。

(3a) 甲寅卜，賓貞：我𡆼（堪）王事。一　二　三　四　五　六　二告　七

(3b) 貞：我弗其𡆼（堪）王事。一　二　三　四　五　六

(3c) 貞：𡆼𡆼（堪）王事。一　二　三　四　五　六

---

① 此字從裘錫圭先生釋，裘先生先將此字釋讀為"果"，見裘錫圭：《釋"厄"》，收入王宇信、宋鎮豪主編的《紀念殷墟甲骨文發現一百周年國際學術研討會論文集》，社會科學文獻出版社 2003 年版，第 128—129 頁；後又將其改釋為"孚"，用於卜辭言為"信"、"合"，則表示貞卜或占斷會"應驗"，見裘錫圭：《𧊒公盨銘文考釋》，《中國歷史文物》第 21 頁，2002 年第 6 期，後收入《中國出土古文獻十講》，復旦大學出版社 2004 年版，第 77 頁。

(3d) 貞：㞢弗其山（堪）王事。一　二　三　四　五　六

《合集》5480 正（圖 2.2.17）

此版上部和下部各有一組對貞卜辭，都位於腹甲近邊緣處，"自上而下，由外而內"契刻。其中上部的這組對貞卜辭其最外側已延伸至前甲下端，為了與下部卜辭更好的區分，刻手專門用一條界劃綫將它們劃分開。

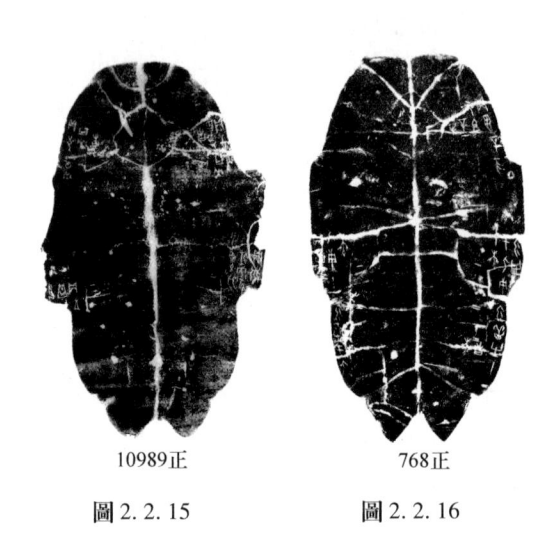

10989正　　　768正

圖 2.2.15　　圖 2.2.16

(4a) 癸酉卜，賓貞：自今至于丁丑其雨。一　二　二告　三　四
(4b) 貞：其登牛敷于唐。一　二　三　四　五　六　七　八
(4c) 貞：兹朱雲其雨。一　二
(4d) 貞：兹朱雲不其雨。一　二

《合集》13390 正（圖 2.2.18）

此四條卜辭，兩條位於腹甲上部自腹甲邊緣始，"自上而下，由外而內"契刻，然而腹甲下部的"貞：兹朱雲其雨"和"貞：兹朱雲不其雨"兩辭雖位於腹甲邊緣，卻是"自上而下，由內而外"刻寫的。

有些龜版上部，位於第二道齒紋的上方近邊緣處，即甲橋上半部，也會有刻辭，但這部分卜辭的行款走向通常是"自上而下，由

內而外"的。當然，也有個別腹甲在千里路兩側會契刻一兩條卜辭，這些刻辭也大都遵循"自上而下，由內而外"的契刻規律。如：

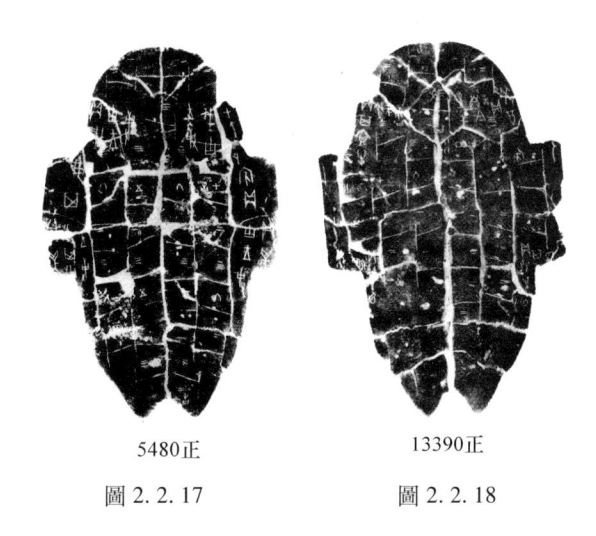

5480正　　　　13390正
圖 2.2.17　　　圖 2.2.18

（5a）壬戌卜，爭貞：惠王自往𤉈（陷麋）。一
（5b）貞：惠多子乎（呼）往。
（5c）貞：㞢于妣甲𠂤卯牢。一
（5d）貞：勿蓳用。二
（5e）癸亥卜，爭貞：我黍受㞢（有）年。一月。一　三
（5f）貞：勿蓳黍受㞢（有）年。二
（5g）弗其受㞢（有）年。
（5h）于女子。一
（5i）于女子。二
（5j）貞：祝于祖辛。一
（5k）祝于祖辛。二　　　　　《合集》787（圖 2.2.19）

這一龜版上的卜辭相對來說要多一些，但仍可看出它也是以第二道齒紋為界一分為二而用的。其中位於第二道齒紋上方近甲橋處的"貞：㞢于妣甲𠂤卯牢"和"貞：勿蓳用"是"自上而下，由內而外"契刻的，而其下方即位於甲橋下半部的"癸亥卜，爭貞：

93

我黍受有年。一月"、"貞：勿隹黍受有年"兩辭則是"自上而下，由外而內"契刻的。"貞：祝于祖辛/祝于祖辛"和"于女子"則分別刻寫在千里路兩側。

(6a) 辛巳卜，賓貞：其曰之。一　二告
(6b) 貞：不曰之。一
(6c) 貞：其曰之。二
(6d) 貞：不曰之。二
(6e) 其曰之。三
(6f) ［不］曰之。三　　《合集》18860 正（圖 2.2.20）

從兆序辭不難看出，這是一組對貞卜辭的"一　二　三"卜，而且在每一卜之旁都標記上卜辭。其中一二卜分別刻寫於腹甲近邊緣處，但一卜是"自上而下，由外而內"刻寫，二卜是"自上而下，由內而外"刻寫，三卜則位於尾甲的千里路兩側"自上而下，由內而外"契刻。

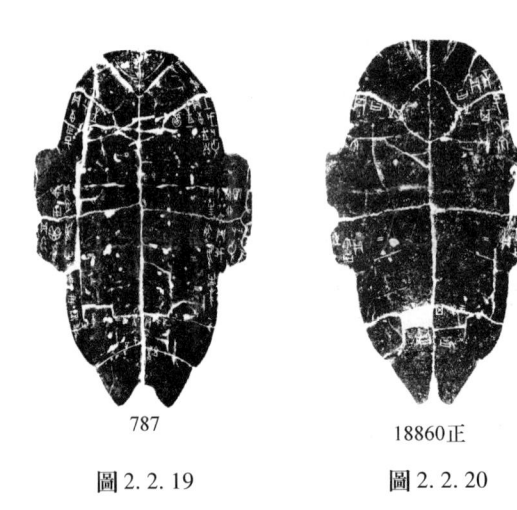

787　　　　　　　18860正

圖 2.2.19　　　　　圖 2.2.20

另外，還有些龜版上部的卜辭行款比較特殊，他們雖在腹甲近邊緣處契刻，但當卜辭刻寫到第二道齒紋時，卜辭並沒有按照常規轉向內側繼續契刻，而是轉向了外部甲橋處繼續契刻，從而形成了比較特殊的"自上而下，由外而外"的行款類型。如：

第二章 殷墟王卜辭龜腹甲文例特點（上）

(7a) 丁巳卜，賓貞：王出于敦。一　二　三　四　五　六　七　八

(7b) 貞：王勿出于敦。〔一　二〕　三　四　五　六　二告　七

(7c) 貞：王今丁巳出。一　二　三　四

(7d) 貞：勿隹（唯）今丁巳出。一　二　三　四

(7e) 貞：于庚申出于敦。一　二告　二　三　四　五

(7f) 勿于庚申出。一　二　三　四　五

《合集》7942（圖2.2.21）

此版上部兩條卜辭的刻寫行款比較特殊，它們分別自首甲下部邊緣處開始"自上而下"契刻，但刻到第二道齒紋處時並沒有像大多數卜辭一樣轉到卜辭內側繼續"自上而下"契刻，而是轉向外側，在甲橋上繼續契刻，從而形成了"自上而下，由外而外"的特例。

(8a) 丁巳卜，亘貞：自今至于庚申其雨。一　二　三　四　五　六　七　八　九

(8b) 貞：自今丁巳至于庚申不雨。一　二　三　四　五　六　七

《合集》12324正①（圖2.2.22）

7942

圖2.2.21

12324正

圖2.2.22

① 林宏明新加綴乙補587、乙補1472、乙補1487倒+乙補1474，見《醉古集》26組。

腹甲上部的這兩條卜辭雖然符合"自上而下，由內而外"的刻寫原則，但仍有一部分內容在甲橋處繼續契刻，從而呈現出較為獨特的行款佈局，因此，也一並列舉在這裡。類似的還有：《合集》1171正。

由上述這些例子我們不難看出，此種類型的龜腹甲具有以下特徵：

1. 龜版一般較小。

2. 甲橋大都經過修治，有些殘留一小部分，有些甚至修治殆盡。

3. 雖然上舉例證沒有給出腹甲背面的圖片，但透過正面的卜兆和序數的排列與分佈情況，不難看出背面鑽鑿以張惟捷先生在其博士論文中所列舉的 1-1、1-2、2-3 型為主[①]。

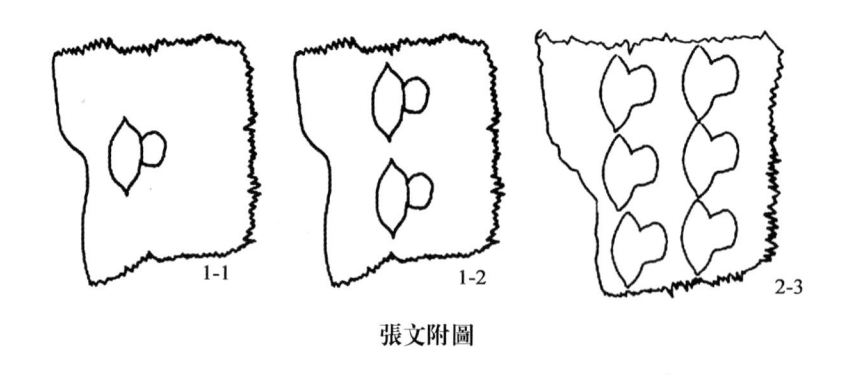

張文附圖

4. 卜辭以在腹甲近邊緣處契刻為主，卜辭行款走向的變化多在甲橋附近。

三 以甲橋上下兩端為界分為上、中、下三部而用者

（一）上部

典賓類龜腹甲上部卜辭的行款走向及佈局主要有以下四種類型：

---

① 張惟捷：《殷墟 YH127 坑賓組刻辭整理與研究》，天主教輔仁大學中國文學研究所博士論文，2011年。

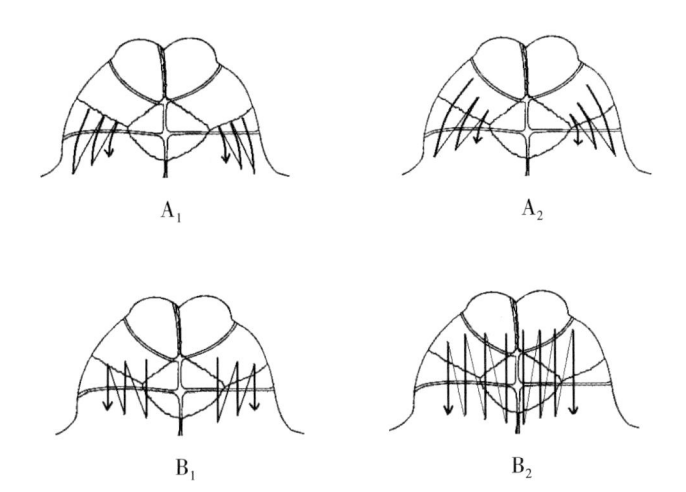

第二章　殷墟王卜辭龜腹甲文例特點（上）

A₁　　　　　　　　A₂

B₁　　　　　　　　B₂

　　前三種類型也見於賓組一類卜辭，不同的是典賓類卜辭 A₂ 類數量有所增加，而 A₁ 類和 B₁ 類數量則相對減少。另外，典賓類卜辭中還出現了 B₂ 類，即卜辭自千里路始"自上而下，由內而外"行進，直至腹甲邊緣。B₂ 類的出現以及 A₂ 類的增加，大概都與"典賓類書體風格雄健、整飭，字體比較大，筆劃多瘦勁有力"① 的特徵有關。因受腹甲形態和龜版大小的限制，卜辭字體增大、內容增多（典賓類多附記占驗之辭），所佔刻寫空間必然會有所拓展，從而形成不同的版面佈局特徵。

　　其中，A₁ 類可舉《合集》150 正、《合集》418 正、《合集》667 正、《合集》973 正②、《合集》5775 正、《合集》6476、《合集》10408 正、《合集》11006 正等為例。

　　A₂ 類可舉《合集》93 正、《合集》376 正、《合集》456 正、《合集》3950、《合集》5473 正、《合集》5566、《合集》9472 正、《合集》16941 等為例。

　　B₁ 類可舉《合集》408、《合集》709 正、《合集》914 正、《合集》2002 正、《合集》10859 正、《合集》13696 正、《合集》

---

① 黃天樹：《殷墟王卜辭的分類與斷代》，文津出版社 1991 年版，第 42 頁。
② 林宏明綴合，見《醉古集》309 組。

97

17311 正①等為例。B₁類又可與 A₁或 A₂共版，如：《合集》809 正、《合集》974 正、《合集》2652 正等。

B₂類可舉《合集》641 正、《合集》1656 正、《合集》6461 正、《合集》12939 正、《合集》13231、《合集》13312②、《合集》14021 正、《合集》14238 等為例。這一類卜辭內容往往較為多，常附記占驗之辭，刻寫時筆道一般較粗，且受腹甲紋路影響較小，卜辭下行時為直行，受腹甲外部輪廓的影響，有些卜辭的字數由內而外呈遞減趨勢。

另外，由於 A₂類和 B₂類行款走向與佈局的卜辭在典賓類中佔多數，其刻辭往往會延伸到腹甲內部，因此，典賓類上部近千里路處單獨刻辭的情況也大大減少。一般位於近內舌縫處，如：《合集》32 正、《合集》152 正、《合集》685 正、《合集》5775 正等。

（二）中部

典賓類中部近邊緣處即甲橋上的卜辭，其行款走向與佈局，主要有以下三種類型：

Ⅰ類在典賓類腹甲上也較為常見。兩辭位置比較固定，一辭以第二道齒紋（舌下縫）為底端，一辭以甲橋下端為底端。卜辭的行款走向以"自上而下，由內而外"為主，如：《合集》418 正、《合集》6016、《合集》6653 正、《合集》6771 正、《合集》9472 正、《合集》11006 正、《合集》12921 正等。也有個別兩辭均"自上而下，由外而內"刻寫的例子，如：《合集》201 正、《合集》419 正等。

Ⅱ類雖然也是刻寫兩條卜辭，但兩辭在甲橋上的行款走向及分佈情況與Ⅰ類有別。首先，卜辭一般是"自上而下，由外而內"刻寫的。其次，卜辭字體較大，下行的幅度也較大，兩辭基本以舌下縫為界，均勻地分佈在甲橋上，如：《合集》6530 正、《合集》6649 正甲、《合集》7440 正、《合集》11423 正、《合集》14549

---

① 林宏明綴合，見《醉古集》381 組。
② 何會綴合，見《甲骨拼合集》第 260 則。

正、《合集》17397 正等。

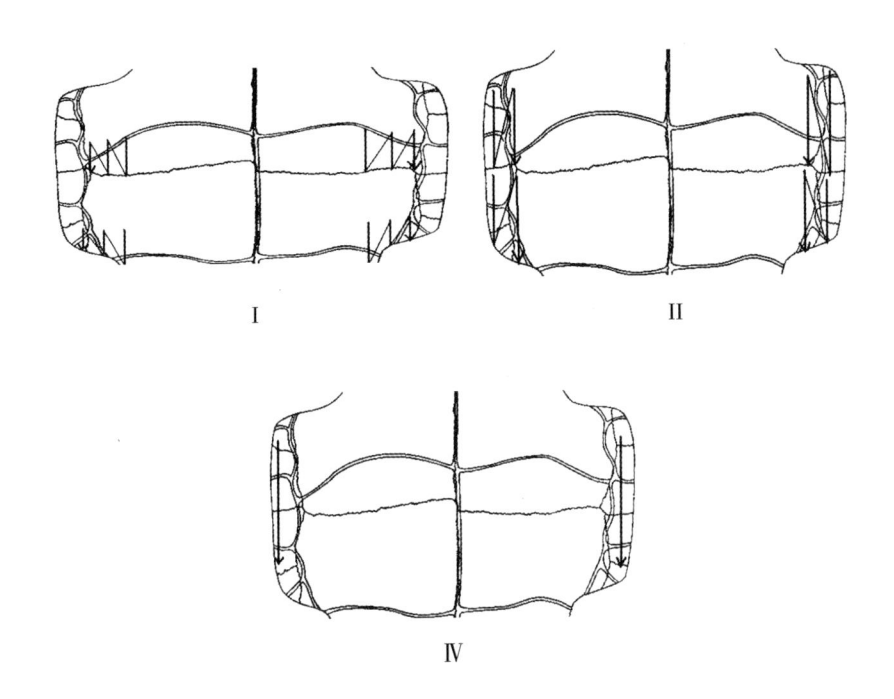

　　　　Ⅰ　　　　　　　　　Ⅱ

　　　　　　　　Ⅳ

　　當然，甲橋上也存在刻多辭和僅刻一辭的情況。刻多辭的如：《合集》641 正、《合集》795 正、《合集》974 正、《合集》14128 正等。刻一辭的與賓組一類相同一般位於甲橋底端，但其行款走向已不再是以"由內而外"為主，"由外而內"刻寫的情況也佔了相當的比重，如：《合集》272 正"由外而內"刻寫、《合集》901"由內而外"刻寫、《合集》6478 正"由外而內"、《合集》11484 正"由內而外"刻寫等。還有個別刻於甲橋上端的例子，如：《合集》6648 正"由外而內"、《合集》14200 正"由外而內"刻寫等。

　　Ⅳ類情況也存在於典賓類卜辭中，它們常沿甲橋邊緣，"自上而下"直行，如：《合集》667 正、《合集》914 正、《合集》11462 正等。

　　典賓類腹甲中部的內部多不刻卜辭。少數刻辭者，卜辭位置一般比較靈活,按照"自上而下,由內而外"的原則契刻,如:《合集》376正、《合集》974正等。

另外,內部也有一些"由內而外"橫行的例子,如:

《合集》419正位於左後甲上的"乙巳卜,韋貞:乎(呼)儔允囗"在第二道齒紋(舌下縫)下方沿著其紋路"由內而外"單列橫行。

《合集》905正位於前甲的"貞:㞢于父庚。/貞:勿㞢于父庚"和位於後甲的"貞:子賓㞢(有)蚩(害)"都是"由內而外"犯兆橫行。

《合集》2618正上的對貞之辭"母庚禦婦好齒。/勿于母庚禦"。

《合集》11506正上的"貞:㞢疾自隹(唯)㞢(有)蚩(害)。/貞:㞢疾自不隹(唯)㞢(有)蚩(害)"在後甲上犯兆橫行。

《合集》17192正上的"貞:今夕其虐"等。

上舉卜辭,基本上是單列橫行的。除此之外,典賓類中部還常見複列(多一或兩字為列,個別達到三字)橫行的例子,如:

《合集》226正上的"癸酉卜,殼貞:父乙之竁自羌甲至于父囗。/癸酉卜,殼貞:自羌甲〔至〕于囗"。

《合集》709正上的"庚戌卜,亘貞:王其疾肩。/庚戌卜,亘貞:王弗疾肩。王占曰:勿疾"。

《合集》734正後甲上的"己巳卜,殼貞:旡不囚(殟)。王占曰:吉,勿囚(殟)。/己巳卜,殼貞:旡其〔囚(殟)〕"。

《合集》808正上的"丙寅卜,亘貞:王戠多屯,若于下上。/貞:王戠多屯,若于下乙"。

《合集》9504正①上的"丙申卜,古貞:乎見▨▨,弗其擒。/丙申卜,古貞:乎(呼)見▨▨,擒"。

《合集》12051正前甲上的"甲辰卜,俶貞:今日其雨。/甲辰

---

① 林宏明綴合,見《醉古集》197組。

卜，㱿貞：今日不其雨"等。

這些卜辭常用粗筆、大字刻寫，也常犯兆。

(三) 下部

典賓類龜腹甲下部近千里路處的卜辭，一般"自上而下，由內而外"刻寫，位置比較靈活，如：《合集》914 正、《合集》6477 正、《合集》7075 正、《合集》8947 正、《合集》9504 正、《合集》10198 正、《合集》11462 正、《合集》11499 正等。

下部近邊緣處卜辭的行款佈局主要有以下幾種類型：

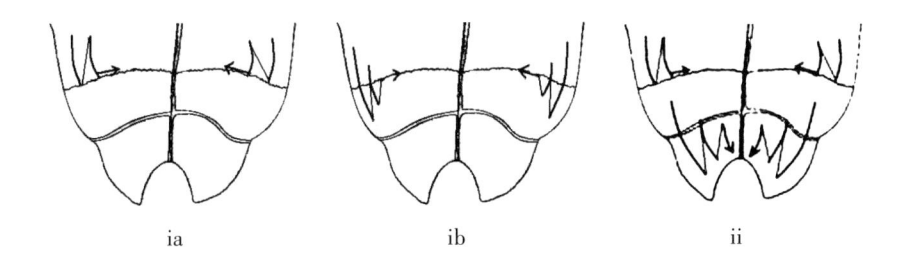

   ia   ib   ii

ia 類卜辭基本以第三道齒紋（下剣縫）為底端，沿腹甲輪廓"自上而下，由外而內"刻寫，受腹甲形態影響卜辭下行時略帶一定弧度。有時卜辭末端幾個字會沿齒紋橫行，如：《合集》418 正、《合集》1655 正、《合集》3979 正、《合集》5637 正、《合集》5775 正、《合集》6476、《合集》9472 正、《合集》11484 正等。

ib 類卜辭一般最外側一兩行沿腹甲輪廓"自上而下，由外而內"刻寫，其餘則沿第三道齒紋（下剣縫）橫向刻寫，整條卜辭跨後甲和尾甲兩部分，如：《合集》32 正、《合集》916 正、《合集》1656 正、《合集》7773、《合集》9177 正等。

ii 類沿腹甲邊緣一般刻有兩或三條卜辭，卜辭在下行時均受腹甲輪廓影響，略帶一定弧度，特別是刻於尾甲下端的卜辭，通常會以尾甲"∩"形邊為底端刻寫，從而呈現出一種獨特的行款及佈局類型。如：《合集》151 正、《合集》376 正、《合集》6649 正甲、《合集》8720 正、《合集》9811 正、《合集》10171 正、《合集》

殷墟王卜辭龜腹甲文例研究

10408 正、《合集》17357 等。

另外，腹甲下部也有複列橫行的例子，多"自上而下，由內而外"刻寫，如：《合集》201 正、《合集》1248 正[①]、《合集》1773 正、《合集》2373 正、《合集》6461 正、《合集》11006 正、《合集》12051 正、《合集》13220 正等；也有個別是"自上而下，由外而內"的，如《合集》14128 正。

通過以上論述不難看出，這種佈局的龜版具有以下特點：

1. 一般使用的龜版都比較大。

2. 甲橋經過修治，但保留的部分比較多，也有些是未經修治的甲橋。

3. 此類腹甲背面的鑽鑿一般比較密集。

4. 龜版內部卜兆較密集，而刻辭相對較少，這大概與卜辭守兆方式有關（詳見後文）。

貳　占卜次序釋例
一　據序數與卜辭間的關係判斷

序號	著錄號	部位	右甲	左甲	次序
1	150	前、後	（2）雍芻于萈。二 （3）貞：雍芻于萈。一二	（1）雍芻勿于萈。一	先左後右
		前	（2）雨正化屮（堪）〔王事〕。二	（1）弗其屮（堪）王事。一	先左後右
2	152	前	（1）庚辰卜，賓貞：朕芻于門。一 （3）貞：朕芻于門。二	（2）貞：朕芻于丘剢。一 （4）貞：朕芻于丘剢。二	先右後左 先上後下

---

① 蔡哲茂綴合，見先秦史研究室網站：http://www.xianqin.org/blog/archives/1766.html，2008 年 4 月 4 日。

102

第二章　殷墟王卜辭龜腹甲文例特點（上）

续表

序號	著錄號	部位	右甲	左甲	次序
3	248＋乙補2089＋乙補5853＝醉古集326	前、後、尾	丙子卜，㱿貞：今來羌率①用。一 貞：今來羌［率］用。二 來羌率用。三	丙子卜，㱿貞：今來羌勿用。一	先右後左 先上後下 先外後內
		前、後	貞：祖乙孽王。一　二 貞：祖乙孽王。三　四　五	貞：祖乙弗其孽王。一　二 貞：祖乙弗其孽［王］。三　四　五	先右後左 先下後上
4	376	前	（1）貞：王左三羌于宜不左若。一 （2）貞：王左三羌于宜不左若。二		先上後下
5	438	後、尾	［出］升于父庚牢。一 貞：出升于父庚牢。二　三	貞：勿［出升于］父庚牢。一　二［三］	先右後左 先上後下
6	466	前、後	（1）丙辰卜，古貞：其钗（殺）羌。一 （3）貞：钗（殺）羌。二 （5）貞：钗（殺）羌。三　四　五	（2）貞：于庚申伐羌。一 （4）貞：庚申伐羌。二 （6）貞：庚申伐羌。三　四　五	先右後左 自上而下
7	506＋乙編1990	前、後	（1）□寅卜，㱿貞：殷亡不若，不夆（逸）②羌。一 （3）貞：殷亡不若，不夆（逸）羌。二 （5）貞：殷亡不若，不夆（逸）羌。三	（2）貞：龍亡不若，不夆（逸）羌。一 （4）貞：龍亡不若，不夆（逸）羌。二 （6）貞：龍亡不若，不夆（逸）羌。三	先右後左 自上而下

---

① 此字從金祥恒先生釋，訓爲"皆也"，見金祥恒《釋率》，《中國文字》第5卷。
② "夆"字，趙平安先生已正確釋出此字可能是"逸"的本字，在甲骨文中讀爲"逸"或"失"，見趙平安：《戰國文字的"遴"與甲骨文"夆"爲一字說》，《古文字研究》第22輯，中華書局2000年版，第275—277頁。

殷墟王卜辭龜腹甲文例研究

续表

序號	著錄號	部位	右甲	左甲	次序
7	506＋乙編1990	後、尾	（1）殼其羍（逸）羌。一 （3）其羍（逸）。二	（2）龍其羍（逸）羌。一 （4）其羍（逸）。二	先外後內
8	685	前	（1）貞：燎于王亥女豕。	（2）勿燎于王亥女。一 （3）貞：勿燎于王亥女。二 三	先右後左 先上後下
		後	（1）貞：多妣求（咎）王。一 二 三	（2）貞：多妣弗求（咎）王。一 二 三 四 （3）貞：多妣弗求（咎）王。五 六	先右後左 先下後上
		後、尾		（1）弓矧于誖。一 （2）于誖。二 三 四	先外後內
9	766＋3332	前、後、尾	（1）貞：乎（呼）比齔侯。一 （3）乎（呼）比侯。二 三	（2）[貞：勿乎（呼）比齔侯。]一 （4）勿乎（呼）比。二 （5）勿乎（呼）比。三	先右後左 先下後上 先外後內
10	768	後、尾	（1）辛亥（反面）勿出于妣庚十䍃。 （3）勿蕫出十䍃。二	（2）貞：出于妣庚十䍃。一 （4）勿出于妣庚。二	先右後左 先上後下
11	787	首、前	（1）于女子。一 （2）于女子。二		先上後下 先外後內
		後	（1）癸亥卜，爭貞：我黍受有年。一月。一 三	（2）貞：勿蕫黍受有年。二 （3）弗其受有年。	先右後左
		前	（1）貞：出于妣甲䍃卯牢。一	（2）貞：勿蕫用。二	先右後左
		尾	（1）貞：祝于祖辛。一	（2）祝于祖辛。二	先右後左

第二章 殷墟王卜辭龜腹甲文例特點（上）

续表

序號	著錄號	部位	右甲	左甲	次序
12	811＋乙編7103	尾	（1）貞：呂［不］其受年。一 二 三 四 五	（2）壬子卜，爭（反面）貞：呂不其受年。六 七 八 九 十	先右後左
13	822	後	（1）貞：王疾隹（唯）妣己齿（害）。一 二 三（3）隹（唯）妣己。四 五	（2）貞：☒隹（唯）妣己齿（害）。一 二 三（4）不隹（唯）妣己。四 五	先右後左 先上後下
14	838	前、後、尾	貞：戠（摧）以羍（逸）于✿。一 二 甲寅卜，爭貞：戠（摧）以羍（逸）于✿。三 四	貞：戠（摧）弗其以。一 二	先下後上 先右後左
		前、後		丙寅卜，爭貞：燎三牛。一 二 貞：燎三牛。三	先上後下
15	924＋乙編2004＋乙編2510＋乙編6783＋乙編6850＋乙編7282＋乙補628＋乙補1679＋乙補2242	前、後	（1）貞：乎（呼）子賓出于出祖牢。一（3）乙巳卜，㱿貞：乎（呼）子賓出于出祖牢。二	（2）勿出。［一］（4）貞：勿乎（呼）子賓出于出祖牢。二	先右後左 先內後外

续表

序號	著錄號	部位	右甲	左甲	次序
16	944＋3291＋乙編641＋乙編7052＋乙編7394＋反乙編7443＋乙補2183＋乙補6282＋反乙補6242	前、後、尾	(1) 令陝。一 二 (3) 貞：［惠］陝［令］比亙侯歸，不𢦔。三 四 (5) 惠陝［令比］亙侯。五［六］七 八	(2)［貞］：惠象令。一 二 (4) 貞：惠象令比亙侯歸。三 四 二告 (6) 貞：惠象令比亙侯。五 二告 六 七 八	先右後左 先內後外 先上後下
17	946	後	(1) 貞：禺以巫。一 (3) 禺以巫。二	(2) 貞：禺弗其以巫。一 (4) 弗其以巫。二	先上後下 先內後外
		前、尾	(1) 來甲寅屮伐自上甲。一 (3) 辛亥卜，殼（反面）：來甲寅屮伐自上甲。二	(2) 勿屮。一 (4) 勿屮。二	先右後左 先上後下
18	947＋乙編7583＝醉古集158	前	(1) 貞：自上甲屮伐。一 (3) 貞：自上甲屮伐。［二］	(2) 勿自上甲屮伐。一 (4) 勿自上甲屮伐。二	先右後左 先上後下
19	975	前、尾	(1) 子賓有𡆥（害）。一 (3) 子賓有𡆥（害）。	(2) 子賓亡𡆥（害）。二 (4) 子賓亡𡆥（害）。	先右後左 先上後下
20	1086	前、後	(1) 丁巳卜，古貞：王伐，不𢦔。一 (2) 貞：王伐，不𢦔。二		先上後下

第二章 殷墟王卜辭龜腹甲文例特點（上）

续表

20	1086	前、後		（1）丁巳卜，古貞：周以嬙。一 （2）周以嬙。二 （3）貞：周弗以嬙。一	先上後下
		首、中、後、尾	（1）自今辛五日雨。一二　三 （2）辛酉卜，貞：自今五日雨。四　五		先上後下
21	1370	首、前、後	（1）□□卜，賓貞：大甲保。一　二　三　四 （3）貞：咸保。四　五　六	（2）貞：咸保我田。一　二　三 （4）大甲保。〔五〕六　七	先右後左 先左後右 先上後下
22	1657	前、後、尾	（1）丙寅卜，□貞：父乙〔賓〕于祖乙。一 （3）貞：父乙賓于祖乙。二 （5）〔貞：父乙賓于祖乙。三〕 （7）〔父乙〕賓于祖乙。四 （9）父乙賓于祖乙。五	（2）〔丙寅卜，□貞：父乙〕不〔賓于祖〕乙。一 （4）父乙不賓于祖乙。二 （6）父乙不賓于祖乙。三 （8）父乙不賓于祖乙。四 （10）父乙不賓于祖乙。五	先右後左 自上而下 先外後內
23	3979	前、後	（1）丙戌卜，殻貞：戈允其來。十三月。一 （3）貞：戈允其來。二 （5）貞：戈允其來。三	（2）丙戌卜，殻貞：戈不其來。一 （4）貞：戈不其來。二 （6）貞：戈不其來。三	先右後左 自上而下
24	4464	前、後	（1）乎（呼）🀫疫克。一　二 （2）乎（呼）🀫疫克。三	（3）丁酉卜，爭貞：乎（呼）🀫疫克。四　五　六　七	先下後上 先右後左

107

殷墟王卜辭龜腹甲文例研究

续表

序號	著錄號	部位	右甲	左甲	次序
25	4855	前、後、尾	（1）貞：㱿肩［元沚］。一 （3）貞：㱿肩元沚。二 （5）貞：㱿肩元沚。三 四 五	（2）貞：㱿弗其肩元沚。一 （4）㱿弗其肩元沚。二 （6）貞：㱿弗其肩元沚。三 四 五	先右後左 自上而下
26	5637	前、後、尾	（1）庚子卜，爭貞：西史旨亡田（憂），屮（堪）。一 （3）貞：西史旨亡田（憂），屮（堪）。二 （5）貞：旨亡田（憂）。三 （7）旨亡田（憂）。四 （9）旨亡田（憂）。五	（2）庚子卜，爭貞：西史旨其屮（有）田（憂）。一 （4）西史旨其屮（有）田（憂）。二 （6）旨其屮（有）田（憂）。三 （8）其屮（有）田（憂）。四 （10）其屮（有）田（憂）。五	先右後左 自上而下
27	5775	後、尾	貞：壴屮（有）鹿。一 壴屮（有）鹿。二	乎（呼）多馬逐鹿，獲。一 乎（呼）多馬逐鹿，獲。二	先右後左 先外後內
28	9525	前、後	（1）庚戌卜，㱿貞：王立黍受年。一 （3）貞：王立黍受年。一月。二	（2）貞：王勿立黍弗其受年。一 （4）［貞：王勿］立黍弗其受年。二	先右後左 先上後下
28	9525	前、後、尾	（1）戊午卜，㱿（反面）貞：畫來牛。一 （3）貞：畫來牛。二 三	（2）貞：畫弗其來牛。一 （4）弗其來牛。二 三	先右後左 先上後下
29	10026正＋10034＋乙補2884	前	（1）乙酉卜，韋貞：我受黍年。一	（2）貞：弗其受黍年。一 （3）貞：☐其受☐。二	先右後左 先上後下

108

第二章　殷墟王卜辭龜腹甲文例特點（上）

续表

序號	著錄號	部位	右甲	左甲	次序
30	10910	前、後	（1）㪤于東，㞢（有）鹿。一 （3）貞：㞢（有）鹿。二	（2）貞：㪤，亡其鹿。一 （4）亡其鹿。二	先右後左 先上後下
31	11007＋乙編4995	後	（1）☐焚，寧。三	（2）翌丁亥勿焚，寧。三 （3）翌丁亥勿焚，寧。四　五	先右後左 先上後下 （腹甲有殘缺）
32	12831正＋乙補6457＝醉古集47	前	（1）辛巳卜，賓貞：乎（呼）舞㞢（有）从雨。一 （2）貞：乎（呼）舞㞢（有）从雨。二		先上後下 （腹甲有殘缺）
33	14951	前、後	（1）貞：王曰之舌。一　二	（2）勿曰之。一　二 （3）勿䇂曰之舌若。三　四	先右後左 先下後上
34	18800	前、後、尾	（1）貞：吕其龡𠭴。一 （3）貞：吕其龡𠭴。二 （5）貞：吕其龡𠭴。三　四　五	（2）貞：吕不龡𠭴。一 （4）貞：吕不龡。二 （6）貞：吕不𠭴。三　四　[五]	先右後左 自上而下
35	18860	前、後、尾	（1）辛巳卜，賓貞：其曰之。一 （3）貞：其曰之。二 （5）其曰之。三	（2）貞：不曰之。一 （4）貞：不曰之。二 （6）不曰之。三	先右後左 自上而下

109

殷墟王卜辭龜腹甲文例研究

第1版所列的兩組卜辭，其中第一組（1）（2）兩辭的"筧"字作"🈳"形，（3）辭作"🈳"形，王子揚博士在其論文中指出："從辭例上看，'🈳'跟'🈳'應該表示同一個地名，很難想像寫法如此近似的兩個形體表示兩個不同的地名。我們知道，刻手在同一版上刻寫卜辭時，經常把一個字寫成不同的樣子，避免書寫形式的單一（《釋林》332頁）。'🈳'與'🈳'應該屬於這樣的情況。從這個例子不難看出，甲骨文字系統中，具有相同獸頭的人身形體與動物軀幹最初可能是同一個字，後來才在用法上發生了分工"①。第二組（2）辭的序數，《合集釋文》與《丙編·考釋》均釋為"一"，今從張惟捷博士《〈殷虛文字丙編〉目驗摹本》②改釋為"二"。從卜辭的序數和契刻位置來看，序數為"一"的卜辭被刻於腹甲的左邊，而序數為"二"的卜辭被刻寫於腹甲的右邊，但刻於腹甲右邊的卜辭仍然屬於正面的卜問，左邊的為反面的卜問。這似乎可以說明有時反貞的確是先於正貞而卜問的。

第9版《合集》766+3332為蔡哲茂先生所綴③，綴合後可知，它們為一組成套卜辭，其中第（2）辭是我們根據辭例擬補的。第（3）辭的序數"三"，《丙編》53釋文將其單列一組，我們通過與腹甲左側的序數"三"的系聯，將其歸入這組成套卜辭，認為它是成套卜辭正貞的"第三"兆，因其可與腹甲左側第三兆卜辭相比照，且腹甲背面相應部位又沒有卜辭，所以，刻手便將此卜的卜辭省刻了，腹甲上這樣的例子很多。

第12版上的這組成套卜辭比較特殊，其序數分別位於腹甲的左右兩側，且右側為"一二三四五"，左側為"六七八九十"，這

---

① 王子揚：《甲骨文字形類組差異現象研究》，博士學位論文，首都師範大學，2011年；又中西書局2013年版。
② 張惟捷：《殷墟YH127坑賓組刻辭整理與研究》，天主教輔仁大學中國文學研究所博士論文，2011年。
③ 蔡哲茂：《〈殷虛文字丙編〉新綴一則》，見先秦史研究室網站：http://www.xianqin.org/blog/archives/1558.html，2007年3月29日。

從側面說明殷人用龜"以右為先"的習慣。

第17版第二組成套卜辭（3）（4）兩辭的序數"二"，《合集釋文》漏釋，今根據《乙編》拓本補釋之，這使它們與（1）（2）兩辭的成套關係更加明確。

第20版上的這三組成套卜辭最能說明在考察貞卜次序時，只能以卜辭組為單位進行，不能將整版卜辭混為一談，否則將無次序可言。

第21版上的這組成套卜辭比較特殊"□□卜，賓貞：大甲保"的"一 二 三 四"兆在腹甲的右側上部，而"［五］ 六 七"兆則轉到腹甲左側下部繼續貞問，同樣"貞：咸保我田"也是前三兆位於腹甲左側，後三兆位於腹甲右側。這種占卜方式，在同版成套卜辭中比較少見。

第23版除了上表中提到的成套卜辭外，還有一辭"丙戌卜，殼貞：戉其來"其序數為"一 二 三 四 五 六 七 八 九"，也是關於"戉是否來"的貞問，但從貞問內容來看，它應該是先於成套卜辭而貞問的，大概貞人先卜問"戉是否來"得到的結果是"戉會來"，接著又進一步貞問"戉是否真的會來"。所以，此版在使用時最先啟用的部位是右後甲的下半部，然後又從前甲開始"自上而下"依次卜問。

第24版上的卜辭序數排列方式較為特殊，腹甲右側"一 二 三"是"自下而上"排列的，而位於腹甲左側的序數則略顯混亂，第四卜位於六、七卜之間。但從整版來考慮，仍可將其占卜次序歸入"先右後左，先下後上"的行列。

第27版上的這兩組卜辭通過相連的序數"一 二"可知，他們都是按照"先外後內"的次序貞問的。這兩組卜辭雖然在刻寫部位上存在對稱關係，但二者既非對貞，也非選貞，只能說是同卜一事，且從貞問的內容來判斷，應該是先貞問"有鹿"，再貞問"呼令多馬去追逐鹿，能否捕獲"，因此，它們的貞問次序也是遵循"先右後左"的原則的。

殷墟王卜辭龜腹甲文例研究

二 據卜辭所屬干支的先後判斷

序號	著錄號	部位	右甲	左甲	次序
1	43＋16116＋25974合補3166	前	（1）戊辰[卜]，□貞：翌辛[未]亞气以眾人侑丁录乎（呼）保我。二	（2）丙戌卜，爭貞：翌丁亥⼚于丁三牛。二	先右後左
2	151	中、後	（1）乙巳卜，賓（反面）貞：侑正化找角方。一二三四[五]六七[八] （3）丁未卜，爭貞：侑正化亡困（憂）。十一月。一二三四五六七八九十	（2）侑正化弗其找。一二三四五六七八 （4）貞：侑正化其出（有）困（憂）。一二三四五六七八九十	先右後左 先下後上 先外後內
3	454＋1694正＋乙補280＋乙補342＝醉古集32	前、中	（1）[癸]卯[卜]，賓貞：今夕用羌。一 （3）貞：于翌甲辰用羌。允用。一 （5）辛未卜，殼貞：婦妌娩，妫（男）①。王占曰："其佳（唯）庚娩妫（男）。三月。"庚戌娩妫（男）。	（2）貞：勿佳（唯）今日用羌。一 （4）勿于翌甲辰用羌。三月。一 （6）辛[未]卜，殼貞：[婦]妌娩，不其妫（男）。一二三	先右後左 先上後下 先外後內
4	721	首、前、後	（1）貞：翌乙卯酒我雍伐于宰。乙卯允酒，明陰。四 （3）癸酉卜，賓貞：翌乙亥酒雍伐于[宰]。四 （5）貞：翌乙亥酒雍伐于宰。四	（2）貞：翌乙卯勿酒我雍伐于宰。四 （4）貞：翌乙亥勿酒雍伐[于宰]。四 （6）貞：翌乙亥[勿]酒雍伐于宰。]四	先右後左 先上後下 （自上而下）

---

① "妫"字讀為"男"。參看陳漢平《釋妫》，《屠龍絕續》，黑龍江教育出版社1989年版，第77—78頁；趙平安：《從楚簡"娩"的釋讀談到甲骨文的"娩妫"——附釋古文字中的"冥"》，《簡帛研究二〇〇一》，廣西師範大學出版社2001年版，第56—57頁引李學勤先生說。

第二章　殷墟王卜辭龜腹甲文例特點（上）

续表

序號	著錄號	部位	右甲	左甲	次序
5	924＋乙編2004＋乙編2510＋乙編6783＋乙編6850＋乙編7282＋乙補628＋乙補1679＋乙補2242	前、後	（1）壬辰卜，㱿貞：乎（呼）子賓禦㞢母于父乙䢅牢酚三㝢五牢。一　二　三 （3）貞：乎（呼）子賓侑于㞢祖牢。一 （5）乙巳卜，㱿貞：乎（呼）子賓侑于㞢祖牢。二	（2）貞：乎（呼）子賓禦㞢母于父乙䢅小牢酚三㝢五牢。[一]　二　三 （4）勿侑。[一] （6）貞：勿乎（呼）子賓侑于㞢祖牢。二	先右後左 先下後上
6	930＋15127＋14019＝醉古集87	後、尾	（1）丙戌卜，爭貞：婦𡠦娩幼（男）。七月。一　二　三　四	（2）貞：婦𡠦娩不其幼（男）。七月。一　二　三　四 （3）壬寅卜，㱿（反面）貞：婦𡠦娩幼（男），隹（唯）卒。一　二　三　四	先右後左 先上後下
7	6037	首、前	（1）貞：翌庚申我伐易日。庚申明陰，王來達首，雨小。一 （3）☑雨。一　二　三　四　五　六	（2）己未卜，㱿（反面）貞：翌庚申不其易日。一 （4）甲子卜，爭（反面）：翌乙[丑]不其雨。一　二　三　四　五　六	先右後左 先上後下
8	6473＋乙補3454＋乙補3455	首	（1）庚辰卜，爭貞：爰南單。	（2）辛巳卜，賓貞：亦燎。	先右後左

113

殷墟王卜辭龜腹甲文例研究

续表

序號	著錄號	部位	右甲	左甲	次序
9	6530正+乙編5426+乙補4256=醉古集343	前、後	（1）壬申卜□貞：興方來佳（唯）☒余在田。（3）癸酉卜，亙（反面）貞：王比興方伐下危。	（2）貞：興方來不佳（唯）☒余在田。（4）貞：□比興方伐下危。	先右後左 先上後下
10	9504+乙編4982+乙補6091=醉古集197	後	（2）丙辰卜，爭貞：乎（呼）糌于陮，受有年。一 二 三 四 五 六 七 八 九 十	（1）丙午卜，賓貞：王往出田，若。一 二 三 四 五 六	先左後右
11	10171+乙補6530+合14293正=醉古集347	首、中、前、後	（1）癸卯卜，內（反面）貞：乎（呼）尋冊。一 二 三 〔四〕五 六（3）甲辰卜，賓貞：乎（呼）同丘。一（5）戊申卜，爭貞：帝其降我艱。一月。一 二 三 四 五 六 七 八 九 十 一 二 三 四 五 六 七 八（7）丙辰卜，賓貞：雨正化弋角。	（2）貞：勿䇂乎（呼）尋冊。一 二 三 四 五（4）貞：惠佣乎（呼）同丘。（6）戊申卜，爭貞：帝不我降艱。一 二 三 四 五 六 七 八 九 十 一 二 三 四 五 六 七 八（8）貞：雨正化弗其弋角。	先右後左 先上後下 先內後外
12	11006	後	丁亥卜，爭貞：王夢佳（唯）齒。一	戊午卜，爭貞：先得。一	先右後左

114

第二章　殷墟王卜辭龜腹甲文例特點（上）

续表

序號	著錄號	部位	右甲	左甲	次序
13	11423正	甲橋	（1）癸未卜，賓貞：茲雹不隹（唯）降田（憂）。十一月。［一］二［三］四五六七八九十一二三四五 （3）甲申卜，賓貞：雩丁亡貝。一二三四五六七八九十一二三四五六七	（2）癸未卜，賓貞：茲雹隹（唯）降田（憂）。一二三四五六七八九十一二三四 （4）貞：雩丁其出（有）貝。一二三四五六七八九十一二［三］四五六七	先右後左 先上後下
14	11497正	首、前	（1）丙申卜，㱿貞：來乙巳酒下乙。王占曰：酒隹（唯）出（有）咎，其出（有）戠（異）①。乙巳酒，明雨，伐既雨，咸伐亦雨，䬰（殺）卯鳥（倏）星（晴）②。一	（2）丙午卜，爭貞：來甲寅酒大甲。一	先右後左
15	12051正	前、後、尾	（1）甲辰卜，佣貞：今日其雨。一二三四五 （3）甲辰卜，佣貞：翌乙巳其雨。一二三四 （5）貞：翌丁未其雨。一二三	（2）甲辰卜，佣貞：今日不其雨。一二三四五 （4）貞：翌乙巳不其雨。一二三四 （6）貞：翌丁未不其雨。一二三	先右後左 先上後下

---

①　此字從陳劍釋，見陳劍：《殷墟卜辭的分期分類對甲骨文考釋的重要性》，《甲骨金文考釋論集》，綫裝書局 2007 年版，第 414—427 頁。
②　"倏晴"從李學勤先生釋，見李學勤：《論殷墟卜辭中的"星"》，《鄭州大學學報》1981 年第 4 期。

115

续表

序號	著錄號	部位	右甲	左甲	次序
16	12324正	整版	（1）丁巳卜，亘貞：自今至于庚申其雨。一 二 三 四 五 六 七 八 九 （3）戊午卜，㱿貞：翌庚申其雨。一 [二] 三 [四] 五 [六 七] 八	（2）貞：自今丁巳至于庚申不雨。一 二 三 四 五 六 七 （4）貞：翌庚申不雨。一 二 三 四 五 六	先右後左 先上後下
17	12396	首、前	（1）癸未卜，賓（反面）：翌甲申雨。一 二 三	（2）翌甲申不雨。一 二 （3）甲申卜，㱿貞：若。一 二	先右後左 先上後下
18	12921	前	辛丑卜，賓貞：翌壬寅其雨。一	貞：翌壬辰不其雨。一	先左後右
19	14206正+乙編7075	中、前	（1）壬子卜，爭貞：我其乍（作）邑，帝弗左，若。三月。一 二 三 四 五 六 七 八 九 十 一 二 三 四 五 [六] 七 八 九	（2）癸丑卜，爭貞：勿乍（作）邑，帝若。一 二 三 四 五 六 七 八 九 十 一 二 三 四 五 六	先右後左

第 1 版上的這組卜辭，是經過綴合得到的①。兩辭雖處在左右對稱的位置上，但二者既非對貞也非選貞，從內容上也很難看出它們間的聯繫，僅能從卜辭的卜日上判斷出其占卜的先後次序。第 8、10、12 版上的卜辭亦屬此列。

第 2 版上的兩組對貞卜辭都是有關 "𠙴正化" 的貞問。從卜辭

---

① 本組綴合筆者先將《合集》43、《合集》16116、《合補》3166 這三片綴合在一起，後方稚松師兄又加綴《合集》25974。見《甲骨拼合三集》第 597 則。

內容看，因印正化要參加與角方的戰爭，所以才會接著卜問是否會有不好的事情發生。這正與卜辭的干支所透漏的信息一致，即它們的貞卜次序為"先右後左，先下後上，先外後內"。

第3版上的這六條卜辭是正面明確記有干支的卜辭。第（1）辭的"癸"是我們根據辭例擬補的。有關"用羌"的四條，從卜辭的分佈和對稱情況來看，它們似乎是兩兩對貞的，且序數都是"一"，但細看前兩辭則並非嚴格意義上的對貞，且在第二辭背面相同的部位還有一前辭"庚戌卜，賓"，所以很有可能"貞：勿唯今日用羌"並非是在"癸卯"日的占卜，而應是隸屬於背面前辭"庚戌"日的。如果是這樣的話，那麼第二辭則很有可能是刻於"翌甲辰"兩辭之後的了。（5）（6）兩辭是生育卜辭。關於這六條卜辭的貞卜次序，林宏明先生說：

> 丙257的釋文中，（1）—（2）辭（筆者按：即（5）（6）兩辭）為辛未日卜問婦妌是否娩妌；第（7）—（10）（筆者按：即（1）—（4））為癸卯日卜問用羌的時日。我們不同意這樣的安排，因為這兩組卜辭都有標記"三月"。"辛未到癸卯"總共是三十三天，如此只能主觀地用閏三月才能講得通。"癸卯到辛未"總共有二十九天，還能夠安排在一個月內。"癸卯"可能為三月開始的一或二日，"辛未"則是三月的月底或極接近月底的日子。
>
> ……如此，本龜版目前出現屬於前辭的干支"癸卯""己酉""庚戌""壬戌""辛未"就都可以安排在這個三月之內。從這樣例子，我們認為卜辭中許多記有月份的卜辭，其中有一部分其記月份的理由是因為那條卜辭卜問的日子，剛好是那個月份的前幾天或最後幾天（因為版上不一定剛好有初一或月底卜問的卜辭需要記錄）。版上另有"庚戌娩妌"的"庚戌"，因為是驗辭，所以其日子一定是在三月之後。因其記錄的重點在於之前商王的占斷認為如果在庚日出生就會生男，後來在"庚戌"日出生，果然是男的，所以是不是"庚"日和嬰兒的

性別才是重點，月份則無關緊要。但是我們可不可以推斷是最接近的"五月庚戌"呢？這恐怕很危險，既然"娩妌"不是卜問分娩過程的順利安全與否，而是胎兒性別的卜問，就不一定在離分娩較近的時間卜問了。以往有學者根據卜問娩和驗辭的日子相隔太久，認為殷人不可能對於女子懷孕生產的時程還如此缺乏掌握而反對釋🝫為娩。現在既知是對性別的卜問，就完全有可能了。而且殷人還認為嬰孩的性別不是懷孕即決定，而是和出生日子有關。所以同樣一胎，可占斷某天干出生則為男、某天干即為女。①

林先生所言極是，因此，它們的占卜次序為"先右後左，先上後下，先外後內"。

第5版前兩辭為對貞之辭，後四辭為成套卜辭。從此組成套卜辭的序數來看，辭例較為完整的卜辭並不一定是先卜問的。由此可見，我們不能因為卜辭較為完整，附有前辭，就盲目的將其視為先卜問之辭。

第6、7、9、11、17版上卜辭貞問的先後次序的判斷，有賴於刻寫在背面的前辭。由此可見，掌握卜辭正反相承的文例，是至關重要的。

第18版所舉之例較為特殊，它們不同於一般對貞卜辭"先右後左"的占卜次序，而是按"先左後右"的次序卜問。但張惟捷博士在其論文中提到"前者'丑'、'寅'二字有刮削痕，疑原辭作'辛卯卜賓貞：翌壬辰其雨'，本與後者形成對貞，後來因故（可能是新起一占但版面有限）改此二字，遂得一新辭。這種安排刻辭的手法十分罕見"②。如果張說可信，那麼，此組卜辭仍應是按照"先右後左"的次序貞問的。

---

① 林宏明：《醉古集》，萬卷樓2011年版，第501—502頁。
② 張惟捷：《殷墟YH127坑賓組刻辭整理與研究》，天主教輔仁大學中國文學研究所博士論文，2011年7月，第314頁。

第二章 殷墟王卜辭龜腹甲文例特點（上）

三　據卜辭間的內在邏輯關聯判斷

序號	著錄號	部位	右甲	左甲	次序
1	151	後、尾	（1）貞：小子屮（有）𡆥。一 二 三 四 五 六 七 （3）貞：祖丁若小子𡆥。一 二 三 四 五 六	（2）貞：小子亡𡆥。一 二 三 四 五 六 （4）貞：祖丁弗若小子𡆥。一 二 三 四 五 六	先右後左 先下後上
2	248 + 乙補2089 + 乙補5853 = 醉古集326	首、前、後	（1）貞：奴人乎（呼）伐𢀛。三 （3）壬戌卜，爭貞：旨伐𢀛，戈。三	（2）勿乎（呼）伐𢀛。三 （4）貞：弗其戈。三	先右後左 先上後下
3	376	首、前、後	（1）乙丑卜，㱿貞：甲子向乙丑王夢牧石麋不隹（唯）囚（憂），隹（唯）又。一 （3）貞：［王屮（有）］夢［隹（唯）］乎（呼）余禦𡆥。一 二	（2）貞：甲子向乙丑王夢牧石麋不隹（唯）囚（憂），隹（唯）又。三月。二 （4）貞：王屮（有）夢不隹（唯）乎（呼）余𡆥。一 二	先右後左 先上後下
4	709	尾	（1）貞：婦弗其肩凡（興）① 有疾。一 二 三 四 （3）貞：婦嬴。一 二 三 四	（2）貞：婦好肩凡（興）有疾。一 二 三 （4）不其嬴。一 二 三	先右後左 先內後外

---

① "興"字從蔡哲茂釋，見蔡哲茂：《殷卜辭"肩凡有疾"解》，收入《屈萬里先生百歲誕辰國際學術研討會論文集》，2006年12月，第389—431頁。

续表

序號	著錄號	部位	右甲	左甲	次序
5	775	尾	(1) 出妣庚☒。 (3) 二☒。 (5) 三☒。 (7) 四☒。	(2) 勿☒。 (4) 勿二☒。 (6) 勿三。 (8) 勿四。 (9) 勿五。	先右後左 先內後外 先上後下
6	795	後、尾	(1) 壬午卜，殼貞：婦肩凡（興）。一二 (2) 貞：婦好贏。一二三	(3) 貞：不其贏。一二三四五	先右後左 先下後上
7	905	後	(1) 己未卜，亙貞：子賓出（有）虫（害）。 (3) 貞：于妣己禦子賓。	(2) 己未卜，亙貞：子賓亡虫（害）。 (4) 貞：勿于妣己禦子賓。	先右後左 先上後下
8	1822	整版	(1) 貞：隹（唯）南庚。一二三四 (3) 貞：隹（唯）羌甲。一二 (5) 貞：隹（唯）祖庚。一二 (7) 貞：隹（唯）咸戊。一二 (9) 貞：隹（唯）學戊。一二 (11) 出于父甲。	(2) 貞：不隹（唯）南庚。一二三四 (4) 貞：不隹（唯）羌甲。一二 (6) 貞：不隹（唯）祖庚。一二 (8) 貞：不隹（唯）咸戊。一二 (10) 貞：不隹（唯）學戊。一二 (12) 勿出。	自上而下
9	2130＋乙補1598＝醉古集43	整版	(1) [貞]：父甲求（咎）王。一二 (3) [貞]：父庚求（咎）王。一二 (5) 貞：父辛求（咎）[王]。一二 二告 (7) 貞：出[羌]甲。 (9) 貞：出學戊。一	(2) [貞：父甲弗]求（咎）王。二三 (4) 貞：父庚弗求（咎）王。一二 (6) 貞：父辛弗其求（咎）王。一二 (8) 貞：奴出☒。五六 二告 七	自下而上

第二章　殷墟王卜辭龜腹甲文例特點（上）

续表

序號	著錄號	部位	右甲	左甲	次序
10	5776正+乙補(4161+4191+4180+4143+4232+4192)=醉古集58	前、後、尾	（1）庚辰卜，內貞：肇旁射。一　二　三　四 （3）貞：肇旁射三百。一　二　三　四　五　六　七　八　九	（2）勿肇旁射。一　二　三　四 （4）勿肇旁射三百。一　二　三　四　五　六　七　八　九	先右後左 先上後下
11	7942	整版	（1）丁巳卜，賓貞：王出于敦。一　二　三　四　五　六　七　八 （3）貞：王今丁巳出。一　二　三　四 （5）貞：于庚申出于敦。一　二　三　四　五	（2）貞：王勿出于敦。〔一　二〕三　四　五　六　七 （4）貞：勿隹（唯）今丁巳出。一　二　三　四 （6）勿于庚申出。一　二　三　四　五	先右後左 自上而下

　　第1版所列之辭兩兩對貞，均與"小子𢀩"有關，《合集釋文》的釋讀順序是"先上後下"即認為"祖丁是否若小子𢀩"是先卜問的，似不合邏輯。沈培先生認為："此例卜問'小子'有無'𢀩'，結果是小子有了𢀩，然後卜問祖丁會不會'若'小子𢀩。這個句子可以理解成'祖丁以小子𢀩為善'，也可以理解成'祖丁使小子𢀩善'。當然，如果'小子𢀩'是一種不好的事情，並且已經成為事實，那麼這個句子還是理解成使動比較好"①。沈說有理，只有先確定了"小子有𢀩"，然後才會接著再卜問"祖丁是否會使小子𢀩若"，這比較符合事態發展的邏輯順序，因此，卜問次序當為"先右後左，先下後上"較合理。

---

① 沈培：《關於殷墟甲骨文所謂"于"字式"被動句"》，《北京大學中國古文獻研究中心集刊》第2輯，北京大學出版社2001年版，第31—52頁。

121

殷墟王卜辭龜腹甲文例研究

　　第2版上的這組卜辭是有關征伐"🉂"的卜問。卜辭先貞問"是否要徵集人去攻伐🉂"，從背面的占辭"王占曰：吉，🉂"可以知道結果是"要去攻打🉂"；然後進一步卜問"派旨人去攻伐🉂，會不會🉂"，由背面的占辭"王占曰：吉，🉂。隹（唯）甲，不，惠丁"可知，派旨人去攻伐是吉利的，可能會在甲日取勝，否則，可能會在丁日取勝。

　　第3版上的兩組對貞之辭都是有關"王夢"的占卜。其中(1)(2)兩辭的序數，《丙編》96的釋文認為都是"一　二"，《合集釋文》則認為(1)辭的序數為"一"，(2)辭的序數為"二"。我們檢視拓本，認為《合集釋文》的意見更為合理。這主要是由於從拓本上看，兩辭的筆道比較粗大，而與此書寫風格相應的只有位於左右前甲上的序數"一"和"二"，同時這樣的序數歸屬也符合龜腹甲此部位卜辭分佈與刻寫的一般規律。因此，(1)(2)兩辭雖然刻寫在左右對稱的位置上，但它們並非對貞關係，而分別是成套卜辭的一二卜。另外，這一部位其餘的序數，大概是屬於腹甲背面的卜辭的。由卜辭大意可知，貞人要先行卜問王夢的具體情況，占斷王夢是不是會帶來災禍，然後再接著卜問，王有夢是否會呼令舉行禦祭活動。所以，本組卜辭貞卜的次序應為"先右後左，先上後下"。

　　第4版與第6版都是有關"婦好之疾"的占卜。卜辭中的"肩凡（興）有疾"，現在學界多釋為"克興有疾"，也就是說疾病狀況有起色，即病情好轉。"贏"意思是疾病痊愈。很顯然這兩組有關婦好病情的貞卜，存在一定的內在關聯。卜人先貞問婦好的病情會不會好轉，通過刻在腹甲背面的占辭"王占曰：吉。肩興"不難看出，婦好的病情能夠好轉，接著又貞問婦好之疾能否痊愈，從背面的占辭"王占曰：吉。气［贏］"來看，也是得到了肯定的答案，即"婦好最終會痊愈"。因此，它們貞卜的先後次序為"先內後外"。至於為什麼將反貞"弗其肩興有疾"刻在右邊，沈培先生已作出合理的推測，他說：

第二章 殷墟王卜辭龜腹甲文例特點（上）

"肩凡有疾"是好的，通常情況應該先卜問正貞，《合集》811 正、13874 正甲和 13874 正乙就是這樣。但是，我們也看到，有關婦好得病的貞問不止一次。例如《合集》795 正有好幾次關於婦好得病的占卜，既有"［龍甲］咎婦。／龍甲弗咎婦。"又有"壬寅卜，㱿貞：婦肩凡。"和"貞：婦好瘳。／貞：不其瘳。"卜問"肩凡有疾"的卜辭，有時候實際結果是比較嚴重的，即得病的人可能最後"殞"（看裘錫圭 2000 例 17）因此，卜辭中有好幾例"弗其肩凡有疾"都是因先卜問而刻在右邊（如《合集》709 正、14199 正），這應當是正常的。①

沈先生所言極是，由此我們可以確定第 4 版上兩組卜辭的貞問次序為"先右後左，先內後外"；第 6 版卜辭的貞卜次序為"先右後左，先下後上"。

第 5 版卜辭中的"❄"字，在釋讀上儘管仍存在爭議，但其作為祭品的看法則較為一致②。因卜辭內容簡略，我們姑且按照祭品數量的多少來確定其卜問的次序。

第 7 版是兩組有關"子賓"的貞卜。（1）（2）兩辭先貞問"子賓是否有害"，很顯然占斷的結果是"子賓有害"了，然後又進一步貞問是否要為子賓舉行禦祭妣己的活動，以免除災禍。所以這兩組卜辭的卜問次序為"先右後左，先上後下"。

第 8、9 兩版均是卜問哪一位先祖"咎王"，但第一版最終確定祭祀的對象刻於尾甲部位，而第二版祭祀的對象則刻於前甲部位。可見二者的契刻順序有別，一版是"自上而下"刻寫，一版是"自下而上"刻寫的。

第 10 版卜辭中的"旁射"指旁族或旁地的射手。"肇"舊多

---

① 沈培：《殷墟卜辭正反對貞的語用學考察》，《漢語史研究：紀念李方桂先生百年冥誕論文集》（《語言暨語言學》專刊外編之二），"中央研究院"語言學研究所 2005 年版，第 214 頁。

② 參《綜覽》4041 條。

與"啓"混，今從方稚松釋，理解為"致送"意①。此版兩組卜辭當首先貞問"是否致送旁族或旁地的射手"，然後再進一步貞問"肇"的數量是否為"三百"。因此，它們的貞問次序為"先右後左，先上後下"。

第11版整版卜辭都是圍繞"王出"進行占卜的。從事情發展的內在關聯上看，卜辭首先確定往出的地點，然後再貞問往出的具體時間，因而，整版是按照"自上而下"的次序進行貞問的。

綜上所述，典賓類卜辭的貞卜次序仍以"先右後左，先上後下，先外後內"為主，"先左後右，先下後上，先內後外"為輔。其中"先右後左"佔40%、"先左後右"佔3.8%、"先上後下"佔37%、"先下後上"佔7.6%、"先外後內"佔6.9%、"先內後外"佔4.6%。

叁　首刻卜辭

典賓類龜腹甲上的的首刻卜辭，位置與賓組一類相似，多位於腹甲上部近邊緣處，如《合集》466、《合集》1657正、《合集》4855、《合集》5637正、《合集》18800等腹甲上僅有一組成套卜辭，由它們序數的先後次序可知，首刻卜辭位於右前甲上，整版"自上而下"依次遞用。但多數卜甲上的卜辭內容駁雜，首刻卜辭位於腹甲上部，並不等於整版便"自上而下"刻寫，如：

(1a) 乙卯卜，殼貞：王比望乘伐下危，受虫（有）又。四

(1b) 乙卯卜，殼貞：王勿比望乘伐下危，弗其受又。四

(1c) 貞：王比望乘。四

(1d) 貞：王勿比望乘。四

(1e) 丁巳卜，殼貞：王學眾伐于𢀝方，受虫（有）又。四

(1f) 丁巳卜，殼貞：王勿學眾𢀝方，弗其受虫（有）又。四

---

① 方稚松：《殷墟甲骨文五種記事刻辭研究》，首都師範大學文學院博士論文，2007年6月，第37—53頁。

第二章　殷墟王卜辭龜腹甲文例特點（上）

(1g) 王惠出值。四

(1h) 王勿隹（唯）出值。四

(1i) 庚申卜，殻貞：乍（作）賓。四

(1j) 庚申卜，殻貞：勿乍（作）賓。四

(1k) 貞：王惠沚蔑比伐［巴方］。四

(1l) 貞：王勿比沚蔑伐巴方。四

(1m) 惠蔑比。四

(1n) 勿隹（唯）比蔑。四

《合集》32 正 +《乙補》1653 +
《乙補》6022 =《醉古集》33

此版為李達良先生所說的第六式，即"刻辭時先用上部，次用下部，最後用中部。其刻辭之序次，每部由上而下，左右平行"，從卜日干支"乙卯→丁巳→庚申"次序來看，李先生所言有一定道理。

(2a) 庚辰卜，賓貞：朕芻于門。一

(2b) 貞：朕芻于丘剝。一

(2c) 貞：朕芻于門。二

(2d) 貞：朕芻于丘剝。二

(2e) 辛巳卜，內貞：般往來亡囚（憂）。一

(2f) 貞：往來亡囚（憂）。一

(2g) ［其屮（有）］囚（憂）。［一］

(2h) 般其屮（有）囚（憂）。一

(2i) 壬辰卜，爭（反面）貞：翌乙未其燎。一　二

(2j) 翌乙未勿卒燎。一　二　　　　　　《合集》152 正

由干支"庚辰→辛巳→壬辰"和序數的位置可知，首刻卜辭位於右前甲，但整版卜問次序應為"先外後內"，外部"自上而下"依次遞用。

(3a) 辛卯卜，殻貞：王往延魚，若。一

(3b) 辛卯卜，殻貞：王勿延魚，不若。一

(3c) 貞：翌壬辰不其雨。一

125

（3d）壬辰卜，殼貞：业祖辛二牛。一

（3e）业祖辛二牛。一

（3f）貞☒祖☒。

（3g）辛丑卜，賓貞：翌壬寅其雨。一　　　《合集》12921 正

由卜日干支"辛卯→壬辰→辛丑"可知，首刻卜辭位於右前甲上，即腹甲上部最先啟用。

也有先用中部的，如：

（4a）壬午卜，殼貞：业伐上甲十业五，卯十小牢。三

（4b）业伐于上甲十业五，卯十小牢业五。三

（4c）勿卒业业。三　　　　　　　　　　《合集》901

這是一版近乎完整的大龜腹甲，但其上僅有三條卜辭，分別位於左右甲橋下端和右尾甲近千里路處。從卜辭內容的關聯來看，位於右甲橋下端的"壬午卜，殼貞：业伐上甲十业五，卯十小牢"大概是首刻卜辭，所以，此版最先啟用的部位為中部。

（5a）壬寅卜，殼貞：興方以羌，用自上甲至下乙。一　二　三　四　五　六

（5b）☒九☒，不湄。一　二　三　四　五　六　七　八　九

　　　　　　　　　　　　　　　　　　　　《合集》270

（6a）己卯卜，爭貞：王乍（作）邑，帝若。我从之唐。一　二　三　二告　四　五　六　[七]　八　九　十　一　二　三　二告　四　五　六　[七]　八　九　十　一　二

（6b）☒邑，帝弗若。[一　二]　三　四　五　六　七　[八]　九　二告　十　一　二　三　四　五　六　[七]　八　九　二告　十　一　二　　《合集》14200 正

（7a）貞：王曰之舌。一　二

（7b）勿曰之。一　二

（7c）勿葷曰之舌，若。三　四

（7d）惠幽牛又黃牛。一　二告　二　　　《合集》14951 正

這三版都是僅甲橋處刻有卜辭，可確證腹甲有先用中部的情況存在。

126

還有先用下部的，如：

(8a) 貞：其沚于娟。一　二　三　四

(8b) 庚子卜，內：勿于娟。一　二　[三]　四　二告

(8c) 庚戌卜，殻貞：于河屮報。一　二　三　四

(8d) 庚戌卜，殻貞：勿于河屮報。三月。一　二　三　四　五　六

(8e) 庚申卜，殻貞：燎于㱿。

(8f) 貞：于黃奭燎。一　二　二告

(8g) 貞：方帝一羌二犬，卯牛。一

(8h) 貞：勿方帝。一　二告

(8i) 壬戌卜，爭（反面）貞：王祼鼎屮伐。一　二　二告

(8j) 王祼勿屮伐。一　二　　　　　　　《合集》418 正

李達良先生將此例列為第七式"由下逆行而上，左右對稱，平行逆上"但他忽略了刻於背面的"壬戌卜，爭"這一前辭，將與其相承的刻於千里路兩側的命辭"貞：王祼鼎屮伐／王祼勿屮伐"置於"庚戌"卜之後，是不可取的。由卜日干支"庚子→庚戌→庚申→壬戌"系聯可知首刻卜辭雖位於腹甲下部，但整版卜問次序應為"先外後內"，外部"自下而上"依次遞用。又如：

《合集》914 正由卜日干支"癸丑→壬戌（反面）→癸亥→丙子（反面）"可知，首刻卜辭位於尾甲上，整版使用次序為"先用下，次用上，後用中"。

《合集》10408 正據干支次序"癸卯→甲辰→戊午→己未"可知，首刻卜辭為"翌癸卯其焚□擒。癸卯允焚，獲兕十一、豕十五、虎□兔廿"，位於右尾甲上。

《合集》14128 正依干支次序"癸未→丙戌→庚子"可知，首刻卜辭"癸未卜，爭貞：生一月帝其強令雷"，位於腹甲下部，整版基本"先用下，次用上，再用中"。

由此可見，早期卜人用龜具有一定的靈活性，既可以先用上部，也可以先用下部，還可以先用中部。這也說明，我們在釋讀卜辭時，應從卜日干支的先後次序及卜辭內容間的有機聯繫出發，合

理安排卜辭的辭序。

第三節　賓組㞢類卜辭的文例

㞢類卜辭，是賓組中較為特殊的一個群體。數量不多，約有30多片，內容簡單，多為卜雨之辭。① 這類卜辭除書體風格與賓組他類卜辭迥異外，卜辭的行款走向與佈局也別具特色。卜辭除"自上而下，由內而外或由外而內"刻寫外，還有時直行，如：

(1a) 甲午卜，延貞：東土受年。一　二　三　二告　四　五　六　七

(1b) 甲午卜，延貞：東土不其受年。一　二　三　四　二告　五　六　　　　　　　　　　《合集》9735

(2a) 甲午卜，韋貞：西土受年。一　二　三　四　五　六　七　八

(2b) 甲午卜，韋貞：［西］土不其受年。一　二　［三］四　五　六　［七］

　　　　　　　　　　《合集》9743 正

(3a) 甲午卜，㔙貞：北土受年。［一］　二　三　四　五　［六］

(3b) 甲午卜，㔙貞：北土不其受［年］。［一］　二　三　四　五　六　　　　　　　《合集》9745

(4a) 甲午卜，隹貞：亞受年。一　二告　二　三　四　五

(4b) 甲午卜，隹貞：不其受年。一　二　三告　四　五　六　　　　　　　　《合集》9788

這幾版都是有關"受年"的占卜，均在腹甲千里路左右單行直行而下，整版而用。

有時旋行，如：

(5) 丁酉貞：其雨。　　　　　　《合集》11892 正

---

① 黃天樹：《殷墟王卜辭的分類與斷代》，文津出版社1991年版，第47頁。

128

有時跳行，如：

（6）翌壬寅不雨。　　　　　　　　　　　　　　《合集》423

本類卜辭雖行款不規則，但其在龜版上的占卜次序卻極具規律性，如：

（7a）乙未［卜，用羌］于［成］。

（7b）乙未卜，勿用羌于成。

（7c）［翌乙未其雨］。

（7d）翌乙未不雨。一　二　二告　三

（7e）［翌丁］酉其雨。三

（7f）不雨。三

（7g）［翌戊］戌雨。

（7h）翌戊戌不雨。一　二　二告　三

（7i）翌己亥其雨。［一　二］　三　四

（7j）不雨。一　二　三　四

（7k）翌庚子其雨。一　二　三

（7l）［翌庚］子不雨。一　二　三

（7m）翌辛丑其雨。一　二　三

（7n）翌辛丑不雨。一　二　三

（7o）翌壬寅其［雨］。一　二　三

（7p）翌壬寅不雨。一　二　三

（7q）癸卯其［雨］。

（7r）翌癸卯不雨。　　　　　　　　　　　　　《合集》423

本版是自賓間類與𠂤類共版的例子。其中的卜雨之辭均屬於賓組𠂤類，雖然每條卜辭的行款不規則，但卜辭的刻寫次序卻規律性極強，整版"先外後內，自上而下"依次從正反兩個方面卜問"乙未到癸卯"八日是否會雨。

（8a）乙未卜，韋貞：雨。一　二　三

（8b）貞：不其雨。［一］　二　三

（8c）丁酉，貞：其雨。一　二　三

（8d）丁酉，貞：不其雨。一　二　三

（8e）戊戌，貞：其雨。一　二　三

（8f）［不］其雨。［一］　二　三

（8g）己酉卜，韋貞：其雨。一　二　三

（8h）不其雨。一　二　三

（8i）庚戌卜，韋：其雨。一　二　三

（8j）不其雨。一　二　三

（8k）辛亥卜，韋：其［雨］。一　二　三

（8l）壬子卜：其雨。一　二　三

（8m）壬子卜：不雨。一　［二］［三］　　《合集》11892 正

本版都是卜雨之辭，按照干支間關係的密切程度，可分為"乙未→丁酉→戊戌"和"己酉→庚戌→辛亥→壬子"兩組，且每組在腹甲上的貞問次序都是"先外後內，先下後上"的。

（9a）庚子卜，永貞：翌辛丑雨。一

（9b）貞：翌辛丑不其雨。一　小告

（9c）壬寅卜，永貞：翌癸雨。［一　二］　三　四

（9d）貞：翌癸卯其雨。一　二告　二　三　四

《合集》12342

此版腹甲殘缺過半，其上殘存的四條卜辭均位於腹甲近邊緣處，並按照"先右後左，先上後下"的次序卜問。

（10a）翌庚寅其雨。三　四

（10b）翌庚寅不雨。一　二　［三］　四

（10c）翌辛卯☒。一

（10d）翌辛卯不雨。一　二　三

（10e）翌壬辰雨。一　二　三

（10f）翌壬［辰］不雨。一　二　三

（10g）翌癸巳其雨。一　二　三

（10h）翌癸巳不雨。一　二　三

《合集》12466 部分 +《合集》20864 +《乙補》2597 +《乙補》95 +《乙》490 倒 +《合補》3657 +《乙》6347 +《乙》6336 倒 =《醉古集》284

本版幾經綴合，仍不完整。其上的卜辭，雖行款凌亂，但卜問

卻井然有序，按照"先外後內，自上而下"的次序依次卜問。

(11a) ☐其雨。

(11b) 不。

(11c) 翌乙亥其雨。一　二　〔三〕　四

(11d) 翌乙亥不雨。一　二　三　四

(11e) 翌丙子其雨。一　二　二告　三　四

(11f) 翌丙子不雨。一　二　三　四

(11g) 翌丁丑其雨。一　二　三　四

(11h) 翌丁丑不雨。〔一〕　二　三　四

(11i) 翌庚辰其雨。四

《合集》12447 +《乙補》956 +《乙補》2101 +
《乙補》1333 +《乙》1082 =《醉古集》63

這些卜辭也是刻寫在腹甲近邊緣處。雖行款淩亂，但貞問的次序卻井然有序，按照"自上而下"依次卜問。

可見，此類卜雨之辭，在腹甲上的占卜次序十分清晰，多先外後內，或自上而下，或自下而上依次卜問。這大概與卜辭的占卜內容較單一有關，它們"很可能是當時和天氣關係密切職司的專門問卜，由專人刻辭而和其他賓組的刻工不同"①。這也從一個側面說明同一占卜主題的卜辭，其在腹甲上的問卜的次序是比較明確的，對於一版雜卜（占卜主題不同）的卜辭，應先根據其占卜主題的不同而劃分出若干個小組，每一個小組的占卜次序也是極具條理性的，不能整版而論。

第四節　賓組三類卜辭的文例

壹　行款走向及版面佈局特徵

賓組三類龜腹甲完整的非常少，從不同部位的殘片來看，龜版大小不一，但它們的版面佈局和行款走向基本上都可以分為上、

---

① 林宏明：《醉古集》，萬卷樓2011年版，第517頁。

中、下三個部分來分析。

一　上部

上部卜辭的行款走向及佈局主要有下面兩種類型：

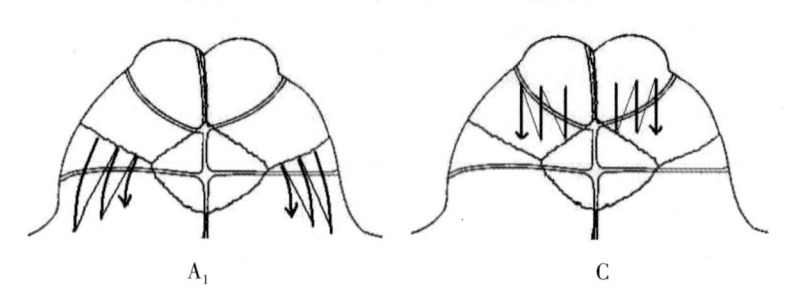

A₁　　　　　　　　　　C

A₁類是賓組三類卜辭常用的一種刻寫類型。此類卜辭一般"自上而下，由外而內"刻寫，如：《合集》6、《合集》1291、《合集》1306 +《合集》8094、《合集》1990、《合集》6814、《合集》5634、《合集》5684、《合集》5690、《合集》6054、《合集》6666、《合集》9636、《合集》10164、《合集》10167、《合集》14851、《合集》15456 等；也有少數卜辭是"自上而下，由內而外"刻寫的，如：《合集》1997 +《合集》14335①、《合集》7627 +《合補》6112②、《合集》7628 等。

C類是賓組卜辭中比較特殊的一種類型。在賓組其他類卜辭中C類的出現只是個別的偶然現象，然而在賓組三類中C類則作為普遍現象存在。此類的主要特徵是，卜辭不論是靠近千里路還是靠近腹甲邊緣，均常採用"自上而下，由內而外"的行款走向來刻寫，在刻寫時常常打破第一道盾紋（喉肱溝），但一般並不會逾越第一道齒紋（上舌縫），從而使首甲成為相對獨立的刻辭區域。同時，卜辭下行時均直行而下，不再隨腹甲輪廓呈弧形刻寫。這一類型的普遍應用，標誌著腹甲刻辭逐漸擺脫腹甲形態特徵影響的開始。如：《合集》1923、《合集》2182、《合集》3131、《合集》7896、

---

① 李延彦綴合，見《甲骨拼合三集》第 788 則。
② 何會綴合，見《甲骨拼合續集》第 439 則。

《合集》10145、《合集》10529、《合集》11605、《合集》11620、《合集》12611、《合集》13261、《合集》15473、《合集》16265、《合集》16266、《合集》16353、《合集》16681、《合集》17204、《合集》17206 等。

另外，由於 A₁ 類與 C 類所在的位置互補，所以它們有時又見於同版，形成下圖這種佈局特徵。如：《合集》64、《合集》227 +《合集》3307 +《合集》9486①、《合集》557、《合集》1592、《合集》7897 +《合集》14591②、《合集》8039 +《合集》13308③、《合集》12370、《合集》12373、《合集》16772 等。

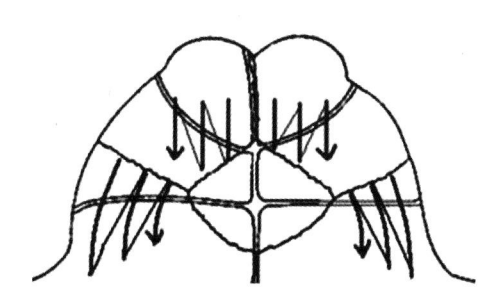

內部有時也會有刻辭，如：《合集》1909、《合集》1918、《合集》4068 等。

二　中部

賓組三類中部近邊緣處即甲橋上的卜辭，其行款走向與佈局，主要有以下兩種類型：

I 類在賓組三類腹甲上也較為常見。兩辭位置比較固定，一辭以第二道齒紋（舌下縫）為底端，一辭以甲橋下端為底端。卜辭的行款走向以"自上而下，由內而外"為主，如：《合集》1590 +《合集》19152 正、《合集》10993、《合集》17168 +《合集》

---

① 趙鵬、李延彥綴合，見《甲骨拼合續集》第 542 則。
② 林宏明綴合，見《契合集》第 195 組。
③ 李延彥綴合，見《甲骨拼合續集》第 574 則。

殷墟王卜辭龜腹甲文例研究

17170+《合集》17171① 等。

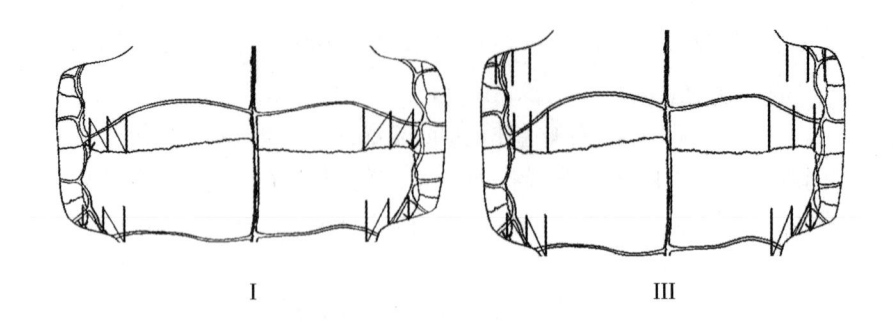

I　　　　　　　　III

III 類在賓組三類腹甲上，三條卜辭的行款走向較為一致，一般是"自上而下，由内而外"。如《合集》339。

賓組三類腹甲中部的内部刻辭較多，卜辭位置一般比較靈活，按照"自上而下，由内而外"的原則契刻，卜辭字數長短不一，參差錯落，辭與辭之間常用界劃綫間隔，如：《合集》6、《合集》277、《合集》4762、《合集》5625、《合集》6051、《合集》10168、《合集》14581、《合集》14829、《合補》1714 等。

三　下部

賓組三類龜腹甲下部尾甲上的卜辭較有特點，一般不論是近邊緣的卜辭，還是近千里路的，均"自上而下，由内而外"刻寫，如：《合集》5622、《合集》10084、《合集》11985、《合集》12624、《合集》13733、《合集》14584、《合集》16677、《合集》16765、《合集》16769、《合集》16898 等。另外，有一部分卜辭下行時雖直行，但其底端通常會受尾甲"∩"形輪廓的影響，這一點與典賓類"自上而下，由外而内"的卜辭相類，不同的是典賓類多自邊緣起刻，賓三類多自千里路起刻，如：《合集》9644+《合集》10047②、《合集》6593、《合集》6594、《合集》14370 丁等。

---

① 林宏明、黄天樹、李延彦綴合，見《甲骨拼合續集》第 328 則。
② 見蔡哲茂《甲骨綴合集》第 33 組。

134

第二章　殷墟王卜辭龜腹甲文例特點（上）

所以，下部近邊緣處卜辭的行款佈局主要有下面兩種類型：

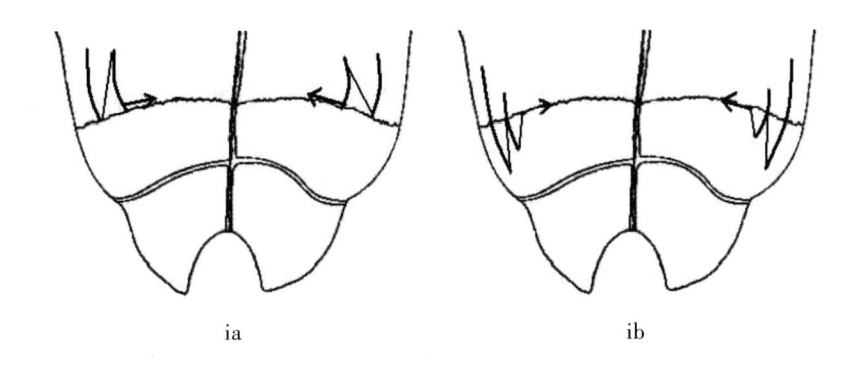

ia　　　　　　　　　　　ib

ia 類卜辭基本以第三道齒紋（下劍縫）為底端，沿腹甲輪廓"自上而下，由外而內"刻寫，受腹甲形態影響卜辭下行時略帶一定弧度，也有"自上而下，由內而外"的情況存在，有時這一部位又會連續契刻兩條卜辭，如：《合集》9638、《合集》295＋《合集》340＋《合補》4469①、《合集》296＋《合集》10048②、《合集》10640＋《合集》13868③、《合集》11537、《合集》11800 等。

ib 類卜辭一般最外側一兩行沿腹甲輪廓"自上而下，由外而內"刻寫，其餘則沿第三道齒紋（下劍縫）橫向刻寫，整條卜辭跨後甲和尾甲兩部分，如：《合集》2941＋《合集》3256④、《合集》6352、《合集》6672、《合集》15943、《合集》17194 等。

通過以上論述不難看出，這種佈局的龜版具有以下特點：

1. 腹甲甲橋一般都經過修治。
2. 此類腹甲背面的鑽鑿一般比較密集。
3. 龜版上卜辭一般較密集，在刻寫上呈現出一種逐漸擺脫腹

---

① 林宏明綴合，見《契合集》第 100 組。
② 見蔡哲茂《甲骨綴合集》第 312 組。
③ 何會綴合，見《甲骨拼合集》第 254 則。
④ 蔣玉斌：《甲骨新綴第 1—12 組》第 8 組，先秦史研究室網站：http://www.xianqin.org/blog/archives/2306.html，2011 年 3 月 20 日。

135

甲輪廓影響的趨勢。

貳　首刻卜辭

賓組三類腹甲完整的不多，其問卜次序，董作賓先生在《大龜四版考釋》中已作了很好的總結，我們不再贅述。現在主要討論一下首刻卜辭的情況，因腹甲幾無完整者，所以只能從殘缺不全的甲骨來推測，先看腹甲中部和下部卜辭的情況：

（1a）己酉卜，爭貞：叔眾人乎（呼）从愛，凵（堪）王事。五月。

（1b）甲子卜，嚻貞：令受皇（雍）① 田于□，凵（堪）王事。一

（1c）丁亥卜，爭貞：王往于田。七月。一

（1d）庚寅卜，爭貞：翌丁酉禱于丁三牛。一

（1e）癸卯卜，貞：今日令卓取黃丁人。七月。一

（1f）戊申卜，爭貞：王往休。一

　　　　　　　　　　　《合集》22 + 《合集》10520②

此版綴合後，為完整的右後甲殘片，從卜辭的卜日干支和月份來看，最先卜問的是甲橋下端的"己酉"一辭。

（2a）丁卯卜，貞：望舌多方一示雨乍大□。七月。

（2b）戊寅卜，貞：彈延夷。七月。二

（2c）□延夷。

（2d）己卯卜，貞：令沚馘步。七月。二

（2e）辛巳卜，貞：令眾禦事。二

（2f）貞：翌癸未令屮□。

（2g）癸未卜，貞：今日令馘步。二

（2h）甲申卜，貞：翌乙酉屮于祖乙牢又一牛，屮青。二

（2i）貞：翌丁亥易日。

---

① "雍"字，從裘錫圭先生釋。參看裘錫圭《古文字論集》，中華書局1992年版，第180—181頁。

② 黃天樹綴合，見《甲骨拼合續集》第327則。

第二章 殷墟王卜辭龜腹甲文例特點（上）

(2j) 丁亥卜，貞：王賓祼亡𡆥（害）。

(2k) 壬辰卜，貞：叀𡧊妾畀。二

(2l) ☒戓步。

(2m) 癸☒貞☒于☒。

(2n) ☐寅☐于☐辰☐夷☐。

　　　　　《合集》25 +《合集》15165 +《合集》18003

此片是由蔣玉斌先生綴合的①。據卜日干支"丁卯→戊寅→己卯→辛巳→癸未→甲申→丁亥→壬辰"的次序和月份可知，"丁卯卜，貞：望乘多方一示𠦪乍☒。七月"為較早卜問的，位於右後甲下端近邊緣處。

(3a) 丁酉卜，賓貞：大☒大☒百☒。

(3b) 己亥卜，貞：其㞢升伐，今日曰酒。八月。二

(3c) [癸] 卯卜，[貞]：翌丁未☒𠦪☒。八月。

(3d) 乙巳卜，賓貞：𦎫于大甲亦于丁羌卅，卯十宰，用。

(3e) 乙巳☒𦎫☒甲亦☒羌卅，☐十宰☐五，用。

(3f) ☐巳卜貞：㞢于☐㞢一牛。

(3g) 三百羌用于丁。

(3h) 丙午卜，貞：㞢尊歲羌十，卯十宰于喜，用。八月。

　　　　　《合集》295 +《合集》340 +《合補》4469

《合集》295 +《合集》340 由蔡哲茂先生綴合，後林宏明先生加綴《合補》4469。②綴合後可得一較為完整的右後甲。從卜日干支及月份可知，"丁酉"條為最先卜問的卜辭，位於右後甲底端近邊緣處。

(4a) 己卯卜，賓貞：今日弜、㞢令葬我于㞢自。乃奴㞢☒。

(4b) 貞：勿奴㞢示，既葬，迅來歸。

(4c) 壬午卜，賓貞：翌丁亥乎（呼）妥彈。

(4d) 甲申卜，賓貞：其隹（唯）䵼年受。

---

① 見蔣玉斌《蔣玉斌甲骨綴合總表（300 組）》，第 176 組，先秦史研究室網站：http://www.xianqin.org/blog/archives/2305.html，2011 年 3 月 20 日。

② 蔡哲茂：《甲骨綴合集》354 組；林宏明：《契合集》第 100 組。

137

殷墟王卜辭龜腹甲文例研究

(4e) 乙酉卜，貞：惠罙令弋㞢。十一月。

(4f) 丁亥卜，貞：取祖乙禘。

(4g) 貞：勿取祖乙禘。

(4h) 戊子卜，貞：翌庚寅延昌彔。十二月。

(4i) 壬辰卜，賓貞：王取祖乙禘。

(4j) 四白羌于☐。

(4k) 貞：☐㞢☐麦☐。　　　　《合集》296 +《合集》10048

本版由蔡哲茂先生遙綴①。由卜日干支次序"己卯→壬午→甲申→乙酉→丁亥→戊子→壬辰"可知，最先卜問的内容位於右胯凹處。

(5a) 己酉［卜］，貞：㞢☐。

(5b) 庚戌卜，貞：㞢麆黽，隹（唯）帝令伙。

(5c) 壬子卜，貞：惠今日酒，卯。四月。

(5d) 丙寅卜，貞：翌丁卯邑並其㞢于丁，宰㞢一牛。五月。

(5e) 丙寅，貞：置于㠯。

(5f) 戊辰卜，貞：日子效。

(5g) 貞：☐田☐。　　　　　　　　　《合集》14157

此版為右後甲殘片。由卜日干支及月份可知，"己酉"條是最早卜問的，位於右胯凹處。

(6a) 己亥卜，爭貞：及龍方。一

(6b) 丁未卜，爭貞：勿葦用。一

(6c) 乙卯卜，貞：钼㞢㞢。一

(6d) 貞：乎（呼）戈人皇黽。

《合集》8401 +《合集》18937②

此版是由右前甲和右後甲的殘片綴合而來的。綴合後通過卜日干支次序"己亥→丁未→乙卯"可知，殘片最先卜問的内容為"己亥卜，爭貞：及龍方"，位於右甲橋下端。

---

① 蔡哲茂：《甲骨綴合集》312 組。
② 何會綴合，見《甲骨拼合三集》第 652 則。

138

(7a) 己巳卜，貞：令󰀀省在南廩。十月。一

(7b) 庚寅卜，[貞：令]郭☒。

(7c) 己酉卜，☒旃☒出。二　　　　　　　　《合集》9638

由三辭的干支次序可知，位於右胛凹處的"己巳卜，貞：令󰀀省在南廩。十月"是先於它辭卜問的。

(8a) 乙☒。

(8b) 乙亥卜，爭貞：惠邑、並令葬我于屮𠂤。[十]一月。

(8c) 丙子卜，賓貞：令󰀀葬我于屮𠂤，肩告，不囚（殟）。

(8d) 貞：󰀀不其肩告，其囚（殟）。十一月。

(8e) ☒貞：𢦏☒方☒至☒涂，蕅（邁）。

(8f) ☒。十二月。

《合集》17168 + 《合集》17171 + 《合集》17170

《合集》17168 與《合集》17171 為林宏明先生綴合，見《醉古集》208 組。後黃天樹先生、李延彥博士加綴《合集》17170，見《甲骨拼合續集》第 328 則。綴合後可知"乙亥卜，爭貞：惠邑、並令󰀀（葬）我于屮𠂤。[十]一月"條是較早占卜的內容，位於右前甲下端近甲橋處。

再看上部和中部卜辭的情況：

(9a) 甲子卜，賓貞：皋酒(?)在疾，不从王古。二

(9b) 貞：其从王古。

(9c) 己丑卜，賓貞：今早①商稱。二

(9d) 貞：今早不稱。二

(9e) 甲午卜，賓貞：燎于岳三小宰，卯二宰。二

(9f) 貞：燎于岳三小宰，卯三宰。二

(9g) 丁巳卜，賓貞：令𩿨易𠂤食，乃西史。三月。二

(9h) ☒☒[卜]，☒貞☒于☒。

(9i) 壬午卜，賓貞：禦皋于日。三

---

① "早"字從陳劍釋，見陳劍：《釋造》，後收入陳劍：《甲骨金文考釋論集》，綫裝書局 2007 年版，第 150—162 頁。

(9j) 貞：婦嬔皁。三月。三　《合集》9560（大龜四版之一）

這版腹甲的後甲和尾甲已缺失。《合集釋文》簡單的按照"甲子→壬午→己丑→甲午→丁巳"的次序釋讀卜辭，忽略了"壬午"和"丁巳"同在三月的事實。從"壬午到丁巳"有三十六日之久，這是不符合殷代曆法的，"丁巳到壬午"總共二十六天，是可以安排在一個月內的。因此，我們對卜辭的釋讀次序作了相應的調整。從卜日干支來看，位於甲橋處的"甲子卜，賓貞：皁酒(?)在疾，不從王古"是本版較早卜問的。

類似的《合集》339與《合集》6僅尾甲殘缺，其最先卜問的卜辭也都位於腹甲中部近邊緣處。此外，上文我們提到賓組三類腹甲的首甲已基本成為獨立的刻辭區，上面經常會刻有卜辭，但它們的卜問時間卻相對較晚，如：

(10a) 癸亥卜，賓貞：王㞢，若。十三月。一

(10b) 辛未☒尸☒單☒。

(10c) 丙子卜，賓貞：䄂隹（唯）孽。一

(10d) 貞：不［隹（唯）］孽。十三月。

(10e) 庚辰［卜］，□貞：翌癸未尸西單田，受㞢（有）年。十三月。一

(10f) 癸未☒貞：☒于☒。一

(10g) ☒亡旬。

(10h) ☒十三月。一

(10i) 戊子卜，賓貞：王往逐鹿于沚亡災。之日王往逐鹿于沚，允亡災，獲鹿八。一

(10j) 貞：其㞢（有）。一月。一

(10k) 癸巳卜，貞：王往于剢。一

　　《合集》5080 +《合集》9572 +《合集》16399 +
　　《合集》17331 +《合集》17464 +《合集》9583

本版"戊子卜，賓貞：王往逐鹿于沚亡災。之日王往逐鹿于沚，允亡災，獲鹿八"是首甲上的卜辭。辭例較為完整，記有驗辭，周圍有界劃綫。從卜日干支、月份以及與它辭的關係（可參本

書緒論部分）來看，它的卜問時間相對較晚。

（11a）癸亥卜，爭貞：翌辛未王其酒河，不雨。一
（11b）乙亥☐貞：其☐嚳卒于亙，不薄雨。十一月在甫魚。一
（11c）貞：今日其雨。十一月在甫魚。一
（11d）貞：其出災。一
（11e）貞☐。一　　　　　　《合集》7897＋《合集》14591

這兩片殘甲是由林宏明先生綴合的①。記有卜日干支的兩條卜辭貞問的焦點都與天氣有關，關心是否會下雨。這大概與當時天氣狀況不太好有關，這種情況只能是短暫的，不會持續太久，因此，兩次占卜不應相距太遠，應是"癸亥"日的卜問先於"乙亥"日，而非"乙亥"日先於"癸亥"日，即首甲上卜辭的卜問時間要晚於前甲上的卜問時間。

（12a）癸丑卜，賓貞：翌乙卯易日。之日，允易日。　二
（12b）乙卯卜，賓貞：三卜，王往逆于阯京，若。六月。
（12c）戊☐貞☐母☐夫☐。　　《合集》8039＋《合集》13308

這一組卜辭也是通過綴合得到的。從卜日干支可以確知"乙卯"日的卜問晚於"癸亥"日。而"乙卯"日的卜問也恰恰位於首甲上。類似的又如大龜四版之一的《合集》557，它的首甲上也刻有卜辭，由卜辭的干支和月份可知，卜問的時間也較晚。可惜的是，腹甲中部近邊緣的卜辭均已缺失，我們無法斷定首刻卜辭的具體位置。

最後，我們看《合集》11546，這是一版接近完整的大龜腹甲，整版均為卜旬之辭。董作賓先生對卜辭月份做了如下安排②：

十月			癸酉
十一月	［癸未］	癸巳	癸卯
十二月	癸丑	［癸亥］	癸酉
十三月	［癸未］	癸巳	［癸卯］

---

① 林宏明：《契合集》第195組。
② 董作賓：《大龜四版考釋》，《安陽發掘報告》第3期，1931年6月；又《甲骨文獻集成》第六冊，第100頁。

141

殷墟王卜辭龜腹甲文例研究

一月	［癸丑］	［癸亥］	
二月	癸酉	癸未	［癸巳］
三月	［癸卯］	［癸丑］	［癸亥］
四月	癸酉	［癸未］	癸巳
五月	癸卯	癸丑	癸亥

可見，此版的首刻卜辭為十月"癸酉"日的占卜，位於右後甲下端近邊緣處，也就是說本版最早啟用的是腹甲下部。

綜上所述，我們有理由相信，賓組三類腹甲的首刻卜辭一般位於腹甲中部或下部近邊緣處。也就是說賓組三類的貞人在用龜時，一般最先啟用中部或下部，極少先用上部，這與賓組一類和典賓類卜辭的情況有所不同。

另外，黃天樹先生曾指出，賓組三類依據書體風格和字體大小又可分為兩小群卜辭：一群書體風格是字形較大，筆劃尖銳，鋒棱畢露，略顯草率；一群書體風格是字形多為蠅頭小字，用筆工整。這兩群卜辭的字體常常見於一版之上，還常常同卜一事。因此，兩者的關係是極為密切的。它們的特徵性字形的組合關係相同，區別僅在於字體大小和書體風格略有差異。為簡明起見，都稱作賓組三類。①

黃師所說，非常有道理。我們認為這兩小群卜辭都歸入賓組三類，造成這種書體上差異的原因，應該是刻手為標明這部分卜辭的性質，有意為之的。我們先看下面的例子。

(13a) 丙寅卜，賓貞：翌丁卯屮于丁。一

(13b) 貞：勿屮于丁。五月。一

(13c) 丙寅卜，古貞：翌丁卯屮于丁。一

(13d) 貞：翌丁卯屮于丁宰屮一牛。一

(13e) 丁卯卜，賓貞：歲卜，不興，亡勹。五月。一

(13f) 丁未卜，賓貞：今日屮于丁。六月。

(13g) 丁未卜，賓貞：屮于丁宰。用。

---

① 黃天樹：《殷墟王卜辭的分類與斷代》，文津出版社1991年版，第66—67頁。

(13h) 貞：宰出一牛。六月。一

(13i) 壬子卜，賓貞：敦兆不囚（殞）。

(13j) 貞：其囚（殞）。六月。（中甲下左）

(13k) 丁巳卜，賓貞：出于丁一牛。六月。一

(13l) 丁巳卜，賓貞：出丁用二牛。一

(13m) 貞：勿出。六月。一

(13n) 丁巳卜，賓貞：出于丁宰出牛。六月。一

(13o) 甲子卜，□貞：□ᔆ，翌日［出］于祖乙。

(13p) 貞：勿ᔆ，翌日出祖乙。

(13q) 貞：出于丁一牛。七月。

(13r) 貞：勿出。七月。一

(13s) 辛未卜，賓貞：王往尋不□，亡災。

(13t) 辛未卜，賓貞：翌王敢。

(13u) 貞：乎（呼）敢。七月。

(13v) 癸丑卜，貞：令見取攸罘屮于彎。一

(13w) 貞：勿令。八月。

(13x) 乙卯卜，古貞：令［見］取攸［罘］屮于彎。一

(13y) 貞：勿令。八月。

(13z) 甲寅卜，貞：翌乙卯聯十牛，羌十人用。一

(13A) 貞：勿出羌惠牛。八月。

(13B) 乙卯卜，貞：聯十牛、羌十人用。八月。《合集》339

這是一版大龜腹甲，雖尾甲殘缺，但其上的卜問也歷時四個月之久。值得注意的是，這四個月裏，每個月最先卜問的卜辭都被刻寫在腹甲外部，且字體較大，其它相關內容則用較小的字體刻寫在腹甲內部。李學勤先生在《關於甲骨的基礎知識》一文中提到：

> 卜辭要從正反兩面卜問，所以卜辭一定是成對的。在腹甲上，一對卜辭分刻在"千里路"兩側的對稱部位。在胛骨上，卜辭多刻在骨邊上，由下向上排列，隔一辭或兩辭對卜，如第一辭和第三辭、第二辭和第四辭正反成對。胛骨邊上面積狹

143

小，所以在武丁時常只刻幾個字，而詳細的卜辭則抄在骨扇上，骨扇和骨邊互相對照。

這是賓組卜骨部分卜辭"邊面對應"的情況。

實際上，賓組三類龜腹甲上的一組相關卜辭的契刻，也往往存在"外內對應"的情況。只不過這裡相互對應的內容並非對貞卜辭而已，而是一種類似于林宏明博士所說的具有領屬關係的卜辭。領句用大字刻寫在腹甲外部，附屬卜辭則用小字刻寫在腹甲內部。

上揭卜辭中，五月的"丙寅卜，賓貞：翌丁卯出于丁"、六月的"丁未卜，賓貞：今日出于丁。六月"、七月的"甲子卜，囗貞：囗⠀，翌日［出］于祖乙"、八月的"癸丑卜，貞：令見取改罙钅于彎"等卜辭用較大的字體刻寫在腹甲的外部，它們分別是該月最先卜問的內容，是領句。其特徵類似於林先生所說的"首刻卜辭"，在契刻上與同版其它卜辭不同，"位置比較固定"，"字體及字與字的間隔一般比較大"①，即黃師所說的"字形較大，筆劃尖銳，鋒棱畢露，略顯草率"的卜辭，這應該是刻手為標明其"領句"或"首刻卜辭"的性質，有意為之的。

這種較為特殊的契刻習慣，大概是受歷組卜辭的影響而出現的。遺憾的是，賓組三類完整的腹甲極少，無法進一步論證，僅能作一大膽的推測。如果我們的推論正確的話，那麼，從文例的角度又可為歷組卜辭與賓組三類卜辭時代相當提供新的思路和證據。

第五節　賓組的一種特殊文例（正反相承）②

研習甲骨的學者都知道，賓組卜辭中存在一種較為獨特的文例現象，即一些卜龜、卜骨，不僅在正面刻寫卜辭，反面也通常會有契刻或書寫的痕跡，這表明，殷人占卜的記錄不僅刻寫在甲骨的正

---

① 林宏明：《小屯南地甲骨研究》，博士學位論文，台灣"國立"政治大學中國文學系，2003年。

② 本節為筆者碩士論文的一部分，寫入本書時有改動。

面，也有些是刻寫於背面的。這些刻辭雖然分別契刻於正背兩面，但它們之間並非全無關聯。其中，有些刻於正面者需與刻於背面者，相互連讀才能組成一條完整的卜辭，表達一個完整的占卜主題；還有些雖然卜辭契刻於背面，但其所屬卜兆卻依舊見於正面，相應的序數和兆語也刻寫於正面；又有些是同卜一事的卜辭分別刻寫於正反兩面的。總之，所有這些我們統稱之為"正反相承例"。

對此，李達良先生也有論述，他說："正面刻辭與背面相承者，述刻辭之例有部分刻於正面，部分刻於背面，合而讀之，乃為一完整之卜辭者也"[1]。同時，李先生還以《丙編》為據，取其中"較然顯明，確然可信者，析類擇錄於後，以見成例"，將其歸納為：一組對貞分刻於正背；同屬卜問一事之辭分刻於正背；占驗之辭刻於背；卜日與貞人注於背；卜日貞人與占驗之辭刻於背等類。[2]

李先生的上述主張，對我們研讀卜辭很有啓發，但李先生雖將"正反相承"的卜辭進行了分類例舉，卻並沒有對其在刻寫上的特點和規律進行探討。

正反相承的關係，看似簡單，實際上卻比較複雜，它不僅表現在一條卜辭內部結構的關聯上，也表現在同一事件之間的關聯上，有些還將涉及序數、卜兆、卜辭三者之間錯綜複雜的關聯。下文我們將逐一進行探討。

壹　序數、兆語與反面卜辭相承例

殷墟出土的甲骨是殷人占卜的載體。有關殷人占卜的記錄，不僅表現在所刻寫的卜辭上，施於背面的鑽鑿，正面所呈現的卜兆，以及契刻在其旁側的序數和兆語，都是殷人占卜遺跡的一部分。張

---

[1] 李達良：《龜版文例研究》，《香港中文大學聯合書院文史叢刊乙種之二》，香港中文大學聯合書院中國語言文學系，1972年，第69頁；又收入《甲骨文獻集成》第17冊，四川大學出版社2001年版。

[2] 李達良：《龜版文例研究》，《香港中文大學聯合書院文史叢刊乙種之二》，香港中文大學聯合書院中國語言文學系，1972年，第69頁；又收入《甲骨文獻集成》第17冊，四川大學出版社2001年版。

殷墟王卜辭龜腹甲文例研究

秉權先生在其《殷虛卜龜之卜兆及其有關問題》①一文中曾說：

  占卜的第一要務，即在求兆……在甲骨上有許多卜兆是沒有序數的，有許多卜兆雖有序數，但無卜辭，我們不能將那些卜兆任意隸屬於某一卜辭……通常甲骨的正反兩面都可以刻卜辭，卜兆雖在正面，卜辭卻可刻在反面，我們不能把所有的卜兆都歸諸於正面的卜辭，而置反面的卜辭於不顧，如胡氏所舉的"一事而卜十四次"的"貞有疾齒，不隹父乙害。（十三次，附圖41，胡厚宣卜辭同文例集刊第九本 P143）"。

其後張先生又在其《卜龜腹甲的序數》②一文中，通過對契刻於殷墟甲骨上的序數的研究，進一步明確地說：

  在甲骨上，有許多卜兆，雖有序數，但其卜辭，則在反面，或刻在其它的甲骨之上，譬如《乙編》的 6685 版（筆者按：即《合集》9012 正 "一　小告　二　[三　小告]　四　五　六　七"、"一　二　三　四　不午黽　五　六"），是一塊完整的小腹甲，只有二組序數及兆語，而無卜辭，他們的卜辭是刻在反面 6686 版（筆者按：即《合集》9012 反 "允于大甲"、"不于大甲"）上的。

張氏所言甚是。殷墟甲骨卜辭，特別是賓組卜辭，許多甲骨上正面所刻寫的序數和兆語，是應與其相應的背面卜辭相承的。李達良先生也曾說：

  卜龜刻辭，蓋用兆坼之餘隙，或其空間不足，則刻之於

---

① 張秉權：《殷虛卜龜之卜兆及其有關問題》，《甲骨文獻集成》第 17 冊，四川大學出版社 2001 年版，第 20—24 頁。
② 張秉權：《卜龜腹甲的序數》，《中央研究院歷史語言研究所集刊》第 28 本上冊，1956 年；又《甲骨文獻集成》第 17 冊，四川大學出版社 2001 年版，第 31 頁。

146

背，故背面之辭，其兆大抵皆見於正面。但亦有正面全不刻辭而刻於背面者，如屯丙圖15（筆者按：即《合集》6484），其正面中部有卜兆序數而無刻辭，背面則有辭八條；圖25（筆者按：即《合集》6475）正面上部有卜兆序數，亦無刻辭，其背則契辭五條，是皆兆見正面，辭刻背面，兆與辭之正背相承，見例之最明顯者也。①

可見，我們在研究甲骨卜辭時，應該做到統籌兼顧，不能僅僅關注正面刻辭與其所屬的卜兆之間的內在聯系，而忽視背面刻辭與卜兆之間的關聯，誤以為背面刻辭是不依附於卜兆而孤立存在的。實際上，龜甲的正反兩面是一個有機結合的統一體，刻寫於背面的卜辭，其卜兆同樣見於正面，卜兆旁側的序數和兆語所記錄的也同樣是背面刻辭的炙灼次序及兆坼情況。類似的例子有很多，如：《合集》974正反、《合集》1191正反、《合集》1385正反、《合集》1623正反、《合集》1677正反、《合集》4498正反、《合集》4611正反、《合集》4907正反、《合集》5884正反、《合集》6016正反、《合集》6032正反、《合集》9234正反、《合集》9733正反、《合集》9797正反、《合集》10344正反、《合集》10345正反等。

正面的序數、兆語與背面卜辭相承時，主要有以下幾個方面的特點：

一　刻寫部位

此類序數、兆語刻於正面，與之相關的卜辭往往刻於背面相對應的鑽鑿周圍，這一點是符合殷人契刻"正反相承"的卜辭時的一般規律的。例如：

《合集》766中甲部位，正面有序數"一　二"，背面有卜辭"貞：弗若"；

---

① 李達良：《龜版文例研究》，《香港中文大學聯合書院文史叢刊乙種之二》，香港中文大學聯合書院中國語言文學系，1972年，第69頁；又收入《甲骨文獻集成》第17冊，四川大學出版社2001年版。

殷墟王卜辭龜腹甲文例研究

《合集》775左右首甲上側，正面有兩組序數"一　二"、"一　二"，背面有對貞卜辭"今二月虫（有）至"、"亡其至"；

《合集》947首甲部位，正面有兩組序數"一　二　三"、"一　二　三"，背面有對貞之辭"屮于唐子"、"勿屮"；

《合集》1772右首甲部位，正面有序數和兆語"一　二　三　四　二告　五　六　七　八　九　十"，背面有卜辭"屮于兄丁"；

《合集》5480尾甲部位，正面有兩組序數和兆語"一　二　三　二告"、"一　二　三"，背面有對貞之辭"疾人隹（唯）父乙蚩（害）"、"不隹（唯）父乙蚩（害）"；

《合集》6477首甲部位，正面有四組序數"一　二　三　四　五"、"一　二　三　四　五"、"一"、"一"，背面分別對應兩組對貞之辭為"其屮令般"、"勿令"和"乎（呼）子畫涉"、"勿乎（呼）子畫涉"等。

總之，它們所遵循的原則就是契刻部位必須相同。其實，這一點和殷人契刻正面卜辭時，要將其刻寫在相應的卜兆周圍，有時為了更明確表示卜辭與卜兆的關係，還被施以界劃綫，是完全一致的，如：《合集》136正=《乙編》4293、《合集》201正=《丙編》415、《合集》536=《丙編》264、《合集》3481=《丙編》557、《合集》7773=《丙編》351、《合集》9177正=《丙編》157、《合集》9504正=《丙編》126、《合集》9934正=《乙編》4055、《合集》13506正=《丙編》145、《合集》14395正=《乙編》4733、《合集》14888=《乙編》4983、《合集》18521=《乙編》4201等。也正因為如此，才使得我們的研究獲得了突破口，為背面的那些刻辭找到了應該依附的卜兆。李學勤先生在《西周甲骨的幾點研究》[①]中曾說：

商周甲骨上的刻辭都是守兆的，也就是說總是和一定的兆聯繫的。有些西周甲骨字刻得小如粟米，便是為了把辭局限在

[①] 李學勤：《西周甲骨的幾點研究》，《文物》1981年第9期。

相關的兆旁，不與其他的兆相混。殷墟甲骨大都有兆序，在兆側刻上"一、二、三、四……"等數字，容易看出兆與兆和兆與卜辭間的聯繫，所以可以刻得大一些。同時，殷墟甲骨上面常有勾勒的界綫，把無關的兆和辭分化開。西周甲骨也有一些把卜辭隔開的界綫。

可見，李先生認為商周甲骨上的刻辭，或被施以界劃，或被故意將字體變小，以便刻於相應的卜兆旁，都體現了守兆的原則。那么，我們在這裡也不妨說，賓組卜辭中存在的這類將卜辭刻寫於與卜兆相應的背面鑽鑿的周圍的習慣，也是殷人契刻卜辭遵循守兆這一原則的體現。

二 排列行式

序數在甲骨上的排列行式，一般來說比較複雜，尤其是在一版多卜的龜腹甲上，其分佈情況多種多樣，張秉權先生在《甲骨文與甲骨學》[①] 中，將其歸納為以下幾種：

甲式：自上而下。即從甲骨的頂端開始灼卜，挨次而下。這又可分為單行直下與多行直下二類。單行直下的以在較小的龜腹甲上為多。多行直下的以在較大的甲骨上居多。

乙式：自內而外，自上而下。這一類的行式，在龜腹甲上最為普遍。即從靠近龜腹甲中央的那條垂直的齒縫的旁邊，開始灼卜，漸次分向腹甲的左右兩邊，等到那一排的凹穴灼完以後，再挨次向下面一排排地灼卜下去。

丙式：自外而內，自上而下。即從甲骨的左右邊緣，漸次向中縫部分灼卜，然後再向下面一排排地灼卜。這一類的行式，在甲骨上，所見不多。

丁式：自下而上。即從甲骨的下端漸次向上端灼卜。這一類的行式，在牛胛骨上最為普遍，在龜甲上，以腹甲的甲橋部分居多。

---

① 張秉權：《甲骨文與甲骨學》，《甲骨文獻集成》，第37冊，四川大學出版社2001年版，第115頁。

殷墟王卜辭龜腹甲文例研究

戊式：錯綜複雜，而沒有一定的排列規則。那是一些比較特殊的行式，他們在灼龜的時候，似乎並不按照上面的四種方式，而是任意地灼卜甲骨上的凹穴。這種行式，在甲骨上卻也不多。

並總結說："上列五種行式，只是灼龜時的五種原則。有時一版只有一式，有時，一版並存數式，可見當時灼龜的方式，在同一版上，也不是完全一律的"。

我們在閱讀賓組卜辭的過程中發現，序數的契刻，不僅體現了殷人"灼龜時的原則"，它還與卜辭的契刻密切相關。

在賓組卜龜腹甲上，那些刻寫於背面的卜辭，其正面相承的序數和兆語的排列行式，往往與正面卜辭序數的排列行式有別，即序數的排列呈現出"一版並存數式"的特點。也就是說，刻於腹甲正面的卜辭的序數和兆語，一般是"自上而下"或"自內而外，自上而下"順次排列，而當刻於正面的序數和兆語是與背面卜辭相承時，其序數則是"自下而上"或"自內而外，自下而上"順次排列，特別是尾甲和首甲部分的序數。例如：

(1a) 于父乙多介子㞢①。一　二　二告　三

(1b) 㞢犬于父辛多介子。一　二　三

(1c) 一　二　二告　三　四

(1d) 一　二　三　四

　　　　　　《合集》816正 =《丙編》293　　［賓一］

(1e) 王在茲，大示左。

(1f) 貞：王［在］茲，大［示］弗左。

　　　　　　《合集》816反 =《丙編》294　　［賓一］

此版最有特點，正面四組序數都位於首甲部位，正面的卜辭則分別位於首甲的左右邊緣，其序數和兆語是"自下而上"排列的，而背面卜辭的兩組序數和兆語，則位於它們中間，基本上是"自上而下"排列的。

(2a) 一　二　三　四

---

① 注：《丙編》摹本漏摹此字，但釋文釋出。

第二章　殷墟王卜辭龜腹甲文例特點（上）

(2b) 一　二　三

《合集》3201 正 =《丙編》615　　［典賓］

(2c) 貞：隹（唯）祖丁虫（害）。

(2d) 貞：不隹（唯）祖丁虫（害）。

《合集》3201 反 =《丙編》616　　［典賓］

這兩條卜辭的序數是"自上而下"排列的。但刻寫於正面的另外兩條卜辭"貞：子眉亦毓隹（唯）臣。一　二　三　二告　四　五　六　七　八　九"、"貞：子眉亦毓不其隹（唯）臣。一　二　三　四　五　六　七　八　九"的序數卻是"由內而外，自上而下"排列的①。

(3a) 一　二　三　四

(3b) 一　二　三　四

《合集》11018 正② =《丙編》201　　［賓一］

(3c) 貞：雨。

(3d) 不其雨。　　《合集》11018 反 =《丙編》202［賓一］

這兩組序數和卜辭是分別位於首甲正背兩面的，刻於正面的序數是"自下而上"排列的，而正面它辭的序數則是"自上而下"排列的。

(4a) 一　二　三　四

(4b) 一　二　三　四

《合集》14206 正 =《丙編》147　　［典賓］

(4c) 王省从西。

(4d) 勿省从西。

《合集》14206 反 =《丙編》148　　［典賓］

(5a) 一　二　三　四

(5b) 一　二　三　四

《合集》14207 正 =《丙編》199　　［典賓］

---

① 它們的占辭"王占曰：吉，其隹（唯）臣"卻被刻寫於腹甲背面的千里路處。
② 綴合情況，見林宏明：《醉古集》307 組。

151

(5c) 七日咸王往出。

(5d) 勿往。　　《合集》14207 反 =《丙編》200　　［典賓］

上舉兩版卜辭，刻於正面的序數都位於首甲，但是其契刻的順序卻是"自下而上"的。同版它辭的序數，則是"由內而外，自上而下"契刻的。

由此可見，同一版上序數排列方式的變化，有時卻暗藏著卜辭契刻部位的規律和原則，這或許是殷人爲了不使正面卜辭的序數與背面卜辭的序數相混同，而有意爲之的。這似乎說明，殷墟甲骨卜辭，特別是在同一卜龜或卜骨上所契刻的眾多卜辭，雖然往往會使我們產生刻辭紊亂，順序難辨之感，但是，"其中卻隱藏著殷人事事分明，有條不紊，辭辭相關的占卜習慣和占卜原則"。[①] 特別是張秉權先生在《丙編·序》[②]中提到的兩版卜辭：

(6a) 辛亥卜，殼貞：王惠易伯㽞比。一　二　三　四

(6b) 辛亥卜，殼貞：王勿佳（唯）易伯㽞比。一　二　三　四

(6c) 貞：王惠侯告比正人方。六月。四

(6d) 貞：王勿佳（唯）侯告比。四

(6e) 己巳卜，殼貞：我受年。四

(6f) 貞：我不其受年。四

　　　　　　　《合集》6460 正 =《丙編》625　　［賓一］

(6g) 乎（呼）雀往于帛。

(6h) 勿乎（呼）雀往于帛。

(6i) 唐來十。　　（甲橋刻辭）

　　　　　　　《合集》6460 反 =《丙編》626　　［賓一］

張秉權先生在《丙編·序》和後文的考證中說：

---

① 參濮茅左《卜辭釋序分析二例》，《甲骨文獻集成》第 18 冊，四川大學出版社 2001 年版，第 233 頁。

② 張秉權：《殷虛文字丙編·序》，"中央研究院"歷史語言研究所 1957 年版，第 10 頁。

第二章　殷墟王卜辭龜腹甲文例特點（上）

其中第（1），（2）兩辭不是成套卜辭（筆者按：即我們所標注的（6a）、（6b）兩辭）。第（3），（4），（5），（6）等辭（筆者按：即我們所標注的（6c）、（6d）、（6e）、（6f）），似乎是成套腹甲中的成套卜辭之第四辭。我說："似乎是"者，因其尾甲尚有殘缺，故不敢十分肯定地說。如果沒有（A）乙編1859版的拼合，則第（1）辭的序數一，二，和第（2）辭的序數一，二，三，就無從看到，很可能也把第（1），（2）兩辭認為是成套腹甲中的成套卜辭，但是由於（A）版的綴合，確定了它不是成套卜辭中的一條。由此，亦可見完整材料的可貴，（A）版的本身價值並不高，只有幾個序數及殘字，幾乎等於不能說話的啞巴材料，可是與B，C二版拼合之後，卻說出了一段意想不到的重要事實來了。

張先生的解釋似乎有一定道理，他注意到（A）版的重要性，但細觀此序數，便可發現（A）版上的序數"一　二　三"為一組自成體系，它們是"自下而上"順次排列的，並不符合殷人灼龜"自上而下"的通例，所以它們很有可能是與背面卜辭有關的；再者，若將序數"四"排列在內，則會出現順次上的混亂，這也與龜版上序數的排列規律相矛盾。由此可見，將序數"四"與此版它辭的序數"四"視為一個系統，應該是比較合理和科學的。這樣，便可以順理成章的把它們理解為成套腹甲的第四卜，而正面的其他兩組序數"一　二　三"則應分別歸屬於背面的刻辭"呼雀往于帛"和"勿呼雀往于帛"。至此，我們便不會產生張氏所提出的疑惑。也許殷人之所以將序數為"一　二　三"的二辭刻於背面，正是為了保持成套卜辭的統一性，使正面的所有刻辭成為一個系統，從而避免引起刻辭上的混亂和誤解。

（7a）　甲辰卜，㱿貞：翌乙巳屮于父乙牢，用。二
（7b）　貞：咸賓于帝。二
（7c）　貞：咸不賓于帝。二
（7d）　貞：大甲賓于咸。二

(7e) 貞：大甲不賓于咸。二

(7f) 甲辰卜，殼貞：下乙賓于［咸］。二　小告

(7g) 貞：下乙不賓于咸。二

(7h) 貞：大甲［賓］于帝。二

(7i) 貞：大甲不賓于帝。二

(7j) 貞：下乙［賓］于帝。二

(7k) 貞：下乙不賓于帝。二

(7l) 三

　　《醉古集》260 組＝《合集》1402 正＋《乙補》1708＋

　　《乙補》1635＋無號甲＝《丙編》39＋《乙補》1708＋

　　　　　　《乙補》1635＋無號甲　　［典賓］

(7m) 貞：乍①其來茲齒，正。

(7n) □［入］二十。（甲橋刻辭）

《醉古集》260 組＝《合集》1402 反＝《丙編》40　　［典賓］

張秉權先生在《丙編·序》中說：

又如圖版叁陸（筆者按：即《合集》1402 正＝《丙編》39），是由乙編中的八片碎甲所綴合，已經復原到近於完整的程度，這一版上的序數，除了第（1）辭（筆者按：即我們所標注的（7a））左側有一個"三"字而外，其餘的都是"二"，當是一套中的第二版。假如第（1）辭不是這一版上的成套卜辭，那末似乎還應該有個序數"一"。但是沒有，而且連剷削的痕跡都沒有，所以我們懷疑那個序數"三"，也許是"二"字的誤契，而這一版上的卜辭，可能都是成套的。可惜我們還未發現這一套中的其它任何一版，否則，是與否，或者可以得到一個確證的。（《丙編》39 考證論述與此同。）

---

① 此字多數釋文釋為"爭"，我們從林宏明博士釋。參林宏明：《醉古集·釋文及考釋》260 組，台灣書房 2008 年版，第 588 頁。

第二章　殷墟王卜辭龜腹甲文例特點（上）

　　張先生認為序數"三"為誤刻，我們並不贊成。因為甲骨上雖有誤刻序數的現象存在，但由於序數一般是先於卜辭而契刻的①，所以很容易被發現，並得到糾正，如《丙編》47（筆者按：即《合集》721）考證說：

　　　　這一版上的序數都是"四"，當是成套大龜腹甲中的第四版，而且有四個卜兆，沒有記錄卜辭，這在甲骨上是常有的現象。第（15）辭的序數，先刻了一個"五"字，後來發覺有錯，於是便改刻為"四"，削改的痕跡，在拓本上，清晰可見。

　　《丙編》81（筆者按：即《合集》9525正）考證也說：

　　　　第（5）辭序數是"一"，但與它對貞的那條卜辭（6）的序數卻是"二"，這可能是序數"一"的誤契，在實物上，可以看到"二"字的下面一橫，曾經用刀子挖了一個小小的凹穴，大概是預備把這一橫剷去，而沒有成功。

　　那么，這個特殊的序數"三"應該作何解釋呢？
　　細觀此版卜辭，不難發現這個"三"的位置也很獨特，它位於中甲部位，也許這正說明了，它不屬於成套卜辭的一分子，更為巧合的是，在此版卜龜腹甲的背面中甲部位上，有一條與正面占卜內容不成其為一套的卜辭存在，因此，我們認為，中甲正面的序數"三"，應該歸屬於背面這一卜辭，而並非誤刻。
　　其實，賓組中有些成套卜辭，雖然刻於正面的序數是一致的，但有時為了保持正面卜辭占卜主題的統一性，也會將一部分卜辭刻

---

　　①　張秉權說："序數字的功用，在標明這一卜兆是屬於某一事件的貞卜中之第若干次灼卜，序數字的契刻當在卜辭之前，灼卜之後，知者，我們常於甲骨上發現若干序數字往往在刻成之後，又被剷削，因為它占據了卜辭的地位。"見張秉權《殷虛卜龜之卜兆及其有關問題》，《甲骨文獻集成》，第17冊，第24頁；後他又在《卜龜腹甲的序數》中，再次強調，見《甲骨文獻集成》，第17冊，四川大學出版社2001年版，第30頁。

155

於背面,如:

 (8a)　隹(唯)[父甲]。

 (8b)　不隹(唯)父甲。

 (8c)　隹(唯)父庚。

 (8d)　不隹(唯)父庚。

 (8e)　隹(唯)父辛。

 (8f)　不隹(唯)父辛。

 (8g)　隹(唯)父乙。

 (8h)　不隹(唯)父乙。

《合集》6484 反 =《丙編》17 [典賓]

此組卜辭是成套卜辭(《合集》6482 正反—《合集》6486 正反)中的一版,張秉權先生在《丙編》13 考證中說:

> 這幾條卜辭的意義不很清楚,大概是因武丁疾齒,而以為是諸父在作祟,但不知道是哪一位,所以問……問來問去的結果,大概是卜兆指示出是父庚在作祟應該向他去祝禱,所以正面才有"于父庚卯羊?"的卜辭。

張先生的推測是合理的。我們姑且先置卜辭大意不論,也不難看出,雖然它們的序數與正面卜辭的序數是一致的,但其占卜內容與正面卜辭有別,自成一體。

可見,殷人卜法,大抵是背面施以鑽鑿,兆坼見於正面,相應的序數和兆語契刻在其旁側,這大概是不能違背的原則。但有時將不同占卜主題的卜辭契刻於一處,又勢必會造成卜辭刻寫的混亂,不利於占卜後的查閱。所以,殷商卜人為了解決這一矛盾,便將一部分卜辭刻寫在了背面的相應部位。

三　序數、兆語在卜辭中的位置

殷墟賓組卜辭在卜兆旁常刻有序數和兆語,這些序數和兆語究竟應該位於整條卜辭之後,還是應緊跟在命辭之後,直接關係到我們對整條卜辭的理解。《合集釋文》是將其簡單的附屬於整條卜辭

第二章 殷墟王卜辭龜腹甲文例特點（上）

之後的，但是《合集釋文》在釋讀卜辭時並沒有充分考慮正反卜辭之間的聯繫，而是將一版卜辭分為正、反兩面進行客觀的釋讀，後來的《摹釋總集》也是如此。但僅僅這樣客觀的釋讀是不夠的，在研究甲骨卜辭時，我們必須全面整合卜用龜骨所反映的信息。

其實對於一條單貞的卜辭來說，序數和兆語是位於命辭之後，還是應置於整條卜辭的尾部，在理解上並不會造成較大差異。但對於部分對貞或成套且命辭之後附帶有占辭、驗辭等的卜辭來說，序數和兆語的位置，將會對探究殷人的占卜習慣造成差異。

對於賓組卜辭來說，從一些成套卜辭每一卜兆旁都刻有命辭的情況不難看出，序數和兆語實際上是與命辭關係最密切的，應該是緊跟在命辭之後的。如：

（1a）□寅卜，殼貞：般亡不若，不羍（逸）羌。一　二告

（1b）貞：龍亡不若，不羍（逸）羌。一

（1c）貞：般亡不若，不羍（逸）羌。二

（1d）貞：龍亡不若，不羍（逸）羌。二

（1e）貞：般亡不若，不羍（逸）羌。三

（1f）貞：龍亡不若，不羍（逸）羌。三

（1g）般其羍（逸）羌。一

（1h）龍其羍（逸）。一　二告

（1i）其羍（逸）。二

（1j）其羍（逸）。二

《醉古集》31 組 =《合集》506 正 +《乙編》1990 ［典賓］

這組成套卜辭，刻於同一版龜腹甲之上，而且每一序數旁都刻有命辭，其實完全可以將其省刻為"貞：般亡不若，不逸羌。一　二　三"、"貞：龍亡不若，不逸羌。一　二　三"、"般其逸。一　二"、"龍其逸。一　二"的形式。可見，序數與命辭之間具有較直接的關聯。

特別是對貞的卜辭，往往從正反兩個方面各貞數次，然後通過所有這些兆坼情況作出占斷，有些會附記上占驗結果，然而這些占驗結果並非是分別刻於正反對貞的卜辭之後的，它們常常是被刻寫

在占卜結果與貞問內容相符合的命辭之後的。如果我們僅將具有占辭的這條卜辭的序數和兆語附記在占辭之後，則似乎是認為此次占斷與其對貞之辭沒有關係，這是不符合事實的。

這也許正是我們下面章節要討論的為什麼殷人要把一部分占驗之辭刻於背面的原因所在。將占驗之辭與命辭分刻於同一龜版的正背兩面，能更好地表明它是對所有與其相關的卜兆所作出的占斷，尤其是那些命辭位於正面左右甲橋處，而相應的占驗之辭卻刻於背面千里路附近的那一部分卜辭，用意更為明顯。

貳　前辭與正面卜辭相承例
一　格式及特點

甲骨卜辭中不同類組的卜辭，其前辭形式是多種多樣的，以《花東》為例，姚萱博士在其《花園莊東地甲骨卜辭的初步研究》中就總結出二十二例之多。① 關於賓組卜辭的前辭形式，黃天樹先生在《殷墟王卜辭的分類與斷代》② 一書中說：

> 賓組一類的前辭有兩種，"干支卜某"和"干支卜某貞"。
>
> 典賓類的前辭多數作"干支卜某貞"，個別作"干支卜"（《合集》9506＝《前》7.15.3）。"干支卜貞"基本不見於典賓類，而常見於賓組三類，典賓類卜辭有很多以貞字開頭的（《合集》563等），這在其他類別的卜辭中也十分常見。此外，這類卜辭的前辭有時把"干支卜某"單刻在龜甲背面，其部位往往與刻在正面的有關命辭部位相應③。
>
> 賓組三類的前辭也有兩種形式，"干支卜某貞"或"干支卜貞"。

---

①　姚萱：《花園莊東地甲骨卜辭的初步研究》，綫裝書局2006年版，第58—65頁。
②　黃天樹：《殷墟王卜辭的分類與斷代》，科學出版社2007年增訂版，第42—72頁。
③　黃天樹先生注：龜版上的例子參看李達良《龜版文例研究》第74—77頁的《卜日貞人刻於背面例》一節。胛骨上的例子見《合》3952正反、《懷》897等。

第二章　殷墟王卜辭龜腹甲文例特點（上）

實際上，我們通過考察發現，不僅典賓類卜辭的前辭常常刻寫於甲骨的背面，賓一和賓三類的前辭也常見刻於背面之例。且賓組常見的卜人"賓"、"爭"、"古"、"永"、"亘"等，所卜之辭的前辭均有刻於背面之例。現在我們將賓組刻於背面的前辭常見格式總結如下：

（一）干支卜某

(1)　壬辰卜，爭　　　　　　　　《合集》152 反 [典賓]

(2)　癸酉卜，亘　　　　　　　　《合集》419 反 [典賓]

(3)　甲午卜，爭
　　　乙未卜，殻　　　　　　　　《合集》456 反 [典賓]

(4)　己卯卜，殻　　　　　　　　《合集》635 反 [賓一]

(5)　乙卯卜，亘　　　　　　　　《合集》795 反 [典賓]

(6)　丙戌卜，內
　　　貞（丙）①戌卜，殻　　　　《合集》822 反 [典賓]

(7)　甲戌卜，內　　　　　　　　《合集》880 反 [賓一]

(8)　壬午卜，殻
　　　乙未卜，殻　　　　　　　　《合集》893 反 [賓一]

(9)　癸卯卜，殻
　　　庚申卜，殻
　　　乙卯卜　　　　　　　　　　《合集》903 反 [賓一]

(10) 丙戌卜，殻
　　　戊子卜，爭　　　　　　　　《合集》904 反 [賓一]

(11) 壬寅卜，古　　　　　　　　《合集》973 反② [典賓]

(12) 壬子卜，賓　　　　　　　　《合集》1140 反 [賓一]

(13) 壬申卜，永　　　　　　　　《合集》1285 反 [典賓]

(14) 癸巳卜，賓　　　　　　　　《合集》1532 反 [典賓]

(15) 甲子卜，爭　　　　　　　　《合集》1773 反 [典賓]

(16) 庚申卜，殻　　　　　　　　《合集》3458 反 [賓一]

---

① 《合集釋文》指出"丙"誤刻為"貞"。
② 綴合情況，見林宏明：《醉古集》309 組。

(17) 壬□卜，□　　　　　　　　　　《合集》5193 反［賓三］
(18) 己丑卜，賓
　　　壬申卜，賓　　　　　　　　　《合集》5477 反［典賓］
(19) 戊辰卜，爭　　　　　　　　　　《合集》5532 反［賓一］
(20) 甲子卜，殼
　　　甲子卜，爭　　　　　　　　　《合集》5658 反［賓一］
(21) 壬申卜，爭
　　　甲［戌］卜，賓　　　　　　　《合集》6647 反［賓一］
(22) 甲辰卜，殼
　　　丙子卜，殼　　　　　　　　　《合集》6653 反［典賓］
(23) 庚申卜，爭　　　　　　　　　　《合集》6928 反［賓一］
(24) 丁巳卜，殼　　　　　　　　　　《合集》6946 反［賓一］
(25) 己未卜，王　　　　　　　　　　《合集》6947 反［賓一］
(26) 甲辰卜，賓　　　　　　　　　　《合集》6948 反［賓一］
(27) 甲子卜，殼　　　　　　　　　　《合集》7076 反［賓一］
(28) 甲寅卜，爭
　　　庚戌卜，爭　　　　　　　　　《合集》7772 反［賓一］
(29) 辛未卜，古
　　　庚辰卜，爭　　　　　　　　　《合集》8969 反［典賓］
(30) ［丙］申卜，殼　　　　　　　　《合集》8990 反［典賓］
(31) 乙卯卜，殼　　　　　　　　　　《合集》9503 反［典賓］
(32) 戊申卜，爭
　　　丁未卜，殼　　　　　　　　　《合集》9741 反［賓一］
(33) 癸酉卜，爭　　　　　　　　　　《合集》10343 反［賓三］
(34) 己未卜，賓
　　　甲午卜，賓　　　　　　　　　《合集》10613 反［賓一］
(35) 辛亥卜，爭　　　　　　　　　　《合集》10964 反［典賓］
(36) 丁未卜，爭
　　　癸亥［卜］，賓　　　　　　　《合集》10989 反［典賓］
(37) 庚申卜，殼　　　　　　　　　　《合集》13648 反［賓一］

第二章　殷墟王卜辭龜腹甲文例特點（上）

（二）干支卜

(1) 庚戌卜　　　　　《合集》768 反 =《乙編》6704 ［典賓］
(2) 壬子卜　　　　　《合集》891 反 =《丙編》511 ［典賓］
(3) 甲辰卜　　　　　　　　　《合集》6664 反 ［賓一］
(4) 己酉卜　　　　　　　　　《合集》7772 反 ［賓一］
(5) 丙戌卜　　　　　　　　　《合集》10299 反 ［賓一］

（三）干支

(1) 辛亥　　　　　　《合集》768 反 =《乙編》6704 ［典賓］
正面對應一組成套卜辭。
(2) 壬寅　　　　　　　　　　《合集》6949 反 ［賓一］
正面對應命辭為"貞：雀亡囚（憂）"。

此類單刻於背面的干支，不知可否理解為前辭。不過我們發現字體為賓組一類的《合集》371 反，有一辭為"癸酉貞：降"，典賓類的《合集》7075 反，有"癸酉貞：子汏逐麇獲"，可見，賓組卜辭的前辭也可為"干支貞"的格式。這似乎為我們的說法提供了一個佐證。此外，《合集》3458 正"辛酉王囗自㞢入"不知是否可理解為"辛酉：王囗自㞢入"；同樣，《合集》14452 反"戊申十犬"一辭，不知是否可理解為"戊申：十犬"。

通過上面的分類列舉，我們不難發現，賓組所細分出的三類卜辭中，以典賓類卜辭的前辭刻於背面者最為常見，賓組一類卜辭次之，賓三類卜辭的前辭也有刻於背面者，但數量較少。倘若我們把這些刻於背面的前辭也考慮在內的話，那麼，賓一和典賓類卜辭也是存在"干支卜"和"干支卜貞"的前辭格式的，同時典賓類前辭還存在"干支卜某"的前辭格式。如：

(1) 辛亥卜，殼　　　　　　　《合集》946 反 ［典賓］
正面對應命辭為"來甲寅㞢伐自上甲"和"勿㞢"。
(2) 己未卜，殼
　　甲子卜，爭　　　　　　　《合集》6037 反 ［典賓］
"甲子卜，爭"對應的命辭為正面的"翌［乙］丑不其雨"。典賓類字體的《合集》6461 反，有一辭為"甲子卜，賓：咸在茲，

161

示若"；《合集》5775 反亦有一辭為"戊子卜，爭：己丑雨"，這足以說明，典賓類卜辭是存在"干支卜某"的前辭格式的。

（3）戊子卜　　　　　　　　　　《合集》905 反［典賓］

正面對應命辭為"貞：王往狩"。

（4）丙子卜

壬戌卜　　　　　　　　　　《合集》914 反［典賓］

"丙子卜"所對應的命辭為正面的"貞：王㘡羸"。

（5）丁酉卜　　　　　　　　　　《合集》945 反［賓一］

正面所對應卜辭為"貞：古來犬"、"古不其來犬"。且字體上屬於賓組一類的《合集》10299 反（《丙編》266）有一辭為"壬寅卜：癸雨。允雨"，可見，賓組一類的前辭也有少數作"干支卜"的格式。

（6）乙巳卜　　　　　　　　　　《合集》1171 反［典賓］

正面命辭為"貞：禱于上甲受我又"、"勿禱于上甲不我其［受又］"。

（7）甲子卜　　　　　　　　　　《合集》309 反甲［賓一］

正面對應命辭為"貞：父辛弗㞢（害）"。另外，字體上屬於賓組一類的《合集》10184 有一辭作"壬辰卜，貞：亘亡囚（憂）"，可見，賓一類的前辭是存在"干支卜貞"的格式的。

另外，典賓類卜辭雖以"干支卜某貞"為常例，但將此單刻於背面的卻極為罕見，僅《合集》454 反有一例為"壬戌卜，古貞"。但此版龜腹甲有殘缺，很難確定其下是否有殘辭存在，只有期待日後的綴合檢驗。當然，賓組刻於背面的卜辭也有單以"貞"字開頭（《合集》140 反等）或前辭完全省略的格式（《合集》190 反等）。

二　刻寫部位

一般來說，刻於背面的前辭，與刻於正面的那部分卜辭，在刻寫部位上是相對應的。因此，我們比較容易判定刻於背面的前辭應該歸屬於正面的哪一卜辭。但也有些甲骨正面刻寫卜辭較多，而其背面僅刻有一前辭，這樣我們便不能僅僅將此前辭理解為與它相對應的那條卜辭的前辭了，若將其理解為整版卜辭的前辭，也是說的通的。實際上，在《丙編》的考證中張秉權先生對前辭的歸屬也是存在矛盾之處的。如：

(1a) 貞：其有來艱自沚。一　二　［三］　二告　［四］　五

(1b) 貞：亡來艱自沚。一　二　三

　　　　　　　　　　《合集》5532 正＝《丙編》383［賓一］

(1c) 戊辰卜，爭　　　《合集》5532 反＝《丙編》384［賓一］

前辭的刻寫部位與正面上二辭同，有可能是它們的前辭。但這版腹甲正面的其他卜辭也沒有前辭，所以不能完全排除它是正面所有命辭的前辭。

(2a) 貞：亡舌于㞢酉复値。一　二　三　二告　四

(2b) 貞：亡舌告于妣庚惠羊用。一　二　三　不玄兹　四　五

(2c) 貞：乎（呼）剸［若］。一　小告　二　三　四　五　不玄兹　六

(2d) 不若。一　二告　二　三　四　五　六　不玄兹

　　　　　　　　　　　　　　《合集》5995 正［典賓］

(2e) 辛巳卜，賓　　　　　《合集》5995 反［典賓］

刻於背面的前辭"辛巳卜，賓"有可能是正面所有命辭的前辭。

(3a) 貞：田（憂）隹（唯）咎。一

(3b) 貞：田（憂）不隹（唯）咎。一

(3c) ☒受［黍］［年］。一　二　三　四　五　［六］

(3d) 貞：牛由。一　二

(3e) ［牛］亡其［由］。一　二　二告

(3f) 貞：王賓羌甲日。一　二　三

(3g) 貞：勿賓羌甲日。一　二　三

　　　　　　　　《合集》10049 正①＝《丙編》180［典賓］

---

① 新綴《乙補》2498，見林宏明：《醉古集》346 組。

163

(3h) 丙寅卜，争　《合集》10049 反 =《丙編》181 ［典賓］

張秉權先生在《丙編》180 考證中說：

> 這上面所有的卜辭都沒有卜日和貞人，在反面有著一條卜日和貞人的記載，而無卜辭，那是注明正面卜辭的卜日和貞人的，這種正反相應的記載法，在甲骨上有很多例子。

同樣，《丙編》396（筆者按：即《合集》150 正 ［典賓］）也指出：

> 這一版的正面各辭，都沒有卜日與貞人的記載，反面（即下一圖版）的第（1）辭"辛卯卜，殼"，當是它們的卜日與貞人了。

類似的還有《合集》9525 反 =《丙編》82 等。但下面一版卜辭因為背面占辭的存在卻僅能將其隸屬於正面的兩條卜辭：

(4a) 貞：王夢［隹］（唯）［屮］（有）［左］。［一］　二　三　四　五

(4b) 貞：王夢不隹（唯）屮（有）左。一　二　二告　三　四　［五］

(4c) 貞：兔屮㠯正。一　二　三　四　［五］　六　不⚐　七　八　九　十

(4d) 貞：兔屮㠯弗其正。一　二　三　四　五　六　七　八　九　十

(4e) 貞：☒隹（唯）西土。一　二　三　四　五　六　七　八　九　十

(4f) 貞：𢆉（異）不隹（唯）西土。一　二　三　四　五　六　七　八　九　十

(4g) 貞：王夢不隹（唯）若。一　二　三　四　五　小告　六　七　八　九　十

第二章　殷墟王卜辭龜腹甲文例特點（上）

(4h) 貞：王夢佳（唯）若。一　二　三　二告　四　五　六　七　二告　八　九　十

《合集》17397 正 =《丙編》517〔典賓〕

(4i) 辛卯卜，賓

(4j) 王占曰："吉。勿佳（唯）屮（有）左。"

(4k) 兔以四十。（記事刻辭）

《合集》17397 反 =《丙編》518〔典賓〕

張秉權先生在《丙編》518考證中指出：

> 第（1）（2）二辭（筆者按：即"辛卯卜，賓"、"王占曰：'吉。勿佳（唯）屮（有）左'"），是正面（即上一圖版）第（1）（2）二辭（筆者按：即"貞：王夢［佳］（唯）［屮］（有）［左］"、"貞：王夢不佳（唯）屮（有）左"）的序數與占辭。

可見，關於這一問題究竟應該如何理解，好像很難找到令人信服的說法。所以，在此我們僅將這一現象列舉出來，希望引起學界的注意。

叁　占辭與正面卜辭相承例
一　格式及特點

賓組卜辭，特別是典賓類卜辭刻寫於背面的占辭較為豐富，且占辭的內容和格式也較為完備。賓組卜辭的占辭一般為"王占曰"的格式，也有個別作"王占卜曰"（《合集》900反），"王臣占曰"（《合集》11506反）[1]。占辭中常用"其"、"佳（唯）"、"勿"等辭，如：《合集》808反的"王占曰：'吉，勿疾'"等，這大概表達了占卜者的一種期待的心理和希冀之情。

---

[1] 黄天樹：《甲骨文中有關獵首風俗的記載》，見《黄天樹古文字論集》，學苑出版社2006年版，第415頁。

165

賓組的占辭通常單刻於背面，需要與正面的卜辭連讀。占辭一般與正面的命辭相接續，緊接於命辭之後，如果有驗辭或用辭，則出現在驗辭或用辭之前，但也有個別接續於用辭之後的，如：

（1a）庚申卜，古貞：勿晝[食殳]（殺）于南庚宰。用。

《合集》14 正［典賓］

（1b）王占曰："吉。" 《合集》14 反［典賓］

但我們也不能機械地將刻寫於背面的占辭直接與正面相應的卜辭連讀，特別是當正面的卜辭記有驗辭時，如：

（2a）貞：菁罛永獲鹿。允獲十。《合集》1076 正甲①［典賓］

（2b）貞：菁罛永不其獲鹿。 《合集》1076 正乙［典賓］

（2c）王占曰："獲一。" 《合集》1076 反甲［典賓］

此卜辭的占辭雖然被契刻於背面的相應部位，但是我們在釋讀時，應將其接續在正面刻辭的命辭之後，而不能機械地將其接續在驗辭之後。若將其機械地置於正面相應卜辭的末尾，即使其與驗辭相接續，便會對卜辭內容的理解造成障礙。況且，這樣也是不符合殷人的占卜習慣和程序的。因此，我們認為刻寫於背面的占辭，是對正面對貞卜辭所作的占斷，而驗辭"允獲十"則是後來補記的。類似的例子，如：

（3a）戊辰卜，殼貞：婦好娩[女幼]（男）。丙子夕向丁丑娩[女幼]（男）。

（3b）戊辰卜，殼貞：婦好娩不其[女幼]（男）。五月。

《合集》14003 正 = 《丙編》245 ［典賓］

（3c）王占曰："其隹（唯）庚[女幼]（男）。"

《合集》14003 反 = 《丙編》246 ［典賓］

也有個別卜辭中雖然出現了"王占曰"或"王占"等語辭，但我們並不能簡單地將其類屬於占辭的行列，而應從卜辭所記述的實際內容出發來理解，如：

（4a）辛丑卜，殼貞：婦好㞢（有）子。二月。

---

① 與《合集》14315 綴合，見林宏明：《契合集》第 381 組。

第二章　殷墟王卜辭龜腹甲文例特點（上）

(4b) 辛丑卜，亘貞：王占曰好其㞢（有）子，孚（孚）。

《合集》94 正 =《遺珠》620 正 ［典賓］

(4c) 王占曰："吉，孚（孚）。"

《合集》94 反 =《遺珠》620 反 ［典賓］

上面這組卜辭裘錫圭先生解釋說：

"王占曰好其㞢（有）子，孚（孚）"是"卜問王之占以爲婦好會有子，是否能應驗"，背面"王占曰：'吉，孚（孚）'"應即此卜問的占辭，意謂此卜的兆"是吉利的，婦好有子之占能夠應驗"。①

裘先生所言甚是。我們從背面相應部位的占辭不難看出，正面的"王占曰好其㞢（有）子，孚（孚）"只能理解爲命辭，而並非占辭。

(5a) 貞：王占孚（孚）。

《合集》10989 正 =《乙編》7746 ［典賓］

(5b) 癸未卜，賓　《合集》10898 反 =《乙編》7747 ［典賓］

裘錫圭先生亦認爲：此辭是卜問王之占斷是否能應驗的②。可見，裘先生也是將"王占孚"看作命辭的，意謂王之占辭是否能夠應驗。

但是賓組還有一些卜辭中的"王占曰"雖然直接與前辭相接續，卻並不能將其理解爲命辭，仍宜將其理解爲占辭，只不過是它的命辭被省略了或是被刻寫在甲骨的其他部位了，如：

(6a) 戊寅卜，王貞

《合集》16335 正③ =《丙編》581 ［典賓］

---

① 裘錫圭：《釋"厄"》，收入王宇信、宋鎮豪主編的《紀念殷墟甲骨文發現一百周年國際學術研討會論文集》，社會科學文獻出版社 2003 年版，第 128—129 頁。
② 同上。
③ 林宏明加綴乙補 1770，見《醉古集》53 組。

167

殷墟王卜辭龜腹甲文例研究

(6b) 王占曰：俞①！不吉在兹。

《合集》16335 反 =《丙編》582 ［典賓］

《丙編》581 考證指出：

第（2）辭（筆者按：即"戊寅卜，王貞"）只有序辭，沒有命辭，至於所卜何事，只有參考它的占辭了。這一條的占辭刻在反面的相當部位。

張氏所言甚是。全辭當為"戊寅卜，王貞：王占曰：俞！不吉在兹"。這裡的"王占曰"的內容很明顯是一種占斷的口氣，而且有感歎詞"俞"使得整個占斷非常生動形象。其占斷的語氣與著名的菁華3（即《合集》10405 正 =《卜辭通纂》735）大骨版上的"王占曰：俞！出（有）求（咎）"一辭同。所以，我們認為在此仍應將其視為占辭，只是它的命辭被省略了。

(7a) 壬戌卜，賓貞：王占卜曰："子昌其隹（唯）丁娩，不其㚔（男）。"　　《合集》39498 正 =《英藏》1117 正 ［典賓］

(7b) 王曰：其㚔（男）。

(7c) 王曰：不其㚔（男）。

《合集》39498 反 =《英藏》1117 反 ［典賓］

此例李學勤先生認為背面的"王曰：其㚔（男）"、"王曰：不其㚔（男）"應是正面卜辭的命辭②。

另外，殷人占卜，有"一事多卜"的習慣，這在古書中已有記載：

《尚書·洪範》："立時人作卜筮，三人占，則從二人之言。"

《尚書·金縢》："乃卜三龜，一習吉。"孔疏："習，因也。"

---

① 此字從郭沫若釋，"猶《尚書》言俞也"，見郭沫若：《卜辭通纂》，［日］求文堂印本，1933 年；科學出版社 1983 年版。後張玉金先生也將其釋為"俞"，理解為感歎詞，相當于現在的"哎呀"。張玉金：《甲骨文虛詞詞典》，中華書局 1994 年版，第 304 頁。

② 李學勤：《關於自組卜辭的一些問題》，見《古文字研究》第 3 輯，中華書局 1980 年版，第 33 頁；《甲骨文與殷商史》，第三輯，上海古籍出版社 1991 年版，第 25 頁。

《尚書·大誥》："我有大事休，朕卜並吉。"鄭玄注："卜並吉者，謂三龜皆從也。"

《尚書·洛誥》："我卜河朔黎水。我乃卜澗水東，瀍水西惟洛食。我又卜瀍水東，亦惟洛食。"

從《尚書》中有關占卜的記載，我們不難發現，古人不僅有"一事多卜"或"一事三卜"的習慣，且很明顯每次占卜都會作出占斷，也就是說，作出判斷是占卜必不可少的程序。那麼，對於卜辭中占辭重複刻寫的現象就不難理解了，我們完全可以認為，殷人在占卜時對每一次占卜都會作出判斷，只是有些被記錄了下來，有些沒有被記錄下來，特別是占卜結果相同時，往往僅刻一辭，以備查閱，偶遇特殊情況，則會重複記錄占斷之辭。占辭中有時又會出現"王尋占"（《合集》94反）之辭，許進雄先生曾指出"尋有繼續之意"①，後李學勤先生進一步將"尋"訓為"重"，表示"又一次，再一次"之義②。可見，殷人不僅對每一次占卜作出占斷，而且，有時對同一次占卜，也會作出不止一次的占斷。如：

(8a) [戊]子卜，[㱿]貞：王令[酒]河，沈三牛，燎三牛，卯五牛。[王]占[曰]："丁其雨。"九日丁酉允雨。一　二二告

(8b) [戊子]卜，㱿[貞]：王勿令[酒]河。二月。一二

　　　　　《合集》12948正 =《丙編》533［典賓］

(8c) 丁，王亦占曰："其亦雨。"之夕允雨。

　　　　　《合集》12948反 =《丙編》534［典賓］

張秉權先生在《丙編》考證中指出：

> 正面卜辭的後段，已附有王的占辭，那是卜之日戊子所記下來的，而這一段，卻是丁酉那一天，王再占一次以後所記下

---

① 許進雄：《明義士收藏甲骨釋文篇》，香港中文大學協助編校，加拿大皇家安大略博物館出版，1977年，第79頁。
② 李學勤：《續釋"尋"字》，《故宮博物院院刊》2000年第6期。

來的。大概到了丁酉的白天尚未下雨，所以國王武丁重新又將卜龜拿出來再加占視，也認為那是應該下雨的徵兆，而那一天的晚上，果然下了雨。像這一類占了又占的情形，卜辭中所記的並不多，所以這是一條很特殊的例子。

（9a）己巳卜，賓貞：龜得妣。王占曰："得。"庚午夕向辛未允得。

《合集》926正 = 《乙編》5269 ［典賓］

（9b）王占曰："得。"

《合集》926反 = 《乙編》5270 ［典賓］

（10a）丁卯卜，殼貞：婦妌娩幼（男），王占曰："其隹（唯）戊娩不吉，其隹（唯）甲亦不吉。"旬虫二☒婦☒。

《合補》4031正 ［典賓］

（10b）王占曰："其隹（唯）戊娩不吉，其［隹］（唯）甲亦［不吉］。"☒女①。

《合補》4031反 ［典賓］

上揭各辭的占辭不僅被重複刻寫，而且其占斷的內容也完全相同。但也有些卜辭的占辭雖被重複刻寫，但其刻寫的相應部位和占斷的具體內容卻有所不同，如：

（11a）甲申卜，殼貞：［婦］好娩幼（男）。王占曰："其隹（唯）丁娩幼（男），其隹（唯）庚娩引吉。三旬又一日甲寅娩，不幼（男）隹（唯）女。"

（11b）甲申卜，殼貞：婦好娩不其幼（男）。三旬又一日甲寅娩身不幼（男）隹（唯）女。 《合集》14002正 ［典賓］

（11c）王占曰："其隹（唯）丁娩幼（男），其庚引吉，其隹（唯）壬戌不吉。"

《合集》14002反 ［典賓］

---

① 此卜辭是我們根據正背卜辭的關係和《合集》14002正面卜辭的行款走向擬釋的，詳見下文。

該辭正面正反對貞的卜辭都記有驗辭，同時正卜之辭的占辭也被刻寫於腹甲的正面，而反卜之辭的占辭卻被刻寫於腹甲背面的相應部位。且細看其占辭所占斷的內容也並不完全相同，類似的例子還有：

（12a）壬寅卜，殼貞：婦〔好〕娩妫（男）。王占曰："其隹（唯）□申娩，吉，妫（男）。其隹（唯）甲寅娩，不吉，唯隹（唯）女。"

（12b）壬寅卜，殼貞：婦好娩不其妫（男）。王占曰："乩不妫（男），其妫（男）不吉于旁，若茲廼囚（殞）。"

《合集》14001 正〔典賓〕

這組對貞卜辭皆刻寫於腹甲正面，且分別記有占辭。雖然它們的命辭都是對"婦好是否會生男孩的"的占卜，但其占斷的具體內容卻存在差異，這也許正是它們都被記刻的原因。

二 刻寫部位

一般來說，賓組刻於卜龜、卜骨背面的占辭同與它相關的刻於正面的卜辭，在刻寫部位上是相應的。如：

（1a）王占曰："吉，受〔出〕（有）年。"

（1b）王占曰："吉。"　　　　　　　《合集》14 反〔典賓〕

"王占曰：吉，受〔出〕（有）年"刻寫在背面千里路附近，與其相關的卜辭"丙戌卜，賓貞：令〔眾〕黍，其受出（有）〔年〕"也刻寫在正面的千里路附近。"王占曰：吉"刻寫在背面左甲橋的下端，與其相關的卜辭"庚申卜，古貞：勿靠饮（殺）于南庚宰，用"也刻寫在正面的相應部位。

（2）王占曰："吉，其庚酉。"　　　《合集》707 反〔典賓〕

占辭位於背面中甲部位，正面與其相應的卜辭"酉于妣己"也位於中甲部位。

（3）王占曰："隹（唯）蚩（害）。"

（朱書）《合集》1780 反 =《乙編》3217〔典賓〕

占辭位於背面右首甲部位，與其相關的命辭"貞：父乙亡其□"亦位於正面的相應部位。

171

殷墟王卜辭龜腹甲文例研究

(4) 王占曰："惠既。"

《合集》6653 反 =《丙編》318 ［典賓］

占辭刻寫於腹甲背面的中甲處，正面相應部位有兩對貞之辭"辛酉卜，殼貞：屮正化"戋夒"、"貞：屮正化弗其"戋夒"。

(5) 王占［曰］："得，隹（唯）☒。"

《合集》11006 反 =《丙編》101 ［典賓］

占辭刻寫於腹甲背面右甲橋下部，與之相應的卜辭"戊午卜，爭貞：先得"刻寫於正面相同部位。

(6) 王占曰："丁其雨。"

《合集》13390 反 =《乙編》6724 ［典賓］

占辭位於腹甲背面左首甲處，與之相應的刻辭"癸酉卜，賓貞：自今至于丁丑其雨"，位於正面同樣部位。

另外，賓組有些刻於背面的占辭，特別是一些刻寫於龜腹甲背面的占辭，是與腹甲正面的多個命辭相關的，尤其是那些正反對貞的命辭。我們來看下面這一組卜辭：

(7a) 庚申卜，殼貞：昔祖丁不歆①，隹（唯）南庚蚩（害）。

一 二 三 四

(7b) 庚申卜，殼貞：昔祖丁不歆，不隹（唯）南庚蚩（害）。

一 二 三 二告 四 五 六

《合集》1772 正 =《丙編》394 ［典賓］

(7c) 王占曰："不吉。南庚蚩（害），祖丁蚩（害），大示祖乙、祖辛、羌甲蚩（害）。"

《合集》1772 反 =《丙編》395 ［典賓］

其中，正面的兩辭為對貞之辭，分別刻寫在龜腹甲的左右甲橋處，而背面的占辭卻刻寫在千里路附近，雖然刻寫部位不同，但從內容上看，背面的占辭應與正面兩辭密切相關是確定無疑的。張秉權先生在《丙編》394 考證中也說：

---

① 此字舊多釋為"黍"，今從裘錫圭先生釋，參裘錫圭先生在首都師範大學所作的講座。

172

第二章 殷墟王卜辭龜腹甲文例特點（上）

這一塊腹甲的再度拼合，極為重要，它對於這幾塊碎片上的卜辭的解說，有著很大的貢獻，例如第（1）（2）兩辭（筆者按：即上引正面兩對貞之辭），按字面去看，每一個字都可以認識，但是全辭涵義，卻又非常晦澀，尤其困難的是怎樣去解釋"昔（或災）祖丁不黍"，如果把它說成："昔不黍祖丁"意即昔不用黍以祭祖丁，那末，它與"惟南庚叀"又有什麼關係？卻要放在一條卜辭之中。總之，在這版龜甲沒有複合以前，這二條卜辭的特殊句法，無從發現，它們的真實意義，也無從了解，現在經過拼合以後，才知道解釋這二條卜辭的主要關鍵，不在卜辭本身，而在它的占辭，那反面（下一圖版）的第（2）辭："王占曰：（隹）南庚害，祖丁害，大示祖乙，祖辛，羌甲叀！"，占辭的意義非常明顯，那是國王看了卜兆以後說道：不但南庚在作祟，祖丁在作祟，而且大示之中的祖乙，祖辛，羌甲都在作祟，從占辭以推卜辭，這個難題，也就迎刃而解了，原來它們是在問："昔（或災）不黍，（不）隹南庚祖丁叀？"。

同樣，我們再來看下面的卜辭：
(8a) 辛巳卜，㱿貞：酒我報大甲祖乙十伐十牢。一
(8b) 癸未卜，㱿貞：其。一
(8c) 甲申卜，賓貞：乎（呼）耤生。一 二 三 四 二告
(8d) 貞：不其生。一 二 三
(8e) 來甲午屮伐上甲十。 一
(8f) 來甲午屮伐上甲八。 一
(8g) 貞：屮于妣己㫃❄。一
(8h) 勿屮㫃于妣己。一
(8i) 屮妾于妣己。一
(8j) 貞：乍不其來。 一
(8k) 貞：乍其來。 一

《合集》904 正 =《丙編》330［賓一］

殷墟王卜辭龜腹甲文例研究

(8l)　王占曰："丙其雨,生。"
(8m)　丙戌卜,殼
(8n)　戊子卜,爭　　《合集》904反 =《丙編》331 ［賓一］
《丙編》330考證指出:

  第（3）辭（筆者按：即我們所標注的（8c））的占辭記在反面的相當部位,即下一圖版的第（1）辭（筆者按：即(8l)）。第（5）（6）兩辭（筆者按：即（8e）（8f））的卜日和貞人之名,記在反面,即下一圖版的第（2）辭（筆者按：即（8m））。第（10）（11）兩辭（筆者按：即（8j）（8k））的卜日和貞人之名,亦記在反面,即下一圖版的第（3）辭（筆者按：即（8n））。

  實際上,刻於正面的（8c）（8d）兩辭,為一組正反對貞之辭,"貞：不其生"是"甲申卜,賓貞：呼耤不其生"之省。但《丙編》考證卻僅指出第（8c）辭的占辭記在背面,卻疏漏了與其對貞的第（8d）辭。我們認為背面的占辭應是對（8c）（8d）兩辭所作出的占斷,而非僅是與其刻寫部位相應的第（8c）辭的占辭。

  由上面的兩組卜辭我們不難看出,這些占辭的刻寫部位雖有所不同,但實際上它們並不是孤立存在的,也不是僅與其中的某一卜辭相關的,而應是對正面所有相關命辭所作出的占斷,只是由於某種特定的刻寫習慣,而被刻寫於背面的某一部位了。

  我們上文曾提到賓組的卜用甲骨上經常會被施以界劃,《合集》9177正面（《丙編》157）左右後甲部位有兩條正反對貞的卜辭"甲辰卜,殼貞：奚來白馬。王占曰：吉,其來"、"甲辰卜,殼貞：奚不其來白馬。五［月］",其中一條有占辭,但有一條很清楚的界劃綫,將這一組卜辭劃歸到了一起,這更說明了它們是一個不可分割的整體。

  因此,我們將這種刻寫於甲骨背面,但卻與正面多個命辭相關的占辭,其在刻寫部位上的特點總結為以下兩種不同的類型：

第二章　殷墟王卜辭龜腹甲文例特點（上）

（一）刻於其中一辭的相應部位

常常刻於與占辭內容相一致的那條命辭或者是占卜者所希望的那一辭的相應部位。這與"司禮儀的'其'的規則"① 是一致的，即在一對正反對貞的卜辭裡，如果其中一條卜辭用"其"字，而另一條不用，用"其"的那條卜辭所說的事情，一般是占卜者不願意看到的。例如卜辭屢以"其有憂"與"亡憂"對貞，因為占卜者不希望"有憂"。又如天旱求雨卜辭往往以"有雨"與"亡其雨"對貞，因為占卜者希望老天爺下雨，不希望不下雨②。那么根據這一規則，如果對貞之辭有占辭的話，則通常會附記在沒用"其"字的那條卜辭的後面，或是刻於它背面的相應部位，如：

（1a）辛丑卜，賓貞：其于六月娩。一　二
（1b）貞：今五月娩。一　小告　二
（1c）貞：其于六月娩。一　小告
（1d）貞：今五月娩。一
（1e）貞：其于六月娩。一　二
（1f）貞：今五月娩。一　二
（1g）乎（呼）取生䅈于鳥。一　二
（1h）勿取生䅈于鳥。一　小告　二
　　　　　　　《合集》116 正 =《乙編》1052［典賓］
（1i）王占曰："吉。"《合集》116 反 =《乙編》1053［典賓］

"王占曰：吉"是刻於背面左首甲部位的，與正面右首甲部位的"貞：今五月娩"相對應。但從正面的命辭來看，有六條是與占卜生育有關的，所以我們不能武斷地認為背面的占辭僅與其刻寫部位相應的那條卜辭有關，而不顧其餘五條卜辭的存在。我們認為背面的占辭是對正面六條有關生育卜辭的總體占斷，而之所以僅僅

---

① 司禮儀（paul L-M Serruys），"Towards a Grammar of the Language of the Shang Bone Inscription"（關於商代卜辭語言的語法），《中央研究院國際漢學會議論文集·語言文字組》，"中央研究院"1981年版，第342—349頁。

② 參黃天樹《殷墟甲骨文"鬼日"補說》，見《黃天樹古文字論集》，學苑出版社2006年版，第239頁。

175

刻寫於其中某一卜辭的背面，大概是由於此次占斷與占辭內容相符，也即是將占辭刻寫於不用"其"的那條命辭的相應部位。

(2a) 庚子卜，爭貞：西史旨亡国（憂），由。一
(2b) 庚子卜，爭貞：西史旨其止（有）国（憂）。一
(2c) 貞：西史旨亡国（憂），由。二
(2d) 西史旨其止（有）国（憂）。二
(2e) 貞：旨亡国（憂）。三　二告
(2f) 旨其止（有）国（憂）。三
(2g) 旨亡国（憂）。四
(2h) 其止（有）国（憂）。四　不❦
(2i) 旨亡国（憂）。五　不❦
(2j) 其止（有）国（憂）。五　　《合集》5637 正［典賓］
(2k) 王占曰："其隹（唯）丁引弋。"

《合集》5637 反［典賓］

正面是一組成套卜辭，從正反兩個方面對同一件事各卜了五次，但背面占辭僅刻寫一次，其刻寫部位與"庚子卜，爭貞：西史旨亡国，屮（堪）"相應。而且從占辭的內容上看，商王的占斷也是與這一命辭相一致的。

(3) 王占曰："其自高妣己。"　　《合集》438 反［典賓］

占辭刻寫於背面右首甲部位，正面與其相關的卜辭為"戊辰卜，爭貞：饮（殺）羌自妣庚"、"貞：饮（殺）羌自高妣己"。但其刻寫部位卻僅與"貞：饮（殺）羌自高妣己"相應，大概也是由於此卜辭與占辭內容相一致。

(4) 王占曰："其雨隹（唯）庚，其隹（唯）辛雨引吉。"

《合集》809 反 =《丙編》524［典賓］

占辭位於背面左甲橋處，與之相關的卜辭"壬寅卜，賓貞：今十月雨"、"貞：今十月不其雨"分別位於正面左右甲橋處。但占辭的內容是與"壬寅卜，賓貞：今十月雨"相一致的，因此被刻寫於此卜辭的相應部位。

(5a) 戊寅卜，殼貞：沚戜其來。三

(5b) 貞：㞢不其來。三

(5c) 戊寅卜，殼貞：雷其來。三

(5d) 貞：雷不其來。三 二告　　《合集》3946 正［典賓］

(5e) 王占曰："㞢其出惠庚，其先，㞢至。"

(5f) 王占曰："☒其出惠丁，丁不出，☒其ㄓ（有）疾弗其興。"

《合集》3946 反［典賓］

這一版卜辭與《合集》3945 正反、《合集》3947 正反為成套卜辭，由成套卜辭可知"氵㞢"與"㞢"指同一個人；"雷"與"☒"、"雷☒"亦指同一個人。此組成套卜辭刻於背面的占辭内容基本相同，且其刻寫部位和内容都各自與其正面的卜辭相應。

(6a) 丙戌卜，殼貞：㞢其來。一 二 三 四 五 六 七 八 九

(6b) 丙戌卜，殼貞：㞢允其來。十三月。一

(6c) 丙戌卜，殼貞：㞢不其來。一

(6d) 貞：㞢允來。二

(6e) 貞：㞢不其來。二

(6f) 貞：㞢允其來。三

(6g) 貞：㞢不其來。三 二告

《合集》3979 正 =《乙編》6668［典賓］

(6h) 王占曰："甲申㞢亡囚（憂），來。"

《合集》3979 反 =《乙編》6669［典賓］

這一版正面是一組占卜"㞢"是否會來的卜辭，命辭雖被多次刻寫，但它們的占辭卻僅被記刻於背面左首甲處，在部位上與"丙戌卜，殼貞：㞢允其來，十三月"相應。

(7) 王占曰："其隹（唯）丁吉，庚其隹（唯）ㄓ（有）由。"

《合集》5440 反 =《乙編》8210［典賓］

與之相關的卜辭為正反對貞的"乙巳卜，殼貞：屮正化凵（堪）王事"和"乙巳卜，殼貞：屮正化弗其凵（堪）王事，七

177

月",然而占辭刻寫於背面左首甲處,部位與正面的"乙巳卜,殼貞:㞢正化屮(堪)王事"相應。這也符合殷人的契刻原則,即刻於與占辭內容相一致,或者是占卜者內心所期望的那一辭的背面。

(8) 王占曰:"戈,隹(唯)庚,不隹(唯)庚,惠丙。"

《合集》5775 反 =《丙編》84 [典賓]

與此占辭相應的卜辭為兩對貞之辭"癸丑卜,殼貞:旨戈屮(有)蠱[羅]"、"旨弗其戈屮(有)蠱羅",分別刻於腹甲正面左右甲橋的下部。但占辭的刻寫部位與"癸丑卜,殼貞:旨戈屮(有)蠱[羅]"相應,也許這正暗示了殷人占卜時的心理,他們是希望"戈"的。

(9) 王占曰:"吉,其伐隹(唯)丁。"

《合集》6016 反 =《丙編》142 [典賓]

占辭對應的命辭為"庚申卜,爭貞:旨其伐屮(有)蠱羅"、"旨弗其伐屮(有)蠱羅"。此應與上一辭所卜事件相同,只是占卜日期與貞人不同。而且巧合的是它們在腹甲上的刻寫部位也完全相同,即兩對貞之辭分別刻寫在正面左右甲橋的下部,占辭刻在背面與"庚申卜,爭貞:旨其伐屮(有)蠱羅"相應的部位。

(10) 王占曰:"屮(有)戠(待)①。"

《合集》6475 反 =《丙編》27 [典賓]

占辭刻寫於背面左尾甲處,與之相應的兩對貞之辭"王往出"、"王勿往出"分別刻於正面左右尾甲處。

(11) 王占曰:"其屮(有)馭(摧),小。"

《合集》6655 反 =《乙編》7151 [典賓]

正面左右甲橋下部有兩對貞之辭"庚午卜,古貞:王夢隹(唯)馭(摧)"、"貞:王夢不隹(唯)馭(摧)"與之相關聯。但此占辭刻寫於背面左甲橋的下部,與"庚午卜,古貞:王夢隹(唯)馭(摧)"相應。

---

① 此字從裘錫圭先生釋,見裘錫圭《說甲骨卜辭中"戠"字的一種用法》,《古文字論集》,中華書局1992年版。

第二章　殷墟王卜辭龜腹甲文例特點（上）

（12）王占曰："吉，受虫（有）年。"

《合集》9950 反 =《丙編》9［典賓］

這一版龜腹甲上的刻辭比較單純。正面僅有正反對貞的二辭"丙辰卜，殼貞：我受黍年"、"丙辰卜，殼貞：我弗其受黍年，四月"。它們分別位於左右甲橋處，占辭的刻寫部位與不帶"其"字的那條卜辭相應。

（13）王占曰："吉，亡來齒。"

《合集》17301 反 =《乙編》3380［典賓］

占辭刻於背面右後甲處，與其相應的正反對貞之辭為"辛巳卜，爭貞：其虫（有）［來］齒"、"貞：亡來齒"，它們分別刻寫於正面左右後甲外側邊緣處。占辭的刻寫部位與不帶"其"字的那條卜辭相應。

（二）刻寫在背面的千里路附近

此種占辭所對應的命辭往往分別刻寫於正面左右甲橋處或以千里路對稱的兩側，如：

（1）王占曰："其隹（唯）丁執吉，其隹（唯）甲引吉。"

《合集》500 反［典賓］

占辭刻寫在背面千里路旁側，與其相關的兩卜辭"囗巳卜，囗貞：［兔］以三十馬允其執羌"、"貞：兔三十馬弗其執羌"分別位於正面左右首甲部位。

（2）王占曰："吉，以。"

《合集》1100 反 =《丙編》355［典賓］

占辭刻寫於背面千里路處，與其相應的兩卜辭"辛亥卜，賓貞：㞢正化以王係"、"辛亥卜，賓貞：㞢正化弗其以王係"則分別位於腹甲正面的左右邊緣處。

（3）王占曰："母丙虫（有）蠱于囗。"

《合集》2530 反 =《丙編》266［典賓］

占辭刻寫於背面千里路處，與其相關的卜辭"貞：母丙允虫（有）蠱"、"貞：母丙亡蠱"則分別刻寫於正面左右甲橋至後甲的邊緣處。

（4）王占曰："吉，其隹（唯）臣。"

《合集》3201 反 =《丙編》616〔典賓〕

占辭位於背面千里路下端，正面與之相應的卜辭"貞：子眉亦毓隹（唯）臣"、"貞：子眉亦毓不其〔隹〕（唯）臣"則分別刻寫於正面左右甲橋至後甲邊緣處。

（5）王占曰："吉，其自來。"

《合集》4769 反 =《乙編》6749〔典賓〕

占辭刻寫於腹甲背面的千里路左側，與之相關連的兩對貞之辭"丙辰卜，殼貞：今早我其自來"、"丙辰卜，殼貞：今早我不其自來"分別位於腹甲正面沿千里路對稱的左右邊緣處。

（6）王占曰："吉，其曰𠱝來。"

《合集》5445 反 =《丙編》584〔典賓〕

占辭刻寫於背面千里路右側，與其相關的兩卜辭"丁酉卜，亘貞：𠱝㞢（堪）王事"、"貞：王曰𠱝來"分別刻寫於正面沿千里路對稱的左右兩側邊緣處。

（7a）王占曰："惠既。"

（7b）王占曰："惠既。"

《合集》6648 反 =《丙編》134〔典賓〕

這兩個占辭不但內容相同，而且都刻寫於腹甲背面千里路處。其中位於中甲下方的占辭所對應的命辭為"庚寅卜，殼貞：𢀛化正㞢㚔"、"貞：𢀛化正弗其㞢"，它們分別位於正面左右甲橋的上部；位於後甲千里路處的占辭所對應的命辭為"乙丑卜，古貞：〔旨其〕㞢"、"乙丑卜，古貞：旨弗其㞢"，它們則分別位於正面左右後甲邊緣處。

（8）王占曰："吉，帝其受余又。"

《合集》7440 反 =《丙編》410〔典賓〕

占辭刻寫於背面中甲千里路處，與之相關的"丙辰卜，爭貞：沚䤥啓，王比，帝若，受我又"、"貞：沚䤥啓，王勿比，帝弗若，不我其受又"分別刻寫於正面左右甲橋的上部。

（9）王占曰："勿㞢。" 《合集》8310 反 =《乙編》〔典賓〕

180

占辭刻於背面千里路處，正面與之相應的對貞之辭"丁亥卜，古貞：㞢⚡于滴"、"㞢不⚡于滴"則分別刻寫於腹甲外側的左右邊緣，其刻寫部位沿千里路對稱。

（10）王占曰："其以㞢☐。"

《合集》8985 反 =《丙編》501 ［典賓］

占辭刻寫於背面千里路右側。正面與之相應的對貞之辭"癸巳卜，韋貞：行以㞢自罙［邑］"、"貞：行弗其以［㞢自］罙邑"則分別刻寫於腹甲外側的左右邊緣，其刻寫部位沿千里路對稱。

（11）王占曰："㞢（有）求（咎）。"

《合集》10174 反 =《丙編》372 ［典賓］

正面有正反對貞的二辭"己酉卜，亘貞：帝不我艱"、"貞：［帝］不其艱我"。它們分別位於腹甲的左右外側邊緣，占辭則刻於背面千里路處。

（12）王占曰："吉，☐☐降囚（憂）。"

《合集》11423 反 =《丙編》62 ［典賓］

此占辭刻寫於腹甲背面千里路處，與之相關的正反對貞之辭"癸未卜，賓貞：兹雹不隹（唯）降囚（憂）。十一月"、"癸未卜，賓貞：兹雹隹（唯）降囚（憂）"，則分別位於左右甲橋上部。

肆　驗辭與正面卜辭相承例
一　格式及特點

賓組卜辭常見驗辭，一般位於命辭之後，若有占辭和用辭則位於占辭之後，用辭之前。典賓類卜辭，常見占驗連刻，共同置於甲骨的背面之例。賓組一類、典賓類和賓組三類，均有驗辭單獨刻於背面之例。如：

（1a）己酉卜，賓貞：肇鹵。一　二告　二　三　四　五　六　二告　七

《合集》7023 正 =《乙編》6735 ［典賓］

（1b）以鹵五。　《合集》7023 反 =《乙編》6736 ［典賓］

(2a) 子商隻（獲）［集］。二

《合集》8961 正乙 =《乙編》7647［典賓］

(2b) 允隻（獲）集。

《合集》8961 反乙 =《乙編》7648［典賓］

(3a) 貞：擒麋。一　二

(3b) 貞：弗其擒麋。一　二　二告

《合集》10344 正 =《丙編》86［賓一］

(3c) 允獲麋四百五十一。

《合集》10344 反 =《丙編》87［賓一］

(4a) 王其逐麂于舊冬。一　二　三

(4b) 勿逐麂，不其冬。一　二　三

《合集》10937 正 =《乙編》7490［賓一］

(4c) 之日不往田，風。

《合集》10937 反 =《乙編》7491［賓一］

(5) 三百九十三鹿。　　　　《合集》10970 反［賓三］

(6a) 丙申卜，㱿貞：來乙巳酒下乙。王占曰：酒隹（唯）虫（有）咎，其虫（有）戠（異）。乙巳酒，明雨，伐既雨，咸伐亦雨，改（殺）卯鳥（倏）星（晴）。一

(6b) 虫于上甲。一

《合集》11497 正 =《丙編》207［典賓］

(6c) 九日甲寅不酒雨，乙巳夕虫（有）戠（異）于西。

(6d) 己丑虫上甲一伐卯十小牢。

《合集》11497 反 =《丙編》208［典賓］

(7) 七日己巳夕向［庚午］囗虫（有）新大星並火。

《合集》11503 反［典賓］

(8) 允來。　　　《合集》14128 反 =《丙編》516［典賓］

(9a) 戊［辰］卜，㱿：［翌］己巳［帝］令［雨］。一

(9b) 戊辰卜，㱿：翌己巳帝不令雨。一　二告

《合集》14153 正乙 =《丙編》529［賓一］

182

(9c) 己巳帝允令雨至于庚。

《合集》14153 反乙 =《丙編》530 ［賓一］

另外，有一部分驗辭也並非僅被刻寫一次，如：

(10a) ［癸］未卜，爭貞：翌甲申昜日。之夕月虫（有）食，甲陰，不雨。二　二告

《合集》11483 正 =《丙編》59 ［賓一］

(10b) 之夕月［虫］（有）食。

《合集》11483 反 =《丙編》60 ［賓一］

(10c) 丙申卜，𣪘貞：來乙巳酒下乙。王占曰："酒隹（唯）虫（有）咎其虫（有）戠（異），乙巳明雨，伐既雨，咸伐亦雨，䬢（殺）鳥（倏）星（晴）。"二。

《合集》11498 正 =《丙編》209 ［典賓］

(10d) 乙巳夕虫（有）戠（異）于西。

《合集》11498 反 =《丙編》210 ［典賓］

二　刻寫部位

驗辭的刻寫部位與占辭基本相同，即一般刻寫在與之相關的那部分卜辭的相應部位。同樣，也有些刻於龜腹甲背面的驗辭，應是正面多個命辭的驗辭，它們則有時位於某一命辭的相應部位，有時則被單刻於千里路附近，如：

(1a) 辛丑卜，賓貞：翌壬寅其雨。一

《合集》12921 正 =《乙編》6751 ［賓一］

(1b) 壬辰允不雨，風。

《合集》12921 反 =《乙編》6752 ［賓一］

驗辭刻寫於右甲橋處，與正面卜辭的刻寫部位相應。

(2a) 壬辰卜，爭貞：隹（唯）鬼䬢（殺）。一

(2b) 貞：不隹（唯）之䬢（殺）。一　二告

《合集》1114 正 =《乙編》3407 ［賓一］

(2c) 允隹（唯）鬼罙周䬢（殺）。

《合集》1114 反 =《乙編》3408 ［賓一］

正面兩對貞之辭分別刻寫於左右首甲部位，與之相應的驗辭，

則被記刻於背面與"壬辰卜，爭貞：唯鬼殺"相應的部位。

(3a) 翌庚寅其雨。一

(3b) 翌庚寅不雨。一　　　　　《合集》12438 正［賓一］

(3c) 庚寅允不雨。　　　　　　《合集》12438 反［賓一］

此例刻寫部位與上一辭同，正面對貞之辭分別位於左右首甲處，驗辭的刻寫部位與"翌庚寅不雨"相應。

(4a) 辛酉卜，貞：自今五日雨。二

(4b) 自今辛五日雨。二告　　　《合集》1086 正［典賓］

(4c) 壬戌雷，不雨。

(4d) 四日甲子允雨，雷。　　　《合集》1086 反［典賓］

刻於背面的卜辭雖都是正面二辭的驗辭，但其並未接續刻寫，我們猜想這條驗辭並非同時刻寫的，根據干支推算應是先於"壬戌"日記錄一次應驗的結果，後又於"甲子"日記錄一次。

(5a) 癸巳卜，爭貞：今一月雨。王占曰：丙雨。一　二　三

(5b) 癸巳卜，爭貞：今一月不其雨。一　二　三

(5c) 旬壬寅雨，甲辰亦雨。

　　　　　　　《合集》12487 正 =《丙編》368［典賓］

(5d) 己酉雨，辛亥亦雨。

　　　　　　　《合集》12487 反 =《丙編》369［典賓］

此版腹甲上的驗辭比較特殊，它們被分別刻寫於正背兩面的千里路處。但從干支來排列，背面的驗辭應與正面的相接續，它們都是正面兩對貞之辭的驗辭。由此也可見，驗辭的刻寫一般較晚，是對已經發生的情況的記述。

另外，賓組卜辭的用辭也有刻寫於背面者，但為數不多。因此，我們僅在此附帶舉例說明一下，就不單獨列出章節進行討論了。用辭刻於背面時其刻寫部位，一般與正面與之相關的那部分卜辭相對應，如：

(6a) 甲戌卜，賓貞：今日先牛，翌乙亥用祖乙。

　　　　　　　《合集》6647 正 =《乙編》7767［賓一］

(6b) 乙亥用祖乙牢。

第二章 殷墟王卜辭龜腹甲文例特點（上）

（6c）翌乙亥用牛于祖乙，卅。

    《合集》6647 反 =《乙編》7768［賓一］

（7）王占曰："吉。"用。

    《合集》14022 反 =《丙編》348［典賓］

（8a）甲午卜，賓貞：今日㞢于妣甲一牛。

（8b）甲午卜，賓貞：㞢于妣甲一牛，正。

    《醉古集》310 組 =《合集》1191 正 =
    《乙編》3424 +《乙編》3548［賓一］

（8c）用①。

    《醉古集》310 組 =《合集》1191 反 =
    《乙編》3425 +《乙編》3549［賓一］

其中刻寫於背面的用辭（6b），較為完整，不僅紀錄了施用的日期，還附記了具體的用牲情況。這種附記具體施用情況的用辭也見於其他類組的卜辭中，可參看黃天樹先生《關於無名類等的用辭》② 一文。

伍 其他

一 前、占、驗辭皆與正面命辭相承例

賓組刻寫於背面的卜辭，有些並非僅是某條卜辭的某一部分，而是同時存在將一辭的多個部分分別刻寫於背面的現象。具體地說，即前辭、占辭刻於背而命辭刻於正，或前辭、驗辭刻於背而命辭刻於正，或前、占、驗均刻於背而命辭刻於正等。如：

（1a）貞：令兔歸求我（宜）。一　二告　二　三　四　五　六　七　八　九　十

（1b）勿令兔［歸］。一　二　三　四　五　六　七　二告

---

① 此"用"字，《合集釋文》和《摹釋總集》均漏釋，查看《乙編》此字清晰可見，位於右首甲邊緣處。且林宏明《醉古集·釋文及考釋》部分也指出："甲午日卜問侑於妣甲，反面有'用'字，疑即正面卜辭的施用紀錄。"

② 黃天樹：《關於無名類等的用辭》，收入《殷墟王卜辭的分類與斷代》附錄二，文津出版社 1991 年版，第 333—341 頁；科學出版社 2007 年增訂版，第 303—306 頁。

殷墟王卜辭龜腹甲文例研究

八　九

(1c) 貞：亡來齒。一　［二］　［三］　［四］　五　［六］

(1d) 貞：其㞢（有）來齒①。一　［二］　［三］　四　五　六　七

　　　　　　　　《合集》419 正 =《丙編》328［典賓］

(1e) 癸酉卜，亘

(1f) 王占曰："吉，其令。"

　　　　　　　　《合集》419 反 =《丙編》329［典賓］

其中，"貞：令兔歸求我"、"勿令兔［歸］"為對貞卜辭，它們的前辭和占辭均刻寫於腹甲的背面。但其刻寫部位不同，前辭刻於腹甲背面左甲橋處，與"貞：令兔歸求我"刻寫部位相對應，而占辭則刻寫於千里路處。

另外，《摹釋總集》將其釋讀為"貞：令兔歸祟我"，這與整條卜辭的內容不相協調，筆者認為，"𢆉"字應從裘錫圭先生釋為"求"，而"我"則應訓為"宜"。② 將其釋讀為"求宜"，這樣卜辭的意義便一目瞭然了，即此辭是從正反兩方面採用對貞的形式，貞問是否令兔這個人歸來參加"求宜"的祀典，結果商王看了兆象，作出判斷，認為是"吉利"的，"其令"應該是"令兔歸"之省文。這樣正面與背面成為一個統一體，否則，命辭說"祟我"而占辭卻稱說"吉"，這與殷人的占卜習慣相悖謬。

(2a) 翌壬寅其雨。

(2b) 翌壬寅不雨。一

　　　　　　　　《合集》685 正 =《乙編》6404［典賓］

(2c) 辛丑卜，爭

(2d) 王占曰："陰，雨。"壬寅不雨，風。

(2e) 乙啓丙雨。　《合集》685 反 =《乙編》6405［典賓］

---

① 方稚松博士指出："齒"字《丙編》摹本未摹，觀後附照片可見。
② 裘錫圭：《釋求》，《古文字論集》，中華書局1992年版，第59—69頁。

第二章　殷墟王卜辭龜腹甲文例特點（上）

　　正面二對貞之辭分別位於左右後甲千里路附近，但刻寫於背面的前辭、占辭、驗辭的契刻部位則較為獨特。其中"辛丑卜，爭"和"王占曰：'陰，雨。'壬寅不雨，風"分別刻寫於背面左右後甲處，從刻寫部位上來看，與正面卜辭對應的較為密切。而"乙啓丙雨"則單獨刻寫於前甲千里路處，它似乎與上述卜辭毫無關聯。張惟捷博士在其論文《殷墟YH127坑賓組刻辭整理與研究》[①]"第三章　《殷虛文字乙編》所收YH127坑賓組刻辭釋文、整理與研究"中將其與正面的"貞：燎于王亥女（母）／貞：勿燎于王亥女（母）"連讀，雖然殷人在舉行祭祀的時候，對天氣狀況十分關心，但卜辭中並無在祭祀卜辭後直接附記有關天氣狀況的驗辭的記錄，而且從正反相承卜辭部位大多直接對應的情況來看，二者的聯繫也不是十分密切。所以，我們認為從卜辭的內容和干支來看，它仍應是上述卜雨之辭的一部分，應與"王占曰：'陰，雨。'壬寅不雨，風"相接續，是對"壬寅"之後的"乙巳"和"丙午"兩日的天氣情況的紀錄。另外，至於其在刻寫部位上的特殊性，則可與上一節中驗辭刻寫部位及特點部分所舉的《合集》1086正反和《合集》12487正反兩例卜辭的契刻部位與行款相參照。它們都是屬於同一卜辭的驗辭卻被分別刻寫於腹甲兩處之例。

　　（3a）貞：吕［不］其受年。一　［二］　三　［四］　五
　　（3b）貞：吕不其受年。六　七　八　九　十
　　　　　　　《合集》811正 +《乙編》7103 =《丙編》311 +
　　　　　　　　《乙編》7103　［典賓］

　　（3c）壬子卜，爭
　　（3d）王占曰："吉，受年。"
　　　　　　　《合集》811反 =《丙編》312　［典賓］

正面兩辭分別刻寫於左右尾甲的外側邊緣，與之相關的前辭和

[①] 張惟捷：《殷墟YH127坑賓組刻辭整理與研究》，天主教輔仁大學中國文學研究所博士論文，2011年。

占辭也刻寫於背面的左右尾甲處，但前辭和占辭雖相鄰近，卻是以千里路為中心，分別"自上而下，由內而外"刻寫，並未接續順次刻寫。

(4a) 貞：禦子🈯于父乙。一　二　三　四

(4b) 貞：隹（唯）父乙咎婦好。一　二告　二　三　四

(4c) 貞：不［隹］（唯）父乙咎婦好。一　二　三　二告　四

《合集》6032 正 =《乙編》3401［典賓］

(4d) 甲戌卜，［賓］

(4e) 王占："吉，其禦。"

(4f) 丙子卜，賓

(4g) 王占曰："隹（唯）父乙咎。"

《合集》6032 反 =《乙編》3402［典賓］

腹甲正面兩組卜辭的前辭和占辭都刻於背面。"貞：禦子🈯于父乙"一辭刻寫於正面左前甲部位，與之相應的背面可有其前辭"甲戌卜，［賓］"和其占辭"王占：'吉，其禦'"。而位於正面左右後甲外側邊緣的二對貞之辭"貞：隹（唯）父乙咎婦好""貞：不［隹］（唯）父乙咎婦好"的前辭"丙子卜，賓"和占辭"王占曰：'父乙咎'"，則刻寫與背面右後甲至千里路處。同時，兩組刻於背面的前辭與相應的占辭的契刻行款走向也是不同的。

(5a) 貞：受不其得。一　二　二告　［三］　四　五　六　七　八　九　十

《合集》8912 正［典賓］

(5b) 壬戌卜，古

(5c) 王占曰："吉，得。"

(5d) 三日甲子允［得］。　　　　《合集》8912 反［典賓］

命辭位於正面左甲橋下部及左後甲處，與之對貞的卜辭應位於右甲橋的相同部位，但已殘斷。與之相應的前辭、占辭和驗辭均刻寫於背面後甲部位。

第二章　殷墟王卜辭龜腹甲文例特點（上）

(6a) 貞：今丙戌褮（焚）①奻，屮（有）从雨。一　二　三　四　五　六　七　八　九
(6b) 貞：奻，亡其从雨。一　二　三　四　五　六　七　八
　　　　　《合集》9177 正 =《丙編》157〔典賓〕
(6c) 王占曰："隹（唯）翌丁不雨，戊雨。"
(6d) 庚寅屮（有）从雨。
　　　　　《合集》9177 反 =《丙編》158〔典賓〕

正面二對貞之辭分別位於左右前甲千里路處，而它們的占辭和驗辭則被刻寫於背面。其中"王占曰：'隹（唯）翌丁不雨，戊雨'"刻寫於背面千里路處，且"自上而下，由內而外"刻寫；而驗辭"庚寅屮（有）从雨"，則於其左側"自上而下，由內而外"刻寫。但張秉權先生《丙編》釋文在"庚寅屮（有）从雨"一辭後加了問號，將其視為一條獨立的命辭，我們認為是不可取的。應將其理解為驗辭，從干支和內容上來看也是能夠講通的，即全辭是貞問"丙戌"日是否會有从雨，王看了卜兆占斷為：第二天"丁亥"日不會下雨，"戊子"日有雨，結果在"庚寅"這一天有"从雨"。

(7a) 貞：及今四月雨。一　二　二告　三　四
(7b) 弗其及今四月雨其囗。一　〔二〕　三　四
　　　　　《合集》9608 正 =《丙編》390〔典賓〕
(7c) 丁丑卜，爭
(7d) 王占曰："其雨。"
　　　　　《合集》9608 反 =《丙編》391〔典賓〕

正背刻辭分別位於千里路兩側。其中，刻於背面的前辭和占辭雖然行款走向相同，但並未接續刻寫。

(8a) 貞：乙保黍年。一　二　三　四　五
(8b) 乙弗保黍年。二　　　　《合集》10133 正〔典賓〕

---

① 此字從裘錫圭先生釋，見裘錫圭《說卜辭的焚巫尪與作土龍》，《古文字論集》，中華書局 1992 年版，第 216—226 頁。

189

(8c) 甲寅卜，古

(8d) 王占曰："吉，保。"　　　　《合集》10133 反［典賓］

"貞：乙保黍年"位於正面左後甲外側邊緣，而與其對貞的"乙弗保黍年"，則位於右甲橋的上部。它們的前辭"甲寅卜，古"刻寫於背面右後甲處，占辭"王占曰：'吉，保'"則刻寫於後甲的千里路處。前辭與占辭的刻寫部位雖較為接近，但二者並未接續在一起。

(9a) 翌甲申雨。一　二　三

(9b) 翌甲申不雨。一　二告　二

　　　　　　　　《合集》12396 正＝《乙編》7769［典賓］

(9c) 癸未卜，賓

(9d) 王占曰："隹（唯）今夕夕①不雨，翌甲申雨。"

　　　　　　　　《合集》12396 反＝《乙編》7770［典賓］

正面對貞之辭分別位於左右首甲外側邊緣。刻於背面的前辭位於中甲下的千里路處，而占辭則位於首甲部位。前辭和占辭雖同屬一辭的不同部分，但它們並未被刻寫於一處。

(10a) ☒ 㞢（憂）。一　二　三　四　五　六　七　八　九

(10b) 貞：畏其㞢（有）㞢（憂）。一　二　三　四　五　六　七　八　九

　　　　　　　　《合集》14173 正＝《丙編》496［典賓］

(10c) 甲子卜，賓

(10d) 王占曰："其㞢（有）㞢（憂）下上。"

　　　　　　　　《合集》14173 反＝《丙編》497［典賓］

正面兩辭應為對貞之辭，分別位於左右尾甲外側邊緣，可惜右側一辭已殘缺。它們的前辭被刻寫於背面左尾甲處，占辭則被刻寫於尾甲的千里路處。前辭和命辭並未接續刻寫在一起。

(11a) 貞：兔弗其肩興㞢（有）疾。一

　　　　　　　　《合集》14199 正＝《丙編》212［典賓］

---

① 按：此"夕"字應為衍文。

第二章　殷墟王卜辭龜腹甲文例特點（上）

(11b) 癸丑卜，賓

(11c) 王占曰："吉，兔肩興。"

　　　　　　　　《合集》14199 反 =《丙編》213［典賓］

"貞：兔弗其肩興业（有）疾"位於腹甲正面的右前甲處，與其對貞的卜辭已殘缺，但可以擬補為"貞：兔其肩興业（有）疾"。它們的前辭和占辭則分別位於背面相應部位。

(12a) 貞：[其亦]盘（脩）① 雨。[一] 二 三 二告 四 五

(12b) 不其亦雨。一 二告 二 三 四 五

　　　　　　　　《合集》14468 正 =《丙編》535［典賓］

(12c) 丁亥卜，亘（朱書）

(12d) 王占曰："其亦盘（脩）雨隹（唯）己。"

　　　　　　　　《合集》14468 反 =《丙編》536［典賓］

兩對貞的命辭分別刻寫於腹甲正面左右後甲至尾甲外側邊緣。它們的占辭被刻寫於腹甲背面千里路下段，前辭則位於背面右後甲外側邊緣。

(13a) 今日庚申其雨。

(13b) 庚申不其雨。二告

　　　　　　　　《合集》14572 正 =《乙編》3222［典賓］

(13c) 庚申卜，亘

(13d) 王占曰："不其雨。"

　　　　　　　　《合集》14572 反 =《乙編》3223［典賓］

正面兩對貞之辭分別刻寫於左右尾甲處。它們的占辭被刻寫於背面千里路處，前辭則被刻寫於背面左尾甲處。

(14a) 貞：翌癸丑其雨。一 二 三

　　　　　　　　《合集》16131 正 =《丙編》153［典賓］

(14b) 辛亥卜，內

---

① 此字從唐蘭先生釋，見：唐蘭《天壤閣甲骨文存並考釋》，北京輔仁大學，1939年，第24頁。

191

(14c)［王］占曰："癸其雨。"三日癸丑允雨。

《合集》16131 反 =《丙編》154［典賓］

正面之辭位於右尾甲處。它的前辭和占驗之辭，則分別被刻寫於背面的左右尾甲處。

可見，這些被刻於背面的部分刻辭，特別是被刻寫於龜腹甲背面的前辭和占驗之辭，雖然它們都是屬於同一條卜辭的不同部分，但其在刻寫上往往行款走向有別，多數並不接續刻寫。這也許是在暗示它們雖應歸屬於同一條卜辭，但還有其他部分被刻寫於他處了。

當然賓組龜腹甲的背面也有很多完整的刻辭，特別是賓組一類和典賓類卜辭，但是這些刻於背面的卜辭與刻於正面的卜辭，在刻寫行款上，卻存在著較大的差異。

如上文所述，賓組腹甲正面的卜辭，刻於左右首甲和尾甲近邊緣者，多是"自上而下，由外而內"刻寫；刻於前後甲及千里路附近者，多是"自上而下，由內而外"刻寫；刻於甲橋者，則兩種行款都比較常見。而腹甲背面的卜辭則以"自上而下，由內而外"或"自上而下"豎書的刻寫行款為主，如：《合集》419 反、《合集》1248。也有少數位於首甲背面的刻辭是"自上而下，由外而內"刻寫的，如：《合集》3947 反、《合集》5637 反、《合集》14003 反等。

二　對貞卜辭正反相承例

殷人占卜同一件事情，習慣於從正反兩個方面進行卜問，即現在學者多稱的"正反對貞"。賓組卜辭常見兩對貞之辭分刻於卜龜正背兩面者，我們稱之為"對貞之辭正反相承"，如：

（1a）貞：衛以🐚。　　　　　　《合集》556 正［典賓］
（1b）壬申卜，古貞：衛弗其以🐚。　《合集》556 反［典賓］

"貞：衛以🐚"刻寫於腹甲正面右後甲外側邊緣，而它的對貞之辭則被刻寫於背面的後甲的千里路處。

（2a）癸丑卜，亘貞：王比奚伐巴方。
（2b）癸丑卜，亘貞：王隹（唯）望乘比伐下危。

第二章 殷墟王卜辭龜腹甲文例特點（上）

《合集》811 正 + 《乙編》7103 =
《丙編》311 + 《乙編》7103　［典賓］

(2c) 王勿比奚伐。

(2d) 王勿比望乘伐。　《合集》811 反 = 《丙編》312 ［典賓］

正面兩辭與背面兩辭分別對貞。正面兩辭分別位於左右中甲處，對貞之辭則分別刻寫於它們下方的背面。

(3a) 翌乙丑勿屮伐。　　　　　　《合集》974 正 ［典賓］

(3b) 翌乙丑屮伐。　　　　　　　《合集》974 反 ［典賓］

正面之辭刻寫於左甲橋處，而它的對貞之辭則刻寫於背面前甲千里路處。

(4a) 貞：㞢①不其受年。

(4b) 貞：囧不其受年。　　　　　《合集》9791 正 ［典賓］

(4c) 貞：㞢受年。

(4d) 貞：囧受年。　　　　　　　《合集》9791 反 ［典賓］

正面兩辭分別與背面兩辭對貞，但正面兩辭分別刻寫於腹甲左右外側邊緣，而背面兩辭則分別刻寫於千里路兩旁。但這兩組對貞之辭的序數都見於腹甲的正面。

(5a) 辛巳卜，爭貞：誖不其受年。

(5b) 貞：罕不其受年，二月。

　　　　　　　《合集》9775 正 = 《乙編》6422 ［典賓］

(5c) 貞：誖、罕受年。

(5d) 王占曰："缶眔罕受年。"

　　（毛筆書寫）《合集》9775 反 = 《乙編》6423 ［典賓］

這一版上的卜辭比較特別，正面兩辭是從反面分別占卜誖和罕兩地受年情況，而背面的卜辭卻將此二地的受年合并到一起貞問，這似乎不好將正背卜辭相對應，但實際上它們也應是兩兩對貞的，只是書寫方式的偶然變化，因為正面仍有兩組序數與其相對應。

---

① 此字的隸定從裘錫圭先生說，見裘錫圭：《古文字釋讀三則》，《徐中舒先生九十壽辰紀念文集》，巴蜀書社 1989 年版。

通過上面這幾組分別刻於正背的卜辭，我們不難發現它們的刻寫部位雖然不是直接對應的，但若將它們的刻寫部位都置於腹甲的同一面，那麼，它們的契刻規律是與刻於同一面的對貞之辭的契刻部位相一致的。即或上下相對，或左右相對，或斜向相對。而且這些刻寫於背面的卜辭它們的序數和卜兆都是見於正面的。

三　同卜一事之辭正反相承例

殷人不僅習慣採用正反對貞的方式進行占卜，還常常對同一件事情，從不同的方面進行多次占卜，且常多次契刻於不同卜兆的相應部位。這類卜辭有時被刻寫於同一版甲骨上，有時又被分刻於不同的甲骨之上，又有些雖被刻寫於同一甲骨，但是卻被分別刻寫於甲骨的正背二面。我們把這種多次刻寫且分別置於甲骨正背兩面的卜辭稱為"同卜一事之辭正背相承"。

賓組卜辭常見這種被分別刻寫於甲骨的正反兩面，卻又是屬於對同一件事情進行占卜的卜辭，如：

(1a) 甲寅卜，永貞：衛以俞，率用。
(1b) 貞：衛以俞，勿率用。　　《合集》555 正［典賓］
(1c) 貞：衛以俞，率用。　　《合集》555 反［典賓］

這一組卜辭都是為"是否全部用衛帶來的俞"所卜問的。正面兩辭分別刻寫於腹甲外側邊緣，而背面一辭則刻寫於千里路處。

(2a) 貞：亡囚（憂）。一
(2b) 其虫（有）囚（憂）。一
　　　　　《合集》698 正 =《乙編》751［賓一］
(2c) 其虫（有）囚（憂）。
(2d) 亡囚（憂）。　《合集》698 反 =《乙編》752［賓一］

這組卜辭很顯然是為同一件事情而占卜的。只是被分別刻寫於腹甲的正背兩面了。刻於正面的卜辭分別位於左右後甲近尾甲外側邊緣；刻於背面的卜辭則位於尾甲千里路兩側，且正面相應部位有兩個卜兆，其旁側的序數都為"二"，應歸屬於背面兩辭。可見，背面的兩辭應與正面兩辭為成套卜辭它們分別是第一卜和第二卜。

另外，位於腹甲正面右側的序數"二"的旁邊還有一個"亡"

第二章　殷墟王卜辭龜腹甲文例特點（上）

字的殘存筆畫。張秉權先生認為這個刻了半個的"亡"字也是這一套卜辭中的一卜，且認為它的序數是"一"。① 但我們檢視《乙編》并沒有發現"亡"字旁邊還有其它卜兆和序數存在，如果一定要隸屬的話，它只能隸屬於序數是"二"的這一卜兆，那麼，它就是與背面的"亡囚（憂）"一辭共用此卜兆和序數了。但是在腹甲上這種共用卜兆和序數的現象很少見，所以，我們認為更為合理的解釋應該是：刻於背面的二辭契刻者本來是打算將其刻於正面卜兆旁周圍的，但不知出於什麼原因又把它們刻於背面相應的部位了。正面這個刻了半個的"亡"字，應該是這一意圖的遺跡，且它很有可能應該是被契刻者剷除，但卻忘記了而保留下來的。

（3a）貞：高妣己聿（害）王。
（3b）貞：高妣己弗聿（害）王。　《合集》738 正［賓一］
（3c）屮于高妣己。　　　　　　　《合集》738 反［賓一］

這一組卜辭都與"高妣己"相關。大概是正面所卜兩辭的卜兆顯示"高妣己會害王"，所以反面占卜是否要對高妣己進行祭祀。正面兩辭分別刻寫於左右後甲，背面一辭則刻寫於後甲千里路處，但它們的卜兆和序數都見於正面的相應部位。

（4a）貞：我屮（有）求（咎）。
（4b）貞：我亡求（咎）。　　　　《合集》892 正［賓一］
（4c）貞：我亡囚（憂）。
（4d）我屮（有）乍囚（憂）。　　《合集》892 反［賓一］

正面二辭分別刻寫於左右尾甲外側邊緣，背面兩辭則分別刻寫於尾甲千里路兩側。

（5a）貞：屮于黃尹十伐十牛。
（5b）貞：勿屮于黃尹。　　　　　《合集》916 正［典賓］
（5c）屮于［黃］尹五伐［五］牛。
（5d）勿屮于黃［尹］。　　　　　《合集》916 反［典賓］

---

① 張秉權：《論成套卜辭》，《甲骨文獻集成》，第 18 冊，四川大學出版社 2001 年版，第 57 頁。

殷墟王卜辭龜腹甲文例研究

　　正面兩辭分別刻寫於左右後甲外側邊緣，背面兩辭則被刻寫於後甲千里路兩側。但它們的序數和卜兆都見於正面相應部位。

　　(6a) 癸未卜，㱿貞：翌甲申王賓上甲日。王占曰："吉，賓。"允賓。

　　(6b) 貞：翌甲申王勿賓上甲日。　《合集》1248 正①［典賓］

　　(6c) 貞：賓上甲日。

　　(6d) 勿賓。　　　　　　　　　　《合集》1248 反［典賓］

　　正面二辭分別位於左右首甲及中甲處，背面二辭位於中甲下千里路兩側。

　　(7a) 庚申卜，㱿貞：翌辛酉出于［祖辛］。

　　(7b) 貞：翌辛酉勿出于祖辛。　　《合集》1773 正［典賓］

　　(7c) 貞：翌辛酉出于祖辛宰。

　　(7d) 惠小宰。　　　　　　　　　《合集》1773 反［典賓］

　　正面兩辭分別刻寫於左右後甲，基本上是橫書的。背面兩辭刻寫於此二辭的上方相應部位的千里路兩側，且正面相應部位的序數和卜兆清晰可見。

　　(8a) 貞：㦰在兹，示若。　　　　《合集》6461 正［典賓］

　　(8b) 甲子卜，賓：㦰在兹，示若。《合集》6461 反［典賓］

　　此二辭同卜一事，但其刻寫部位不同。正面之辭刻寫於右甲橋下部，背面之辭則刻寫於左後甲處。

　　(9a) 貞：王夕出。

　　(9b) 貞：王勿夕出。　　　　　　《合集》6647 正［賓一］

　　(9c) 貞：王出。

　　(9d) 貞：王勿出。　　　　　　　《合集》6647 反［賓一］

　　這兩組卜辭均與"王出"有關，背面卜辭貞問王是否要出，正面卜辭則具體貞問王出的時間是否會在"夕"。另外，腹甲正面與(9c)(9d)相應的位置上有兩組序數"一　二告　二"、"一

---

① 新綴乙 3367 + 乙 2934 + 乙 1463 + 乙 1617，蔡哲茂：《〈殷虛文字丙編〉新綴第七則》，見先秦史研究室網站：http：//www.xianqin.org/blog/archives/1766.html，2008 年 4 月 4 日。

196

二", 應該是這組對貞卜辭的序數。

(10a) 貞：㞢（有）疾肩，隹（唯）蚩（害）。
(10b) 貞：疾肩，不隹（唯）蚩（害）。
　　　　　　　　　　　　《合集》13696 正［賓一］
(10c) 貞：不隹（唯）蚩（害）。
(10d) 貞：㞢（有）疾肩，隹（唯）蚩（害）。
(10e) 庚午卜，賓　　　　《合集》13696 反［賓一］

正面兩辭分別刻寫於左右後甲外側邊緣，背面兩辭位於後甲千里路兩側。它們的序數和卜兆也同樣見於正面，而其前辭，則被刻寫於腹甲背面左後甲處。

可見，雖然"一事多卜"的部分卜辭被刻在背面了，但它們所對應的卜兆和序數仍然見於正面相應的部位。且它們的刻寫部位又與正面卜辭不能直接對應，這說明它們雖然被刻寫在背面了，但是其與"一事多卜之辭"共同刻寫於甲骨的同一面上的刻寫原則是一致的。

綜上所述，賓組龜腹甲"正反相承"的文例，主要有以下特點：

首先，賓組雖有很多卜辭是刻寫於背面的，但是其所對應的卜兆、序數和兆語仍見於正面的相應部位。因此，我們可以說所有的卜辭都是圍繞一定的卜兆而產生的，沒有無緣無故的卜辭。卜兆是占卜中最核心的部分。

其次，賓組不僅常見一條卜辭的某一部分被分刻於正背兩面例，也常見"對貞卜辭"或"同卜一事之辭"分刻於正背兩面例。但它們在刻寫部位和原則上存在著較大的差異。一般來說，前辭與正面相承時，其刻寫部位是相應的，而占驗之辭的刻寫部位則較為靈活，特別是那些對貞之辭、一事多貞之辭的占驗之辭被刻寫於背面時，它們有些與其中某一命辭的部位相應，又有些位於在刻寫上對稱分佈的對稱軸上，對於龜腹甲來說，則多是被契刻於背面的千里路處。"對貞卜辭"或"同卜一事之辭"分刻於正背兩面時，它們的刻寫部位則不能直接對應，而是與它們同時被刻寫於甲骨的正面時的刻寫原則相一致，即或左右相對，或上下相對，或斜向相對。

　　最後，在類組上，這種"正反相承"的刻寫方式，以賓組一類和典賓類卜辭居多，賓組三類則相對來說較少。實際上，這一發展規律與殷墟卜辭的總的刻寫原則是相一致的。賓組卜辭在時代上屬於武丁時期，常見這種"正反相承"的刻寫方式，而其後的出組、何組、無名類、黃類卜辭中，這種刻寫方式則逐漸減少，以至消失。賓一類和典賓類卜辭屬於武丁中晚期卜辭，而賓組三類的時代與出組卜辭較為接近，相對來說要晚一些，因而，在賓組三類卜辭中這種刻寫方式已呈現出減少的趨勢。這也是符合事物發展的一般規律的。

第三章　殷墟王卜辭龜腹甲文例特點（中）

本章主要討論𠂤組、𠂤賓間類等時代相對較早的卜辭文例特徵。由於這一時期出土的完整的龜腹甲較少，所以很多問題都難以展開討論。

第一節　𠂤組卜辭的文例

𠂤組卜辭是目前可知時代最早的一類卜辭，可以上及武丁早期。依字體又可細分為𠂤組肥筆類和𠂤組小字類。𠂤組小字類卜辭主要出於村北，多用龜甲，而肥筆類則龜骨並用，以骨為主，且兩類字體又有見於同版的現象，因此，本書在討論文例特徵時將以𠂤組小字類為主兼及肥筆類。

本類卜辭在文例上最大的特點就是行款多樣，特別是肥筆類卜辭。

有的橫行，如：

(1a) 庚寅卜：燎上甲九宰。
(1b) 甲午卜，王：禾。

　　　　　　《合集》19804（圖 3.1.1）[𠂤肥筆]

兩辭均位於右後甲上，自左向右單列橫行至卜辭後半段稍斜行。

(2) 乙巳卜，扶：㞢子宋☒。

　　　　　　《合集》19921（圖 3.1.2）[𠂤肥筆]

殷墟王卜辭龜腹甲文例研究

此辭刻寫在右後甲殘片上，卜辭自左向右橫行。

（3a）丁卯卜，扶：王聽，父戊孽。

（3b）丁卯卜：王聽，兄戊孽王。

《合集》20017（圖3.1.3）〔自肥筆〕

兩辭都位於左前甲。雖有個別字位置高低不同，但基本上可視為自右向左橫行。

（4）丁未卜：甫令夛。 《合集》20234（圖3.1.4）〔自肥筆〕

卜辭除個別字高低稍有不同外，基本自右向左橫行。

（5）乙卯卜，王：亡宮。《合補》6595（圖3.1.5）〔自肥筆〕

此辭位於右後甲近邊緣處，自左向右橫行。

19804　　　　　　　19921

圖3.1.1　　　　　　圖3.1.2

20017　　　　　　　20234

圖3.1.3　　　　　　圖3.1.4

第三章　殷墟王卜辭龜腹甲文例特點（中）

有的旋行，如：

（6）乙卯卜，王：禦☒。《合補》6595（圖3.1.5）［自肥筆］
卜辭位於右後甲，按逆時針方向旋行。

（7）丁卯卜，扶：朷(?)犰，贏。二

　　　　　　　　《合集》21187（圖3.1.6）［自肥筆］
卜辭位於右尾甲，按順時針方向旋行。

合補6595

圖3.1.5

21187

圖3.1.6

有的折行，如：

（8）辛酉卜，又祖乙廿宰。

　　　　　　　　《合集》19838（圖3.1.10）［自小字］
此辭位於左前甲，卜辭先自上而下，後轉而左行，整條卜辭呈"」"型。

有的斜行，如：

（9a）辛酉卜，王：祝于妣己，迺取祖丁。

（9b）辛酉卜，王：勿祝于妣己。

　　　　　　　　《合集》19890（圖3.1.7）［自小字］
這是一組對貞卜辭，分別位於左右首甲上，與賓組卜辭多自邊緣始"自上而下，由外而內"刻寫不同，它們是"自上而下，由內而外"刻寫的。卜辭下行時為斜行而下，這也有別於賓組卜辭"自上而下，由內而外"契刻時的直行而下。

（10a）乙卯卜，自：一羊父乙。不。

201

殷墟王卜辭龜腹甲文例研究

(10b) 二羊父乙。不。五月。

《合集》19932（圖3.1.8）〔自小字〕

這兩條卜辭均位於腹甲左側，"自上而下，由內而外"刻寫，下行時向右側傾斜。

(11a) 丁巳卜，王貞：四卜乎（呼）比征方，允獲。

(11b) 丁巳卜，王貞：四卜弗其獲征方。

《合集》20451＋《天理》305（圖3.1.9）〔自小字〕

這組對貞卜辭分別位於左右首甲上，"自上而下，由內而外"刻寫，下行時或右傾，或左傾。

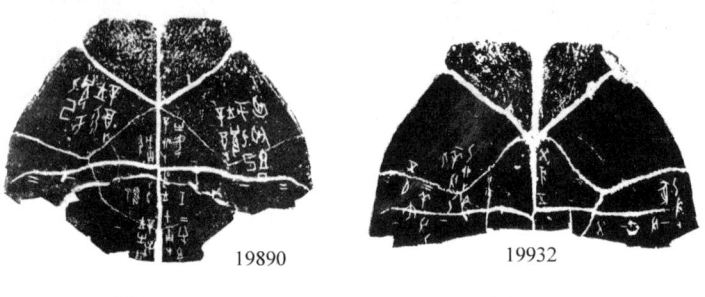

19890　　　　　　　19932
圖3.1.7　　　　　　圖3.1.8

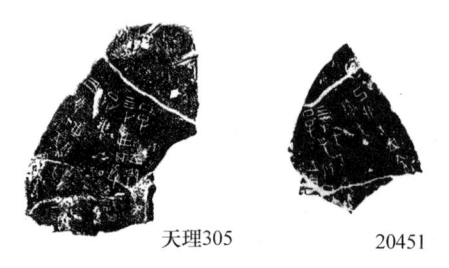

天理305　　20451
圖3.1.9

此外，卜辭刻寫的位置也不固定，靈活多變。腹甲在使用時，僅以中縫為界劃分為左右兩個刻辭區，卜辭大多"由內而外"刻寫，即"在左者左行，在右者右行"。如：

(12a) 辛酉卜：又祖乙廿宰。一　二

第三章　殷墟王卜辭龜腹甲文例特點（中）

(12b) 辛酉卜：又祖乙卅宰。一　二
(12c) 辛酉［卜］：又祖☐。
(12d) 甲子［卜］：酒大戊禦。三
(12e) 甲子卜：扶：酒卜丙禦。四
(12f) 甲子卜：酒丁中禦。五
(12g) 癸未卜：扶：酒禦父甲。一　二　三
(12h) 甲申☐多尹☐若上甲。一　二

《合集》19838（圖3.1.10）［自小字］

此版腹甲殘存半部，後甲和尾甲缺失。卜辭集中刻寫在前甲上，以千里路為界，在左者左行，在右者右行，但卜辭散見各處，參差錯落，與賓組卜辭多位於腹甲近邊緣處或沿千里路兩側分佈有所不同。

(13a) 己未卜：禦子辟小王。不。
(13b) 禦子辟中子。不。　　　《合集》20023［自小字］

此片為完整的右後甲，兩辭都"自上而下，由內而外"刻寫。從殘片的大小看，它應是一版小龜腹甲，卜辭的佈局與賓組小版腹甲的佈局亦有別。

(14a) 癸未卜：不雨，允不。
(14b) ☐令☐人☐不。
(14c) 乙未卜：乎（呼）人先🐎，今夕。
(14d) 乙未卜：乎（呼）人先🐎人，易日。
(14e) ☐🐎黃今夕易日。
(14f) ［辛丑］卜：☐龍。
(14g) 辛丑卜：燎瀧戎三牢。
(14h) 戎☐罛☐今夕☐。
(14i) 辛丑卜：罛逆方人。
(14j) 癸卯卜：其令田征逆，戎。

《合集》21099（圖3.1.11）［自小字］

此版為後甲與尾甲組成的殘片。卜辭散見各處，也非對稱刻寫，行款走向基本是在左左行，在右右行，獨"☐🐎黃今夕易日"

203

殷墟王卜辭龜腹甲文例研究

一辭較為特殊，位於右腹甲內部左行。

（15）至朷至。　　　　　　　　　《合集》21477［自肥筆］

這是一版完整的小龜腹甲，其上僅有一辭，位於右前甲中部近千里路處，卜辭由左向右橫行。這也說明自組卜辭版面佈局的靈活多變。

（16a）又兄丁牢。

（16b）不用。

（16c）又兄丁二牢，不雨。用，延。

（16d）商兄丁延三百牢，雨。袁宗牢，囗牢。

（16e）興牛入商。

（16f）貞：王亡艱，𢍰（擒）。延雨。

（16g）乙酉，紲三日亡至。辛巳允亡。

（16h）惠乙丑。

（16i）叔。

（16j）叔。

（16k）庚。　　　　《合集》22274①（圖 3.1.12）［自肥筆］

此為一版較為完整的腹甲。整版卜辭基本上都是自右向左刻寫的，卜辭散見各處，刻寫也不對稱，規律性不強。

19838

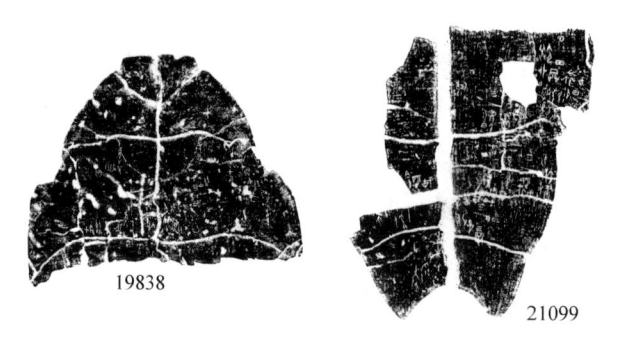

圖 3.1.10

21099

圖 3.1.11

———

① 蔡哲茂加綴五片無號甲，見《甲骨新綴二十七則》第十八則，《中國文化研究所學報》2006 年第 46 期。

第三章　殷墟王卜辭龜腹甲文例特點（中）

22274

圖 3.1.12

由此可見，卜辭行款的多樣性與刻寫位置的不確定性，是造成該類卜辭版面佈局複雜多變，呈多樣化特徵的主要原因。但在自組小字類卜辭中，也不乏行款規整，排列緊密，刻寫規律的腹甲存在，如：

(17a) 癸亥卜，王貞：勿酒翌戚于黃尹，哉（待）。三月。一
(17b) 癸亥卜，王：出大甲。
(17c) 乙丑卜，王：出三奭于父乙。三月延雨。
(17d) 戊□卜□出□。　　　　　《合集》19771（圖 3.1.13）

此版是右後甲殘片。卜辭行款較為規整，辭例完整的三辭均按照"自上而下，由內而外"的次序刻寫。由卜日干支和月份來看，"癸亥"日的卜辭應該是先於"乙丑"日而卜問的。可見，此類卜辭的用龜次序也是"先疏後密，後辭承前辭之餘位"。

(18a) 己巳卜，王：燎于東。
(18b) 己巳卜，王：于正辟門燎。

《合集》21085（圖 3.1.14）

這兩條卜辭位於右前甲殘片上。兩辭行款齊整，排列緊密，給

205

人秩序井然之感。

19771　　　21085

圖 3.1.13　　圖 3.1.14

(19a) 壬寅卜：視弗獲征戎。

(19b) 乙巳卜：丁未弜不其入。不。

(19c) 婦嬘娩不其妫。　　　《合集》6905（圖 3.1.15）

(20a) 壬申［卜］，自貞：［方］其征今日。

(20b) 癸酉卜，自貞：方其征今日夕。

　　　　　　　　　　　　　　《合集》20408（圖 3.1.16）

(21a) 辛未卜，王貞：今辛未大風，不隹（唯）囚（憂）。

(21b) □亥卜，自：勿扶疋其喪。

　　　　　　　　　　　　　　《合集》21019（圖 3.1.17）

(22a) 壬午卜：來乙酉雨。不雨。

(22b) 己亥卜，王：余弗其子婦姪子。

(22c) 庚子卜：㞢父乙羊屯。　《合集》21065（圖 3.1.18）

這四版都是左前甲殘片，卜辭位於近邊緣處，行款齊整，排列緊密，表現出較為成熟規範的文例特徵。

6905

20408

圖 3.1.15　　圖 3.1.16

21019

21065

圖 3.1.17　　圖 3.1.18

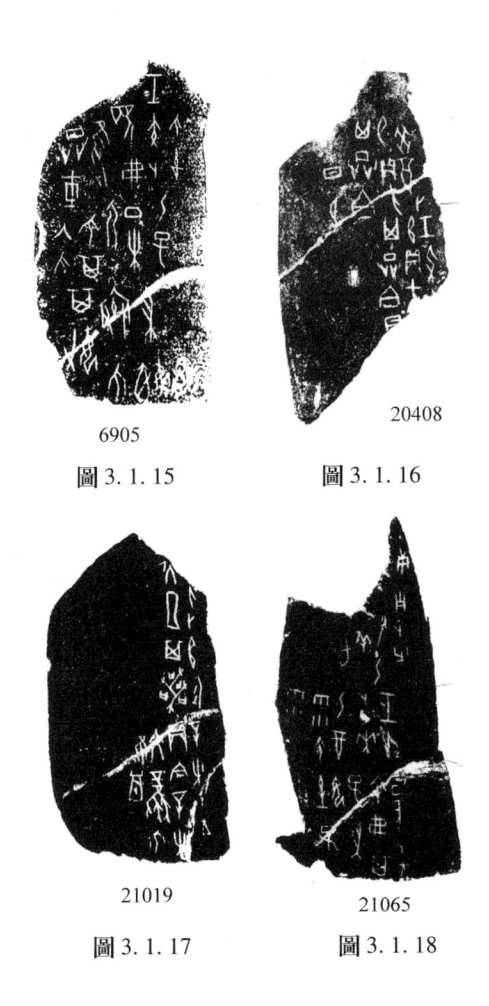

(23) 丁酉卜，王：司娥娩，允其于壬。十一月。不。

《合集》21068（圖 3.1.19）

這是一版左後甲殘片。該辭行款整齊勻稱，刻寫部位與賓組卜辭無別。

(24a) 壬申卜：多冒舞不其从雨。

(24b) 貞：婦鼠娩，余弗其子。四月。

《合集》14116[①]（圖 3.1.20）

---

① 黃天樹將其與《合集》14115 綴合，見《甲骨拼合集》，第 44 則。

207

殷墟王卜辭龜腹甲文例研究

此為左後甲殘片。兩辭排列緊密，行款整齊，表現出較為成熟的文例特徵。

(25a) 癸酉卜，囗貞：旬［亡𡆥（憂）］。

(25b) 癸酉卜，𡆥貞：旬亡𡆥（憂）。

(25c) 癸酉卜，𡆥貞：旬亡𡆥（憂）。

(25d) 癸酉卜，𡆥貞：旬亡𡆥（憂）。

(25e) 癸酉卜，𡆥貞：旬亡𡆥（憂）。

(25f) 癸酉卜，𡆥貞：旬亡𡆥（憂）。

(25g) 癸酉卜，𡆥貞：旬亡𡆥（憂）。

(25h) 癸酉卜，𡆥貞：旬亡𡆥（憂）。五月。

(25i) 癸酉卜，𡆥貞：旬亡𡆥（憂）。

(25j) 戊寅婦妹妌。七月。　　《合集》16670（圖 3.1.21）

此片為右前甲與右後甲殘片。整版所卜內容除"戊寅"一辭外，均為"癸酉"日卜旬之辭，卜辭行款勻稱、齊整，排列緊密，規律性強，與早期𠂤組卜辭的版面佈局有很大不同，顯示出𠂤組卜辭的文例日益成熟規範。

21068

圖 3.1.19

14116

圖 3.1.20

16670

圖 3.1.21

第三章　殷墟王卜辭龜腹甲文例特點（中）

(26a) 戊午卜，王：上求子辟我（宜）。
(26b) 戊午卜，王：勿禦子辟。
(26c) 于中子祐子辟。　　　　　《合集》20024（圖3.1.22）
(27a) 辛卯卜，王：甲午日雨。不。
(27b) □戌卜，□貞：不□束余□奠子戠。十月。
　　　　　　　　　　　　　　《合集》20036（圖3.1.23）

這兩片為右尾甲殘片。卜辭也排列緊密，行款整飭，還刻有記事刻辭。

20024　　　　　20036

圖3.1.22　　　圖3.1.23

(28a) 辛亥卜，王貞：父甲禦歲百［牛］。
(28b) 辛亥卜，王：勿引出歲□盍宰。
　　　　　　　　　　　　　　《合集》19914（圖3.1.24）
(29a) 癸卯卜，⃝：禦子汏［于］父［乙］。一
(29b) 癸卯卜，由：禦子汏于［父］乙。□月。一
　　　　　　　　　　　　　　《合集》20028（圖3.1.25）
(30) 乙丑卜，王：勿藿出子戠。《合集》20037（圖3.1.26）

以上三版均為中甲殘片。刻寫在它們上面的卜辭行款走向和佈局均與賓組三類卜辭極為接近。

209

殷墟王卜辭龜腹甲文例研究

19914　　　　　20028　　　　　20037

圖 3.1.24　　　圖 3.1.25　　　圖 3.1.26

（31a）己丑卜，王貞：佳（唯）方其受弜又。
（31b）甲辰□亡□。
（31c）乙巳卜，自貞：王弗其子辟。

《合集》20608（圖 3.1.27）

這是左前甲與左後甲近邊緣處的殘片。辭例完整的兩條卜辭的刻寫位置與賓組 I 類佈局相同，"乙巳卜，自貞：王弗其子辟"以第二道齒紋（舌下縫）為底端"自上而下，由內而外"刻寫；"己丑卜，王貞：唯方其受弜又"以甲橋下端為底端"自上而下，由內而外"刻寫。

（32）庚子卜，扶：惠癸步。　《合集》20268（圖 3.1.28）

此辭位於右後甲近邊緣處，"自上而下，由外而內"刻寫，行款走向與卜辭刻寫位置均與賓組卜辭相似。

（33）乙酉卜，王貞：弜不喪眾。　《合集》54（圖 3.1.29）
（34）庚申卜，王：余祐母庚，母庚弗以婦鼠子，用。八月。

《合集》14120（圖 3.1.30）

（35）甲申卜，［王］：用四宰大乙，翌乙酉用。

《合集》19816（圖 3.1.31）

（36）戊戌卜，貞：出其疾。　《合集》21045（圖 3.1.32）

這四版均是右後甲殘片。卜辭位於右胯凹處，行款齊整，"自上而下，由內而外"刻寫，佈局及行款走向均與賓組卜辭無別。所以，有些被《合集》誤置於前六冊賓組卜辭中。

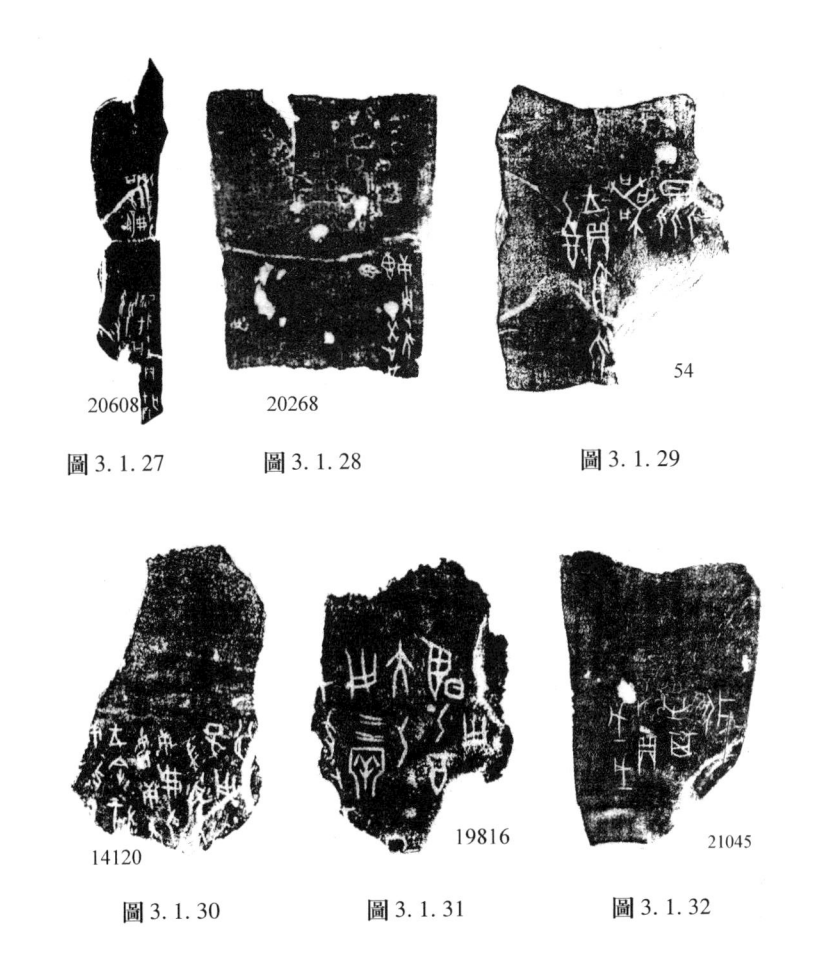

第三章 殷墟王卜辭龜腹甲文例特點（中）

20608	20268	54
圖3.1.27	圖3.1.28	圖3.1.29

14120	19816	21045
圖3.1.30	圖3.1.31	圖3.1.32

可見，有一部分自組小字類的文例已經較爲成熟了。那麼，爲什麼會存在這種情況呢？我們認爲這大概與自組小字類的時間跨度比較大有關。黃天樹先生在《殷墟王卜辭的分類與斷代》[①]中說：

  我們認爲自組卜辭很可能自自組小字類開始，一部分沿著"自組小字類——自賓間類——典賓類——賓出類"的途徑而逐漸演變下去；一部分自組小字類繼續存在，並一直延伸到武丁晚期，與自賓間類、典賓類、賓出類同時並存。可圖示如下：

---

① 黃天樹：《殷墟王卜辭的分類與斷代》，文津出版社1991年版，第116頁。

殷墟王卜辭龜腹甲文例研究

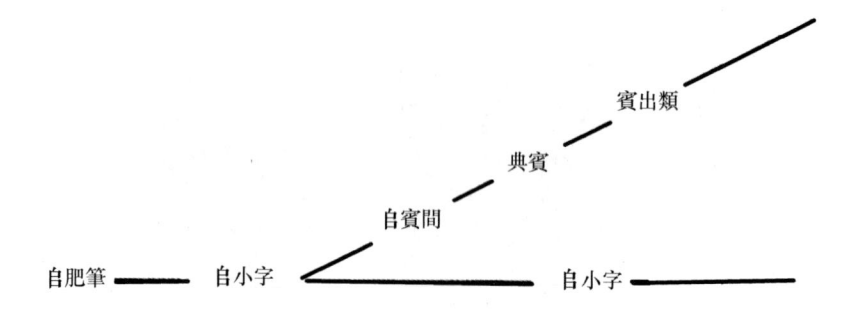

```
                                          賓出類
                                    典賓
                           自賓間
自肥筆 ——— 自小字 ———————————— 自小字
```

黃師所言極是。上文所舉的文例特徵正說明"一部分自組小字類繼續存在，並一直延伸到武丁晚期，與自賓間類、典賓類、賓出類同時並存"，也就是說"同一王世不見得只有一類卜辭，同一類卜辭也不見得屬於一個王世"[①]。這一部分繼續存在的卜辭，一方面隨著時間的推移不斷發展完善，另一方面也會受到同時並存的賓組卜辭文例的影響，漸趨成熟。

綜上所述，自組早期文例的多樣化與晚期文例的漸趨規律化，充分體現了文例嬗變的痕跡。

這裡需要補充說明的是，有個別腹甲上的字體較接近於自歷間類卜辭的特徵，但由於這類腹甲數量較少，我們不再專門討論。

第二節　自賓間類卜辭的文例

壹　行款走向及版面佈局特徵

自賓間類是指字體上介於自組與賓組之間的一群刻辭。該類卜辭依字體又可細分為不同的小類，但文例特徵基本相同，並無明顯差異。因此，本書僅以典型自賓間類卜辭為例，不再作進一步的細分。

自賓間類龜腹甲完整的不多，從不同部位的殘片來看，龜版大

[①] 李學勤：《評陳夢家殷虛卜辭綜述》，《考古學報》1957年第3期；後收入《李學勤早期文集》，河北教育出版社2008年版，第52—68頁。

小不一，雖屬過渡類但它們的版面佈局和行款走向更接近於賓組卜辭，基本上也可以分為上、中、下三個部分來分析。

一　上部

自賓間類腹甲上部多在近邊緣處刻辭，以上文所說的 A_2 類行款走向及佈局特徵為主。卜辭大多跨首甲和前甲兩部分，有些卜辭在刻寫時會上及第一道盾紋（喉肱溝）。它們一般沿腹甲外部輪廓"自上而下，由外而內"契刻，受腹甲形態影響，卜辭行款多呈弧形，如：《合集》195甲乙（圖3.2.1）、《合集》1438＋《合集》11231[1]、《合集》3210、《合集》4724、《合集》5517、《合集》5860＋《合集》7055[2]、《合集》6561（圖3.2.2）、《合集》6677、《合集》6849、《合集》7235（圖3.2.3）、《合集》10693（圖3.2.4）、《合集》12920（圖3.2.5）、《合集》12964（圖3.2.6）、《合集》16525（圖3.2.7）、《合集》17059＋《合集》17060＋《合補》1502[3]等。

195甲　　195乙　　6561

圖3.2.1　　　　圖3.2.2

---

[1]　何會綴合，見《甲骨拼合續集》第443則。
[2]　蔡哲茂遙綴見《甲骨綴合集》第311組。
[3]　何會綴合，見《甲骨拼合續集》第433則。

殷墟王卜辭龜腹甲文例研究

7235

圖 3. 2. 3

10693

圖 3. 2. 4

12920

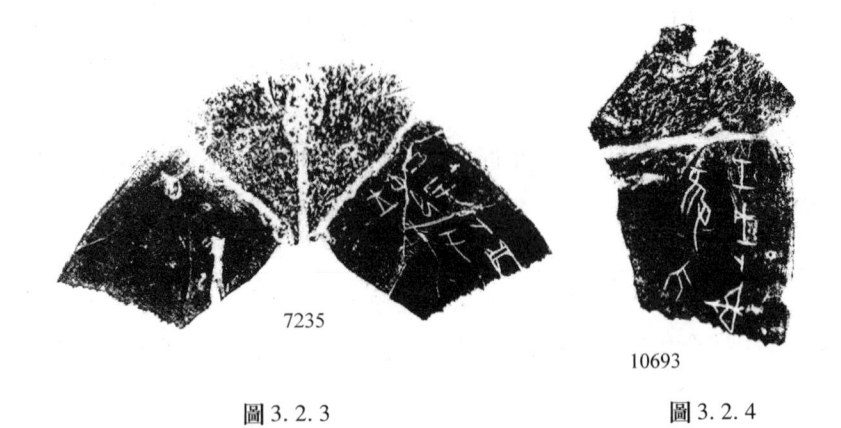

圖 3. 2. 5

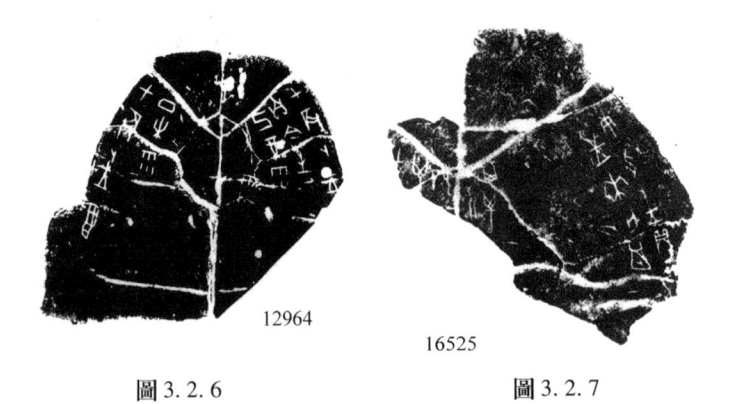

12964

圖 3. 2. 6

16525

圖 3. 2. 7

214

第三章　殷墟王卜辭龜腹甲文例特點（中）

　　有時內部也會刻有卜辭，如：《屯南》4511、《合集》673（圖 3.2.8）、《合集》746 +《合集》415①、《合集》1197 +《合集》1202②、《合集》3413（圖 3.2.9）、《合集》4173 +《合補》2793 +《北大》2341③、《合補》313、《合集》4426、《合集》4725（圖 3.2.10）、《合集》10242（圖 3.2.11）、《合集》10374（圖 3.2.12）等。

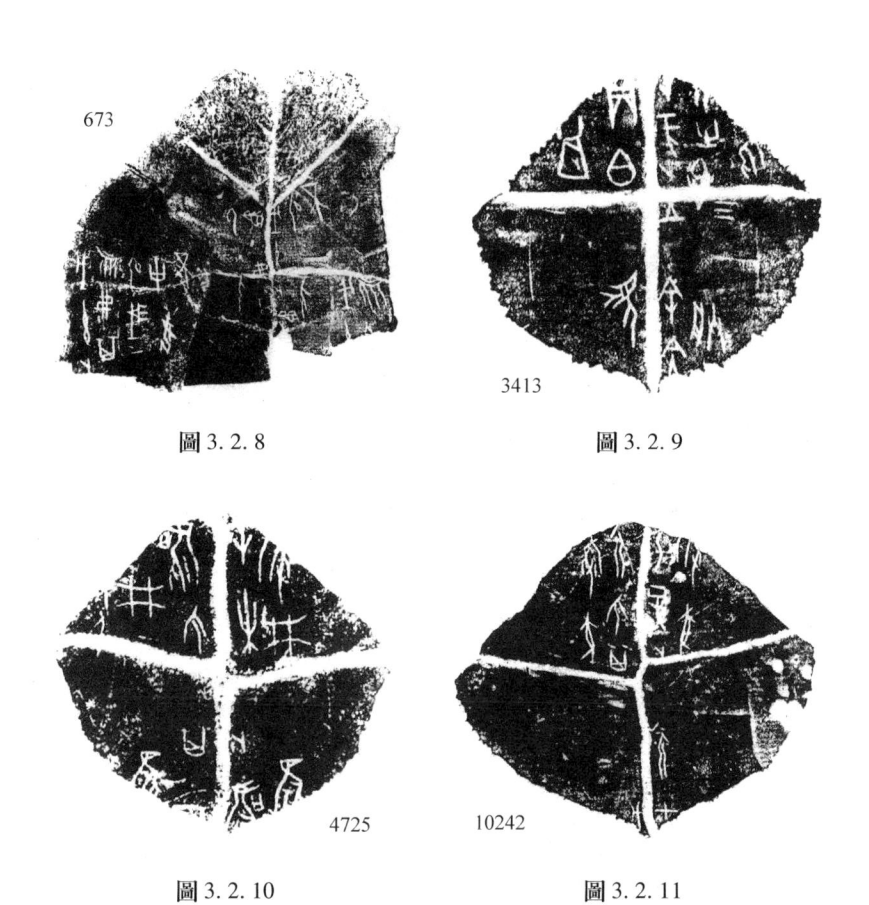

673

圖 3.2.8　　　　　　　　　3413

圖 3.2.9

4725　　　　　　　　　10242

圖 3.2.10　　　　　　　　圖 3.2.11

---

① 蔣玉斌：《蔣玉斌甲骨綴合總表（300 組）》第 180 組，先秦史研究室網站：http://www.xianqin.org/blog/archives/2305.html，2011 年 3 月 20 日。
② 李愛輝綴合，見《甲骨拼合集》第 297 則。
③ 何會綴合，見《甲骨拼合續集》第 449 則。

215

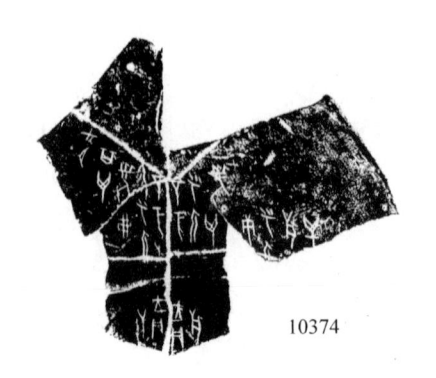

殷墟王卜辭龜腹甲文例研究

圖 3.2.12

二 中部

自賓間類腹甲中部近邊緣處卜辭的行款走向與佈局特徵，已經出現了賓組卜辭中較為常見的 I 類型，即一般刻有兩條卜辭且位置比較固定，一辭以第二道齒紋（舌下縫）為底端，一辭以甲橋下端為底端。卜辭的行款走向以"自上而下，由內而外"為主。由於腹甲殘斷較為嚴重，所以僅能就不同部位的殘片進行推斷，如：《合集》971（圖3.2.13）、《合集》5495（圖3.2.14）、《合集》5793（圖3.2.15）、《合集》5810（圖3.2.16）、《合集》6673（圖3.2.17）、《合集》6835（圖3.2.18）、《合集》6842（圖3.2.19）、《合集》8425（圖3.2.20）、《合集》10309 等。

圖 3.2.13 　　　　圖 3.2.14

第三章 殷墟王卜辭龜腹甲文例特點（中）

5793

5810

圖 3.2.15　　　　　　圖 3.2.16

6673

6835

圖 3.2.17　　　　　　圖 3.2.18

6842

8425

圖 3.2.19　　　　　　圖 3.2.20

這一部位的卜辭又有與𠂤組卜辭相似的刻寫習慣，甲橋頂端，

217

殷墟王卜辭龜腹甲文例研究

下端均可以刻辭，有時會刻寫的比較密集，如：《合集》1022甲乙（圖3.2.21）、《合集》4326+《合補》1991①（圖3.2.22）、《合集》4726（圖3.2.23）、《合集》6563、《合集》6754（圖3.2.24）、《合集》7020（圖3.2.25）、《合集》7026（圖3.2.26）、《合集》10474（圖3.2.27）等。

圖3.2.21　　　　圖3.2.22

圖3.2.23　　圖3.2.24

---

① 何會綴合，見《甲骨拼合集》第258則。

218

第三章 殷墟王卜辭龜腹甲文例特點（中）

7020

圖 3.2.25

7026

圖 3.2.26

10474

圖 3.2.27

　　自賓間類腹甲中部的內部卜辭，位置一般比較靈活，按照"自上而下，由內而外"的原則契刻，卜辭字數長短不一，參差錯落，辭與辭之間有時會有界劃綫間隔，如：《合集》53 +《合集》19193 +《合集》7024 +《合集》22482 +《山東》226 +《合集》4673①、《合集》585（圖 3.2.38）、《合集》8984（圖 3.2.41）、

---

① 蔡哲茂、蔣玉斌綴合，見先秦史研究室網站：http://www.xianqin.org/blog/archives/1552.html，2009 年 7 月 17 日。

219

《合集》10950（圖 3.2.40）、《合補》1806①（圖 3.2.28）、《合集》20381 等。

合補1806

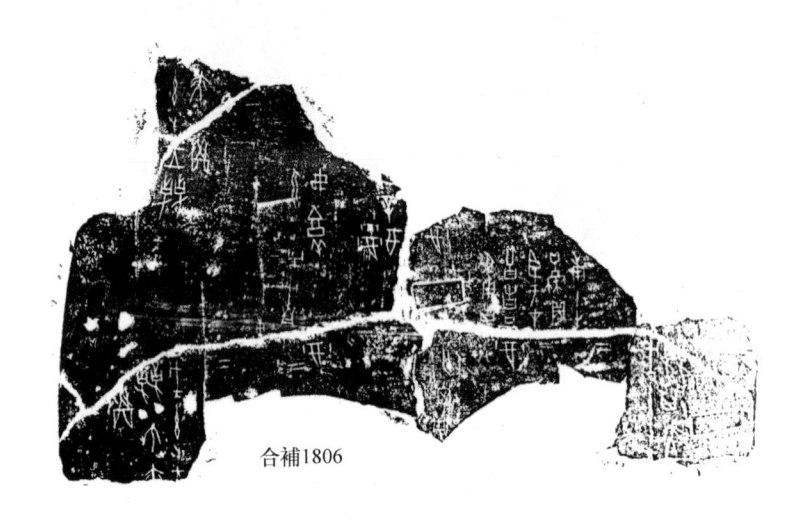

圖 3.2.28

三 下部

自賓間類下部卜辭受腹甲形態影響較大，不論是自邊緣始刻還是自千里路始的卜辭，通常都以尾甲"∧"形邊為底端刻寫，如：《合集》117（圖 3.2.29）、《合集》3202（圖 3.2.30）、《合集》

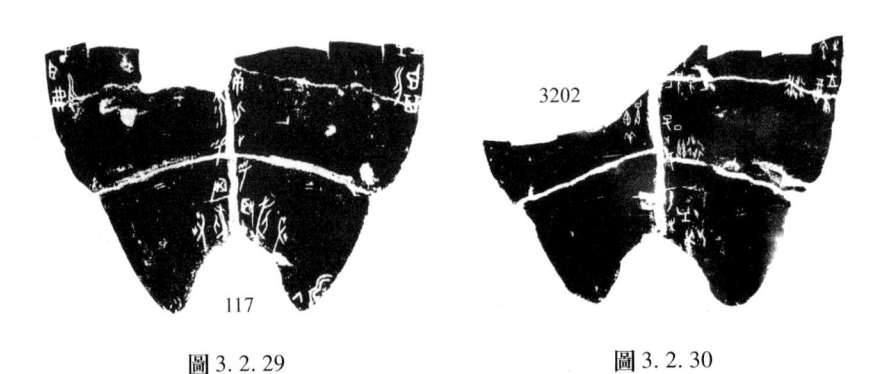

117　　　　　　　　3202

圖 3.2.29　　　　　　圖 3.2.30

---

① 蔡哲茂又遙綴《合集》7028，見《甲骨綴合集》第 345 組。

4305、《合集》4425、《合集》4448、《合集》5944（圖 3.2.31）、《合集》6852（圖 3.2.32）、《合集》9339（圖 3.2.33）、《合集》10514（圖 3.2.34）、《合集》12819（圖 3.2.35）等。

5944

圖 3.2.31

6852

圖 3.2.32

9339

圖 3.2.33

10514

圖 3.2.34

殷墟王卜辭龜腹甲文例研究

12819

圖 3.2.35

有些尾甲底端卜辭的行款，仍保留自組的特點，沿尾部邊緣旋行，如：《合集》3227（圖 3.2.36）上的"己未卜，禦子㽙于母萑"、《合集》7002（圖 3.2.37）上的"㔾弗戋羴"等。

3227　　　　　　　　　　　　7002

圖 3.2.36　　　　　　　圖 3.2.37

貳　占卜次序與首刻卜辭

下面我們僅通過幾版較為完整的腹甲來考察本類卜辭的問卜次序，及首刻卜辭的情況。

(1a) 丁巳卜，王：余勿⚁彡。一　二

(1b) 丁巳卜，王：余⚁彡。一　二

(1c) 丁巳卜，王：余勿⚁彡。三

(1d) 丁巳卜，王：余［⚁彡］。三

(1e) 丁巳卜，王：余勿⚁彡。十月。四　五

(1f) 丁巳卜，［王］：余⚁彡。四　五

(1g) 丁巳卜，勿弁多⚁于柄。一　二

(1h) 丁巳卜，弁多⚁于柄。一　二　三

(1i) 戊午卜，小臣妙。十月。一　二　三　四

(1j) 戊午卜，小臣妙。一　二　三　四

(1k) 戊午卜，小臣不其妙。癸酉向甲戌女（毋）妙。一　二

(1l) 戊午卜，貞：𥄂☒。一　二　［三　四］

(1m) 戊午卜，我受年。一　二　三　四

(1n) 戊午卜，𡆥妣庚。一　二　二告

《合集》585 正（圖 3.2.38）

本例為李達良先生所說的第九式，"此式刻辭先用外（周緣位置），其序由下逆而上，左右平行逆上與第八式相反；再用中（近中縫及兩旁），其序由上而下，亦與第八式相反。屯丙所見復原之龜有圖83（筆者按：即《合集》585）一例，其中第七辭刻於右甲橋之邊，第十一辭刻於右後甲末中縫之旁，略擾對稱平行之例。"

李先生的分析很有道理。綜合卜日干支等因素來看，腹甲下部是最先啟用的部位，整版的問卜次序為 "先右後左，先外後內，先下後上，先疏後密"。

另外，此版卜辭較為特殊，部分卜辭的序數是按照 "由外而內" 的次序排列的。"丁巳" 日的兩組對貞卜辭，都是反貞在右，先卜問，正貞在左，後卜問，從它們序數的分佈情況來看，又是按

223

殷墟王卜辭龜腹甲文例研究

照自下而上的次序進行的。如果參照"丁巳"日的卜問，那麼，"戊午"日有關小臣的卜問，也有可能是位於右後甲的反貞卜辭是最先卜問的。

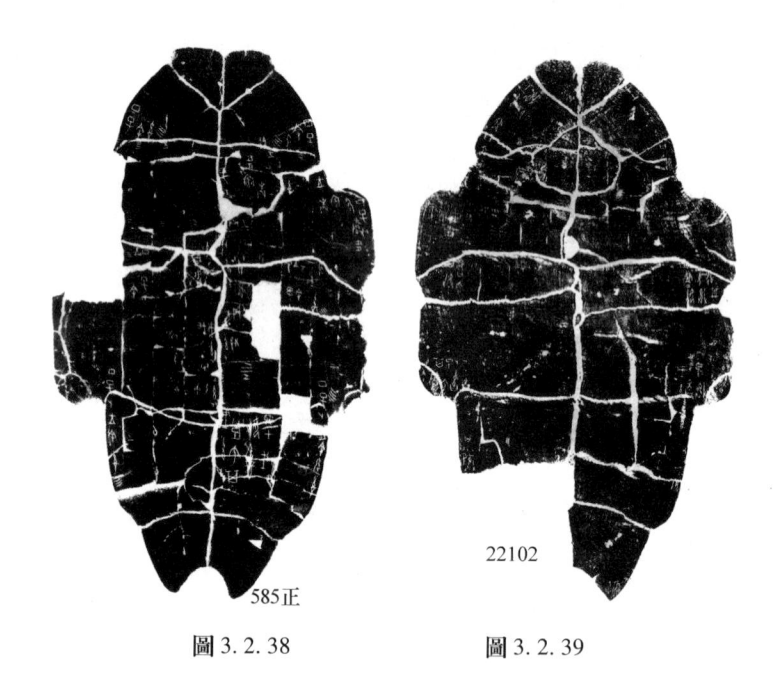

585正

22102

圖 3.2.38　　　　圖 3.2.39

(2a) 壬午卜，魯奻（男）。一

(2b) 壬午卜，魯不其奻（男）。五月。一

(2c) 魯奻（男），允奻（男），延囚（殞）。二

(2d) 魯不其奻（男）。二

(2e) 壬午卜，舌子奻（男）。一

(2f) 壬午卜，舌子不其奻（男）。允不囗。一

(2g) 舌子奻（男）。二

(2h) 舌子不其奻（男）。　　　《合集》22102（圖 3.2.39）

本版內容有兩組成套卜辭，均為生育卜辭，"子"當讀為"字"，由序數的位置可知，它們是"自上而下"刻寫的，腹甲最先啟用的部位為上部。

224

(3a) 丙戌卜，王：我其逐鹿獲，允獲十。一

(3b) 丙戌卜，王：不其獲鹿。一月。一

(3c) 我惠七鹿逐，七鹿不隻。一

(3d) 丁亥卜，王：我惠三十鹿逐，允逐，獲十六。一月。

(3e) 甲［子卜，王：我其逐］鹿獲，允獲十。蚩。二月。一

(3) 甲子卜，王：不其獲鹿。一

(3f) 乙丑卜，王：不其獲鹿。一

(3g)［乙］丑卜，王：其逐鹿，獲。不［往］。

(3h)［乙］丑卜，［王：不］其獲［鹿］。

(3i) 乙丑卜，王：其逐鹿獲，不往。二

(3j) 乙丑卜，王：不其獲鹿，不往。二

(3k) 戊辰卜，王：［我逐鹿獲］。一

(3l) 戊辰卜，王：［不其］獲鹿。一

(3m) 我獲鹿，允獲六。

(3n) 我不其獲［鹿］。

(3o) 己巳卜，王：獲在🌿兕，允獲。

(3p) 己巳卜，王：弗其獲在🌿兕。二月。一

(3q) 癸酉卜，王：其逐鹿。

(3r) 癸酉卜，王：不其獲鹿。一　二　二告

《合集》10950（圖3.2.40）

此版均為田獵之辭，歷時兩個月之久。從卜日干支和月份來看，"丙戌卜，王：我其逐鹿獲，允獲十"應為首刻卜辭，位於上部近邊緣處，也就是說本版最先啟用的是腹甲上部。全版卜辭雖均為田獵之卜，但因時間跨度較長，所以若整版來看，卜辭的刻寫次序則稍顯混亂。但若將卜辭按所卜月份分為兩組來看，則極具規律性。兩組卜辭都是按照"先外後內，先上後下"的次序問卜的。

(4a) 癸亥卜，王：余夢成，隹（唯）之。一

(4b) 癸亥卜，王：㞢大甲。十二月。一

(4c) 癸亥卜，王：戈受年。十二月。一　二

殷墟王卜辭龜腹甲文例研究

(4d) 戊辰卜，雀不其［以象］。一
(4e) 戊辰卜，雀以象。一
(4f) 戊辰卜，雀不其以象。十二月。二
(4g) 戊辰卜，雀以象。二
(4h) 己巳卜，雀取馬，以。一　二
(4i) 己巳卜，雀以㺇。十二月。一　二
(4j) 己巳卜，雀不其以㺇。一　二
(4k) 庚午卜，于羌甲。
(4l) 庚午卜，于羌甲。
(4m) 庚午卜，于父辛。
(4n) 庚午卜☒。
(4o) ☒𢀛以馬自薛。十二月。允以三丙。一　二

《合集》8984（圖 3.2.41）

10950　　　　　　　　8984
圖 3.2.40　　　　　圖 3.2.41

此版"戊辰"日所卜之辭為成套卜辭，由序數的位置可知，它的問卜次序是"先下後上"。其他卜辭根據卜日干支來看，問卜次

226

序基本為"先外後內,先上後下"。綜合來看,整版最先啟用的部位應該也是腹甲上部。

綜上所述,自賓間類卜辭,不僅在字體介於自組卜辭與賓組卜辭之間,具有過渡類型的特徵,在文例方面也同樣如此。

第四章　殷墟王卜辭龜腹甲文例特點（下）

本章我們主要討論時代相對較晚出組、何組、黃類卜辭的文例特徵。隨著時間的不斷推移，殷人的卜法文例也更加成熟，表現出更強的規律性。

第一節　出組卜辭的文例

出組主要是祖庚、祖甲時期的卜辭，上限沒有上及武丁晚期，下限可能下及廩辛時期。該類卜辭依字體不同又可分為兩小類：出組一類和出組二類。其中出組一類與賓組三類卜辭關係極為密切，黃天樹先生在《殷墟王卜辭的分類與斷代》一書中說："研究甲骨的學者都知道，賓組晚期和出組早期卜辭的字體、文例等都十分接近。如果依據林澐提出的'無論是有卜人名的卜辭還是無卜人名的卜辭，科學分類的唯一標準是字體'這一原則來分類，我們認為完全可以從字體上把它們劃作一類，統稱之為'賓出類'。"[1] 我們十分同意黃先生的觀點，這兩類卜辭無論是在字體上，還是在文例特徵上都十分相似，很難截然分來，限於篇幅，對出組一類卜辭的文例我們不作專門討論。因此，本節重點討論出組二類卜辭的文例特徵。

壹　行款走向及版面佈局特徵

出組二類卜辭的文例已經相當成熟，有些龜版的佈局和契刻習

---

[1] 黃天樹：《殷墟王卜辭的分類與斷代》，文津出版社1991年版，第65頁。

慣已與後期卜辭極為相似，但可惜的是本類腹甲多為殘片，故我們仍按上、中、下三個部分來分析此類卜辭的行款走向與佈局特徵。

一 上部

出組腹甲上部卜辭多刻寫在近邊緣處，以 A_1 類為主，中甲和首甲上罕有獨立刻辭。卜辭基本以第一道齒紋（上舌縫）為上端，沿腹甲外部輪廓"自上而下，由外而內"契刻。如：《合集》22594（圖4.1.1）、《合集》22745、《合集》22746（圖4.1.2）、《合集》22763、《合集》22826、《合集》22968（圖4.1.3）、《合集》22969、《合集》23138、《合集》23200、《合集》23231、《合集》23322、《合集》23722、《合集》24228（圖4.1.4）、《合集》25286、《合集》25969、《合集》26004 等。

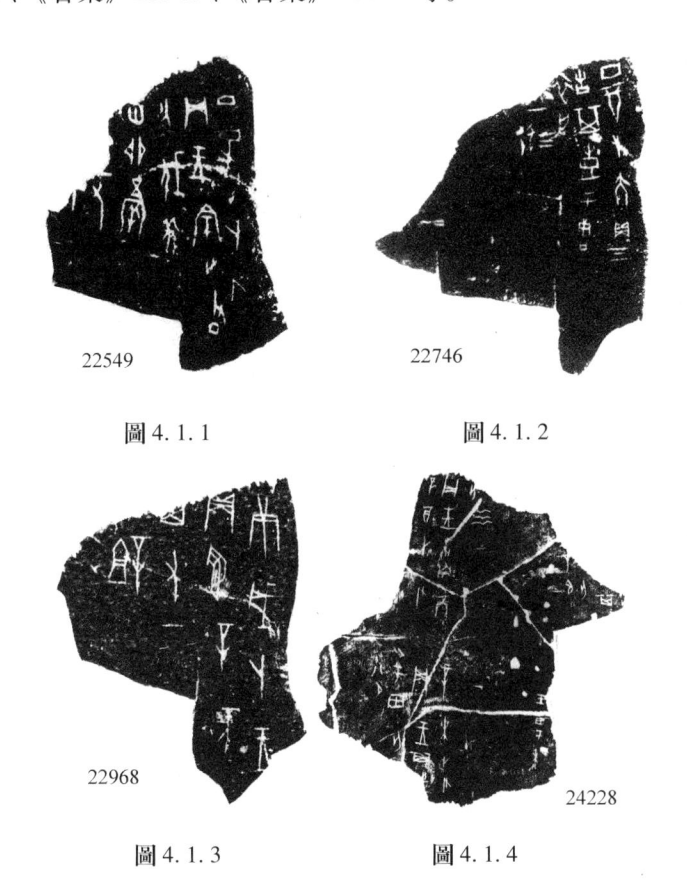

22549

圖4.1.1

22746

圖4.1.2

22968

圖4.1.3

24228

圖4.1.4

二 中部

出組腹甲中部近邊緣處的卜辭與賓組卜辭有所不同，較少僅刻兩辭的情況存在，大多數條卜辭縱向緊密排列在一起，而且卜辭的行款走向也基本一致，多"自上而下，由內而外"刻寫，罕有"自上而下，由外而內"的例子存在。如：《合集》22560（圖4.1.5）、《合集》22688（圖4.1.6）、《合集》22864、《合集》23029、《合集》23125、《合集》23403（圖4.1.7）、《合集》24239、《合集》24402（圖4.1.8）、《合集》25152、《合集》25246（圖4.1.9）、《合集》26003、《英藏》1904（圖4.1.10）、《英藏》1924（圖4.1.11）、《英藏》2242（圖4.1.12）等。

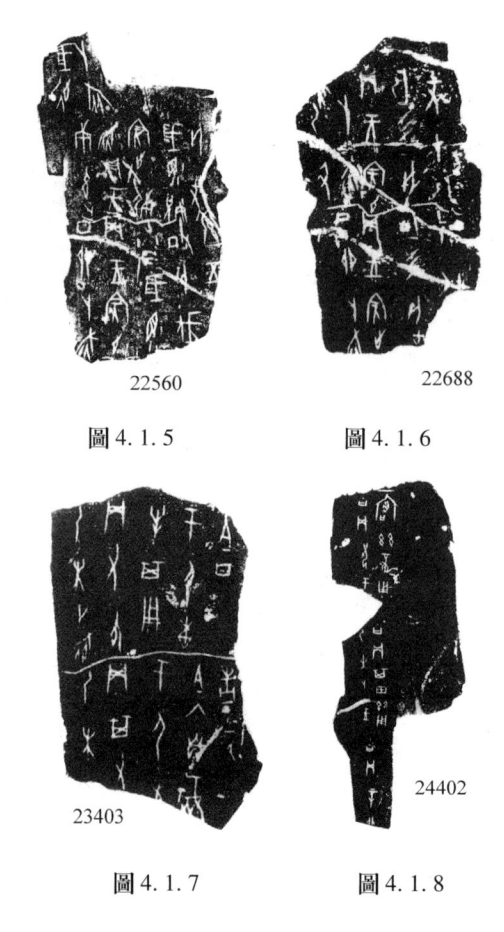

22560　　　　22688

圖4.1.5　　　圖4.1.6

23403　　　　24402

圖4.1.7　　　圖4.1.8

第四章 殷墟王卜辭龜腹甲文例特點（下）

25246　　　英藏1940

圖 4.1.9　　圖 4.1.10

英藏1924　　英藏2242

圖 4.1.11　　圖 4.1.12

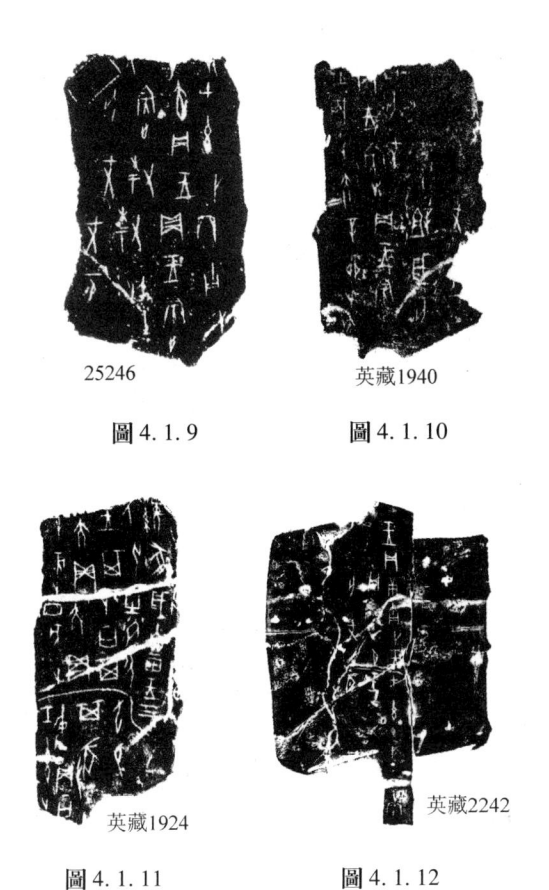

另外，此類卜辭文例上最大的特點是，腹甲內部的卜辭已不再雜陳各處，而是大都對稱的刻寫在千里路兩側，排列緊密，行款勻稱，幾與後期卜辭文例無別。如：《合集》23020、《合集》23220、《合集》23690（圖 4.1.13）、《合集》23908＋《合集》23909[①]（圖 4.1.14）、《合集》24014（圖 4.1.15）、《合集》24053、《合集》24060、《合集》24073、《合集》24073、《合集》24089（圖 4.1.16）、《合集》24476、《合集》24501（圖 4.1.17）、《合集》25456（圖 4.1.18）、《合集》25749（圖 4.1.19）、《合集》

---

① 王紅綴合，見《甲骨拼合三集》第754則。

殷墟王卜辭龜腹甲文例研究

26697、《合集》23504 + 《合集》25771①（圖 4.1.20）等。

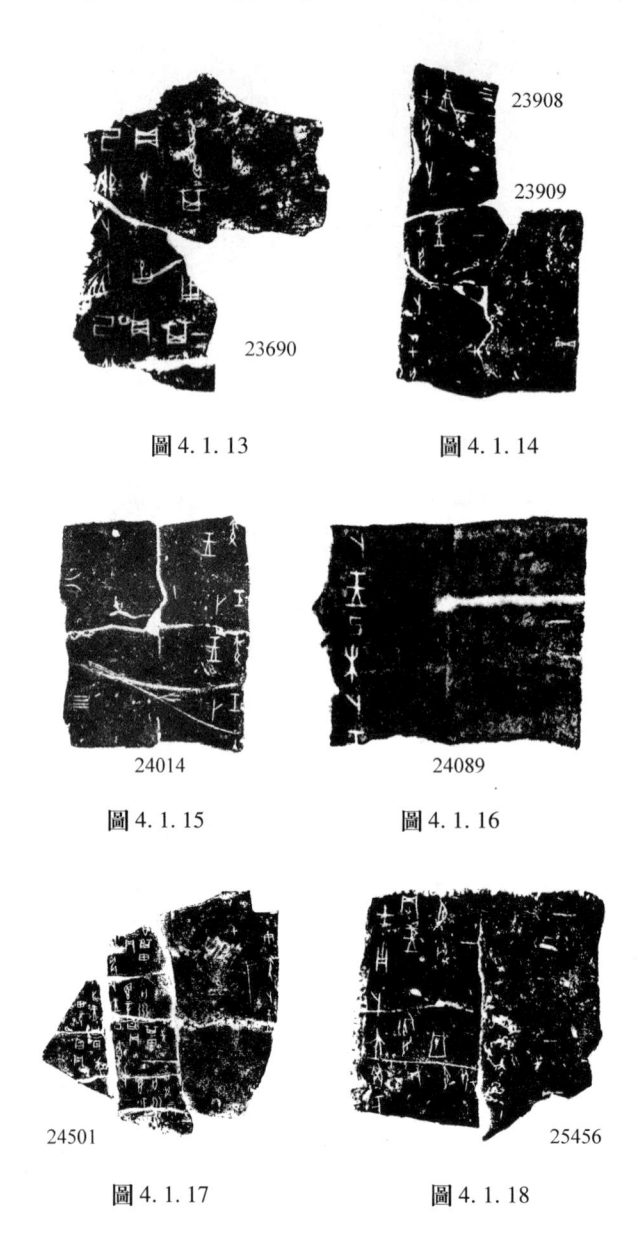

23690

圖 4.1.13

23908
23909

圖 4.1.14

24014

圖 4.1.15

24089

圖 4.1.16

24501

圖 4.1.17

25456

圖 4.1.18

① 劉影綴合，見《甲骨拼合三集》第 630 則。

232

第四章　殷墟王卜辭龜腹甲文例特點（下）

25771

25749　　23504

圖 4.1.19　　圖 4.1.20

三　下部

下部近邊緣處卜辭以 ib 型為主，一般自後甲下端邊緣起"自上而下，由外而内"刻寫一兩列後轉而以第三道齒紋（下劍縫）為頂端繼續刻寫。如：《合集》22938（圖 4.1.21）、《合集》22940（圖 4.1.22）、《合集》23147 + 《合補》7860①（圖 4.1.23）、《合集》25819 + 《合補》7543②、《合集》25892（圖 4.1.24）等。

22938　　22940

圖 4.1.21　　圖 4.1.22

---

① 何會綴合，見《甲骨拼合續集》第 465 則。
② 何會綴合，見《甲骨拼合續集》第 467 則。

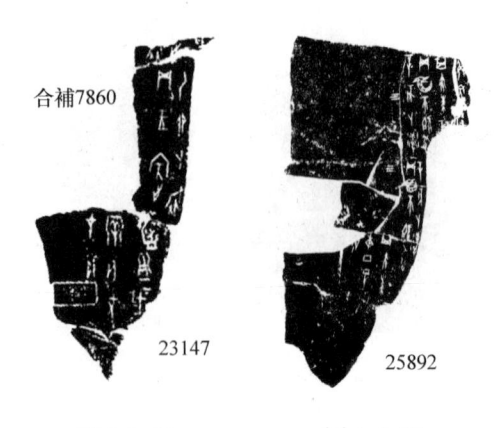

殷墟王卜辭龜腹甲文例研究

合補7860

23147　　　　　　　25892

圖 4.1.23　　　　　圖 4.1.24

另外，尾甲內部常有一辭自千里路始"自上而下，由內而外"刻寫。與早期卜辭不同的是，卜辭已不再以尾甲"∧"形邊為底端刻寫，而是自成一條直行，表現出逐漸擺脫了腹甲形態的影響的傾向。如：《合集》22556（圖 4.1.25）、《合集》22915（圖 4.1.26）、《合集》23244（圖 4.1.27）、《合集》24138（圖 4.1.28）、《合集》24759、《合集》24773（圖 4.1.29）、《合集》25047、《合集》25218、《合集》25263（圖 4.1.30）、《合集》25294、《合集》25296、《合集》25822、《合集》26526、《合集》26701 等。

22556　　　　　　　22915

圖 4.1.25　　　　　圖 4.1.26

234

第四章　殷墟王卜辭龜腹甲文例特點（下）

23244　　　　　　24138

圖 4.1.27 　　　　　圖 4.1.28

24773　　　　　　25263

圖 4.1.29 　　　　　圖 4.1.30

貳　占卜次序釋例

出組二類缺乏完整的卜甲，我們僅能通過不同部位的殘片來推斷該類卜辭的占卜次序。先來看下面的例子。

(1a) 丁卯卜，旅貞：王賓小丁歲眾父丁升伐羌五。

(1b) 庚午卜，旅貞：王賓妣庚歲眾兄庚，亡尤。

(1c) □□卜，旅［貞］：☑歲延☑。

　　　　　　　　　　《合集》22560（圖 4.1.5）

(2a) 壬戌卜，大貞：王賓兄庚歲，亡尤。

(2b) 癸亥卜，大貞：翌甲子其从又于陽甲宰。

　　　　　　　　　　《合集》23085（圖 4.1.31）

235

(3a) 庚申卜，大貞：王窋夕祼亡囚（憂）。九月。

(3b) 壬戌卜，貞：王窋哉囚（憂）。九月。

　　　　　　　　　　　　　《合集》25458（圖 4.1.32）

(4a) 丁酉卜，旅貞：其奈西子。六月。

(4b) 庚子卜，旅貞：翌辛丑其又于祖辛。

(4c) □□卜，旅☒。　　《合集》23640 + 《美藏》185①

(5a) 庚申［卜］，□貞毓☒歲惠譱酒。

(5b) 辛酉卜，大貞：毓祖乙歲延。

(5c) □□卜，大［貞］：翌辛☒。

　　　　　　　　　　《合集》23153 + 《合補》7005②

這五版均為右前甲殘片。所卜內容都與祭祀有關，既有"王窋"卜辭，也有周祭卜辭。由它們的卜日干支可知，問卜次序均為"先下後上"。

(6a) 丙寅卜，旅貞：翌丁卯☒。

(6b) 己卯卜，澅貞：翌庚辰彡于大庚卒亡虫（害）。二

　　　　　　　　　　　《合集》22796（圖 4.1.33）

(7a) 丁丑卜：王。

(7b) 庚辰卜：王。　　　　　　　　　　《合集》23883

這兩版為左後甲殘片。一版為祭祀卜辭，一版為卜王卜辭，據它們的卜日干支可知，問卜次序為"先下後上"。

(8a) 己巳卜：王。

(8b) 庚午卜：王。　　　《合集》23844（圖 4.1.34）

(9a) 乙亥［卜］，［旅］貞：王［窋］毓祖乙彡，亡尤。在正月。

(9b) 己卯卜，旅貞：王窋兄己彡，亡尤。在正［月］。

　　　　　　　　　　　　　　　《合集》23141

(10a) 辛丑卜，尹貞☒。

---

① 何會綴合，見《甲骨拼合續集》第 470 則。
② 何會綴合，見《甲骨拼合續集》第 461 則。

(10b) 丙辰卜，尹貞：翌丁巳父丁霽歲宰☐。　《合集》23206

(11a) 丁卯［卜］，☐貞☐。

(11b) 庚午卜，大貞：王其彝，亡尤。九月。

(11c) ［壬］申卜，☐貞：我☐奠曰☐宰☐𢆶☐人。九月。

《合集》26008

(12a) 辛巳卜：王。

(12b) 甲申卜，旅貞：其宜𠂤☐。　《合集》26019

(13a) 壬午卜，中貞：亡其剢①。九月。

(13b) 丁亥卜，大貞：卜曰其㞢汎（皆）② 升歲自上甲，王气☐。

(13c) 辛亥卜，大貞：王其又妣𨚔剢。

《英藏》1924（圖 4.1.11）

這六版均為右後甲殘片。從殘存卜辭的卜日干支和附記的月份來看，它們的問卜次序也是"先下後上"。

(14a) 乙酉卜，旅貞：王其田于，往來亡災。在一月。之乙酉彡于祖乙又☐歲。

(14b) ☐未卜，旅貞：王其田于，來亡災。在二月。

《英藏》2041（圖 4.1.35）

該版為左前甲殘片。兩辭均為田獵卜辭，從拓本上看，兩"于"字下方都留有空缺，大概是為田獵地點所留餘位，而後又漏補造成的。從兩辭附記的月份來看，它們也是按照"先下後上"的次序問卜的。

(15a) 辛［酉卜］，［旅］貞：今夕［亡𡆥（憂）］。

(15b) 癸亥卜，旅貞：今夕亡𡆥（憂）。四月。一

(15c) 乙丑卜，旅貞：今夕亡𡆥（憂）。四月。

---

① 此字舊多隸定為"叙"，今從王子揚隸定。見王子揚：《甲骨文字形類組差異現象研究》，博士學位論文，首都師範大學，第 375 頁。

② 參見陳劍《甲骨文舊釋"眢"和"蠿"的兩個字及金文"馘"字新釋》，載《出土文獻與古文字研究》第 1 輯，復旦大學出版社 2006 年版；後收入《甲骨金文考釋論集》，綫裝書局 2007 年版，第 177—233 頁。

(15d) 丁卯卜，旅☒。　　　《合補》8048（圖4.1.36）
(16a) 壬辰卜：王。
(16b) 壬辰卜：王。三
(16c) 壬辰卜：王。
(16d) 壬辰卜：王。五
(16e) 壬辰卜：王。在自哭卜。七
　　　　《合集》23955＋《合集》24249（圖4.1.37）

這兩版都是右前甲和右後甲組成的殘片。一版是較為常見的"卜夕"辭，由卜日干支和所在的月份來推測，它們的卜問次序為"先下後上"；另一版是出組所獨有的"卜王"辭，它們雖然都是在壬辰日的卜問，所記內容也十分簡略，但從序數的位置來看，卜辭的問卜次序也應為"先下後上"。

23085　　　25458

圖4.1.31　　　圖4.1.32

22796　　　23844

圖4.1.33　　　圖4.1.34

第四章　殷墟王卜辭龜腹甲文例特點（下）

英藏2041　　　　　合補8048

圖4.1.35　　　　　圖4.1.36

24249

23955

圖4.1.37

(17a) 乙丑卜，旅貞：王賓報乙彡，亡尤。在十月。
(17b) 丁卯卜，旅貞：王賓報丁彡，亡尤。在十月。
　　　　　　　　　　　　　《合集》22688（圖4.1.6）

該版為右前甲殘片。(17a)、(17b) 兩辭均為周祭卜辭，分別在乙日和丁日彡祭"報乙"、"報丁"。從辭末附記的月份可知，它們的卜問次序為"先上後下"。

239

(18a) 乙未卜，尹貞：王窑大乙□歲□，亡［尤］。在□［月］。一

(18b) 丁酉卜，尹貞：王窑父丁歲三宰眾大丁升歲五宰，亡尤。在四［月］。

《合集》22737 +《合集》22769 +
《安明》1289①（圖 4.1.38）

該版雖經綴合，但仍為右前甲殘片。據兩辭的卜日干支可知，它們應該也是按照"先上後下"的次序問卜的。

(19a) 丁酉卜，王貞：饗于父丁。六月。一

(19b) 丁酉卜，［王］貞：饗于☑。六月。一

(19c) 辛亥卜，王貞：又于祖辛二宰。

《合補》6993（圖 4.1.39）

該版為部分左前甲和右前甲組成的殘片。據卜日干支可知，它們的問卜次序也是"先上後下"。

安明1289

22737

22769

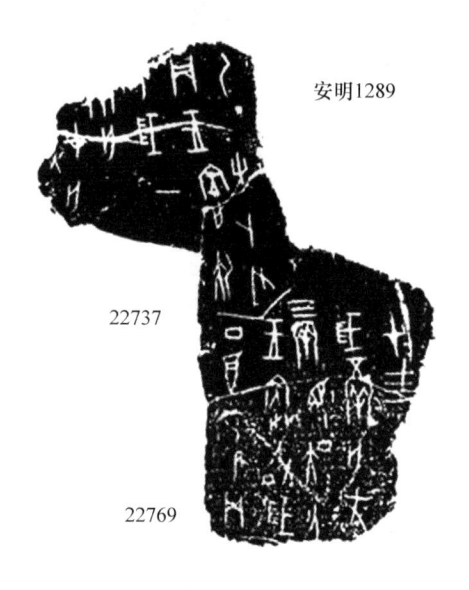

圖 4.1.38

---

① 林宏明綴合，見《契合集》第 350 組。

240

第四章　殷墟王卜辭龜腹甲文例特點（下）

6993

圖 4.1.39

（20a）□□〔卜〕，旅〔貞〕：翌乙卯翌于祖乙亡畄（害）。在四月。

（20b）甲申卜，旅貞：今日至于丁亥易日不雨。在五月。

《合集》22915（圖 4.1.26）

此版為右尾甲殘片。（20a）為祭祀卜辭，（20b）為卜雨之辭。據辭末附記的月份可知，它們的問卜次序為"先外後內"。

（21a）辛丑卜，旅貞：王㝬囗伐囗。

（21b）甲辰卜，旅貞：王㝬羌甲歲，亡尤。

（21c）貞囗。二　　　《合集》23020（圖 4.1.40）

該版為左後甲殘片。（21a）（21b）兩辭均為出組較為常見的"王㝬"卜辭，據它們的卜日干支可知，二辭的問卜次序也應該是"先外後內"。

（22a）壬申卜，旅貞：翌癸酉〔气〕酒。在囗〔月〕。一

（22b）乙亥卜，旅貞：妣〔庚〕歲牛囗。三

（22c）乙酉〔卜〕，旅〔貞〕：其饗囗。在八月。一

（22d）囗兄庚囗今囗。一

（22e）□□〔卜〕，旅〔貞〕：囗。

241

殷墟王卜辭龜腹甲文例研究

《合集》25967 +《合集》23494①（圖 4.1.41）
該版綴合後仍為右前甲殘片。所記卜辭均為祭祀之辭，由卜辭的卜日干支來看，它們的問卜次序應該是"先上後下，先外後內"。

（23a）［壬寅卜：王］。四
（23b）壬寅卜：王。六
（23c）［壬寅卜：王］。八
（23d）壬寅卜：王。十
（23e）［壬］寅［卜］：王。　　《合集》24014（圖 4.1.15）

此版為左後甲殘片。所記均為出組所特有的"卜王"辭。其中（23a）、（23c）兩辭是我們根據辭例擬補的，腹甲上僅殘存序數辭"四"和"八"。彭裕商先生在《殷代卜法新探》②中指出："晚期卜法的基本原則不同於早期，主要區別是對一事的占卜，不論正反問還是選擇問，均合為兆序"。因此我們根據腹甲的部位和序數的位置推測，該版卜辭的問卜次序為"先右後左，先外後內，先下後上"。

23020

圖 4.1.40

---

① 何會綴合，見《甲骨拼合續集》第 468 則。
② 彭裕商：《殷代卜法新探》，《夏商文明研究》，中州古籍出版社 1995 年版。

242

第四章 殷墟王卜辭龜腹甲文例特點（下）

25967

23494

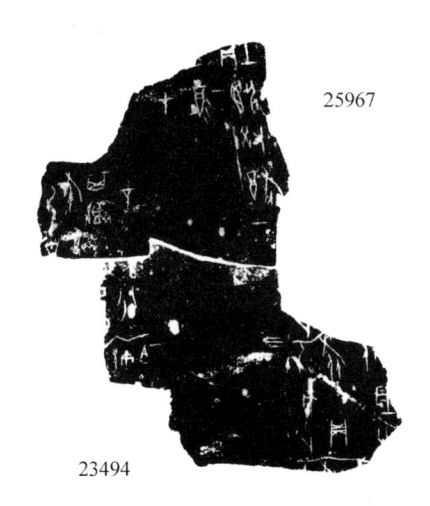

圖 4.1.41

由此可見，出組二類卜辭的問卜次序以"先右後左，先下後上，先外後內"為主，也有少數"先上後下"的情況存在，規律性較前期卜辭更為明顯。這大概與本類腹甲上的卜辭，所卜事類已經趨於統一密切相關，下面我們來討論兩版刻辭相對較多的腹甲。

(24a) 乙巳卜，尹貞：王賓大乙彡，亡尤。在十二月。

(24b) 丁未卜，尹貞：王賓大丁彡，亡尤。一

(24c) 甲寅卜，尹貞：王賓大甲彡，亡尤。在正月。

(24d) 庚申卜，尹貞：王賓大〔庚彡〕，亡尤。一

(24e) 丁丑卜，尹貞：王賓中丁彡，亡〔尤〕。

(24f) 乙酉卜，尹貞：王賓祖乙彡，亡〔尤〕。

(24g) 〔辛〕卯卜，尹〔貞〕：王賓祖辛彡，亡尤。

(24h) 辛□〔卜〕，貞☒。

(24i) 丁酉卜，尹貞：王賓祖丁彡，亡尤。在二月。

(24j) 丁酉卜，尹貞：王賓叙，亡尤。一

(24k) 乙卯卜，尹貞：王賓叙，亡尤。一

(24l) 丁巳卜，尹貞：王賓父丁彡，亡〔尤〕。在三月。一

(24m) 丁巳卜，尹貞：王賓叙，亡尤。一

243

(24n) □□〔卜〕，尹〔貞〕：〔王〕窒〔叔〕，亡尤。

《合補》6963（圖4.1.42）

整版均為"王窒"卜辭。從卜日干支和月份來看，位於右尾甲的"乙巳"日的內容是最早問卜的，是本版的首刻卜辭，它"自上而下，由內而外"刻寫，幾乎佈滿整個尾甲，除此辭之外，全版它辭均按照"先外後內，自下而上"的次序卜問，規律性極強。此外，本版的佈局也極為美觀對稱。整版基本分為內外兩個刻辭區，內部卜辭均位於千里路兩側，行款整齊，排列緊密，其它區域不再見雜陳的卜辭；外部卜辭行款越發齊整，卜辭的刻寫位置也較為固定，看上去十分整齊美觀。

(25a) 癸〔未卜〕，出〔貞：旬〕亡〔国（憂）〕。一
(25b) 癸卯〔卜〕，出〔貞〕：旬〔亡〕国（憂）。
(25c) 癸丑〔卜〕，出〔貞〕：旬〔亡〕国（憂）。一
(25d) 癸亥卜，出貞：旬亡国（憂）。
(25e) 〔癸〕酉〔卜，出貞：旬亡国（憂）〕。
(25f) 癸卯卜，出貞：旬亡国（憂）。九月。
(25g) 〔癸丑卜，出貞：旬亡国（憂）。〕
(25h) 癸亥卜，出貞：旬亡国（憂）。九月。
(25i) 〔癸酉卜，出貞：旬亡国（憂）。〕
(25j) 〔癸〕未卜，□貞：旬〔亡〕国（憂）。一月。
(25k) 〔癸巳卜，□貞：旬亡国（憂）。〕
(25l) 〔癸〕卯卜，□貞：旬〔亡〕国（憂）。
(25m) 〔癸丑卜，□貞：旬亡国（憂）。〕

《合集》26593（圖4.1.43）

這是目前所見唯一一版刻辭較多的出組卜旬腹甲。由腹甲上殘存的干支和月份來判斷，此版很有可能是按照"先右後左，先外後內，先下後上"的次序問卜的，故我們擬補了(25g)(25i)(25k)(25m)四辭。如果我們的推論正確的話，那麼則說明，出組二類有一部分卜旬辭的契刻規律已經與黃類卜辭無別了。

第四章 殷墟王卜辭龜腹甲文例特點（下）

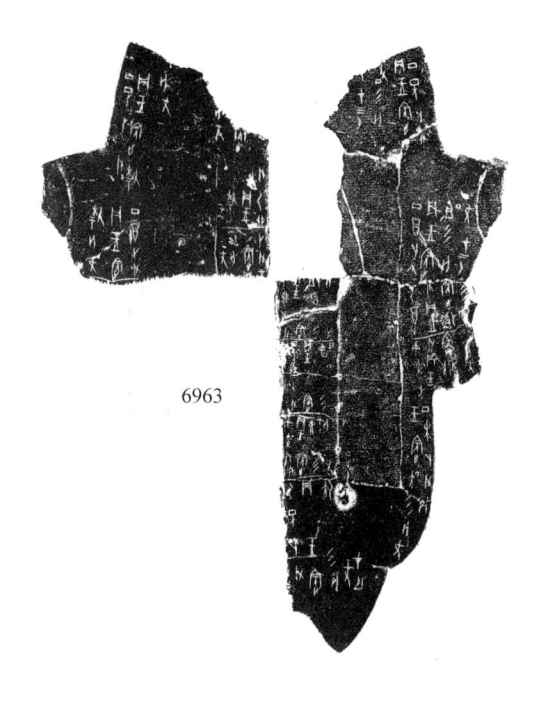

6963

圖 4.1.42

26593

圖 4.1.43

殷墟王卜辭龜腹甲文例研究

綜上所述，出組二類龜版上所卜事類已趨於統一，文例也不再向早期卜辭那樣繁雜多變，而是逐漸趨於簡潔，規律性更強，遺憾的是該類龜版殘缺過甚，我們無法進一步深入討論。

第二節　何組卜辭的文例

何組卜辭，依字體風格不同又可細分為三小類：何組事何類、何組一類、何組二類。從占卜材質上看，何組一類龜骨並用，以骨為主，何組事何類雖用龜不用骨，但又有相當一部分背甲刻辭，只有何組二類腹甲刻辭較多，且有完整者。因此，我們先從何組二類卜辭談起。

壹　何組二類卜辭的文例

何組二類字體"刻劃粗而不平均，每一筆勢首尾尖而中部粗"[①]。該類卜辭時代相對較晚，上限在廩辛康丁之世，下限已延伸到武乙之世。因此，何組二類卜辭的文例特徵也與早期卜辭有明顯不同。

首先，在版面佈局上，縱向分區的意圖更為明顯，特別是前甲和後甲近邊緣處的卜辭，在刻寫時，每條卜辭的首行，基本在一條豎綫上，卜辭排列緊密，行款整飭、勻稱美觀，如：《合集》26954、《合集》27026、《合集》27194（圖4.2.1）、《合集》27202（圖4.2.2）、《合集》27950、《合集》28106、《合集》28368、《合集》28773（圖4.2.3）、《合集》28822（圖4.2.4）、《合集》28888（圖4.2.5）、《合集》28892、《合集》29088（圖4.2.6）、《合集》29093、《合集》29172、《合集》29324、《合集》29360（圖4.2.7）、《合集》30269（圖4.2.8）、《合集》30642、《合集》30822 等。

[①] 陳夢家：《殷虛卜辭綜述》，科學出版社1956年版，第142頁。

第四章　殷墟王卜辭龜腹甲文例特點（下）

27194

圖 4.2.1

27202

圖 4.2.2

28773

圖 4.2.3

28822

圖 4.2.4

殷墟王卜辭龜腹甲文例研究

28888

圖 4.2.5

29088

圖 4.2.6

29360

圖 4.2.7

30269

圖 4.2.8

248

第四章 殷墟王卜辭龜腹甲文例特點（下）

其次，該類卜辭在行款走向上最大的變化是，前甲與後甲近邊緣處的卜辭，基本均"自上而下，由內而外"刻寫，這點也與早期卜辭有很大區別，如：《合集》27468（圖4.2.9）、《合集》27807（圖4.2.10）、《合集》28200（圖4.2.11）、《合集》28262（圖4.2.12）、《合集》28466（圖4.2.13）、《合集》28809（圖4.2.14）、《合集》31110等。

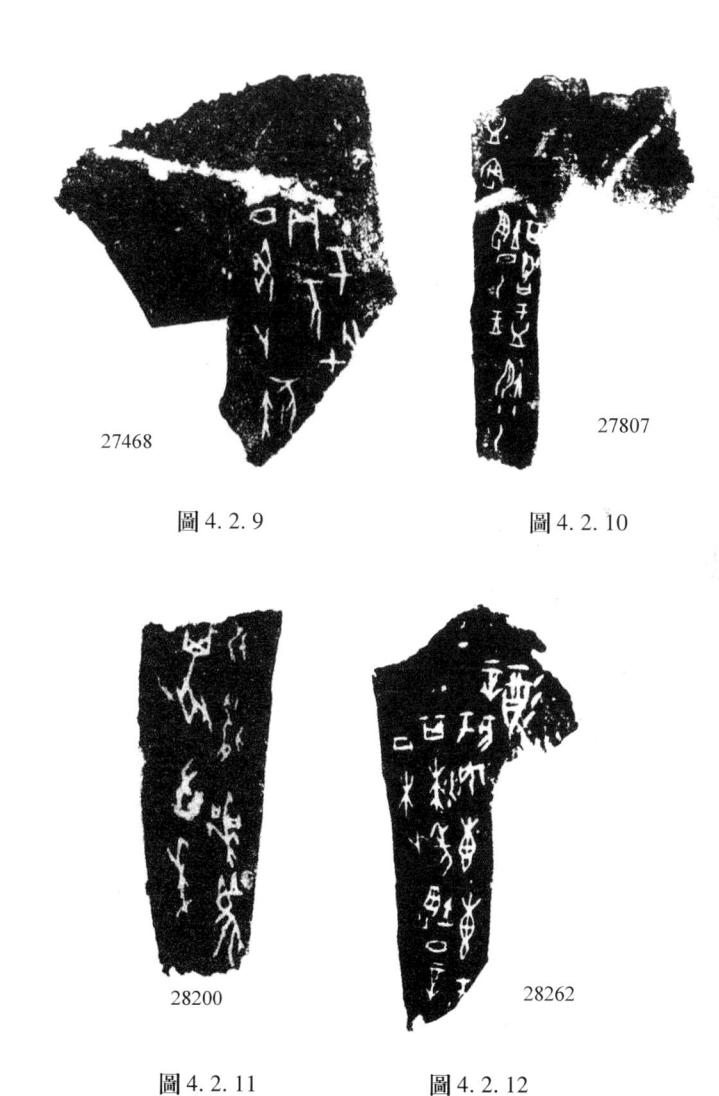

27468

27807

圖4.2.9　　　　　圖4.2.10

28200

28262

圖4.2.11　　　　圖4.2.12

249

殷墟王卜辭龜腹甲文例研究

28466
28809

圖 4.2.13　　　　圖 4.2.14

另外，何組二類首甲雖成為獨立的刻辭區，但其上卜辭的行款走向仍與早期卜辭相類，多"自上而下，由外而內"刻寫，如：《合集》27376（圖 4.2.15）、《合集》27585（圖 4.2.16）、《合集》28948（圖 4.2.17）、《合集》29687（圖 4.2.18）、《合集》29786（圖 4.2.19）等。

27376　　　　27585

圖 4.2.15　　　　圖 4.2.16

第四章　殷墟王卜辭龜腹甲文例特點（下）

28948　29687

圖 4.2.17　　　　　圖 4.2.18

29786

圖 4.2.19

這裡需要特別說明的是，尾甲近千里路處的卜辭有個別也是"自上而下，由外而內"刻寫的，如：《合集》27463（圖 4.2.20）、《合集》27739（圖 4.2.21）、《合集》28551（圖 4.2.22）等。

251

殷墟王卜辭龜腹甲文例研究

27463

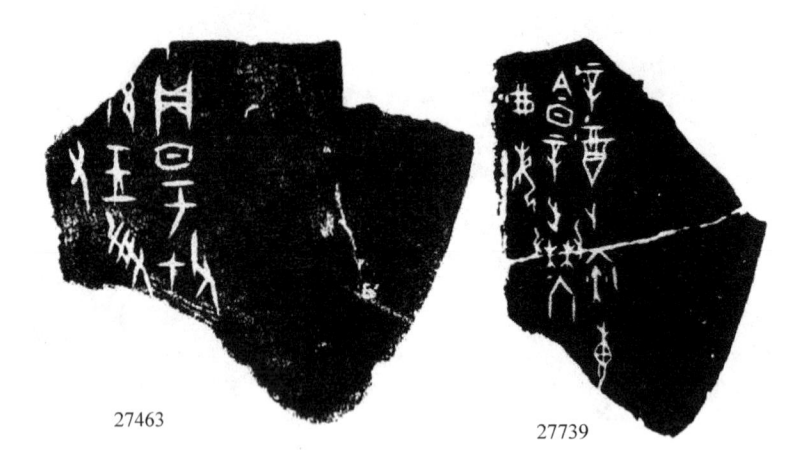

圖 4.2.20

27739

圖 4.2.21

28551

圖 4.2.22

　　此外，1934 年殷墟第九次發掘出土了著名的大龜七版，字體為何組二類。它們的出土情形和所處環境石璋如先生都有詳細的記載，現摘錄如下①：

---

① 轉引自董作賓：《安陽侯家莊出土之甲骨文字》，《甲骨文獻集成》第六冊，四川大學出版社 2001 年版，第 106—107 頁。

252

第四章　殷墟王卜辭龜腹甲文例特點（下）

　　四月十一日下午五時，已經是該要收工的時候了。在 H. S. 20 大灰土坑的東北隅，深一公尺五寸的黃硬土中，發現了卜用過的大龜版。它們分南北兩組，錯落著相壓。南邊一組共有六個完整的腹甲，它們的表面向下，裏面有鑿灼之處向上，牢牢的黏貼在一起。它們的頭端向西南，尾端向西北。北邊的一組，是幾塊破碎了的背甲，散置成層，南面高，北面低在斜放著，它的右方壓了六個腹甲的一部分。

　　大龜七版出土的處所，是在一個卵圓形的灰土坑裏。這灰土坑被一個後代的墓葬破壞了一隅，而失其完整。上口距現在的地面約六公寸；口徑東西長約五公尺，南北長約四公尺五寸。底部自西向東，呈坡狀，以次而下，遺留著殘破的斜坡和土階；坡與階上，附著一層黑色的硬沙，情形同小屯村 E 區大灰土坑（E161）的底部相仿佛；東部最深處約四公尺四寸才到底。西部的斜坡和土階，很可能的是當時的人出入上下的路道。

從這些記錄不難看出，它們是專門被放置在一處的。因是考古發掘所得，所以可以確知它們是廩辛之物。下面我們按照"第一塊在最下，第六塊在最上"[①] 的出土次序，即《甲編》3913—3918，依次討論南邊一組六個完整腹甲的文例特徵。

　　（1a）壬戌卜，貞：不遘方。一

　　（1b）壬戌卜，狄貞：其遘方。二

　　（1c）壬戌卜，狄貞：又出方，其以來奠。一

　　（1d）壬戌卜，狄貞：叙勿以來。二

　　（1e）壬戌卜，狄貞：惠馬亞乎（呼）執。

　　（1f）壬戌卜，狄貞：惠成乎（呼）執。二

---

① 董作賓：《安陽侯家莊出土之甲骨文字》，《甲骨文獻集成》第六冊，四川大學出版社 2001 年版，第 106 頁。

殷墟王卜辭龜腹甲文例研究

（1g）壬戌卜，狄貞：及方。大吉。一
（1h）壬戌卜，狄貞：弗及。吉。二
（1i）壬戌卜，狄貞：其又來方，亞旅其🻞（禦）①，王受又又。
（1j）壬戌卜，貞：弗受又又。二
（1k）壬戌卜，狄貞：亞旅□🻞。
（1l）壬戌卜，貞：亞旅比，受于方。
（1m）壬戌卜，狄貞：亞旅其陟遝入。一
（1n）壬戌卜，狄貞：其𤦲入。二
（1o）乙酉小臣🻞堇。
（1p）狄。　　《合集》28011 =《甲編》3913（圖4.2.23）

圖 4.2.23

　　該版除（1o）（1p）兩記事刻辭外，其餘均為壬戌日的卜問，共有七組，四組對貞，三組選貞。由卜辭的序數可知每組卜辭都是按照"先右後左"的次序卜問的。整版均為如何對待"方"的卜問，但卜辭間的關係究竟怎麼樣，還很難確定，因此，整版卜問的

---

① 從裘錫圭釋，見《讀安陽新出土的牛胛骨及其刻辭》，《古文字論集》，中華書局1992年版，第334頁。

254

第四章　殷墟王卜辭龜腹甲文例特點（下）

先後次序也很難確定，上引卜辭暫從董作賓先生《安陽侯家莊出土之甲骨文字》一文的順序釋讀。

(2a) 戊午卜，狄貞：隹（唯）咒于大乙隹示。大吉。
(2b) 戊午卜，狄貞：隹（唯）咒大丁隹示。吉。
(2c) 戊午卜，狄貞：隹（唯）咒于大甲隹示。
(2d) 戊午卜，狄貞：王弜窑。吉。
(2e) 戊午卜，貞：王窑。
(2f) 乙丑卜，狄貞：王其田，卒入亡災。一
(2g) 己巳卜，狄貞：王其田，亡災。一
(2h) 己巳卜，狄貞：王其田，不冓雨。二
(2i) 己巳卜，狄貞：其冓雨。三
(2j) 己巳卜，狄貞：王其田，惠辛，亡災。一
(2k) 己巳卜，狄貞：王其田，惠壬，亡災。二
(2l) 己巳卜，狄貞：王其田，惠乙，亡災。三
(2m) 庚午卜，狄貞。
(2n) 庚午卜，狄貞：王其田于利，亡災。吉。二
(2o) 庚午卜，狄貞：王其田，惠乙，亡災。吉。一
(2p) 庚午卜，狄貞：惠戊，亡災。二
(2q) 壬申卜，狄貞：王其田，卒亡災。吉。一
(2r) 戊寅卜，貞：王其田，亡災[①]。一
(2s) 戊寅卜，貞：王其田，不雨。吉。
(2t) 戊寅卜，貞：王其田，亡災。一
(2u) 甲申卜，貞：王田，逐麋。一

《合集》27146 = 《甲編》3914（圖4.2.24）

該版腹甲基本完整，卜辭由"戊午到甲申"歷時二十七天，除"戊午"日的卜問為祭祀卜辭外，其餘均為田獵卜辭，可見，戊午日的祭祀活動很可能是為田獵而舉行的。"乙丑"、"壬申"、"甲申"三辭為單貞卜辭。"己巳"日的卜問，由序數可知它們分為兩

---

① 此字腹甲漏刻。

255

組，每組三卜，按照"先右後左，先內後外，先下後上"的次序進行卜問。整版來看，腹甲的使用情況仍是"先疏后密，後辭承前辭之餘位"，同時從卜日干支來看，腹甲最先啟用的部位為下部。

27146

圖 4.2.24

(3a) 癸卯卜，狄貞：其祝。一

(3b) 癸卯卜，狄貞：弜巳祝。二

(3c) 癸卯卜，□貞：惠祼。一

(3d) 癸卯卜，□貞：惠歲。二

(3e) □□［卜］，狄［貞］：☒☒☒。一

(3f) 癸卯卜，狄貞：弜巳惠又雝☒。二

(3g) 甲辰卜，狄貞：王其田，惠翌日乙，亡災。一

(3h) 甲辰卜，狄貞：惠翌日戊，亡災。二

(3i) 甲辰卜，狄貞：惠壬，亡災。三

(3j) 甲辰卜，狄貞：斗弜三卜。叙鏊 一

(3k) 甲辰卜，貞：王其田𢻻盉。

(3l) 丙辰卜，狄。

(3m) 丙辰卜。

(3n) 丙辰卜，狄貞。

第四章　殷墟王卜辭龜腹甲文例特點（下）

(3o) 丙辰卜，狄貞：勿爰。吉。

(3p) 丙辰卜，狄貞：爰✝。

(3q) 丙辰卜，狄貞：勿爰。吉。

(3r) 甲子卜，狄貞：王其田，亡災。吉。

(3s) 甲子卜，狄貞：王異其田，亡災。

(3t) 甲子卜，狄貞：王勿巳田。

(3u) ☒舟，惠乙。吉。一

(3v) 甲子卜，狄貞：王其䙴（尋）① 舟，惠丁。

《合集》30757 =《甲編》3915（圖4.2.25）

圖4.2.25

此版腹甲分別在"癸卯"、"甲辰"、"丙辰"、"甲子"這四日被用來卜問，每日基本按"先右後左，先內後外，先下後上"的次序卜問，整版的情況也是"先疏後密，後辭承前辭之餘位"。從卜日干支來看，腹甲最先啟用的部位也是下部。

---

① 從王子揚釋，"尋舟"即"行舟"。見王子揚：《甲骨文字形類組差異現象研究》，中西書局2013年版，第56—59頁。

257

(4a) 癸酉卜，貞：其剛于河，王窜。吉。

(4b) 貞：弜窜。

(4c) 貞：王其田于襄，剛于河。吉。

(4d) 貞：弜。

(4e) 貞：其祝，允擒。乙王其㕣襄兇。吉。

(4f) 貞：弜祝。

(4g) 乙亥卜，狄貞：王卒入，亡災。

(4h) 貞：其涉兇西兆。

(4i) 貞：不涉。

(4j) 丁丑卜，狄貞：其用兹卜，異其涉兇同。吉。一

(4k) 貞：不同涉。吉。二

(4l) 惠亞馬涉兇。一

(4m) 貞：惠眾涉兇。一

(4n) 丁丑卜，狄貞：其禱禾于河，惠祖丁祝用。吉。一

(4o) 貞：惠父甲祝用。二

(4p) 貞：惠祖丁祝用，王受又。

(4q) 貞：辛不雨。

《合集》30439 =《甲編》3916（圖 4.2.26）

30439

圖 4.2.26

此版僅涉及"癸酉"、"乙亥"、"丁丑"三個卜日。"癸酉"日的卜問次序為"先右後左，先內後外，先上後下"；"乙亥"和"丁丑"日的卜問次序則基本為"先右後左，先外後內，先下後上"。

(5a) 己亥卜，狄貞：今夕亡田（憂）。一
(5b) 庚子卜，狄貞：今夕亡田（憂）。一
(5c) 辛丑卜，貞：今夕亡田（憂）。一
(5d) 壬寅卜，貞：今夕亡田（憂）。一
(5e) 癸卯卜，狄貞：今夕亡田（憂）。一
(5f) 甲辰卜，狄貞：今夕亡田（憂）。一
(5g) 乙巳卜，貞：今夕亡田（憂）。一
(5h) 丙午卜，貞：今夕亡田（憂）。一
(5i) 丁未卜，狄貞：今夕亡。一
(5j) 戊申卜，囗貞：今夕亡田（憂）。一
(5k) 己酉卜，狄貞：今夕亡田（憂）。一
(5l) 庚戌卜，貞：今夕亡田（憂）。一
(5m) 辛亥卜，狄貞：今夕亡田（憂）。一
(5n) 壬子卜，狄貞：今夕亡田（憂）。一
(5o) 癸丑卜，狄貞：今夕亡田（憂）。一
(5p) 甲寅卜，狄貞：今夕亡田（憂）。一
(5q) 乙卯卜，狄貞：今夕亡田（憂）。一
(5r) 丙辰卜，狄貞：今夕亡田（憂）。一
(5s) 丁巳卜，狄貞：今夕亡田（憂）。一
(5t) 戊午卜，囗貞：今夕亡田（憂）。一
(5u) 己未卜，狄貞：今夕亡田（憂）。一
(5v) 庚申卜，狄貞：今夕亡田（憂）。一
(5w) 辛酉卜，狄貞：今夕亡田（憂）。一
(5x) 壬戌卜，狄貞：今夕亡田（憂）。一
(5y) 癸亥卜，狄貞：今夕亡田（憂）。一
(5z) 甲子卜，狄貞：今夕亡田（憂）。一

《合集》31549 =《甲編》3917（圖 4.2.27）

上引卜辭均為卜夕辭，從"己亥到甲子"連續二十六日，每日一卜，除位於尾甲的"己亥"、"庚子"、"辛丑"、"壬寅"這四日的卜問按照"先右後左，先內後外"的次序進行，其餘均是"先右後左，先外後內"，整版"自下而上"依次遞用，規律性極強。

(6a) 壬子卜，狄貞：王其止🐚。

(6b) 壬子卜：王其田。

(6c) 戊午卜，貞：王其田往來亡災。

(6d) 庚申卜，貞：王惠麥麋逐。

(6e) 庚申卜，貞：王勿利南麋。

(6f) 庚申卜，狄貞：王惠斿麋用。吉

(6g) 庚申卜，貞：惠壬田。

(6h) 庚申卜，狄貞：惠辛田。

(6i) 辛酉卜，貞：卒犬亡。

(6j) 壬戌卜，狄貞：王父甲🀰其豐，王受又又。大吉。一

(6k) 貞：勿豐。

(6l) 壬戌卜，貞：惠🀰用。

(6m) 貞：弜🀰用。吉。

(6n) 貞：五惠佳（唯）。

(6o) 貞：弜美。二

(6p) 貞：惠庸用。大吉。三

(6q) 貞：勿庸。

(6r) 癸亥卜，狄貞：今日亡大風。

(6s) 癸亥卜，狄貞：又大風。

(6t) 辛未卜，狄貞：惠田。一

(6u) 辛未卜，狄貞：惠壬田。二

(6v) 狄。 《合集》27459 =《甲編》3918（圖 4.2.28）

本版卜辭所涉干支較多，其中"庚申"和"壬戌"日的卜問較多，它們基本按照"先右後左，先外後內，先下後上"的次序問卜。整版的情況則是"先疏后密，後辭承前辭之餘位"。

第四章　殷墟王卜辭龜腹甲文例特點（下）

31549

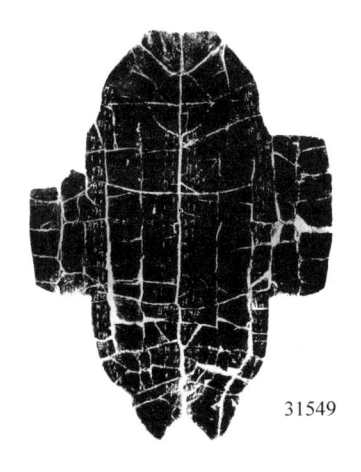

圖 4.2.27

27459

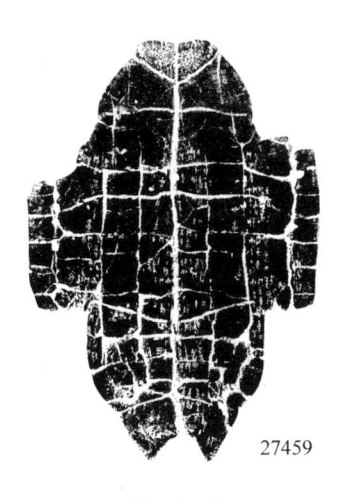

圖 4.2.28

另外，關於這六版上卜辭的行款走向，董先生也有論述，他說：

> 甲骨文行款，原只有左行右行二種。在龜甲上，更只限於卜辭迎合卜兆之款式，看下圖（一）至（四）。背著卜兆而刻

261

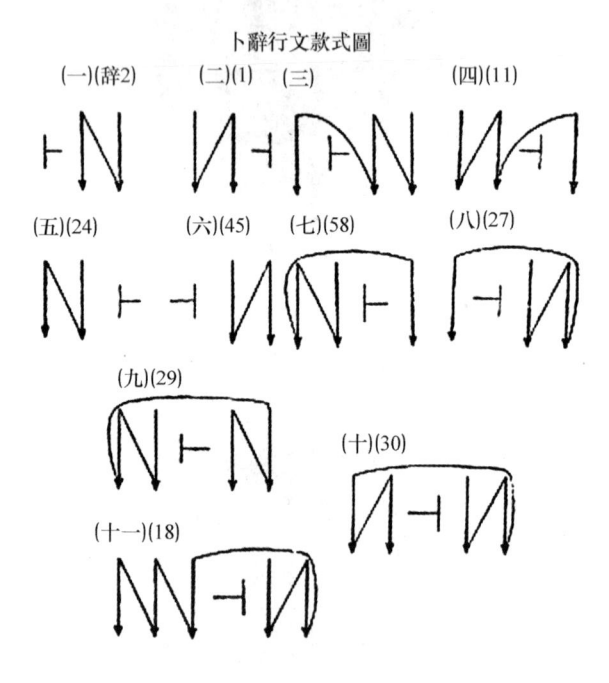

辭的，在前期只有骨版如是（參下圖五，六）。狄在六版上把款式改得特別複雜，第一，是把甲骨文中背兆刻辭法，用於龜版。第二，是憑空創立了五個格式（參下圖七至十一），以補救背兆刻辭法的缺點。茲圖之如下：

卜辭行文款式圖

(一)(辭2)　(二)(1)　(三)　(四)(11)

(五)(24)　(六)(45)　(七)(58)　(八)(27)

(九)(29)

(十)(30)

(十一)(18)

五以下皆為背兆刻辭；七以下，皆為跳兆刻辭；跳兆所以補背兆之弊的，可是，跳過兆來卻又自亂其例了。因為背兆者如左行，跳過兆便成右行了，背兆之右行者反是。跳兆之後，又有雙行，則原左行者仍左行（九）原右行者仍右行（十）還算合理，而（十一）又亂此例，原起首時背兆右行，向左跳兆之後，卻又左行。這些都是狄的創作，第三期卜辭的奇怪款式了。①

---

① 董作賓：《安陽侯家莊出土之甲骨文字》，《甲骨文獻集成》第六冊，四川大學出版社2001年版，第111頁。

第四章 殷墟王卜辭龜腹甲文例特點（下）

董先生所言，有一定道理。先生所說的"第三期卜辭的奇怪款式"基本上都位於腹甲近邊緣處，大概正如董先生所言，狄的這種創作，很容易自亂其例，所言這種佈局與行款走向的卜辭僅在何組中使用了一段時間，到了黃類卜辭就被廢棄不用了。黃類卜辭腹甲近邊緣處很少刻辭，而是把刻辭區轉移到腹甲內部，大概正是出於此種原因。

貳　何組一類卜辭的文例

何組一類的時代主要存在於廩辛之世，要晚於時代主要屬於祖庚（或祖庚、祖甲之交）的何組事何類卜辭①。同時，何組一類卜辭的上限又可上及祖甲晚期，與出組二類有一段時間同時並存，二者關係密切，文例特徵也十分相似，腹甲一般分為上、中、下三部分，中部近邊緣處的卜辭排列緊密，行款勻稱，一般均"自上而下，由內而外"刻寫，而上部和下部近邊緣處的卜辭則仍以"自上而下，由外而內"刻寫為主。由於何組一類腹甲較少，且殘缺過甚，無法詳細論述，僅列《合集》27213（圖4.2.29）、《合集》27508（圖4.2.30）、《合集》30549（圖4.2.31）、《合集》30550（圖4.2.32）、《合集》30551（圖4.2.33）、《合集》30558（圖4.2.34）等幾片以資證明。

27213　　　27508

圖4.2.29　　圖4.2.30

---

①　黃天樹：《殷墟王卜辭的分類與斷代》，文津出版社1991年版，第228—229頁。

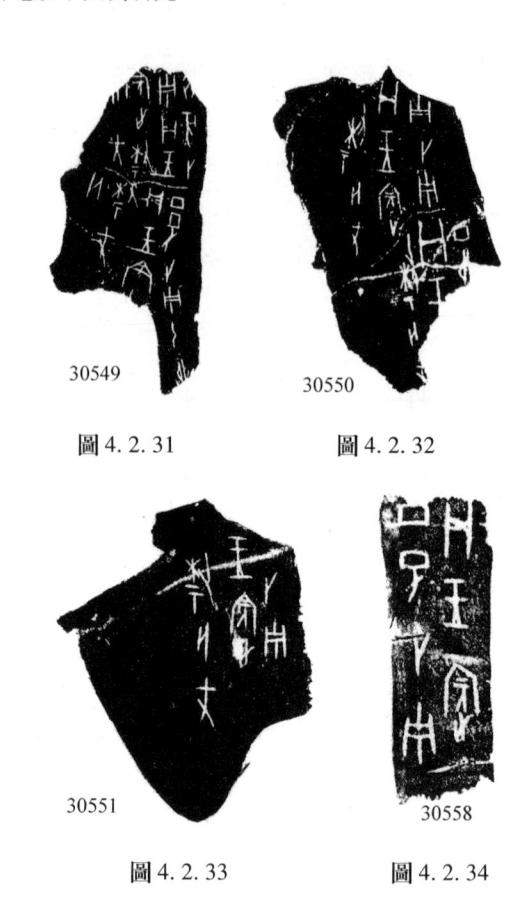

殷墟王卜辭龜腹甲文例研究

30549　30550

圖4.2.31　　圖4.2.32

30551　30558

圖4.2.33　　圖4.2.34

叁　何組事何類卜辭的文例

何組事何類是何組中時代較早的一類卜辭，其時代在祖庚（祖庚、祖甲之交）之世①。何組事何類與賓組三類和出組一類卜辭關係密切，文例特徵也極為相似。但遺憾的是，該類卜辭數量較少，內容簡單多為"卜旬"、"卜夕"或卜問"王燕惠吉"之辭，且多刻寫在背甲上，腹甲則少之又少，給文例研究帶來諸多不便。下面僅就一版刻辭較多的卜旬腹甲做一簡單說明。

(1a) 癸未［卜，叩］貞：旬［亡囚（憂）］。在□月。一
(1b) 癸丑卜，［叩］貞：旬［亡囚（憂）］。一

---

① 黃天樹：《殷墟王卜辭的分類與斷代》，文津出版社1991年版，第223頁。

264

(1c) 癸丑卜，[叩] 貞：旬亡 [囚（憂）]。一
(1d) 癸未 [卜，叩] 貞：旬 [亡囚（憂）]。一
(1e) 癸巳卜，叩貞：旬亡囚（憂）。一
(1f) 癸卯卜，叩貞：旬亡囚（憂）。一
(1g) 癸丑卜，叩貞：旬亡囚（憂）。一
(1h) 癸亥卜，叩貞：旬亡囚（憂）。一
(1i) 癸酉卜，叩貞：旬亡囚（憂）。一
(1g) 癸未卜，叩貞：旬亡囚（憂）。一
(1k) 癸巳卜，叩貞：旬亡囚（憂）。一
(1l) 癸巳卜，叩貞：旬亡囚（憂）。一
(1m) 癸亥卜，叩貞：旬亡囚（憂）。一
(1n) 癸酉卜，叩貞：旬亡囚（憂）。一
(1o) 癸未卜，叩貞：旬亡囚（憂）。一
(1p) 癸巳卜，叩貞：旬亡囚（憂）。在六月。一
(1q) [癸囗卜]，叩 [貞：旬亡] 囚（憂）。[一]
(1r) [癸囗卜]，叩 [貞：旬] 亡囚（憂）。[一]

《合補》13367 =《法藏》18（圖 4.2.35）

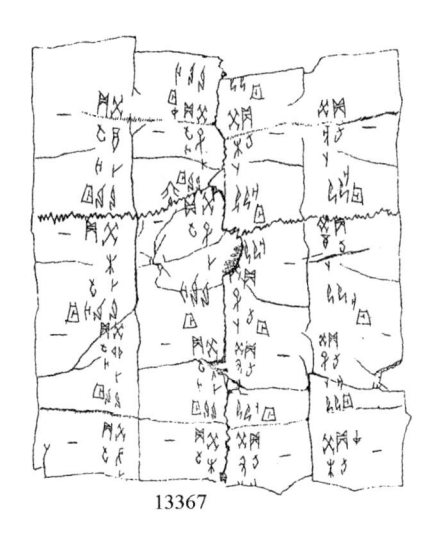

圖 4.2.35

這是目前所見唯一一版刻辭較多的何組事何類卜旬腹甲。全版序數皆為"一"，很有可能是成套卜辭的第一卜。由腹甲上殘存的卜日干支來判斷，此版很有可能是按照"先右後左，先外後內，先下後上"的次序問卜的。從現存卜辭來看，（7d）—（7k）八旬和（7m）—（7p）四旬，是旬旬相接續卜問的，其餘卜旬辭則不然，可見，整版卜辭歷時較長，且並非每旬必卜這與同樣是整版卜旬的賓組三類龜腹甲（《合集》11546）不謀而合，說明這一時期占卜制度進一步定型，但並未到達程序化的階段。

綜上所述，何組事何類、何組一類、何組二類這三個類別卜辭的文例特徵的差異，充分展現了文例發展演變的軌跡。同時也說明，賓組、出組、何組卜辭曾有一段時間是同時並存的。它們的接續關係是賓組尾部（即晚期部分）與出組首部（即早期部分）重疊，出組尾部（即晚期部分）與何組首部（即早期部分）相疊。這種首尾相疊的時間如果持續的時間比較長，那麼，賓組的尾端也有可能與何組的首端相疊（時間可能很短），它們的演變序列如下圖所示①：

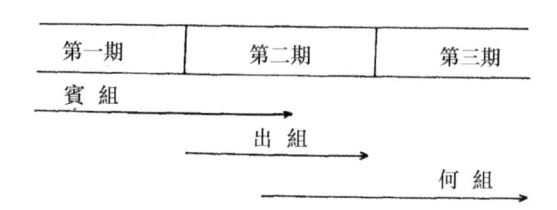

第一期	第二期	第三期
賓　組 →		
	出　組 →	
		何　組 →

第三節　黃類卜辭的文例

壹　行款走向及版面佈局特徵

黃類卜辭的字體比較單純，最易辨識。一般說來，它的書體風

---

① 黃天樹：《殷墟王卜辭的分類與斷代》，文津出版社1991年版，第224頁。

第四章　殷墟王卜辭龜腹甲文例特點（下）

格是字體細小，書法整飭，行款劃一，文例嚴謹。① 黃類卜辭時代較晚，主要存於文丁至帝辛之世。因此，龜腹甲文例發展到這一階段已經十分成熟，表現出極強的規律性。雖然黃類卜辭在刻寫時，已不見一條完整的卜辭被腹甲齒紋割裂開的現象，但因腹甲上部卜辭的佈局方式較為獨特，"自成一體"，所以我們仍按照上、中、下三部分，討論該類腹甲的文例特徵。

一　上部

黃類腹甲上部卜辭的行款走向和佈局與其他類組的卜辭有很大不同。一般來說，首甲卜辭多較靠近腹甲內部，"自上而下，由內而外"刻寫，首列卜辭多位於中甲左右兩側的夾角所在的豎綫附近。如：《合集》35380、《合補》11003甲乙（圖4.3.1）、《合集》36319、《合集》36328②（圖4.3.2）、《合集》36565、《合集》37668③（圖4.3.3）、《合集》37810、《合集》37914、《英藏》2645等。

11003甲　　　　　　　　　　11003乙

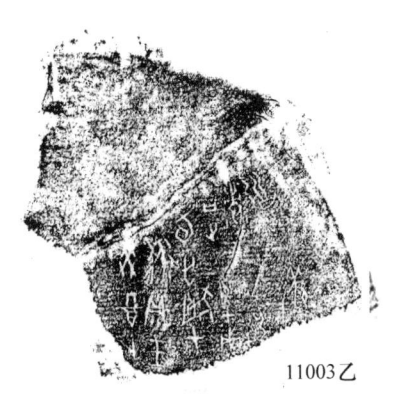

圖4.3.1

---

① 黃天樹：《殷墟王卜辭的分類與斷代》，文津出版社1991年版，第275—276頁。
② 李延彥遙綴《合集》37301，見《甲骨拼合集》第317則。
③ 李愛輝綴合，見《甲骨拼合續集》第532則。

267

殷墟王卜辭龜腹甲文例研究

36328

圖 4.3.2

37668

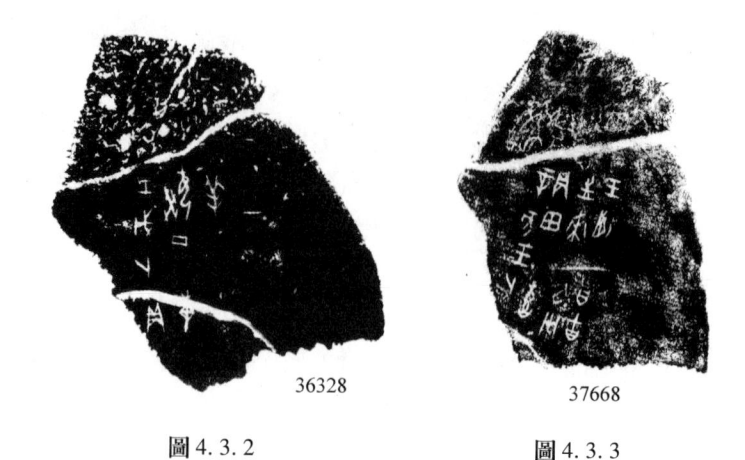

圖 4.3.3

上部所包括的前甲部分的卜辭也與早期多位於腹甲邊緣不同。黃類腹甲這一部位通常僅刻一條卜辭，且多以中甲左右兩側的夾角附近為起點，"自上而下，由內而外"刻寫。如：《合補》11046、《合補》11406（圖4.3.4）、《合補》12424、《合集》35438、《合集》35859（圖4.3.5）、《合集》35861、《合集》35969、《合集》36612、《合集》36852、《合集》37414（圖4.3.6）、《合集》37477、《合集》37644（圖4.3.7）、《合集》37741（圖4.3.8）、《合集》37826、《合集》38885、《合集》39015（圖4.3.9）、《合集》39018（圖4.3.10）等。

11406

圖 4.3.4

35859

圖 4.3.5

第四章 殷墟王卜辭龜腹甲文例特點（下）

37414
圖 4.3.6

37644
圖 4.3.7

37741
圖 4.3.8

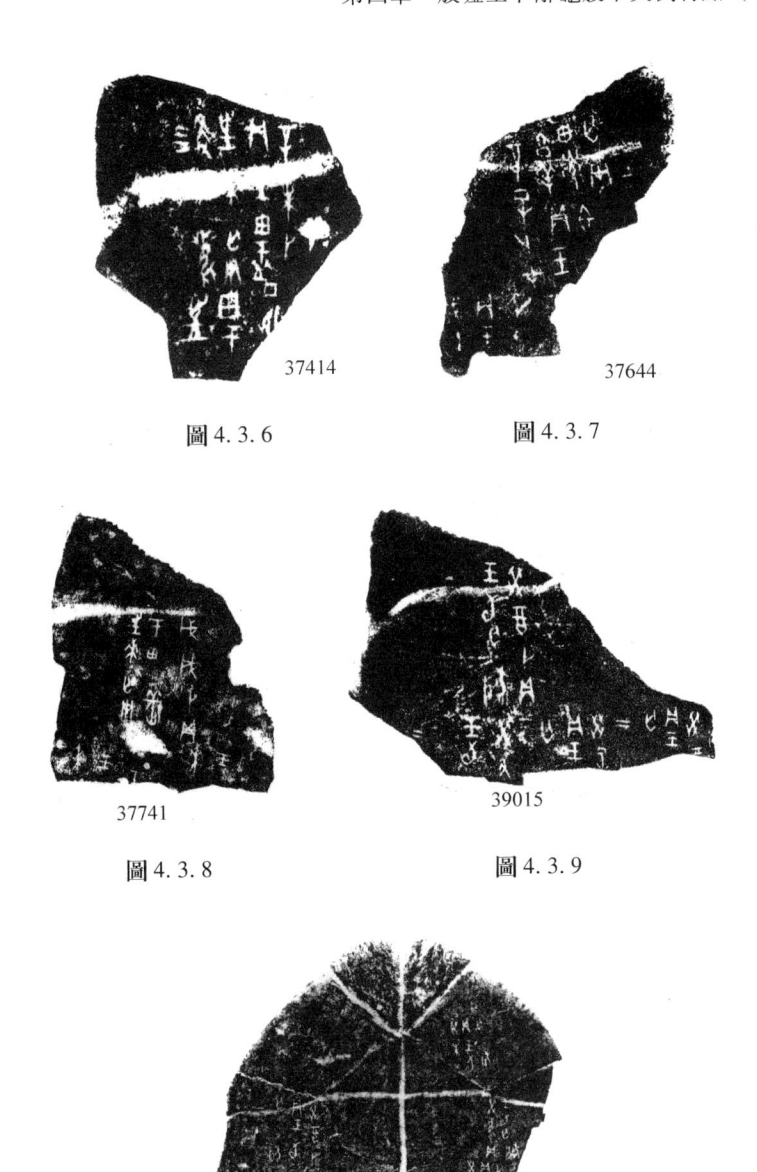

39015
圖 4.3.9

39018
圖 4.3.10

中甲上卜辭的行款走向較為獨特，多"自上而下，由外而內"契刻，即"在右左行，在左右行"，與同版它辭的刻寫行款迥異。如：

《合集》35376（圖4.3.11）、《合集》35659、《合集》37054（圖4.3.12）、《合集》37763①、《合集》38849、《合集》38850、《合補》12463正等。還有個別中甲上的僅刻一條卜辭，且卜辭會越過千里路刻寫，如：《合集》38776（圖4.3.13）、《合集》38847（圖4.3.14）等。

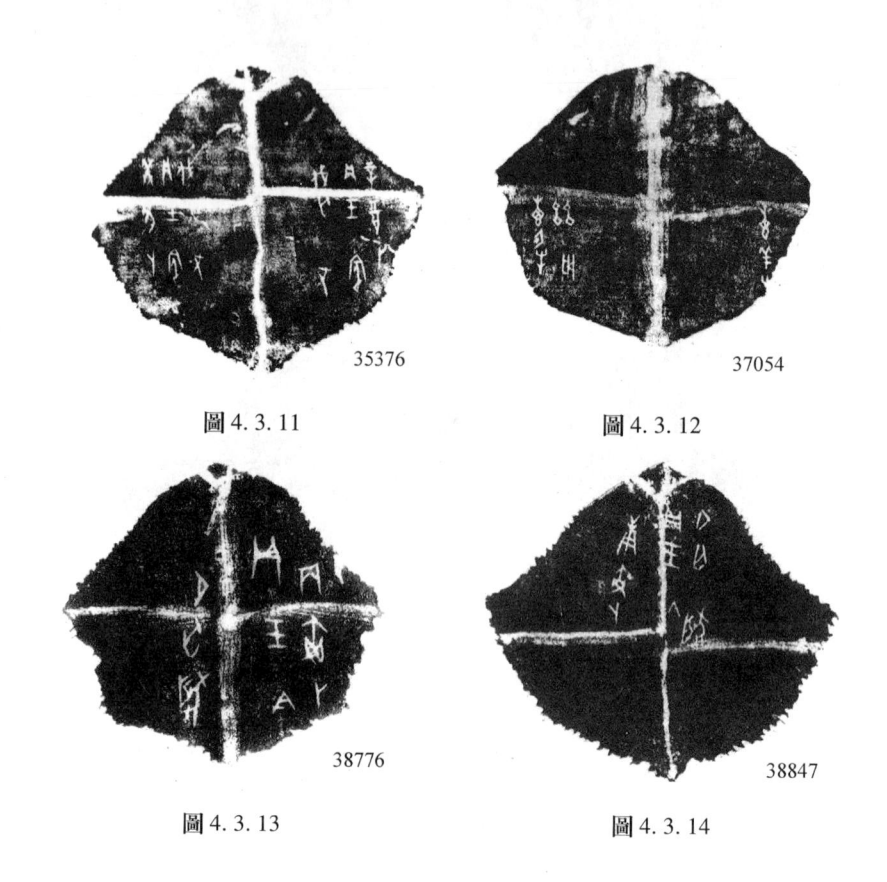

35376

圖4.3.11

37054

圖4.3.12

38776

圖4.3.13

38847

圖4.3.14

但就目前所收錄的甲骨拓片來看，黃類腹甲上部刻辭較少，特別是首甲和中甲部位多不刻辭。

二　中、下部

腹甲的中部和下部是黃類卜辭的主要刻辭區。這一區域卜辭的佈局也較為獨特，卜辭主要集中刻寫在千里路兩側，與其他類組卜

---

① 李愛輝綴合，見《甲骨拼合續集》第532則。

辭不同的是，黃類腹甲內部即千里路兩側往往分別刻有兩或三縱列卜辭，它們排列緊密，行款整齊，大都"自上而下，由內而外"刻寫，即在左左行，在右右行。

中部如：《合集》35745（圖4.3.15）、《合集》35828（圖4.3.16）、《合集》35965、《合集》35975、《合集》36013、《合集》36115、《合集》36591＋《合集》36697＋《合集》36600①（圖4.3.17）、《合集》36650（圖4.3.18）、《合集》38586、《合集》38775、《合集》38838、《合集》38861（圖4.3.19）、《合補》12458（圖4.3.20）、《合補》12869（圖4.3.21）等。

35745　　　　　35828
圖4.3.15　　　圖4.3.16

36591
36697
36600　　　　　36650
圖4.3.17　　　圖4.3.18

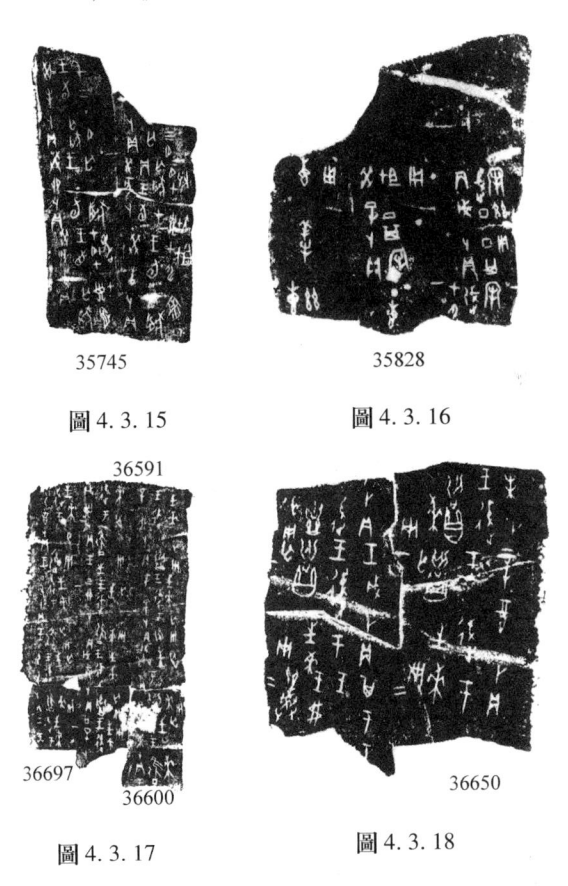

① 劉影、李愛輝綴合，見《甲骨拼合續集》第525則。

殷墟王卜辭龜腹甲文例研究

38861

圖 4.3.19

12458

圖 4.3.20

12869

圖 4.3.21

下部如：《合集》35976、《合集》36203、《合集》36384、《合集》36668（圖 4.3.22）、《合集》37513、《合集》37985、《合集》38310（圖 4.3.23）、《合集》38772、《合集》38842、《合集》38965、《合集》39141、《合補》10949（圖 4.3.24）等。

第四章　殷墟王卜辭龜腹甲文例特點（下）

36668　　　　　38310

圖 4.3.22　　　　圖 4.3.23

10949

圖 4.3.24

　　通過上舉例證不難看出，這種佈局使卜辭在刻寫上大大擺脫了腹甲形態的限制。同時也不難發現，刻寫空間相對富裕的中部，其外部，即近邊緣處卻少有刻辭。目前僅見幾版刻寫在近甲橋處的例子。這些卜辭的行款走向卻較為特殊，只有少數卜辭行款走向與內部卜辭一致，"自上而下，由內而外"刻寫，如：《合集》38785（圖 4.3.35）、《合集》38826 +《合補》12405[①]、《合集》38888

---

① 李愛輝綴合，見《甲骨拼合續集》，第 505 則。

273

(圖 4.3.36)、《英藏》2615（圖 4.3.37）等。

一般來說，這一部位卜辭，多"自上而下，由外而內"刻寫，與內部卜辭的行款走向有別。如：《合集》35858（圖 4.3.25）、《合集》35935 +《合集》35937（右半）+《合集》35829①（圖 4.3.26）、《合集》36090（圖 4.3.27）、《合集》36320、《合集》36322（圖 4.3.28）、《合集》36550 +《合集》36553②（圖 4.3.29）、《合集》37294、《合集》38904、《合補》12460、《合補》12461 等。

這種特殊的文例現象門藝博士在其論文《殷墟黃組甲骨刻辭的整理與研究》③一文中也曾提及，她說：

> ……這是一版腹甲的右半（筆者按：即《合集》35935 +《合集》35937（右半）+《合集》35829），在靠近甲橋的位置有一辭為"壬戌卜，貞：母癸祊惠羊？"
>
> 此條卜辭為左行，與本片其他卜辭的行款正好相反。與此相似的還有 H（筆者按：即《合集》，下同）36090，其他針對母癸的祊祭占卜也有左行的，如 H36320、H36322、H36327、H36331 等均是殘片。雖不能確定其必在右腹甲上，但從左甲上并未發現有完整前辭的辭條來看，其位置可能與此片和 H36090 大致相當。對母癸的祊祭契刻除在這樣一個特殊位置行款左行之外，還有在其他位置的，如右腹甲靠近千里路的位置，這些母癸卜辭與其他祖先卜辭一樣，是右行，如 H35858、H36321、H36323 等。

---

① 此版綴合見蔡哲茂：《甲骨綴合集》，第 360 組。後王蘊智、門藝在《關於黃組祊祭卜辭性質的考察——附祊祭甲骨綴合六例》中指出應除去 H35837 左邊的部分，我們認為此說可從。見《鄭州大學學報（哲學社會科學版）》2008 年第 3 期。

② 此版為門藝綴合第二十七組。

③ 門藝：《殷墟黃組甲骨刻辭的整理與研究》，博士學位論文，鄭州大學，2008 年。

第四章 殷墟王卜辭龜腹甲文例特點（下）

門藝博士的論述十分正確。"壬戌卜，貞：母癸祊惠羊"一辭的行款走向之所以與同版它辭有別，是由其所處的位置決定的，與占卜內容無關。這一點從上文所舉的例子也可以得到印證，《合集》36550＋《合集》36553（圖4.3.29）為右前甲殘片，整片均為卜夕之辭，位於近甲橋處的"己酉"和"辛亥"兩條卜辭也是左行的，與同版其他卜辭的行款走向有別。

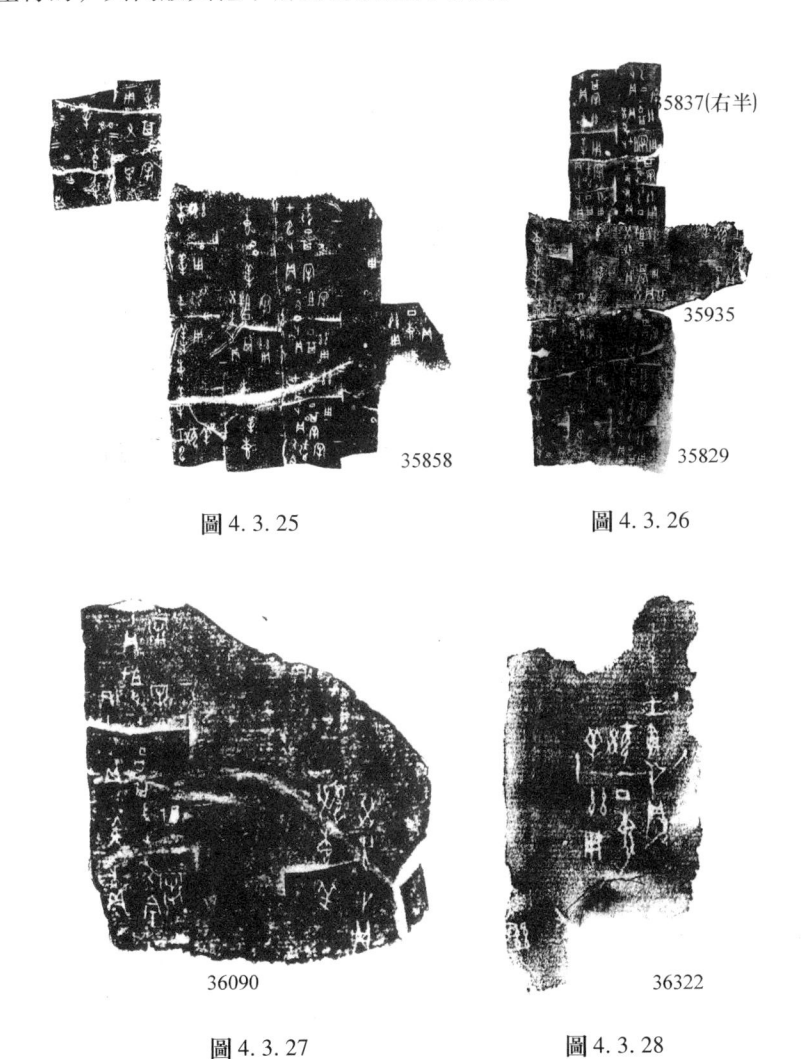

35837(右半)

35935

35858　　　　　　　35829

圖4.3.25　　　　　　圖4.3.26

36090　　　　　　　36322

圖4.3.27　　　　　　圖4.3.28

275

殷墟王卜辭龜腹甲文例研究

36550
36553

圖 4.3.29

貳 占卜次序釋例

上文我們說過,同一占卜主題的卜辭,在刻寫上極具規律性,這一點在黃類卜辭得到了充分地體現。黃類同版甲骨上的占卜的內容多為同一事項、同一占卜主題,因此,卜辭在刻寫上表現出極強的規律性。

黃類卜辭雖龜骨並用,但"由於每版中的內容多為同一事項、同一占卜主體而很少摻雜其他,各事項卜辭在占卜用料上呈現出趨同性的規律:卜旬辭龜骨並用,各占卜主體所用材料卻各有分工;卜夕辭大都用龜腹甲,龜背甲上僅有零星發現;卜月全用骨;王窒卜辭大都刻於龜背甲上,少量在龜腹甲上;祊祭全用龜腹甲;征伐卜辭大都用骨;其他各項中也是以骨為主"①。可見,龜腹甲上的卜辭以卜旬、卜夕和祊祭為主,同時有少量王窒、田行等其他卜辭。

黃組龜腹甲卜旬辭的契刻規律,常玉芝先生在《晚期龜腹甲卜

---

① 門藝:《殷墟黃組甲骨刻辭的整理與研究》,博士學位論文,鄭州大學,2008 年。

276

第四章 殷墟王卜辭龜腹甲文例特點（下）

旬卜辭的契刻規律及意義》① 一文中總結為"先右後左，先內後外，先下後上"，即"在中縫右半部刻一旬卜辭之後，下一旬卜辭即刻於中縫的左半部，再下一旬又回刻到中縫的右半部，如此循環往復。這樣對每半部分來說，各相鄰的兩旬都不是連續的兩旬，而是都間隔了一旬；其次，每半部分都是先從內部的中縫處刻起的，以後依次外移；再者，每半部分都是先從下部刻起，以後依次上移"。常說甚確，檢視拓片，幾無例外。

實際上，黃類龜腹甲上的卜辭，除祊祭卜辭外，卜夕、田行、王窟等占卜主題的卜辭也基本上是按照"先右後左，先內後外，先下後上"的次序依次問卜的。但它們所在的腹甲多破碎為小片，且此種類型的問卜次序也較易把握，故茲不贅述。下面重點討論祊祭卜辭的占卜次序。

祊祭卜辭在黃組祭祀卜辭中佔有相當大的比重。門藝博士對該類卜辭做了很好的總結，她指出：

> 這種占卜的主要目的是為祭祖而選牲。其為從不同角度對同一件事進行占卜的成套卜辭，首先選擇牲畜的種類，再選擇用牲的毛色。只有選擇牲畜的第一卜為前辭、命辭俱全的完整形式，其餘均為擇要的簡省卜問。②

並將其辭例形式歸結為兩種。
第 1 種為：
干支卜，貞：祖先（宗或升）祊其牢？　　一
其牢又一牛？　　　　　　　　　　　　　　二
惠羊？　　　　　　　　　　　　　　　　　一
惠物？　　　　　　　　　　　　　　　　　二
第 2 種為：

---

① 常玉芝：《晚期龜腹甲卜旬卜辭的契刻規律及意義》，《考古》1987 年第 10 期。
② 門藝：《殷墟黃組甲骨刻辭的整理與研究》，博士學位論文，鄭州大學，2008 年。

殷墟王卜辭龜腹甲文例研究

干支卜，貞：祖先（宗或升）祊其牢？ 一
其牢又一牛？ 二
其歆牛？ 三
惠羊？ 四
惠物？ 五

認為第 1 種應是常見辭式，第 2 種則是一種變式。根據這兩種辭式，我們可以看到，祊祭卜辭的占卜程序是先右後左，契刻規律是從外到內的。①

門藝博士的論述十分正確。下面我們再通過幾版腹甲做一點補充和說明：

（1a）［癸］☑祖甲祊☑。一

（1b）惠□。

（1c）惠□。

（1d）惠物。茲用。二

（1e）惠羊。茲用。一

（1f）惠物。二

（1g）甲戌卜，貞：武乙宗祊其牢。茲用。

（1h）其牢又一牛。二

（1i）惠羊。一

（1j）惠物。二

（1k）丙子卜，貞：武丁祊其牢。一

（1l）其牢又一牛。二

（1m）其牢又一牛。二

（1n）惠羊。一

（1o）惠物。茲用。二

（1p）惠羊。一

（1q）惠物。二

---

① 門藝：《殷墟黃組甲骨刻辭的整理與研究》，博士學位論文，鄭州大學，2008 年。

278

第四章　殷墟王卜辭龜腹甲文例特點（下）

（1r）癸卯卜☒。

（1s）其牢又一牛。兹用。二

（1t）☒羊。

（1u）惠物。兹用。二

（1v）☒貞：☒祊其☒。

（1w）其牢又一牛。二

（1x）甲辰卜，☒：☒乙宗祊☒☒。兹〔用〕。一

（1y）其牢又一牛。二

（1z）惠羊。一

（1A）惠物。兹用。二

（1B）惠羊。一

（1C）惠物。二

（1D）癸巳卜，貞：祖甲祊其牢。一

（1E）其牢又一牛。二

（1F）☒羊。

（1G）惠物。二

（1H）甲午卜，貞：武乙宗祊其牢。一

（1I）其牢又一牛。兹用。二

（1J）丙申卜，貞：武丁祊其牢。兹用。

（1K）其牢又一牛。二

（1L）☒亡尤。

（1M）乙巳卜，貞：王窒帝事，亡尤。

《掇三》140（《合集》35931＋《合集》35950＋《續》3.24.1）＋《掇二》419①（圖4.3.30）

此版腹甲較為完整，除前甲上部兩條卜辭為王窒卜辭外，其餘均為祊祭卜辭。其辭例形式為門藝博士所總結的第一種。根據序數可知，腹甲右側均為第一卜，左側均為第二卜。按照"先右後左"

---

① 門藝：《黃組甲骨新綴第101—106組》，見先秦史研究室網站：http://www.xianqin.org/blog/archives/1870.html，2010年3月4日。

279

的次序卜問。但如果純粹依據腹甲上干支"甲戌→丙子→癸巳→甲午→丙申→癸卯→甲辰→乙巳"的先後次序來釋讀卜辭的話，則整版卜辭的貞問次序顯得非常零亂，這與黃類腹甲的一貫刻寫原則相違背。我們知道六十甲子是循環往復的，因此我們認為此腹甲上的干支應分為兩組，"甲戌→丙子→癸卯→甲辰"為一組；"癸巳→甲午→丙申→乙巳"為一組，它們分屬於不同的月份，大概此版龜腹甲使用的時間較長，至少沿用四個月。如果我們的推斷正確的話，那麼，此版腹甲卜辭的卜問次序也極有規律，它們是按照"先右後左，先外後內，先下後上"的順序依次問卜的。

掇二419
掇三140

圖 4.3.30

35818

圖 4.3.31

第四章 殷墟王卜辭龜腹甲文例特點（下）

(2a) 甲午［卜］，貞：武［乙祊］其牢。一

(2b) 其牢又一牛。兹用。

(2c) 丙［辰卜，貞］：武［丁祊其］牢。

(2d) 其牢又一牛。

(2e) 惠羊。

(2f) 惠物。

(2g) 癸亥卜，貞：祖甲祊其牢。一

(2h) 其牢又一牛。

(2i) 惠羊。一

(2j) 惠物。

(2k) 惠羊。兹用。

(2l) 惠物。

(2m) 甲子卜，貞：武乙祊其牢。兹用。

(2n) 其牢又一牛。

(2o) 丙寅卜，貞：武丁祊其牢。

(2p) 其牢又一牛。

(2q) 惠羊。

(2r) 惠物。

(2s) 癸酉卜，貞：［祖甲祊］其牢。

(2t) ［其牢］又牛。　　　　《合集》35818（圖4.3.31）

這版腹甲僅殘存前甲部分。雖然卜辭的兆序辭多不易辨識，但根據門藝博士總結的祊祭卜辭的辭式可推知腹甲右半卜辭的序數均為"一"，左半卜辭的序數均為"二"。另據卜辭的干支"甲午→丙辰→癸亥→甲子→丙寅→癸酉"可推知本版腹甲的卜問次序也是"先右後左，先外後內，先下後上"的。

(3a) 甲申卜，貞：武乙宗祊其牢。

(3b) 丙戌卜，貞：武丁祊其牢。

(3c) 其戠［牛］。三

(3d) 癸巳卜，貞：祖甲祊其牢。兹用。一

(3e) 其戠牛。三

281

(3f)　惠物。五

(3g)　甲午卜，貞：武乙宗祊其牢。一

(3h)　其戠牛。三　　　　　　　《合補》11044（圖 4.3.32）

此版為右腹甲殘片。辭例形式屬第 2 種，與其相對的左腹甲上卜辭的序數，應為"二"和"四"，可惜已殘缺。由序數情況可知，這裡占卜用牲種類與用牲毛色的卜辭並沒有分為兩組，而是連續的卜問，形成一組成套卜辭。另據卜日干支"甲申→丙戌→癸巳→甲午"的次序可知，卜辭問卜的先後次序為"先右後左，先外後內，先下後上"。

11044

圖 4.3.32

36002

圖 4.3.33

36013

圖 4.3.34

第四章　殷墟王卜辭龜腹甲文例特點（下）

又如《合集》35828（圖4.3.16）為右前甲殘片，由干支"甲申→丙戌→癸巳"的次序及序數"一"可知，卜辭的問卜次序也是"先右後左，先外後內，先下後上"；

《合集》36002（圖4.3.33）為右腹甲殘片，根據卜辭的卜日干支"甲辰→丙午→甲寅→丙辰"的先後次序及序數"一、三、五"的位置可知，卜辭的問卜次序也是"先右後左，先外後內，先下後上"；

《合集》36013（圖4.3.34）為右腹甲殘片，由卜日干支"甲辰→丙〔午〕→甲寅→丙辰→甲子"的先後次序和腹甲上殘存的序數，可以推知卜辭的問卜次序也是"先右後左，先外後內，先下後上"等。

由此可見，祊祭卜辭的占卜次序也是以"先右後左，先下後上"為主，與旬夕等卜辭不同的僅是同一橫行卜辭的問卜次序。祊祭卜辭每一橫行多是"先外後內"，而旬夕等卜辭則多是"先內後外"。

此外，上文我們提到有些黃類卜辭在近甲橋處也會有刻辭，它們的行款走向或與內部卜辭一致，或與內部卜辭相反。那麼，它們與同版內部卜辭的關係是怎樣的，其問卜次序又如何呢？

門藝在其博士論文中談到卜夕辭的特點時，指出：

> 一般情況下腹甲每半邊一行刻3個干支，但有僅刻兩個的，如H38775（筆者按：H指《合集》，下同）。還有一些一行有4個干支，這第4個卜夕位於外側靠近甲橋的位置，與同行其餘卜辭干支不相連屬，如H38785、H38826等，據觀察這些卜辭可能是在其他成行占卜完之後又在這樣的位置進行的占卜記錄，為了方便稱說我們暫時稱其為補白占卜。①

門藝博士所述，有一定道理。這些位於腹甲外側，靠近甲橋處

---

① 門藝：《殷墟黃組甲骨刻辭的整理與研究》，博士學位論文，鄭州大學，2008年。

的卜夕辭，的確是在其他成行占卜完成之後又接著進行的，可惜門藝博士並未進一步探討它們的問卜次序是怎樣的。而且我們認為不僅刻寫於這一部位的卜夕辭為"補白占卜"，目前所見的刻於該處的祊祭卜辭也應視為"補白占卜"。下面我們通過幾版腹甲來進一步說明它們問卜的先後次序。

(4a) 庚午［卜］，［貞］：王［今夕］亡［㚔］。遘☒。

(4b) 丙子卜，貞：王今夕亡㚔。

(4c) 壬午卜，貞：王今夕亡㚔。

(4d) □□卜，［貞］：王今［夕］亡㚔。

(4e) 庚戌卜，貞：王今夕亡㚔。

(4f) □□卜，貞：［王］今夕［亡］㚔。

《合集》38785（圖 4.3.35）

此版為右後甲殘片。左側一列卜辭的卜日干支分別為"庚午、丙子、壬午"，它們之間均相隔五日。根據黃類卜夕辭一般按照"先右後左，先內後外，先下後上"的次序依次卜問，可以確定此版應為千里路左右兩側分別刻有三縱列卜辭的佈局類型。復原後卜日干支分佈情況如下所示：

左側	右側
癸未 辛巳 己卯	戊寅 庚辰 壬午
丁丑 乙亥 癸酉	壬申 甲戌 丙子
辛未 己巳 丁卯	丙寅 戊辰 庚午

可見從"庚午到壬午"的卜問是連續的，中間無法插入位於甲橋的"庚戌"日的卜問。且"庚戌"距"壬午"二十八日之遙。因此，位於近甲橋處的（4e）、（4f）兩辭的確應該是在腹甲內部的占卜完成之後，又進行的卜問。

(5a) 丁未卜，貞：王今夕亡㚔。

(5b) 己酉卜，貞：王今夕亡㚔。《合集》38888（圖 4.3.36）

第四章　殷墟王卜辭龜腹甲文例特點（下）

　　此版亦為右後甲殘片，可惜殘缺較為嚴重，僅存近甲橋的部分。這兩條卜辭的卜日干支僅相隔"戊辰"一日，很有可能是"補白占卜"。據干支推測，它們的占卜次序為"先右後左，先下後上"。

（6a）乙未卜，貞：王今夕亡巛。
（6b）辛丑卜，貞：王今夕亡巛。
（6c）癸卯卜，貞：王今夕亡巛。
（6d）乙巳卜，貞：王今夕亡巛。
（6e）丁未卜，貞：王今夕亡巛。
（6f）甲寅卜，貞：王今夕亡巛。
（6g）丙辰卜，貞：王今夕亡巛。
（6h）戊午卜，貞：王今夕亡巛。
（6i）庚申卜，貞：王今夕亡巛。
（6j）壬戌卜，貞：王今夕亡巛。
（6k）戊辰卜，貞：王今夕亡巛。
（6l）庚午卜，貞：王今夕亡巛。　　《英藏》2615（圖4.3.37）

　　此版為完整的右前甲。其上的卜辭可以分為兩組，（6a）—（6j）為一組，它們干支間隔雖不同，有的相隔五六日，有的僅隔一日，但總體上是按照"先右後左，先內後外，先下後上"的次序卜問的。而（6k）、（6l）兩辭的卜日却很難插入與其同行的卜日中去。從它們的卜日干支來看，它們應該是在內部三縱列卜辭占卜完成之後進行的，其占卜次序為"先右後左，先下後上"。

38785　　38888

圖4.3.35　　圖4.3.36

285

殷墟王卜辭龜腹甲文例研究

2615

圖 4.3.37

(7a) 乙酉卜，在香貞：王今夕亡㞢。

(7b) 丁亥卜，在喪貞：王今夕亡㞢。

(7c) 己丑卜，在樂貞：王今夕亡㞢。

(7d) 辛卯卜，在冒貞：王今夕亡㞢。

(7e) 癸巳卜，在冒貞：王今夕亡㞢。

(7f) 乙未卜，在冒貞：王今夕亡㞢。

(7g) ［丁酉卜］，在囗［貞］：王［今夕亡］㞢。

(7h) 己亥卜，在𢀛貞：王今夕亡㞢。

(7i) 辛丑卜，在商貞：王今夕亡㞢。

(7j) 癸卯卜，在商貞：王今夕亡㞢。

(7k) 己酉卜，在吉貞：王今夕亡㞢。

(7l) 辛亥卜，貞：王今夕亡㞢。在吉。

《合集》36550 +《合集》36553（圖 4.3.29）

此版綴合後為基本完整的右前甲。近甲橋處的（7k）、（7l）兩辭的行款走向雖與上舉卜辭不同，但它們也屬於"補白占卜"，二者卜日僅相隔一天，因此，可知它們的問卜次序為"先右後左，先下後上"。

(8a) 甲申卜，貞武乙祊其牢。茲用。

(8b) 惠羊。

286

(8c) 惠羊。一

(8d) 丙戌卜，貞武丁祊其牢。兹用。

(8e) 惠羊。兹用。

(8f) 惠羊。一

(8g) 癸巳卜，貞：祖甲祊其牢。

(8h) 丙申卜，貞：武丁祊其牢。

(8i) 惠羊。兹用。

(8j) 癸卯卜，貞：祖甲祊其牢。兹用。

(8k) 惠羊。

(8l) 惠羊。

(8m) 甲辰卜，貞：武乙祊其牢。兹用。

(8n) 丙午卜，貞：武丁祊其牢。兹用。

(8o) 癸丑卜，貞：祖甲祊其牢。兹用。

(8p) 惠羊。兹用。一

(8q) □□卜，貞：□乙祊［其］牢。

(8r) □□卜，貞：□□祊其牢。

(8s) 壬戌卜，貞：母癸祊惠羊。一

《合集》35935 +《合集》35937（右半）+
《合集》35829（圖 4.3.26）

該版為祊祭卜辭。(8a)—(8r) 的問卜次序與其它祊祭卜辭無別，按照"先右後左，先外後內，先下後上"的次序進行。而近甲橋處的 (8s) 一辭，不僅行款走向與同版其它卜辭有別，所在的干支也很難排入其中。因此，我們認為該辭也應屬於刻於同版它辭之後的"補白占卜"。

通過以上例子不難看出，近甲橋處的卜辭，其卜問時間一般要晚於同版其它成行卜辭。同時，如果該處不止一辭的話，它們又是按照"先右後左，先下後上"的次序進行卜問的。這樣，整版腹甲的卜問次序便是"先內後外"，內部按照"先右後左，先內後外或先外後內，先下後上"的次序依次完成後，再在外部按照"先右後左，先下後上"的次序依次卜問。

殷墟王卜辭龜腹甲文例研究

叁　首刻卜辭

劉影在其博士論文《胛骨文例研究》一文中指出：

> 本類（筆者按：即黃類）骨邊卜辭還有一個值得關注的特點：一般情況下，與骨扇部位相接的下端的一條或兩條骨邊卜辭，往往字大而疏鬆，與同版的其它骨邊卜辭有別，有些像村中南系的"首刻卜辭"。①

劉影博士所言，有一定道理。無獨有偶，我們發現龜腹甲的下部即尾甲上，也有類似字體稍大，行款較長，刻寫相對疏鬆的卜辭存在，如：《合集》36203、《合集》36855（圖4.3.38）、《合集》36856、《合集》36857＋《合集》37862＋《合補》13089②、《合集》37373＋《合集》37399＋《英藏》2542③、《合集》37513（圖4.3.39）、《合集》37711（圖4.3.40）等。

36855　　　　　　　37513

圖4.3.38　　　　　　圖4.3.39

---

① 劉影：《殷墟胛骨文例》，首都師範大學出版社2016年版。
② 門藝綴合第二十八組，參門藝：《殷墟黃組甲骨刻辭的整理與研究》，博士學位論文，鄭州大學，2008年。
③ 黃天樹、李愛輝綴合，參黃天樹：《〈甲骨文合集〉綴合拾遺補闕》，《古文字研究》第29輯，中華書局2012年版，第158—161頁。

288

第四章　殷墟王卜辭龜腹甲文例特點（下）

37711

圖 4.3.40

　　這些卜辭不僅在行款上有明顯的特徵，辭例也一般比較完整，常附記地點、月份和年祀等，非常符合"首刻卜辭"的特徵，再加上上文我們已經討論了黃類卜辭的卜問次序一般為"先下後上"，因此，我們認為卜骨上和卜甲上的這類卜辭當是"首刻卜辭"無疑。它們之所以與同版其他部位卜辭在刻寫上存在一定差異，也許是契刻者為標明其"首刻卜辭"的性質有意而為之的。同時，這也為上文我們提到的賓組三類腹甲上，那部分"書體風格是字形較大，筆劃尖銳，鋒棱畢露，略顯草率"的卜辭為"領句"或"首刻卜辭"說，提供了一個旁證。

　　可見，這類在刻寫上與同版其他部位的卜辭存在一定區別的"首刻卜辭"，不僅存在於村南系卜辭中，也存在於村北系卜辭中；不僅存在於卜骨刻辭中，也同樣存在於卜甲刻辭中。據此，我們可以判斷卜骨與卜甲在使用的過程中是相互影響的，村中南系在占卜時，雖少用卜甲，但村中南卜辭與村北卜辭仍存在著千絲萬縷的聯繫。

　　綜上所述，黃類卜辭不僅版面佈局較為整齊劃一，問卜也儼然有序，表明龜腹甲文例發展至此已經十分成熟。問卜次序以"先右後左，先內後外，先下後上"為主，也有一小部分"先右後左，先外後內，先下後上"的情況存在。黃類卜辭的"首刻卜辭"一般位於尾甲上，也就是說，黃類卜辭在問卜時，最先使用的是腹甲下部。

第五章　文例演變趨向及成因

壹　文例演變趨向

通過上文對各類組王卜辭腹甲文例特徵的分析，我們不難看出腹甲文例的演變趨向，現總結如下。

首先，在行款走向上，經歷了由㠯組等卜辭行款的不確定性，到賓組、出組等卜辭的腹甲內部多"由內而外，自上而下"，腹甲外部多"由外而內，自上而下"，再到何組、黃類等卜辭的腹甲內部與外部均以"由內而外，自上而下"的行款走向為主的演變趨向。同時，從整體上看，卜辭的行款又經歷了由參差錯落到漸趨整齊劃一，由疏鬆到漸趨緊密的演變。

其次，在版面佈局上，經歷了由㠯組等卜辭的不確定性，到賓組的以腹甲外部為主兼及腹甲內部，到出組、何組的將腹甲明確分為內部與外部兩個刻辭區，再到黃類卜辭的以腹甲內部為主要刻辭區的發展演變。這使腹甲上的卜辭逐漸擺脫了腹甲形態的限制。

再次，在腹甲的使用上，經歷了由以先用腹甲上部為主，到先用中部為主，再到先用腹甲下部的演變過程；相應的腹甲卜辭的契刻也經歷了由"先疏后密，後辭承前辭之餘位"，到"自下而上，一以貫之"的演變。

最後，同一版腹甲上的占卜主題由多樣趨於單一；同組卜辭由以"左右相對"為主兼及"上下相對、斜向相對、三角相對"等的多種模式，轉變為"左右相對"的模式；卜辭的問卜次序，也由以"先右後左，先外後內，先上後下"為主，演變為以"先右後

第五章　文例演變趨向及成因

左，先內後外，先下後上"為主。

可見，總的來說，文例發展演變是由繁至簡，漸趨成熟穩定的。

貳　文例的成因

商人"事鬼敬神"，有著濃厚的鬼神觀念，遇事多占卜，擁有相當龐大的占卜機構，其成員分工明確，各司其職，逐漸形成了一定的卜法體系和占卜制度。而記錄這些占卜內容的甲骨文，其文例形式必然受它們的影響。但這裡需要指出的是，卜法體系與占卜制度是社會禮制的重要內容，屬於意識形態的範疇，它們是通過卜兆直接體現出來的，因此，卜甲上縱橫俯仰的卜兆是解開複雜多變的文例現象成因之謎的一把鑰匙。

彭裕商先生在《殷代卜法初探》中將占卜方法分為早晚兩期，他說：

> 根據我們考察，殷墟甲骨在占卜方法上可以分為早晚兩期，二者的卜法是有明顯區別的。屬早期的有賓組、師組、非王卜辭、歷組、出組一類；屬晚期的有出組二類、何組、黃組。
>
> ……
>
> 早晚期卜法的主要區別是早期正反問、選擇問都各為兆序，而晚期則合為兆序，甚或只要是同一件事，正反問和選擇問也通為兆序，極少有早期那種相同的反復卜問。顯而易見，晚期卜法要簡單得多，因而殷代卜法的演變是由繁至簡的，但另一方面，為數不多的"卜旬"辭仍然保留了早期的手法，作B式問卜，以三卜為限。[①]

[①] 彭裕商：《殷代卜法初探》，《夏商文明研究》，中州古籍出版社1995年版；又收入《甲骨文獻集成》第17冊。

彭先生的這種分法比較符合殷代卜法的實際情況，這也是造成早晚期文例特徵存在明顯差異的主要原因。因此，我們在討論文例成因時也採用此說，分為早晚兩期。

占卜的第一要務，即在求兆。鑽鑿、序數以及卜辭都是圍繞卜兆產生的，鑽鑿是爲了呈現兆坼而做的準備，序數是用來標記卜兆次序的，而卜辭則是爲了標明卜兆所卜內容的。序數和卜辭在刻寫的時候都要被置於相應的卜兆周圍，也就是通常所說的"守兆"。因此，不同類組腹甲上卜辭的行款走向和佈局特徵，往往會受卜兆數量、排列方式和所佔範圍大小等因素的影響。下面我們分別論述。

一　單卜兆

對於僅守一個卜兆的卜辭來說，情況比較簡單。

早期一辭守一兆的卜辭，位於腹甲內部時，多逆兆而行，行款較齊整（圖 5.0.1）。

位於腹甲外部時，首尾兩端的卜辭，多順兆而行。同時，又因早期卜辭刻寫時受腹甲輪廓影響較大，卜辭在刻寫時行款長短不一。腹甲上部卜辭自兆幹外側順兆行至兆幹內側時，多沿兆枝上方繼續刻寫（圖 5.0.2）；腹甲下部卜辭自兆幹外側順兆行至兆幹內側時，則多沿兆枝下方繼續刻寫（圖 5.0.3）。

而近甲橋處的卜辭則多背兆或向兆而行，行款齊整（圖 5.0.4）。

晚期卜辭因多合爲兆序，大都一兆一辭，所以易於形成行款齊整，佈局嚴謹有序的文例特徵。與早期卜辭相同的是，位於腹甲內部時，卜辭多逆兆而行（圖 5.0.1）。

而位於腹甲外部時則以背兆和向兆兩類爲主（圖 5.0.4），這也有利於卜辭行款趨於整齊劃一。

第五章　文例演變趨向及成因

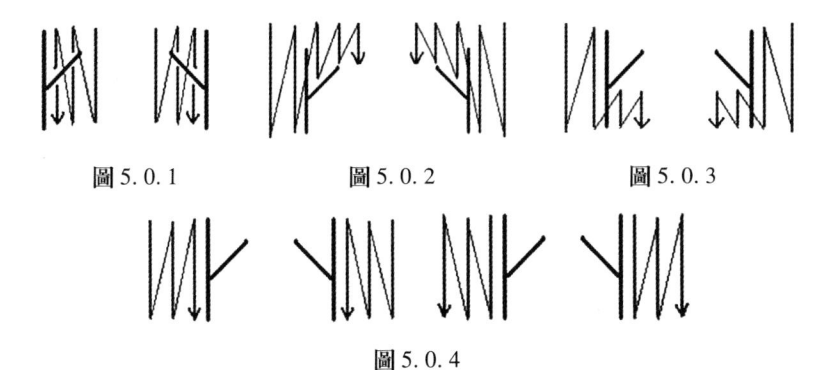

圖 5.0.1　　　　圖 5.0.2　　　　圖 5.0.3

圖 5.0.4

二　組卜兆

殷人占卜，一事常多次卜問，早期的卜問雖基本上都各為兆序，但大多數情況下，並不是每一個卜兆的周圍都會刻寫卜辭，通常是在多個卜兆的周圍僅刻一條卜辭，也就是說，卜辭所守卜兆為"組卜兆"。此時卜辭受卜兆排列方式和所佔範圍大小的影響較為明顯，表現出較靈活多變的特徵。這大概是造成早期腹甲卜辭行款富於變化，版面佈局類型多樣的主要原因。

（一）較集中的組卜兆

腹甲上卜兆的排列方式上文已經論及，主要有"自上而下"和"由內而外，自上而下"兩種。卜兆的排列方式對卜辭行款和佈局的影響較大。

1. 當卜兆"自上而下"排列時，為儘可能守兆，卜辭多在組卜兆外側或內側直行而下。這應是卜辭直行例的成因，如上文所述，這種行款類型的卜辭多集中在一些小版的腹甲上，也有的位於甲橋邊緣。如：

（1a）壬寅卜，爭貞：強凸（堪）王事。一　二告　二　小告　三　四　五

（1b）壬寅卜，爭貞：強弗其凸（堪）王事。一　二　三　四　五　二告

《合集》667 正 ［典賓］

這組對貞卜辭，分別位於左右甲橋邊緣處。正反兩方面的卜問各

293

為兆序，卜辭為儘可能守兆，而採用"自上而下"直行的方式刻寫。

2. 卜兆"由內而外，自上而下"排列時，卜辭在相關卜兆旁或逆兆而行（圖5.0.5①），此種情況的卜辭也多位於腹甲內部，自最內側一列組卜兆內側始，"由內而外，自上而下"逆兆而行。如：

（2a）壬子卜，爭貞：我其乍（作）邑，帝弗左，若。三月。一 二 三 四 五 六 七 八 九 十 一 二 三 四 五 ［六］ 七 八 九

（2b）癸丑卜，爭貞：勿乍（作）邑，帝若。一 二 三 四 五 六 七 八 九 十 一 二 三 四 五 六

（2c）癸丑卜，爭貞：我宅茲邑大賓，帝若。三月。一 二 三 四 五 六 七 八 九 十 一 二 三

（2d）癸丑卜，爭貞：帝弗若。［一 二 三 四］ 五 六 ［七 八］ 九 十 ［一 二］ 三

《合集》14206 正 ［典賓］

（3a）癸丑卜，□貞：我乍（作）邑，帝弗左若。三月。一 二 三 四 五 二告 六 七 ［八］九 十 一 二 三 二告 四 五 六 二告 七 八 九

（3b）癸丑卜，□貞：乍（作）邑，［帝］若。一 二告 二 三 四 五 六 七 ［八 九］ 十 二告 一 二 三 四 五 六 二告 七 八 九 二告　《合集》14207 正 ［典賓］

這兩版腹甲上的三組對貞卜辭，正反兩方面的卜問都各為兆序。這些卜兆按照"由內而外，自上而下"的方式排列，卜辭為更好守兆，也"由內而外，自上而下"逆兆而行。

或順兆而行（圖5.0.6），這類卜辭多位於腹甲近邊緣處，自最外側一列卜兆外側始，"由外而內，自上而下"順兆而行。有些卜辭字數較少，僅刻在最外側一兩列卜兆周圍，以示所守卜兆的範圍。如：

（4a）貞：乎（呼）去伯于冥。一 二 三 四 五 六 七

---

① 為行文簡潔，僅以六個卜兆為一組作圖示說明，下同。

第五章　文例演變趨向及成因

八　九　二告　十　一

(4b) 貞：乎（呼）去伯于冥。一　二　三　四　五　六　七　八　二告　九　十

《合集》635 正［賓一］

(5a) 丙辰卜，爭貞：沚馘啟王比，帝［若］，受我又。一　二　三　二告　四　五　［六　七　八　九］　十　一　二　［三］　四　［五　六］　七　［八］　九

(5b) 貞：沚馘啟王勿比，帝弗若，不我其受又。八月。一　二　三　四　五　六　七　二告　八　九　十　一　二　三

(5c) 丙辰卜，爭貞：王往省从西，若。一　二　三　［四］　五　六　七　八　九　十　一　二　三　四　五　二告

(5d) 貞：王勿往省，不若。一　二　三　［四］　五　六　二告　七　八　［九　十］　一　［二　三　四］　五

《合集》7440 正［典賓］

這兩版腹甲上的卜辭，雖然類組不同，但它們所守的卜兆都是"由內而外，自上而下"排列的，而且這些卜兆均自千里路始直至腹甲近邊緣處，而它們所隸屬的卜辭則分別刻寫在左右甲橋上，即在"腹甲近邊緣處的一兩列卜兆的周圍"，但這並不會對人們理解這些卜辭與卜兆間的關係造成障礙。

圖 5.0.5 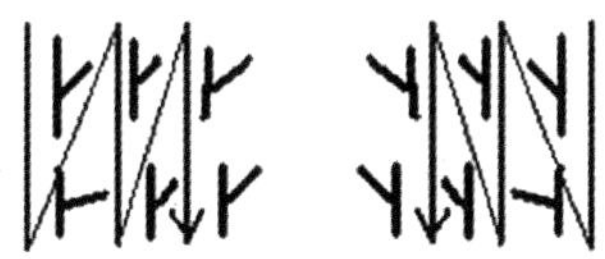　　　　　圖 5.0.6

或在組卜兆上方，"由內而外，自上而下"逆兆而行（圖5.0.7），如：

(6a) 壬申卜，爭貞：父乙躋①羌甲。一　二　二告　三　四

---

① 參饒宗頤《殷代貞卜人物通考》，香港大學出版社1959年版，第380頁。

295

五　六　七　八　九　十

(6b) 壬申卜，爭貞：父乙弗躋羌甲。一　二　三　四　五　六　七　八　九　[十]

《合集》1656 正 [典賓]

(7a) 貞：王虫報在賓，峕（念）。一　二　三

(7b) 貞：王虫報在賓，勿峕（念）。一　二　三　二告

《合集》7772 正 [賓一]

(8a) 癸酉卜，殼貞：雀惠今日戎。一　二

(8b) 癸酉卜，殼貞：雀于翌甲戌戎。一　二

《合集》7768 正 [賓一]

這三版腹甲上的卜辭，分別刻寫在它們所守的卜兆上方，並按照"由內而外，自上而下"的行款走向，逆兆而行。其中(8a)和(8b)的序數排列行式較為特殊，它們是"由外而內"排列的。

或在卜兆上方，"由內而外"逆兆橫行（圖5.0.8），如：

(9) 乙巳卜，韋貞：乎（呼）僑允☒。一　二　三　四　五　六

《合集》419 正 [典賓]

(10a) 貞：子賓虫蚩（害）。一　二

(10b) 貞：虫于父庚。一　二　三

(10c) 貞：勿虫于父庚。一　二　三　四　五

《合集》905 正 [典賓]

(11) 貞：茲邑其虫（有）降囚（憂）。一　二　二告　三　四　二告

《合集》7852 正[1] [賓一]

這幾條卜辭均被刻寫在它們所守的卜兆上方，"由內而外"逆兆橫行，此種守兆方式應該是上一種類的變例。這大概與卜辭字數的多寡有關，卜辭字數多時便在卜兆上方，"由內而外，自上而下"逆行，卜辭字數少時，則在卜兆上方橫行。

---

[1] 林宏明加綴《乙編》8629，見《契合集》第319組。

第五章　文例演變趨向及成因

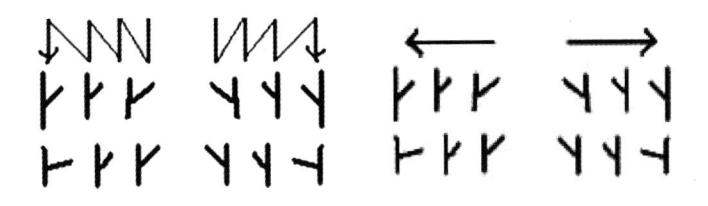

圖5.0.7　　　　　　　　圖5.0.8

或在最外側一列卜兆旁，背兆而行（圖5.0.9），這種守兆方式的卜辭，多位於腹甲外側近邊緣處。卜辭通常自最外列卜兆外側始，"由內而外，自上而下"背兆而行。如：

(12a) 丙午卜，古貞：毛，寧囚（憂）。一　二　三　四　五　六
(12b) 貞：勿毛。一　二　三　四　五　六

《合集》5884正［典賓］

此版腹甲較小，正面僅刻有這一組對貞卜辭。它們的卜兆"由內而外，自上而下"排成兩列三行，這兩條卜辭則分別在最外列卜兆兆幹外側"由內而外，自上而下"背兆而行。

(13) 戊午卜，古貞：畫受年。一　二　三　四　五　二告　六　七　八

《合集》9811正［賓一］

該辭位於左甲橋上，其所隸屬的卜兆"由內而外，自上而下"排成四列兩行，卜辭也同樣刻寫在最外列卜兆兆幹外側，並按"由內而外，自上而下"的方式背兆而行。

圖5.0.9

（二）較分散的組卜兆

當卜兆比較分散，或不同組卜辭的卜兆交錯排列時，爲了使卜辭所守的卜兆不至混淆，則會在每一兆旁或幾個兆旁分別契刻卜辭，這些卜辭就是通常所說的同版成套卜辭。此類可以參看上文"從序數與卜辭間的關係，判斷卜辭間的先後次序"三個列表中所舉的例子，茲不贅述。

可見，早期卜辭的守兆方式靈活多變，且卜兆一般是"由內而外，自上而下"佈滿整版腹甲，而卜辭則常常刻寫在最外側一兩列卜兆的周圍，這正是爲什麼早期腹甲卜辭多刻寫在近邊緣處的原因所在。

除上述這些通例外，腹甲上還存在一些卜辭的行款與佈局均不對稱的變例，這些現象產生的原因，應該也與卜辭是否能更好地守兆有關。如：

（14a）貞：𦎫（逸）芻得。一　二　三　四　五　六　七

（14b）不其得。一　二　三　四　五　六　七

《合集》133 正［典賓］

這組對貞卜辭，分別位於左右首甲上，其中"貞：逸芻"一辭自右首甲邊緣始，"由外而內"刻寫，而"不其得"則自千里路左側始，"由內而外"刻寫，二辭的刻寫行款並不像一般的對貞卜辭那樣對稱的刻寫在腹甲的左右兩邊。這版腹甲雖不完整，但不難看出其上共有四組卜兆和序數，它們大致上是"自上而下"排列的。右側卜辭"由外而內"刻寫大概是爲了表明其與右首甲上的序數"一"和中甲上的"二"是屬於靠近千里路右側的這一組序數的，左側卜辭"由內而外"刻寫也是爲了表明左首甲的序數"一"是屬於靠近千里路左側這一組序數的。可見，這樣刻寫卜辭是爲了進一步明確卜辭與卜兆的隸屬關係，也是卜辭守兆的一種手段。

（15a）貞：畫史人。一　二　三

（15b）貞：畫不其史人。一　二　三

《合集》822 正［典賓］

這組對貞卜辭正貞位於首甲和中甲千里路右側，"自上而下"

第五章 文例演變趨向及成因

刻寫，所守卜兆為中甲上的"一"和右首甲上的"二"、"三"；反貞位於左首甲和左前甲相接處，"由內而外"刻寫。可見，它們的刻寫位置和行款與多數腹甲卜辭不同，這大概與刻於反貞對稱位置的"貞：屯率戕（殺），王若"有關。刻手在刻寫卜辭時，一方面考慮卜辭與卜兆的所屬關係，另一方面也考慮到卜辭內容上的關聯，即這樣刻寫既可以避免同在腹甲右側的"貞：畫史人"與"貞：屯率戕（殺），王若"二辭及其所屬的卜兆混淆，又能進一步表明左側的"貞：畫不其史人"與"貞：畫史人"是對貞關係，而與"貞：屯率戕（殺），王若"雖然刻寫部位對稱，但卜辭行款有別，兩辭關係不大。

(16a) 貞：告子亡囚（憂）。一　二　三　四　五　六　七　八　二告　九　十　二告　一　二　三

(16b) 貞：告子其㞢（有）囚（憂）。一　二　三　四　五　六　七　八　九　二告　十　一

《合集》4735 正［典賓］

這是一組對貞卜辭，位於腹甲上部，但與一般的對貞卜辭不同，它們並不是對稱刻寫的，位於右側的"貞：告子亡憂"自千里路右側始，"由內而外"刻寫，而位於腹甲左側的"貞：告子其有憂"則自左側邊緣始，"由外而內"刻寫。之所以形成這種不對稱的刻寫行款，大概是由中甲上的卜兆所決定的。通常情況下位於中甲背面的鑽鑿，如果是兩個，一般為左右對稱，見於正面的卜兆也分別隸屬於左右兩側的卜辭，而此版中甲背面雖有兩個鑽鑿，但它們是上下排列的，且見於正面的卜兆也僅隸屬於腹甲右側的那條卜辭，因此，刻手為了進一步明確這兩個卜兆與右側卜辭的關係，所以，對右側卜辭的行款進行了適當的變通。其實，細心觀察似可發現右側第二個卜兆的外側，還殘留了一個小豎筆，大概是刻手原計劃從這裡開始契刻的"貞"字筆劃。

(17a) 丙寅卜，爭貞：今來歲我受年。一　二　三　四　五　六　七　八　九　十　一　二

(17b) ［丙］寅卜，爭貞：今歲我不其受年，在◊◊。十二月。

299

一　二　三　四　五　六　七　八　九　十　一　［二］

《合集》9668 正 ［典賓］

這兩條卜辭的序數分別"由內而外，自上而下"排成四列三行，而卜辭則先在最外側一列卜兆兆幹外側直行而下又轉而在第一行卜兆上端順兆橫行，形成較為獨特的刻寫行款。這種行款佈局與第三行卜兆下端的界劃綫共同將這兩組卜兆與腹甲上的其它卜兆劃分出來，進一步明確了卜辭所守卜兆的範圍。

（18）貞：取牛。四月。一　二　三

《合集》10133 正 ［典賓］

這是一條單貞卜辭，卜辭行款較為特殊，"貞取牛"三字"由內而外"刻寫，"四月"則轉而刻寫在中甲卜兆兆枝的下方。這大概也是為了明確中甲上的兆序"一"是隸屬於此條卜辭的與它辭無關。

（19a）丙寅卜，內貞：翌丁卯王步易日。一　二
（19b）翌丁卯王步不其易日。一　二告

《合集》11274 正 ［賓一］

這組對貞卜辭，雖然都位於首甲上，但其刻寫行款卻不對稱，右首甲上的卜辭"由內而外"刻寫，這大概也是為了表明位於中甲上的序數"一"是隸屬於此條卜辭的，從而避免與右前甲上的序數"一"相混淆。

（20）貞：侯以肩芻。允以。一　二　三

《合集》98 正 =《丙編》487　　［賓一］

《合集》與《丙編》釋文均列為兩條，但《丙編》考證中說：第（1）（2）兩辭（筆者按：此版上另外兩條卜辭）字中填褐色，第（3）（4）兩辭（筆者按：即上引卜辭）字中填朱色，第（4）辭當是第（3）辭的驗辭，這一版上已經刻過的兆紋均填褐色，而序數則第（3）辭的"挈"字右側的那一排"一""二""三"等字填硃色，其餘的填褐色。從序數字及卜辭的着色上看，可知第（3）（4）兩辭，當是一條卜辭的兩部分。我們完全同意此種說法，並認為"允以"二字之所以與"貞：侯以肩芻"分開刻寫，一方

第五章　文例演變趨向及成因

面是守兆的需要，另一方面大概是由於"允以"為驗辭，刻寫時間較晚，而序數"三"的右邊刻寫空間較為充足，契刻者便權宜地將驗辭刻寫在這一位置了。可見，除了守兆的需要外，卜辭的行款走向及版面佈局還受腹甲形態、契刻空間及卜辭長短等因素的影響。

另外，任何一種文體都是時代和社會的產物，其發展演變受時代文化語境和社會意識形態的制約，甲骨文也不例外，其文例特徵也必然受制於此。宋鎮豪先生在《再論殷商王朝甲骨占卜制度》一文中曾說：

> 但又須指出的是，中國古代甲骨占卜禮制屬於意識形態範疇，甲骨占卜形態的演變，大致與一定社會的歷史進程相同步，構成推移時代精神生活的重要內容之一，早期政治制度的漸進，導致了甲骨占卜旋即被統治者所利用而趨於規範。然實踐經驗的富積，認識思維的提高，社會觀念的膻遞，同時也潛移默化推動著甲骨占卜由濫而專、由盛而衰的漸進……以甲骨占卜為日常生活的行事準則，雖在商代是其鼎盛期，唯個中醞釀的變革要素，卻在商代已存在，殷商王朝的甲骨占卜制度，正亦同時潛伏著這一衰落趨勢之必然。[①]

宋先生所言極是。殷墟出土的甲骨多為武丁至帝辛之物，正處在商代由盛而衰的歷史時期。一般來說，盛世時期，政治統治相對寬鬆，文化思想也較為開放、活躍；衰敗期，政治環境相對緊張，文化思想則較為保守。受這一時代因素和文化背景的影響，武丁時期的卜甲文例較為靈活、開放，契刻者在謀篇佈局時有一定的能動性；而到了晚期卜甲文例則較為死板、守舊，循規蹈矩，按部就班。

同時，甲骨文例作為"占卜文辭與占卜載體相結合關係之表像"，又具有一定的特殊性，即它除了具備一定的實用價值外，還

[①] 宋鎮豪：《再論殷商王朝甲骨占卜制度》，《中國歷史博物館館刊》1999 年第 1 期。

必須要符合其所產生的那段歷史時期的審美意識和美學原則。"所謂審美意識，包含一般所說的美感（審美感受），以及與之相關的審美趣味、審美觀念、審美理想、審美心理等等。審美意識作為社會意識形態的一個組成部分，非常具體地表現在人們對現實（包含自然和社會）美和藝術美的感受、欣賞、評論中"①。冼劍民先生《甲骨文的書法與美學思想》② 一文中指出：

> 甲骨文字形造型藝術，體現了漢民族的美學原則和共同心理，即平和穩重的審美觀，字體結構有上密下疏、左右均衡、大小參差等幾大共性，筆畫概有點、直筆、圓筆三種，點畫表現含蓄，直筆表現剛勁，圓筆表現溜走柔和風格，由此組合成強弱、遲速、輕重、快慢、節奏變化的旋律，其書法的章法佈局則應於甲骨生態的大小不同空間，據文辭長短不一，以全體為一字，字與字，行與行，取長補短，錯落有致，相互應接，佈成一個意趣天成的格調。

我們十分同意冼先生的說法。他所說的章法佈局，即在本書所討論的文例特徵之列。這也可以說明卜辭佈局上的左右對稱，行款上的或參差錯落、或整齊劃一，刻寫上的或先疏后密、或一氣呵成等文例特徵，正是由當時的審美意識和審美思想所決定的。

這裡我們需要說明的是，雖然在探討文例成因時，我們主要是從腹甲文例入手的，但這些因素同樣適用於背甲文例與卜骨文例，從這個角度上來說，腹甲、背甲與卜骨文例又是密切相關，無法割裂的有機體。另外，我們順便探討一下卜辭塗硃與塗墨的目的。

董作賓先生在《乙編·序》中說：

> 硃墨當然是殷代重要的文具，寫字是一定要用的，但是契

---

① 李澤厚、劉綱紀主編：《中國美學史》（第一卷），中國社會科學出版社 1984 年版，第 4 頁。
② 冼劍民：《甲骨文的書法與美學思想》，《書法研究》1984 年第 4 期。

刻之後，就沒有必要了，所以在別的王的時期，通常是刻過的卜辭，不加塗飾；武丁時，也以不塗硃墨的卜辭為多，所以我以為塗飾硃墨，完全是史官們愛美，為的好看，並不是一定的制度，也不是某類卜辭應該塗硃而某類卜辭應該塗墨。例如13.0.14047（筆者按：即《合集》11497 正反＝《丙編》207、208）這一版，是龜甲的上半，在正面有大字丙申一段卜辭，是㱿所寫的，卜的是乙巳日酒祭下乙，字畫中全部塗硃，而旁邊小字也是㱿所寫的，記的是十天之後丙午所卜，甲寅日酒大甲，同是一人的書契，同是酒祭先祖，而大字的塗硃，小字的塗墨；這一版還有三次卜祭之辭，也是塗墨。反面有追記的三段，大字的屬於丙申一辭，塗硃，餘塗墨。卜兆是刻畫過的。因此我以為塗飾硃墨，為的裝潢美觀，和卜辭本身是沒有什麼關係的。

我們並不完全同意董先生的看法，下面先來看董先生所舉的例子：

(21a) 丁亥卜，㱿貞：翌庚寅〔㞢〕于大庚。

(21b) 貞：翌辛卯㞢于祖辛。

(21c) 丙申卜，㱿貞：來乙巳酒下乙。王占曰：酒隹（唯）㞢（有）咎，其㞢（有）𢦏（異）。乙巳酒，明雨，伐既雨，咸伐亦雨，𢦏（殺）卯鳥（倏）星（晴）。

(21d) 丙午卜，爭貞：來甲寅酒大甲。

(21e) 㞢于上甲。　《合集》11497 正＝《丙編》207〔典賓〕

(21f) 九日甲寅不酒，雨。

(21g) 乙巳夕㞢（有）𢦏（異）于西。

(21h) 己丑㞢上甲一伐卯十小牢。

　　　　　　　　《合集》11497 反＝《丙編》208〔典賓〕

《丙編》與《合集》釋文均將背面的"九日甲寅不酒雨。乙巳夕有異于西"列為一辭。但無論從內容還是其上所塗飾的顏色來看，它們都應該是分屬於兩條不同的卜辭的。這一點董先生已明確指出"大字的屬於丙申一辭,塗硃,餘塗墨"。《丙編》208 考證也明確指出"'乙巳'以下填硃"。因此,"九日甲寅不酒雨"應隸屬於其正面同一部位的"丙午卜"一辭,而"乙巳有異于西"則是正面"丙申"一辭的占驗記錄。這一點,我們從與"丙申"一辭成套的另一版腹甲《合集》11498 反面(即《丙編》210)僅刻"乙巳夕有異于西"也可得到確證。同時,《丙編》210 考證也明確記載,其正面是大字塗硃,小字塗墨,反面塗硃的。

如果單獨看《合集》11497 這一版上卜辭的硃與墨,確如董先生所言,"與卜辭本身無關"。但若聯繫《合集》11498 上卜辭所塗的硃與墨來看,便不難發現卜辭上塗以硃墨,不僅僅是爲了美觀,它還起到提示卜辭間內在關聯的作用。通過卜辭上所塗的顏色,可以更好的判斷兩版腹甲上塗硃的卜辭分別是成套卜辭中的"一二卜",而兩版中塗墨的卜辭雖然不是明確的成套卜辭,但也是一組聯繫緊密的占卜。再看下面這組卜辭:

(22a) 癸酉卜,殼貞:父乙止窠自上甲至于父辛。[一]　二　三　四　五

(22b) 癸酉卜,殼貞:自羌甲[至]于父辛。[一]　[二]　三　[四]　[五]

《合集》226 正 =《丙編》227 [典賓]

這兩條卜辭契刻的位置下均有卜兆,看似犯兆,但"兆序均削去"①。實際上,其所隸屬的卜兆是那些序數也被塗硃的部分,正如張秉權先生所說:"填朱的卜辭,其序數亦填朱色,其兆則填墨"②。這樣來看,上引卜辭就談不上是犯兆了,而且通過所塗顏色,可以明確卜辭與其所隸屬的序數之間的聯繫,不至於產生誤解。

可見,腹甲上所塗的硃與墨,不僅僅是爲了滿足審美的需要,還具有明確卜辭與序數,卜辭與卜辭間內在聯繫的實用價值。馮時

---

① 參張惟捷:《殷墟 YH127 坑賓組刻辭整理與研究》,天主教輔仁大學中國文學研究所博士論文,2011 年。

② 參《丙編》227 考證。

第五章 文例演變趨向及成因

先生在《殷代占卜書契制度研究》[①]一文中指出：殷代占卜的書契制度不僅表現在對於書契的學習和師法的傳承方面，同時也表現在卜辭於甲骨上的契刻位置與其大小的變化、刻辭的裝飾以及與此相關的其他一些問題。這些做法看來並不是殷人隨意而為或僅服務於審美的需要，而應體現著一定的制度背景。毋庸置疑，對於占卜通神的活動而言，求吉的目的比審美更具有意義。

[①] 馮時：《殷代占卜書契制度研究》，《探古求原——考古雜誌社成立十周年紀念學術文集》，科學出版社2007年版。

第六章　文例研究的作用

甲骨文例是甲骨學不可或缺的組成部分，在甲骨文各研究領域均發揮著不可替代的作用。

甲骨文例的研究既有助於學者釋讀文字，通讀卜辭，並在此基礎上從事各種專題研究；同時也有助於學者進一步考察殷代的占卜制度及宗教思想。

王宇信先生曾指出："認識和掌握甲骨文例的基本知識，對我們正確識讀佈滿一版大龜（或獸骨）上的刻辭內容及認識它們之間的内在聯繫是很有必要的"[1]。

王氏所言甚是，諳熟甲骨文刻寫行款、分佈規律，舉一反三，觸類旁通，可以收到事半功倍的效果。

不僅如此，文例還因其代表著甲骨材料的時代、類型、性質，為卜辭的分類與斷代提供了可靠的依據和有力的支持。不同時代的卜辭，不僅在字體的書寫風格上有所不同，在刻寫行款、行文佈局方面也呈現出不同的特點。黃天樹先生在對卜辭進行分期分類研究時，就十分重視文例的作用，如：他將卜辭的前辭形式、有無占辭、驗辭、用辭等作為不同類組卜辭形式上的區別，加以明確，使分期分類工作更具操作性。

此外，文例研究在甲骨綴合和校勘釋文兩方面也起到極為重要的作用。下文我們將重點討論。

---

[1]　王宇信：《甲骨學通論》，中國社會科學出版社1989年版，第131頁。

第六章　文例研究的作用

第一節　文例與甲骨綴合

"甲骨本是易碎之物，經過刮削打磨，鑽鑿焦灼，更使甲骨的表面變薄，增加了斷裂的可能性。在商末亡國之際，部分甲骨已凌亂失次，有些完整的甲骨在當時便已碎裂。商亡後，甲骨委棄殷墟，沉埋地下達三千年之久，折損蝕壞，自不能免。待到出土之時，既遭鋤鏟的敲擊，又因運輸的顛沛，不少完整甲骨也被弄得支離破碎，化整為零，面目全非了"①。因此，要進行甲骨研究，首先必須對甲骨材料進行整理，綴合，復原。當然，甲骨文例研究也不例外。李學勤先生在為《甲骨綴合續集》一書所作的序言中說：

　　綴合對甲骨本身而言，是復原，對學者研究來講，則是創造。許多斷片殘辭，分離去看，沒有多少意義可說，經過綴合，頓生光怪，珍貴重要的內容得以顯現。②

李先生所言極是。甲骨綴合是一項極具技術含量的工作，除了要掌握甲骨形態、字體特徵、殘字、斷痕等，掌握文例規律也至關重要。利用文例規律，復原碎片、補足殘辭，推知新文例，對甲骨綴合有提示功能，亦有驗證作用。下面我們結合具體實踐作一說明。

1. 掌握龜腹甲各個部位的行款走向與佈局特徵，對甲骨綴合來說非常重要。如：

早期卜辭，位於前甲近邊緣處時多"自上而下，由外而內"刻寫，但也有少數卜辭是"自上而下，由內而外"刻寫的，根據這一特殊的行款走向，集中相關殘片，可為綴合提供契機。

筆者龜腹甲新綴第十九則③（《合集》7627 +《合補》6112）、第二十七則（《安明》S0589 +《合集》5666）、第五十二則（《合

---

① 陳煒湛：《甲骨文簡論》，上海古籍出版社1987年版，第184頁。
② 李學勤：《甲骨綴合續集·序》，文津出版社2004年版。
③ 見附錄《龜腹甲新綴五十七則》，下文同。

307

集》15253＋《合集》19290）等均是利用這一規律綴合所得。

典賓類卜辭一般字體較大、內容較多（典賓類多附記占驗之辭），當刻寫在腹甲上部時，受腹甲形態和刻寫空間的制約，形成了或自千里路"由内而外"刻寫至腹甲近邊緣處，或自近邊緣處"由外而内"刻寫至千里路處的獨特版面佈局特徵，也可以為甲骨綴合提供參照。

筆者龜腹甲新綴第七則（《合集》2091＋《合補》865）、第十六則（《合集》8563＋《合補》2039）、第二十則（《合集》2752＋《合集》2733＋《合補》415）、第三十則（《北大》2455＋《北大》1584）、第三十七則（《合集》18792＋《合補》2294＋《合集》18795＋《合集》13377）等就是受這一文例特徵的啓發，而拼綴完成的。

2. 掌握卜辭的分佈規律，對甲骨綴合也大有裨益。如：

黃類卜辭，每版甲骨上的占卜事類比較單一，根據這一特徵，可將占卜事類相同的甲骨卜辭集中到一起，進行比對、綴合。

門藝博士運用這一方法取得了豐碩的成果，整理綴合了卜旬辭二十四組、卜夕辭八組、祭祀卜辭二十二組、田行卜辭二十六組、卜天象辭四組、干支表綴合九組。[①]

3. 掌握卜辭的問卜次序，不僅有利於甲骨綴合，而且能夠用來檢驗甲骨綴合是否正確。如：

晚期卜辭，特別是黃類卜辭的問卜次序非常規律，它們多按照"先右後左，先内後外，先下後上"的次序卜問。

常玉芝先生曾根據這一規律拼對了《安明》3072（即《合集》39035）和《珠》215（即《合集》39174）這兩片甲骨。她說：

> 它們都是龜腹甲殘片，上面刻的都是晚期卜旬卜辭，卜辭的字體也一致，因此有可能是一塊龜甲的殘片，也就是說有拼

[①] 門藝：《殷墟黃組甲骨刻辭的整理與研究》，博士學位論文，鄭州大學，2008年。

第六章 文例研究的作用

合的基礎。首先看《安明》3072（圖三，1）（筆者按：即本書圖6.1.1，下同），上面有腹甲中縫，中縫的右半部刻著三豎排卜旬卜辭，各辭的行文皆右行，每豎排卜辭的干支日各自相同，其由內向外依次是癸酉、癸巳、癸丑，相鄰的兩旬都間隔一旬，所缺的各旬依次應是癸未、癸卯、癸亥，按照前面所揭示的契刻規律，它們當是刻在腹甲中縫左半部的。今該版中縫左半部緊靠中縫處已刻有一豎排癸未旬的卜辭，那麼還缺一豎排癸卯旬，一豎排癸亥旬的卜辭。而《珠》215（圖三，2）（筆者按：即本書圖6.1.1）正由這樣兩豎排卜辭，並且各辭的行文皆左行，也是腹甲左半部的殘片，試將其接到《安明》3072（圖三，1）的左半部，結果兩版的破損處正好相互銜接，殘辭部分也正好能互足，故拼合是準確無誤的。①

圖6.1.1（圖片來源：常玉芝《晚期龜腹甲卜旬卜辭的契刻規律及意義》圖三）

常先生的綴合，十分正確。後在此基礎上，經學者不斷加綴，逐漸成為一版較為完整的卜旬龜腹甲，收錄於《合補》12869② 號

---

① 常玉芝：《晚期龜腹甲卜旬卜辭的契刻規律及意義》，《考古》1987年第10期。
② 據《合補·材料來源表》可知此片為嚴一萍《甲骨綴合新編》第600組，藝文印書館1975年版。

（圖4.3.21）。同時，該龜腹甲又反過來成為研究黄類卜句辭刻寫規律的重要參考資料。

4. 利用對貞卜辭的文例特徵，綴合甲骨卜辭，並檢驗綴合正確與否。

陳煒湛先生在《甲骨文簡論》一書的第七章《甲骨文的綴合》中指出：

> 而給人以重要啓發的往往是辭例，特別是對貞卜辭的辭例，它使研究者以此爲綫索再進而分析其他條件，考慮二者是否一版之折。其次則是月份干支的前後關係，殘次斷句的互足，也促使人們考慮其綴合的可能性[①]。

陳先生所說，十分有道理。我們在整理文例的過程中，充分重視對貞卜辭。先根據對貞關係將殘缺的卜辭，補充完整，做到心中有數，在整理過程中遇到類似的材料，再通過其他綴合因素判斷二者綴合的可能性。

筆者龜腹甲新綴第二則（《合集》649＋《合集》10538）、第五則（《合集》13312＋《合集》13213）、第十三則（《合集》17059＋《合集》17060＋《合補》1502）、第十四則（《合集》8672[②]＋《合補》1327）、第三十五則補綴（《合集》8597＋《合集》8014＋《合集》8600＋《合集》3750）等都是通過對貞關係，將殘片聯繫綴合到一起的。

利用對貞關係，判斷甲骨綴合正確與否的例子，如：筆者龜腹甲新綴第十八則（《合集》17195＋《合補》2575）。

《合集》17195將《京人》257與《京人》258遙綴在一起，

---

① 陳煒湛：《甲骨文簡論》，上海古籍出版社1987年版，第187頁。
② 方稚松師兄在《讀〈殷墟甲骨拾遺（續五）〉劄記》中將此片與《殷墟甲骨拾遺（續五）》第四片綴合，見《甲骨拼合集》第93則。

第六章 文例研究的作用

但其擺放位置有誤，應將左右對調，這一點白玉崢已經指出①。筆者根據對貞關係，補足辭例，加綴了《合補》2575，後林宏明又在此基礎上加綴《合集》10593②（圖6.1.2）。

綴合後的卜辭辭例更加完整，"亡災"在右，"𡆧災"在左，符合對貞卜辭常將正面的卜問刻寫在龜腹甲右側，反面的卜問刻寫在腹甲左側的刻寫規律。

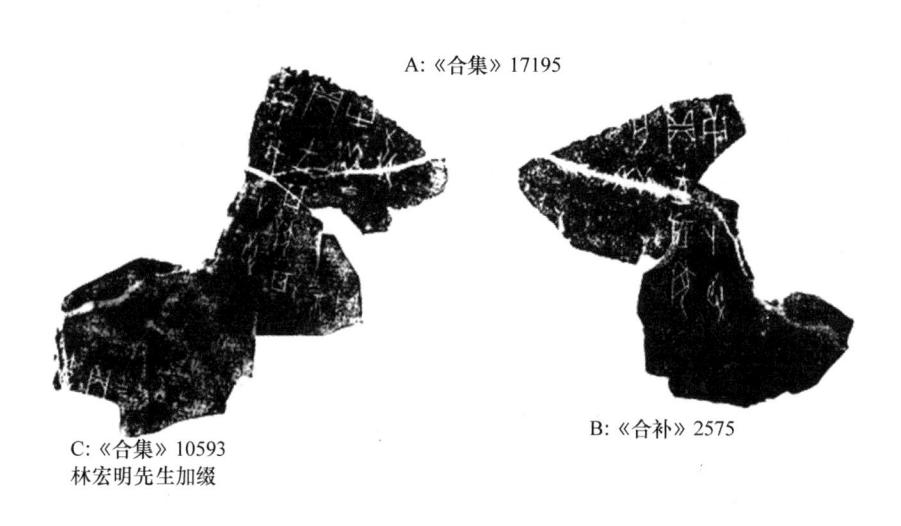

A:《合集》17195

B:《合補》2575

C:《合集》10593
林宏明先生加綴

圖6.1.2

5. 通過同文卜辭、成套卜辭等文例特徵的相互比對，可以將殘缺的卜辭，補充完整，從而為甲骨復原和綴合工作提供參照，也可以用來檢驗綴合是否正確。

黃天樹先生在《〈甲骨拼合集〉序》中特別提到同文對綴合的作用，他說：

為了綴合等的需要，一定要重視蒐集同文卜辭。蒐集同文

---

① 見白玉崢《簡論甲骨文合集》，此處參蔡哲茂先生《甲骨綴合續集·〈甲骨文合集〉誤綴號碼表》，文津出版社2004年版，第133頁。
② 林宏明：《契合集》第105組。

311

卜辭的辦法有二：一種是僅抄著錄號，即把同文卜辭的著錄號抄在《合集》著錄號的旁邊，這固然有用，但只是一連串的號碼，過於抽象。使用的時候，還得一片一片去翻看拓本，十分不便。最好的辦法是按同文著錄號碼把甲骨一片一片摹寫下來，然後粘貼在相關的《合集》著錄號旁，這個辦法笨是笨，也耗費時間，但這種付出是必要的。因為它可以把甲骨文字以及甲骨邊緣的形狀很直觀地展現在你的面前，在剪剪貼貼的過程中，無意之間，就會有綴合的收穫。

黃師所言，甚是。腹甲上的同文或成套卜辭它們雖然被刻寫在不同的龜版上，但其具體部位卻往往是相同的，這一點為卜辭的綴合復原提供了極其重要的綫索，通過同文、成套卜辭的提示作用，再根據辭例和腹甲部位按圖索驥，往往會有重大收穫。

筆者龜腹甲新綴第五則（《合集》4066 +《合補》1223），便是根據同文卜辭《合集》4068 的提示，而完成的綴合。同時，因為有同文卜辭作為參照，又進一步增強了我們綴合的可靠性和正確性。

第十九則（《合補》6112 +《合集》7627），是根據同文卜辭《合集》7628 綴合的。

綴合後可以得到一條完整的卜辭，並可確知其兆序辭為"一"。而《合集》7628 的兆序辭為"二"，與綴合後的卜辭一樣，都位於右前甲上，並按照"自上而下，由內而外"的行款刻寫。可見，通過綴合，我們可以確定，這兩版卜辭不僅同文，而且成套，它們分別是成套卜辭的第一卜和第二卜。同時，這從另一個側面也說明，此版龜腹甲的綴合應該是正確無誤的。

第三十六則（《合集》23 +《合集》3401），根據《合集》22 +《合集》10520[①]上的"己酉卜，爭貞：叀眾人呼從受屮（堪）王事。五月"一辭綴合的。

---

① 黃天樹綴合，見《甲骨拼合續集》第 327 則。

第六章　文例研究的作用

綴合後可知二者為同文卜辭無疑，它們不僅辭例完全相同，其刻寫行款與部位也相同。同時，因為有同文卜辭的存在，也更加增強了該組綴合的可靠性。陳劍在《釋"出"》[1]一文中，也提到了《合集》23這版卜辭，他認為："從文字在龜甲上的位置來看《合集》23'堪'字下應已無缺文"是正確的，但據此否定研究者釋為"堪王事"似有失偏頗，陳先生大概忽略了"王事"二字有可能被刻寫到右側的甲橋上了這一事實。

6. 掌握卜兆及兆序辭在腹甲上排列行式和分佈情況，也有利於甲骨綴合。

蔣玉斌先生在其博士論文《殷墟子卜辭的整理與研究》中說：

> 熟悉甲骨綴合的人都知道，徵候是甲骨綴合的關鍵。卜兆縱兆對應的是反面"鑽"的中軸線，這裏多是甲骨坼裂的地方。有些類組的兆序字正位於縱兆的正頂，甲骨裂開時它們也往往隨之一分為二。在大致確定不同甲骨碎片的關連之後，這種兆序字就可以提供極為有用的資訊，成為綴合的"徵候"。[2]

蔣先生所言，很有道理。它們不僅是甲骨綴合的"徵候"，也是檢驗甲骨綴合正確與否的有力證據。筆者龜腹甲新綴第三十二則（《合集》5620 + 《合集》19479正反）、第三十八則（《合集》5080 + 《合集》17331 + 《合集》9572 + 《合集》16399 + 《合集》17464）綴合，就是根據"一分為二"的序數拼綴而成的。

同樣，序數的排列行式及分佈情況，不僅可以作為甲骨綴合的"徵候"，也是可以作為驗證甲骨綴合正確與否的手段。

筆者龜腹甲新綴第十二則（《丙編》284 + 《乙編》507 + 《乙

---

[1] 陳劍：《釋"出"》，《出土文獻與古文字研究》第三輯，復旦大學出版社2010年版，第1—89頁。
[2] 蔣玉斌：《殷墟子卜辭的整理與研究》，博士學位論文，吉林大學，2006年。

補》306+《乙補》318+《乙編》5104+《乙補》4138），就是根據序數的排列行式綴合而成的。

該版左前甲的頂端有一個殘存的序數字"五"，據此可以推斷與其相鄰的左首甲上的序數應為"一　二　三　四"，而且應該按照"自上而下，由內而外"的行式排列，這為甲骨綴合提供了非常有價值的綫索。根據這一綫索，我們拼綴了《乙補》4138，且通過實物驗證是正確的。

第五十七則（《丙編》217+《乙編》5484+《乙編》6660）綴合，從整版腹甲上的序數分佈情況來看，"貞：祖丁害王"一辭的序數極有可能是"一"。據此，我們檢視《乙編》拓本，果然發現《乙編》6660可以與之綴合，綴合後斷痕密合，證明它們確應是一版之折。

第二十八則（《合集》13079+《合集》15236）、第五十五則（《合集》43+《合補》3166+《合集》16116），這兩則綴合，都是根據殘字、斷痕等因素綴合而成的。綴合後，兩版卜辭的序數均為"二"，這可以證明我們的綴合是完全正確的。

另外，史語所考古資料數位典藏系統將正面即《乙編》572與《乙編》932綴合①，但從腹甲形態和卜兆分佈上來看，綴合似有可疑之處。首先，從二者綴合後的照片②來看，斷邊並不密合。其次，一般來說腹甲正面的卜兆排列都比較整齊，而此版綴合後卜兆橫向錯位比較大，也不符合腹甲卜兆橫向一般呈直綫分佈的規律。

綜上所述，文例研究與甲骨綴合，二者關係極為密切。一方面我們可以利用文例規律來綴合甲骨並驗證其正確與否；另一方面大量的甲骨綴合成果又反過來為文例研究提供了更加豐富的材料和有力的支持。

---

① http：//ndweb.iis.sinica.edu.tw/archaeo2_public/System/Artifact/Detail_BB.jsp？ano=17872。
② http：//ndweb.iis.sinica.edu.tw/archaeo2_public/Include/ShowImage.jsp？filename=w=1=E5tEhiPar9Vt8=&title=龜甲卜辭殘片。

第六章　文例研究的作用

第二節　校勘舊有釋文

甲骨文例的研究，不僅僅限於一條卜辭，或一版卜辭，常常要涉及到多版相關卜辭的研究。通過卜辭的行款走向與佈局特徵以及同文、成套、正反相承等文例特徵，相互比勘，可以糾正舊有釋文的錯誤，為文字考釋提供有價值的綫索和依據。如①：

（1a）丁卯卜，殻貞：婦姘娩妨（男）。王占曰："其隹（唯）戊娩不吉，其隹（唯）甲亦［不］吉。"旬业（有）二☒婦☒。

　　《合集》14087 +《合集》13949 正 +《合集》13967 正 =
　　　　《合補》4031 正（圖6.2.1）［典賓］

（1b）王占曰："其隹（唯）戊娩不吉，其［隹（唯）］甲亦［不吉］。"　☒女。

　　《合集》14087 +《合集》13949 反 +《合集》
　　13967 反 =《合補》4031 反（圖6.2.1）［典賓］

此版卜辭是蔡哲茂先生綴合的，見其《甲骨綴合集》第35組，他在《釋文及考釋》部分將反面的卜辭釋讀為：

王占曰："其妨，其隹（唯）戊娩不壴②，其甲亦不［吉］☒。"

《合集補編》則將背面的卜辭釋讀為：

王占曰："其隹（唯）戊娩，不吉。其……"
女。

顯然二者對此條卜辭的釋讀是存在爭議的，最大的分歧在於"王占曰其"下面一字究竟是應獨立為一辭，還是應與"王占曰其"連讀；是"女"字，還是"妨"字。

我們檢視原拓片，認為"其"下一字作"［字形］"確應為"女"字，而且透過卜辭正背相承的刻寫規律，可知刻於背面的這一占

---

① 下文所舉的例子多見於筆者碩士論文，個別有刪改。
② 筆者按：檢視拓本"壴"字當是"吉"之筆誤。

315

辭，同樣應是正面命辭的占辭，只是出於某種需要，又被刻寫於背面，所以它與正面占辭的內容應該是一致的。

從辭例來看，屬於賓組的生育類卜辭的占辭多為下列格式：

（2）辛未卜，㱿貞：婦妎娩㚸（男）。王占曰："其隹（唯）庚娩㚸（男）。三月。"庚戌娩㚸（男）。

《合集》454 正 =《丙編》257 ［典賓］

（3）丁酉卜，賓貞：婦好娩㚸（男）。王占曰："其隹（唯）甲娩㞢（有）咎㞢（有）☒。" 《合集》13996 ［典賓］

（4）□□卜，爭貞：婦妌娩㚸（男）。王占曰："其隹（唯）庚娩㚸（男）。"旬辛□婦妌娩，允㚸（男）。二月。

《合集》14009 正 ［典賓］

（5）王占曰："其隹（唯）甲娩㚸（男），其隹（唯）乙㞢（有）咎，其隹（唯）丙寅不吉，乙卯吉。"

《合集》14022 反 =《丙編》348 ［典賓］

可見，"王占曰其"後，罕有直接跟"㚸"或"女"字的。一般都是先說"某日怎么樣"。並且我們來看下面一辭：

（6）甲申卜，㱿貞：［婦］好娩㚸（男）。王占曰："其隹（唯）丁娩㚸（男），其隹（唯）庚娩引吉。"三旬又一日甲寅娩，不㚸（男）隹（唯）女。

《合集》14002 正（圖 6.2.2）［典賓］

它們性質相同，都屬於生育類卜辭，而且在腹甲上的刻寫部位也相同，都位於右首甲和中甲處。但《合集》14002 這一辭的刻寫行款較為特殊，它的前辭、命辭和占辭部分是"自上而下，由外而內"刻寫的，到了驗辭部分卻轉變為"自上而下，由內而外"刻寫了。所以，我們認為《合補》4031 背面的這一卜辭的契刻行款與之相類。因此，我們將卜辭釋讀為"王占曰：其隹（唯）戊娩不吉，其［隹］（唯）甲亦［不吉］。 ☒女"，其中殘斷的"☒女"應該屬於驗辭部分。

第六章 文例研究的作用

圖 6.2.1

圖 6.2.2

(7a) 貞：今日王出。
(7b) 王占曰："勿出。"
(7c) 下上嬴隹（唯）出（有）𡆥（害）。

　　　　　　　　《合集》11018 反 =《丙編》202 ［賓一］

蔡哲茂先生曾指出"下上嬴唯有害"應是正面命辭"貞：王目嬴"的驗辭。而《丙編》釋文將其與"王占曰：勿出"連讀為一

317

條，顯然是不正確的。蔡先生還指出類似的例子，如：《丙編》496、《丙編》497、《合集》22086+《合集》22087反+《合補》6884，都把兩條卜辭讀在一起①。

（8a）貞：翌甲午用多屯。

　　　　　　　　　《合集》812正=《乙編》7128　［賓一］

（8b）癸巳卜，爭

（8c）允用。　　　《合集》812反=《乙編》7129　［賓一］

命辭位於腹甲正面右首甲處，刻於背面的前辭和驗辭的部位與之相應，全辭當爲"癸巳卜，爭貞：翌甲午用多屯。允用"。但《合集釋文》和《摹釋總集》均將背面連讀爲"癸巳卜，爭：允用"一辭，這樣便無法與正面的卜辭相對應。因此，我們認爲還是將背面看作前辭和驗辭兩部分，分開釋讀爲好。實際上，從它們刻寫的行款我們也可以看出，雖然它們刻寫部位較近，但契刻行款卻不同，"癸巳卜，爭"四字是"自上而下，由内而外"契刻的，而"允用"二字，卻是直接"由内而外"橫書的，若它與前辭直接接續，按照殷人的契刻習慣，則"允用"二字當"自上而下"豎書。

當然也有些刻於背面的卜辭是應該連讀，而釋文把它們分釋的，如：

（9a）貞：取岳，屮（有）雨。

（9b）取，亡其雨。

（9c）貞：［其］［亦］盘（脩）雨。

（9d）不其亦雨。

（9e）王占曰："其雨，［隹］（唯）今日庚。"

（9f）王占曰："其亦盘（脩）雨，隹（唯）己。"

　　　　　　　　　《合集》14468反=《丙編》536［典賓］

白于藍先生《校訂》將"王占曰：其雨，［隹］（唯）今日

---

① 蔡哲茂：《讀契札記十則》第三則，《2008年全球視野下的中國文字研究國際研討會論文集》，華東師範大學，2008年。

第六章　文例研究的作用

庚"分别釋讀爲"王占曰：其雨"、"☑今日庚"兩條。我們檢視《丙編》拓片認爲"今"上殘缺的筆畫應爲"隹（唯）"字，完全可以把它們讀爲一辭，且背面尾甲千里路處還有一占辭爲"王占曰：其亦盅（脩）雨，隹（唯）己"，辭例和行款與上辭均似，且這兩條占辭分别與正面對貞之辭相應。類似的辭例還有：

（10）王占曰："其雨，隹（唯）日。"

《合集》12317 反［典賓］

（11）王占曰："其雨，隹（唯）今日。"

《合集》14469 反［典賓］

可見，將"［隹（唯）］今日庚"看作是占辭的一部分是可取的。

（12）王占曰："其㞢（有）戠（異），其隹（唯）□吉，其隹（唯）☑。"

《醉古集》343 組① =《合集》6530 反 =
《丙編》320　［典賓］

《丙編釋文》將其釋讀爲"王占曰：吉，㞢（有）戠（異），其隹（唯）☑"。白于藍先生在其《校訂》中改釋爲兩辭："王占曰：吉，其☑"、"戠（異）其隹（唯）☑"。我們先來看下面這版與其同文的卜辭：

（13）王占曰："丁丑其㞢（有）戠（異），不吉。其隹（唯）甲㞢（有）戠（異），吉。其隹（唯）辛㞢（有）戠（異），亦不吉。"

《合集》6485 反［典賓］

（14）王占曰："其㞢（有）戠（異），其隹（唯）丙，不［吉］。其隹（唯）壬亦不［吉］。"　《合集》6354 反［典賓］

（15）戊午卜，㱿貞：今早王征土方。王占曰："甲申其㞢（有）戠（異），吉。其隹（唯）甲戌㞢（有）戠（異）于東。☑

---

① 筆者在寫完此例後，從黄天樹處借閲林宏明博士的《醉古集》發現，林宏明已將此版正面加綴了《乙編》5426，並在《釋文與考釋》部分指出：《合集》材料來源表也已加綴了《乙編》5426，但《合集》拓本卻漏綴。同時，他也將背面的這一卜辭釋爲"王占曰：其㞢（有）戠（異），其隹☑吉，其☑"，且與正面加綴後基本完整的對貞卜辭"壬申卜☑貞：興方來隹🀆余在🀅""貞：興方來不隹🀆余在🀅"連讀。

319

佳（唯）壬戌虫（有）𢦏（異），不☒。"

《合集》6441 ［典賓］

（16）☒日庚其虫（有）𢦏（異），吉，受又。其佳（唯）壬，不吉。

《合集》6087 反 ［典賓］

以上這些位於占辭部分的，有關"虫𢦏（異）"的占斷，幾乎未見在"王占曰"之後直接占斷"吉"或"不吉"的。另外，若按《丙編》的釋讀，在卜辭行款上也是存在問題的；所以白于藍先生將其釋讀為兩條。但細觀《丙編》的拓本可見"王占曰"下仍有殘存的筆畫，且很可能是"其"和"虫"二字之殘。因此，將其暫釋為"王占曰：其虫（有）𢦏（異），其佳（唯）☐吉，其佳（唯）☒"。與此版辭例相同的還有一例：

（17a）王占［曰］：［庚］其虫（有）𢦏（異），辛①。

（17b）八日庚申允虫（有）𢦏（異），千用。

《合集》14207 反 = 《丙編》200 ［典賓］

占辭中的"庚"字《合集釋文》、《丙編》、《校訂》均釋為"𢦏（異）"。若將其釋讀為"𢦏（異）"與辭例和文意上都很難讀通。我們認為從殘存的筆畫來判斷，應釋為"庚"字為宜。此占辭應與正面的對貞卜辭"癸丑卜，☐貞：我乍（作）邑，帝弗左若。三月"、"癸丑卜，☐貞：乍（作）邑，［帝］若"和背面的驗辭"八日庚申允虫（有）𢦏（異），千用"連讀。這樣，從卜辭的整個內容來看，將其釋為"庚"也是非常貼切的。

（18a）乙巳卜，爭貞：今日酒伐，啟。

《合集》975 正 = 《乙編》3471 ［典賓］

（18b）王占曰："不坐，若茲卜，其先于甲酒，咸，［酒］☒佳（唯）甲追。"

《合集》975 反 = 《乙編》3472 ［典賓］

---

① 筆者疑"辛"下當有缺字，或應與其右側的"若"字連讀。多數釋文都將"己未卜，爭"與"若"釋為一辭，實際上，"己未卜，爭"也有可能是正面卜辭的前辭，但因龜版殘缺，我們也不能妄下判斷。

第六章　文例研究的作用

　　從正面的命辭可知此辭占卜的焦點與氣象有關，即貞問"於今日進行酒伐會不會啓"，《合集釋文》將占辭中"其"字後的一字釋爲"先"，應是正確的，而《摹釋總集》將其釋爲"往"字，是無法講通的。"甲"從命辭來看只能理解爲"表時間詞"，而"往于"後未見有直接跟時間的辭例。另外，"咸"下一字，《合集釋文》和《摹釋總集》均未能釋出。我們根據殘存的字形"🔲"（可參《乙編》）和辭例推斷，此字應爲"迺"字。卜辭中常見"先……迺……"對舉搭配之例，如：

（19）其又大丁、大甲，先彭迺☒。　　《合集》27106［無名］
（20）辛酉卜：丁先狩，迺又伐。

《花東》154·1［花東］

　　可見，占辭部分的大意應爲"王占斷應先於甲日進行酒祭，結束之後，迺舉行其他活動"。

（21a）庚辰卜，爭貞：爰南單。
（21b）辛巳卜，賓貞：亦燎。

　　　　《合集》6473 正 +《乙補》3454 +《乙補》3455 =
《乙編》3787 +《乙補》3454 +《乙補》3455　　［典賓］

（21c）王占曰："吉，其爰。"

《合集》6473 反 =《乙編》3788［典賓］

　　正面兩辭分別位於左右首甲的部位，其中"辛巳卜，賓貞：［亦］燎"一辭的"亦"字，《釋文》和《摹釋總集》均未能釋出，檢視《乙編》，此字作"🔲"形，清晰可見。"庚辰卜，爭貞：爰南單"一辭，其占辭"王占曰：吉，其爰"刻寫於背面的相應部位。但《合集釋文》將命辭中的"爰"字，釋讀爲"施"，占辭中的"爰"釋爲"受"；《摹釋總集》雖將命辭中的"爰"字釋出，但仍將占辭中的"爰"釋爲"受"，這樣占辭與命辭雖刻寫部位相應，但從內容上看卻並無多大關聯。實際上，我們檢視《乙編》拓片，可以清楚的看到分別位於正背兩面的"爰"字，字形完全相同，都作"🔲"形。只不過是正面卜辭的"爰"字恰巧位於齒縫處，周圍多了些裂紋，但其字形是絕對不同於"施"字的。至

321

於，把背面的"爰"字均釋為"受"則是將分刻於正背的一辭，割裂起來釋讀所造成的。

（22a）貞：方其戈我史。
（22b）貞：方弗戈我史。
（22c）貞：我史其戈方。
（22d）我史弗其戈方。

《合集》6771 正 =《丙編》76　［典賓］

（22e）王占曰："隹（唯）甲見戊，戈。"

《合集》6771 反 =《丙編》77　［典賓］

《丙編》釋文將背面的占辭釋為"王占曰：隹（唯）戊戈"，並認為它們都是丁未日占卜的。但我們檢視《乙編》7765 發現"戊"字的上方仍可見"甲"和"見"二字。"見"用在"干支見干支"的結構中，表示"至於"的意思①，類似的用法如：

（23）☐雨，隹（唯）甲丁見辛巳。

《合集》12466 反［典賓］

（24）☐其隹（唯）辛見甲，七日甲允雨。八日辛丑亦☐。

《合集》12977［典賓］

（25）王占曰："隹（唯）今夕癸見丁。"

《合集》667 反 =《丙編》156［典賓］

（26）王占曰："惠既，隹（唯）乙見丁，丁雉。"

《合集》6649 反 =《丙編》274［典賓］

（27）［王］占曰："今夕不其雨，其隹（唯）丁☐☐不吉，退隹（唯）壬見癸。"

《合集》12163 反 =《乙編》7153［典賓］

因此，我們認為背面的這一占辭應釋讀為"王占曰：隹（唯）甲見戊，戈"。

（28）王占曰："戈，［隹］（唯）壬戈。"

《合集》6827 反 =《乙編》5254［典賓］

---

① 蔡哲茂：《釋殷卜辭的"見"字》，《古文字研究》第 24 輯，中華書局 2002 年版，第 95 頁。

《合集釋文》將其釋為"王占曰：伐戋"，但檢視《乙編》兩個"戋"寫法完全相同，應為一字。另外，"王"字的左側仍可見一"壬"字。因此，我們將其釋為"王占曰：戋，[隹（唯）]壬戋"。

(29a) 貞：易日。

《合集》13151 正 =《乙編》2656［典賓］

(29b) 戊辰［卜］，古

(29c) 王占曰："屮（有）求（咎），其☒。"

《合集》13151 反 =《乙編》2657［典賓］

白于藍先生《校訂》將背面的占辭釋為"王占曰：屮求，其吉"，當是將貞人"古"誤釋為"吉"所造成的。若將"古"釋為"吉"，則占辭的內容是自相矛盾的，在卜辭中"屮求"一般表示"將有不好的事情發生"，是不可能與"吉"字連用的。我們認為刻於背面的前辭和占辭與正面相應部位的命辭具有相承關係，全辭可讀為"戊辰卜，古貞：易日。王占曰：屮（有）求（咎），其☒"。

(30a) 辛酉卜，殼。

(30b) ☒牛☒。　　《合集》15781 反 =《乙編》573［賓一］

此背面刻辭，《合集釋文》釋為"乙酉卜"和"☒牛☒殼"。但從拓本上看"牛"字的筆道較粗，與"殼"字距離較遠，且辭例也較為罕見；而若將其與右側的干支連讀，則正符合賓組卜辭"正反相承"的刻寫習慣。從正面與之相應的命辭"辛酉勿靠屮"和背面殘存的字形來看，卜辭的干支應為"辛酉"而非"乙酉"。

結　語

　　甲骨文例，是甲骨學研究中最基本而又十分複雜的一個分支。通曉甲骨文例，不僅有助於通讀卜辭、綴合殘片、補足殘辭、考釋文字，而且對解讀商代的占卜制度、祭祀禮儀、宗教思想等社會文化方面的問題也大有裨益，非常值得關注和研究。本書主要著眼於甲骨材質的不同，重點探討以龜腹甲為刻寫載體的各類組王卜辭的行款走向、版面佈局、占卜次第、首刻卜辭等諸特徵，系統地描繪出不同類組王卜辭龜腹甲文例間的差異及其演變趨向，並總結了文例研究的意義與價值。本書的創新之處主要有以下幾個方面。

　　首先，是研究方法上的突破。龜腹甲形態特徵的複雜性決定了其文例特徵的多樣性，本書從龜腹甲形態入手，將腹甲分為三種類型（整版、上下兩部分、上中下三部分）加以考察，尤其是在討論第三種類型的腹甲時，突破傳統按腹甲天然紋路劃分腹甲部位研究文例的方法，將腹甲分為上中下三個部分來研究，更契合殷人用龜的實際，便於發現和總結文例特徵與規律。

　　第二，隨著甲骨文分期分類理論的不斷發展與完善，越來越多的學者已經認識到，不同類組的卜辭不僅在字體、語法等方面會存在差異，文例方面也不例外。因此，以分期分類理論為指導，對文例進行系統全面的梳理與研究已成為迫切需要，事實證明，這也是十分必要的。本書所取得的一些新的認識便得益於此，如上文論述的早期卜辭文例無論是在版面佈局上還是在行款走向上多富於變化，而晚期卜辭文例則漸趨齊整勻稱以及文例總體上呈"由繁至簡"的演變趨向等。

結　語

第三，筆者初次將"首刻卜辭"的概念引入腹甲文例進行討論，不僅打破了傳統意識上釋讀卜辭要麼"自上而下"要麼"自下而上"的誤區，得出早期腹甲首次啟用部位比較靈活，既可以在腹甲上部，也可以是腹甲下部，更有些是在腹甲中部；而晚期則漸趨統一，主要是以腹甲下部為主的結論，也使我們對整版卜辭的通讀次序有了更直觀的、更鮮活的認識。

第四，"正反相承"，可以說是賓組卜辭中存在的一種較為獨特的文例現象。它不僅表現在同條卜辭內部結構的關聯上，也表現在同一事件之間的關聯上，有些還涉及到序數、卜兆、卜辭三者之間錯綜複雜的關聯。本書主要從類組、格式、刻寫部位等方面進行了較為全面細緻的梳理與研究。

第五，我們在考察腹甲文例的過程中，還時時注意將不同類組的腹甲文例特徵進行比較，說明其變化之所在。這種變化無論是歷時的，還是共時的，其變化都是有其原因的，探討這種原因對文例研究意義重大。我們對文例變化的原因也嘗試做了一些工作，認為卜甲上縱橫俯仰的卜兆是解開複雜多變的文例現象成因之謎的一把鑰匙，不同類組腹甲上卜辭行款與佈局特徵的差異，往往受卜兆數量、排列方式和所佔範圍大小等因素的影響，但歸根結底主要是由當時的卜法體系和占卜制度所決定的。這一點對卜骨文例也同樣適用。同時，我們也注意到儘管卜骨文例與卜甲文例表面上存在較大差異，但本質上卻是密切相關的。如早期卜骨上的"相間刻辭"、"邊面連讀"、"首扇對貞"與卜甲上的"上下對貞"、"斜向對貞"、"三角對貞"等複雜文例現象，實際上這與早期"先疏後密，每次承用前辭之餘位，後刻之辭跨於先刻者之上"的卜用習慣不無關係。

最後，我們結合實踐經驗重點討論了甲骨文例研究的作用，尤其是在綴合甲骨和校勘釋文這兩個方面。利用文例特徵綴合龜腹甲近60組，校勘糾正一批在釋讀方面存在訛誤的卜辭，為甲骨材料的整理工作貢獻了一份綿薄之力，在一定程度上也為甲骨文的研究提供了可靠的新資料。

但囿於論文寫作時間和筆者的學力，文中對有些問題的論述還有待於進一步深入和完善，一些關鍵性的問題如非王卜辭龜腹甲文例特徵及規律也有待探討，此外，在寫作過程中難免存在疏漏之處，還請專家學者多多批評指正。

參考文獻

著錄書、工具書

東洋文庫古代史研究委員會編：《東洋文庫所藏甲骨文字》，昭和五十四年三月。

董作賓：《殷虛文字甲編》，"中央研究院"歷史語言研究所出版，1948年4月初版，1976年11月再版，1998年6月影印。

董作賓：《殷虛文字乙編》上、中、下，"中央研究院"歷史語言研究所出版，1948年10上輯，1949年3月中輯，1953年12月下輯初版，1994年6月二版。

段振美、焦智勤、党相魁、党寧：《殷墟甲骨輯佚——安陽民間藏甲骨》，文物出版社2008年版。

郭沫若：《郭沫若全集·考古編·第二卷》（《卜辭通纂》），科學出版社1982年版。

郭沫若：《殷契萃編》，科學出版社1965年版。

郭沫若主編：《甲骨文合集》，中華書局1978—1982年版。

郭若愚：《殷契拾掇》，上海古籍出版社2005年版。

胡厚宣輯，王宏、胡振宇整理：《甲骨續存補編》，天津古籍出版社1996年版。

胡厚宣：《蘇德美日所見甲骨集》，四川辭書出版社1988年版。

胡厚宣主編：《甲骨文合集材料來源表》，中國社會科學出版社1999年版。

胡厚宣主編：《甲骨文合集釋文》，中國社會科學出版社1999年版。

李學勤、齊文心、[美]艾蘭：《瑞典斯德哥爾摩遠東古物博物館藏甲骨文字》，中華書局1999年版。

李學勤、齊文心、[美]艾蘭：《英國所藏甲骨集》，中華書局1985年版。

李鐘淑、葛英會：《北京大學珍藏甲骨文字》，上海古籍出版社2008年版。

劉釗、洪颺、張新俊：《新甲骨文編》，福建人民出版社2009年版。

明義士：《殷虛卜辭後編》，藝文印書館1972年版。

彭邦炯、謝濟、馬季凡編：《甲骨文合集補編》，語文出版社1999年版。

上海博物館編：《上海博物館藏甲骨文字》，上海辭書出版社2009年版。

沈建華、曹錦炎：《甲骨文字形表》，上海辭書出版社2008年版。

松丸道雄、高島謙一：《甲骨文字字釋綜覽》，東洋文化研究所叢刊第13輯，1993年。

宋鎮豪、段志洪主編：《甲骨文獻集成》，四川大學出版社2001年版。

宋鎮豪、趙鵬、馬季凡編著：《中國社會科學院歷史研究所藏甲骨集》，上海古籍出版社2011年版。

宋鎮豪主編：《百年甲骨學論著目》，語文出版社1999年版。

徐中舒主編：《甲骨文字典》，四川辭書出版社1988年版。

許進雄：《懷特氏等所藏甲骨文集》，加拿大安大略博物館1979年版。

姚孝遂、肖丁：《殷墟甲骨刻辭摹釋總集》，中華書局1988年版。

姚孝遂、肖丁主編：：《殷墟甲骨刻辭類纂》，中華書局1989年版。

伊藤道治：《天理大學附屬天理參考館藏品》，天理道教友社1987年版。

于省吾主編：《甲骨文字詁林》，中華書局1996年版。

張秉權：《殷虛文字丙編》，"中央研究院"歷史語言研究所出版，上輯一1957年8月，上輯二1959年10月，中輯一1962年，中輯二 1965 年 4 月，下輯一 1967 年 12 月，下輯二 1972 年初版，1997 年 5 月影印。

中國國家博物館編：《中國國家博物館館藏文物研究叢書·甲骨卷》，上海世紀出版股份有限公司、上海古籍出版社 2007 年版。

中國社會科學院考古研究所編：《甲骨文編》，中華書局 1965 年版。

中國社會科學院考古研究所編：《小屯南地甲骨（上冊）》，中華書局 1980 年版。

中國社會科學院考古研究所編：《殷墟花園莊東地甲骨》，雲南人民出版社 2003 年版。

中國社會科學院考古研究所編：《殷墟小屯村中村南甲骨》，雲南人民出版社 2012 年版。

中國社會科學院考古研究所編著：《小屯南地甲骨（下冊）》，中華書局 1983 年版。

"中央研究院"歷史語言研究所編：《史語所購藏甲骨集》，"中央研究院"歷史語言研究所，2010 年。

鍾柏生：《殷虛文字乙編補遺》，"中央研究院"歷史語言研究所出版 1995 年版。

周鴻翔：《美國所藏甲骨錄》，美國加利福尼亞大學，1976 年。

［日］島邦男：《殷墟卜辭綜類》（增訂版），汲古書院 1971 年版。

專著、論文集（依作者或編著者首字音序排列）

白于藍：《殷墟甲骨刻辭摹釋總集校訂》，福建人民出版社 2004 年版。

蔡哲茂：《甲骨綴合彙編》，花木蘭文化出版社 2011 年版。

蔡哲茂：《甲骨綴合集》，樂學書局 1999 年版。

蔡哲茂：《甲骨綴合續集》，文津出版社 2004 年版。

常玉芝：《商代周祭制度》，中國社會科學出版社 1987 年版。

常玉芝：《殷商曆法研究》，吉林文史出版社 1998 年版。

陳劍：《甲骨金文考釋論集》，綫裝書局 2007 年版。

陳劍：《殷墟卜辭的分期分類對甲骨文字考釋的重要性》，博士學位論文，北京大學，2001年。

陳夢家：《殷虛卜辭綜述》，科學出版社1956年版。

陳煒湛：《甲骨文簡論》，上海古籍出版社1987年版。

陳煒湛：《甲骨文論集》，上海古籍出版社2003年版。

東海大學中國文學系編：《花園莊東地甲骨論叢》，聖環圖書股份有限公司，2006年。

董作賓：《骨文例》，《中央研究院歷史語言研究所集刊》第7本第1分，1936年；又見於《甲骨文獻集成》第17冊，四川大學出版社2001年版。

董作賓：《甲骨文斷代研究例》，《中央研究院歷史語言研究所集刊》外編第1種，《慶祝蔡元培先生六十五歲論文集》（上冊），1933年1月。

董作賓：《殷曆譜》，"中央研究院"歷史語言研究所專刊，石印本，1945年。

方稚松：《殷墟甲骨文五種記事刻辭研究》，博士學位論文，首都師範大學，2007年；綫裝書局2009年首都師範大學，。

高明：《中國古文字學通論》，北京大學出版社2002年版。

郭沫若：《卜辭通纂》，[日]求文堂石印本，1933年；科學出版社1983年版。

郭沫若：《兩周金文辭大系圖錄考釋》，上海書店出版社1999年版。

韓江蘇：《殷墟花東H3卜辭主人"子"研究》，綫裝書局2007年版。

何會：《殷墟賓組卜辭正反相承例研究》，碩士學位論文，首都師范大學，2009年。

胡光偉：《甲骨文例》，中山大學語言歷史學研究所考古學叢書之一，1928年7月；又收入《胡小石論文集三編》，上海古籍出版社1995年版。

胡厚宣主編：《甲骨文與殷商史》（第二輯），上海古籍出版社1986年版。

胡厚宣主編：《甲骨學商史論叢初集》，河北教育出版社2002年版。
黃天樹：《黃天樹古文字論集》，學苑出版社2014年版。
黃天樹：《黃天樹古文字論集》，學苑出版社2006年版。
黃天樹：《殷墟王卜辭的分類與斷代》，台北文津出版社1991年版；科學出版社2007年版。
黃天樹主編：《甲骨拼合集》，學苑出版社2010年版。
黃天樹主編：《甲骨拼合三集》，學苑出版社2013年版。
黃天樹主編：《甲骨拼合四集》，學苑出版社2016年版。
黃天樹主編：《甲骨拼合續集》，學苑出版社2011年版。
吉德煒：《商代史料——中國青銅時代的甲骨文》，Sources of Shang History: The Oracle-Bone Inscriptions of Bronze Age China. Berkeley & Los Angeles: University of California Press. 1978.
蔣玉斌：《殷墟子卜辭的整理與研究》，博士學位論文，吉林大學，2006年。
寇占民：《西周金文動詞研究》，博士學位論文，首都師范大學，2009年；綫裝書局2010年版。
李愛輝：《殷墟同文卜辭的初步整理和研究》，碩士學位論文，首都師范大學，2010年。
李達良：《龜版文例研究》，《香港中文大學聯合書院文史叢刊乙種之二》，香港中文大學聯合書院中國語言文學系，1972年；又收入《甲骨文獻集成》第17冊，四川大學出版社2001年版。
李旼姈：《甲骨文例研究》，台灣古籍出版有限公司，2003年。
李旼姈：《甲骨文字構形研究》，博士學位論文，台灣"國立"政治大學，2005年。
李善貞：《甲骨文同文例研究》，碩士學位論文，台灣"國立"政治大學，2001年。
李孝定：《甲骨文字集釋》，"中央研究院"歷史語言所，1965年。
李學勤：《當代學者自選文庫-李學勤卷》，安徽教育出版社1999年版。
李學勤：《古文獻論叢》，上海遠東出版社1996年版。

李學勤：《古文字學初階》，中華書局1985年版。
李學勤：《李學勤集》，黑龍江教育出版社1989年版。
李學勤：《李學勤早期文集》，河北教育出版社2008年版。
李學勤、彭裕商：《殷墟甲骨分期研究》，上海古籍出版社1996年版。
李學勤：《文物中的古文明》，商務印書館2008年版。
李學勤：《夏商周年代學札記》，遼寧大學出版社1999年版。
李學勤：《新出青銅器研究》，文物出版社1990年版。
李學勤：《中國古代文明十講》，復旦大學出版社2003年版。
李學勤：《中國古代文明研究》，華東師範大學出版社2005年版。
李學勤：《綴古集》，上海古籍出版社1998年版。
李學勤：《走出疑古時代》，遼寧大學出版社1997年版。
李延彥：《殷墟龜腹甲形態的初步研究》，碩士學位論文，首都師範大學，2011年。
李宗焜：《甲骨文字編》，中華書局2012年版。
林宏明：《契合集》，萬卷樓，2013年。
林宏明：《小屯南地甲骨研究》，中國文學系博士論文，台灣"國立"政治大學，2003年。
林宏明：《醉古集——甲骨的綴合與研究》，台灣書房2008年版；萬卷樓，2011年。
林澐：《林澐學術文集（二）》，科學出版社2008年版。
林澐：《林澐學術文集》，中國大百科全書出版社1998年版。
劉風華：《殷墟村南系列甲骨卜辭的整理與研究》，博士學位論文，鄭州大學，2007年；上海古籍出版社2014年版。
劉翔、陳亢、陳初生、董琨：《商周古文字讀本》，語文出版社1989年版。
劉新民：《殷墟甲骨第一期卜辭文例研究》，碩士學位論文，西南大學，2008年。
劉學順：《YH127坑賓組卜辭研究》，博士學位論文，中國社會科學院歷史研究所，1998年。

劉義峰：《無名組卜辭的整理與研究》，博士學位論文，中國社會科學院研究生院，2008年；金盾出版社2014年版。

劉影：《殷墟胛骨文例》，首都師範大學出版社2016年版。

劉源：《商周祭祖禮研究》，商務印書館2004年版。

劉釗：《古文字構形學》，福建人民出版社2006年版。

劉釗：《古文字考釋叢稿》，岳麓書社2005年版。

柳東春：《殷墟甲骨文記事刻辭研究》，中國文學研究所碩士論文，台灣大學，1989年。

門藝：《殷墟黃組甲骨刻辭的整理與研究》，博士學位論文，鄭州大學，2008年。

莫伯峰：《殷墟甲骨卜辭字體分類的整理與研究》，博士學位論文，首都師範大學，2011年。

崎川隆：《賓組甲骨文字體分類研究》，博士學位論文，吉林大學，2009年；又《賓組甲骨文分類研究》，上海人民出版社2011年版。

齊航福：《殷墟甲骨文賓語相關問題研究》，博士學位論文，首都師範大學，2010年；又《殷墟甲骨文賓語語序研究》，中西書局，2015年。

裘錫圭：《古代文史研究新探》，江蘇古籍出版社1992年版。

裘錫圭：《古文字論集》，中華書局1992年版。

裘錫圭：《裘錫圭學術文化隨筆》，中國青年出版社1999年版。

裘錫圭：《裘錫圭學術文集》（全六卷），復旦大學出版社2012年版。

裘錫圭：《裘錫圭自選集》，大象出版社1999年版。

裘錫圭：《文史叢稿》，上海遠東出版社1996年版。

裘錫圭：《文字學概要》，商務印書館1988年版。

裘錫圭：《中國出土文獻十講》，復旦大學出版社2004年版。

屈萬里：《殷虛文字甲編考釋》，"中央研究院"歷史語言研究所出版1961年版。

饒宗頤：《殷代貞卜人物通考》，香港中文大學出版社1959年版。

沈建華：《初學集——沈建華甲骨學論文選》，文物出版社2008年版。

沈培：《殷墟甲骨卜辭語序研究》，台灣文津出版社1992年版。

沈之瑜：《甲骨文講梳》，上海書店出版社2002年版。

史樹青主編：《中國歷史博物館藏法書大觀》，上海教育出版社2001年版。

宋瑞珊：《殷墟何組卜辭的初步整理》，碩士學位論文，首都師範大學，2009年。

宋雅萍：《殷墟YH127坑背甲刻辭研究》，碩士學位論文，台灣"國立"政治大學中國文學系九十六學年度第二學期，2008年。

宋鎮豪：《夏商社會生活史》，中國社會科學出版社2005年版。

宋鎮豪主編：《甲骨文與殷商史》新1輯，綫裝書局2008年版。

孫亞冰：《殷墟花園莊東地甲骨文例研究》，上海古籍出版社2014年版。

唐蘭：《甲骨文自然分類簡編》，山西教育出版社1999年版。

唐蘭：《天壤閣甲骨文存並考釋》，輔仁大學影印本，1939年，又收入《甲骨文獻集成》第2冊。

唐蘭：《殷虛文字記》，中華書局1981年版。

王國維：《觀堂集林》，中華書局1959年版。

王宇信：《甲骨學通論》，中國社會科學出版社1989年版。

王宇信、宋鎮豪、孟憲武主編：《2004年安陽殷商文明國際學術研討會論文集》，社會科學文獻出版社2004年版。

王宇信、宋鎮豪主編：《紀念殷墟甲骨文發現一百周年國際學術研討會論文集》，社會科學文獻出版社2003年版。

王宇信、楊升南主編：《甲骨學一百年》，社會科學文獻出版社1999年版。

王子揚：《甲骨文字形類組差異現象研究》，博士學位論文，首都師範大學，2011年；中西書局2013年版。

魏慈德：《殷墟YH一二七坑甲骨卜辭研究》，中國文學系博士學位論文，台灣"國立"政治大學，2001年。

魏慈德：《殷墟花園莊東地甲骨卜辭研究》，台灣古籍出版有限公司，2006年。

吳浩坤、潘悠：《中國甲骨學史》，上海人民出版社1985年版。

謝湘筠：《殷墟第十五次發掘所得甲骨研究》，碩士學位論文，台灣"國立"政治大學，2008年。

許進雄：《卜骨上的鑽鑿形態》，台灣藝文印書館1973年版。

許進雄：《甲骨上鑽鑿形態的研究》，台灣藝文印書館1979年版。

嚴一萍：《甲骨學》，台灣藝文印書館1978年版。

楊升南：《甲骨文商史叢考》，綫裝書局2007年版。

楊樹達：《積微居甲文說·耐林廎甲文說·卜辭瑣記·卜辭求義》，上海古籍出版社1986年版。

楊樹達：《積微居甲文說》，中國科學院1954年版。

楊郁彥：《甲骨文合集分組分類總表》，台北藝文印書館2005年版。

姚孝遂、肖丁：《小屯南地甲骨考釋》，中華書局1985年版。

姚萱：《殷墟花園莊東地甲骨卜辭的初步研究》，綫裝書局2006年版。

于省吾：《甲骨文字釋林》，中華書局1979年版。

章念：《殷墟甲骨第二至五期卜辭文例研究》，碩士學位論文，西南大學，2010年。

張秉權：《甲骨文與甲骨學》，台北"國立"編譯館1988年版。

張惟捷：《殷墟YH127坑賓組刻辭整理與研究》，天主教輔仁大學中國文學研究所博士論文，2011年。

張玉金：《甲骨文虛詞詞典》，中華書局1994年版。

張玉金：《甲骨文語法學》，學林出版社2001年版。

張政烺：《張政烺文史論集》，中華書局2004年版。

趙誠：《甲骨文簡明詞典》，中華書局1988年版。

趙鵬：《殷墟甲骨文人名與斷代的初步研究》，綫裝書局2007年版。

中國歷史博物館編：《華夏之路》，朝華出版社1997年版。

周鴻翔：《卜辭對貞述例》，萬有圖書有限公司，1969年。

周忠兵：《卡內基博物館所藏甲骨的整理與研究》，博士學位論文，吉林大學，2009 年；又《卡內基博物館所藏甲骨研究》，上海人民出版社 2015 年版。

朱鳳瀚：《商周家族形態研究》（增訂版），天津古籍出版社 2004 年版。

朱歧祥：《殷墟卜辭句法論稿——對貞卜辭句型變異研究》，台灣學生書局 1990 年版。

朱歧祥：《殷墟花園莊東地甲骨論稿》，里仁書局 2008 年版。

朱歧祥：《殷墟花園莊東地甲骨校釋》，東海大學中文系語言文字研究室，2006 年。

論文（依作者首字音序排列）

白玉崢：《殷墟第十五次發掘成組卜甲》，《董作賓先生逝世十四周年紀念刊》，藝文印書館 1978 年版。

蔡哲茂：《花東卜辭"白屯"釋義》，《第十八屆中國文字學國際學術研討會論文集》，2007 年。

蔡哲茂：《花東卜辭"不黽"釋義》，王宇信等主編：《紀念王懿榮發現甲骨文 110 周年國際學術研討會論文集》，社會科學文獻出版社 2009 年版。

蔡哲茂：《甲骨文合集的同文例》，《大陸雜志》1988 年第 76 卷第 5 期。

蔡哲茂：《甲骨研究二題》，《中國文字研究》2008 年第一輯（總第十輯），大象出版社 2008 年版。

蔡哲茂：《說殷墟卜辭中的"圭"字》，《漢字研究》第 1 輯，學苑出版社 2005 年版。

蔡哲茂：《殷卜辭"肩凡有疾"解》，台灣高雄師範大學國文系，中國文字學會編：《第十六屆中國文字學國際學術研討會論文集》，2005 年。

蔡哲茂：《殷墟甲骨文字新綴五十一則》，《古籍整理研究學刊》2003 年第 4 期。

曹定云：《三論殷墟花東 H3 卜辭中占卜主體"子"》，《殷都學刊》，2009 年。

曹定云：《殷墟花東 H3 卜辭中的"王"是小乙》，《古文字研究》第 26 輯，中華書局 2006 年版。

曹錦炎：《甲骨文合文研究》，《古文字研究》第 19 輯，中華書局 1992 年版。

曹錦炎：《中甲刻辭——武丁時代的另一種記事刻辭》，《東南文化》1999 年第 5 期。

曹兆蘭：《龜甲占卜的某些具體步驟及幾個相關問題》，《容庚先生百年誕辰紀念文集》（古文字研究專號），廣東人民出版社 1998 年版。

曹兆蘭：《殷墟龜甲占卜的某些步驟試探》，《考古與文物》2004 年第 3 期。

常耀華：《YH251、330 卜辭研究》，《中國文字》第 23 期，藝文印書館 1997 年版，又收入《殷墟甲骨非王卜辭研究》。

常耀華：《YH251、330 同文卜辭再檢討》，《殷都學刊》1998 年第 4 期。

常耀華：《重論 YH251、330 卜辭》，《中國史研究》1996 年第 4 期。

常玉芝：《甲骨綴合續補》，《考古與文物》1999 年第 2 期。

常玉芝：《晚期龜腹甲卜旬卜辭的契刻規律及意義》，《考古》1987 年第 10 期。

陳劍：《甲骨金文"哉"字補釋》，《古文字研究》第 25 輯，中華書局 2004 年版。

陳劍：《試說甲骨文的"殺"字》，《古文字研究》第 29 輯，中華書局 2012 年版。

陳劍：《釋"凷"》，《出土文獻與古文字研究》第三輯，復旦大學出版社 2010 年版。

陳劍：《釋造》，《出土文獻與古文字研究》（第一輯），復旦大學出版社 2006 年版；後收入《甲骨金文考釋論集》，綫裝書局 2007

年版。

陳劍：《說花園莊東地甲骨卜辭的"丁"——附：釋"速"》，《故宮博物院院刊》2004年第4期。

陳劍：《說殷墟甲骨文中的"玉戚"》，《中央研究院歷史語言研究所集刊》第78本第2分（抽印本），2007年。

陳劍：《"邍"字補釋》，《古文字研究》第27輯，中華書局2008年版。

陳佩君：《由花東卜甲骨中同卜事件看同版、異版卜辭的關係》，輔仁大學中國文學系、中國文字學會主辦：《第十八屆中國古文字學國際學術研討會論文集》，2007年。

陳煒湛：《讀契雜記》，《2004年安陽殷商文明國際學術研討會論文集》，社會科學文獻出版社2004年版。

丁驌：《殷貞卜之格式與貞辭允驗辭之解釋》，《中國文字》第2期，香港藝文印書館1980年版。

董作賓：《大龜四版考釋》，《安陽發掘報告》1931年第3期；又收入《甲骨文獻集成》第6冊。

董作賓：《骨臼刻辭再考》，《中央研究院院刊》第1輯；《慶祝朱家驊先生六十歲論文集》，1954年6月；又收入《甲骨文獻集成》第18冊。

董作賓：《骨文例》，《中央研究院歷史語言研究所集刊》第7本1分，1936年，收入《甲骨文獻集成》第17冊。

董作賓：《甲骨實物之整理》，《中央研究院歷史語言研究所集刊》第二十九本下冊，1958年。

董作賓：《商代龜卜之推測》，《安陽發掘報告》1929年第1期；後收入《董作賓先生全集》甲編第三冊，藝文印書館1977年版。

董作賓：《殷代文例分"常例"、"特例"二種說》，《中國文字》第6冊，1962年1月再版；又收入《甲骨文獻集成》第18冊。

董作賓：《帚矛說——骨臼刻辭的研究》，《安陽發掘報告》1933年第4期；又收入《甲骨文獻集成》第17冊。

方稚松：《讀殷墟甲骨文札記二則》，《語言文字學術研究》2007年第2期。

方稚松：《甲骨文字考釋四則》，王宇信等主編：《紀念王懿榮發現甲骨文110周年國際學術研討會論文集》，社會科學文獻出版社2009年版。

方稚松：《甲骨綴合十組》，《北方論叢》2006年第3期。

方稚松：《釋殷墟花園莊東地甲骨中的瓚、祼及相關諸字》，《中原文物》2007年第1期。

馮時：《殷代占卜書契制度研究》，《探古求原——考古雜誌社成立十周年紀念學術文集》，科學出版社2007年版。

馮時：《殷田射禦考》，《甲骨文與殷商史》新1輯，綫裝書局2008年版。

管燮初：《甲骨文金文中"唯"字用法的分析》，《中國語文》1962年第6期。

郭沫若：《殘辭互足二例》，收入《殷契餘論》，日本東京文求堂書店石印本，1933年，又收入《郭沫若全集·考古編》第一卷，科學出版社1982年版。

郭沫若：《缺刻橫畫二例》，收入《殷契餘論》，日本東京文求堂書店石印本，1933年，又收入《郭沫若全集·考古編》第一卷，科學出版社1982年版。

郭沫若：《中國古代社會研究》，《中國現代學術經典·郭沫若卷》，河北教育出版社1996年版。

何會：《賓組龜腹甲新綴四則》，《故宮博物院院刊》2011年第1期。

何會：《典賓類龜腹甲新綴五組》，《嚛天學術》2012年第9輯。

何會：《龜腹甲新綴六則》，《嚛天學術》2011年第9輯。

何會：《甲骨文文例研究簡述》，《蘭台世界》2012年第15期。

何會：《甲骨文"序數"補說》，《殷都學刊》2012年第3期。

何會：《殷墟龜腹甲新綴三則》，《故宮博物院院刊》2012年第4期。

洪篤仁：《卜辭合文商榷》，《廈門大學學報》（社會科學版）1963

年第3期，又收入《甲骨文獻集成》第18冊。

胡厚宣：《卜辭記事文字史官簽名例》，《中央研究院歷史語言研究所集刊》12本，1948年；又收入《甲骨文獻集成》第18冊。

胡厚宣：《卜辭同文例》，《中央研究院歷史語言研究所集刊》第9本，1947年；又收入《甲骨文獻集成》第18冊。

胡厚宣：《卜辭雜例》，《中央研究院歷史語言研究所集刊》第8本第3分，1939年；又收入《甲骨文獻集成》第17冊。

胡厚宣：《甲骨學緒論》，《甲骨學商史論叢二集》，成都齊魯大學國學研究所專刊之一，1945年。

胡厚宣：《武丁時五種記事刻辭考》，《甲骨學商史論叢》初集，1944年。

胡雲鳳：《由同文例解決幾版甲骨釋讀的問題》，《古文字研究》第26輯，中華書局2006年版。

黃天樹：《關於卜骨的左右問題》，《紀念王懿榮發現甲骨文110周年國際學術研討會論文集》，社會科學文獻出版社2009年版。

黃天樹：《〈甲骨文合集〉綴合拾遺補闕》，《古文字研究》第29輯，中華書局2012年版。

黃天樹：《甲骨文所見的商代喪葬制度》，美國羅格斯大學孔子學院主辦"商代與上古中國文明國際學術研討會"會議論文，2011年11月。

黃天樹：《甲骨綴合的學術意義與方法》，《故宮博物院院刊》2011年第1期。

黃天樹：《甲骨綴合六例及其考釋》，《甲骨文與殷商史》第1輯，綫裝書局2008年版。

黃天樹：《商代甲骨金文中的同義詞連用》，《古文字研究》第28輯，中華書局2010年版。

黃天樹：《殷墟龜腹甲形態研究》，《北方論叢》2009年第3期。

黃天樹：《殷墟甲骨文驗辭中的氣象記錄》，《古文字與古代史》第1輯，"中央研究院"語言研究所，2007年。

黃天樹：《殷墟甲骨文助動詞補說》，《古漢語研究》2008年第

4期。

黃天樹：《禹鼎銘文補釋》，《古文字學論稿》，安徽大學出版社2008年版。

黃天樹：《柞伯鼎銘文補釋》，《中國文字》第32期，台灣藝文印書館2006年版。

季旭昇：《說牡牝》，《古文字研究》第24輯，中華書局2002年版。

冀小軍：《說甲骨金文中表祈求義的䆕字——兼談䆕字在金文車飾名稱中的用法》，《湖北大學學報》（哲社版）1991年第1期。

蔣玉斌：《說殷墟卜辭的特殊敘辭》，2010年10月2日在台灣召開的"2010中華甲骨文學會創會20周年慶國際名家書藝展暨學術論文研討會"上宣讀，並收入該會論文集。

金祥恒：《甲骨卜辭中殷先王上乙下乙考》，《甲骨文與殷商史》第1輯，綫裝書局2008年版。

金祥恒：《甲骨文通借字舉隅》，《中國文字》第10冊，1962年12月；又收入《金祥恒先生全集》第二冊，台北藝文印書館1990年版。

李愛輝：《賓組胛骨新綴二則》，《故宮博物院院刊》2011年第1期。

李維明：《"亳"辨》，《2004年安陽殷商文明國際學術研討會論文集》，社會科學文獻出版社2004年版。

李學勤：《賓組卜骨的一種文例》，《南開大學歷史系建系七十五周年紀念文集》，南開大學出版社1998年版。

李學勤：《從兩條〈花東〉卜辭看殷禮》，《吉林師範大學學報》2004年第3期，收入《文物中的古文明》。

李學勤：《關於花園莊東地卜辭的所謂"丁"的一點看法》，《故宮博物院院刊》2004年第5期，收入《文物中的文明》。

李學勤：《關於甲骨的基礎知識》，《歷史教學》1959年第7期。

李學勤：《論賓組胛骨的幾種記事刻辭》，收入《英國所藏甲骨集》（下編·上冊），中華書局1992年版。

李學勤：《論殷墟卜辭的新星》，《北京師範大學學報》2000年第2期。

李學勤：《殷墟甲骨分期的兩系說》，《古文字研究》第18輯，中華書局1992年版。

李宗焜：《卜辭所見一日內時稱考》，《中國文字》第18期，美國藝文印書館1994年版。

李宗焜：《論殷墟甲骨文的否定詞"妹"》，《中央研究院歷史語言研究所集刊》第66本第4分，1995年。

連劭名：《商代的日書與卜日》，《故宮博物院院刊》2001年第3期。

連劭名：《殷墟卜辭中的"同"與"止"》，《古文字研究》第25輯，中華書局2004年版。

林宏明：《賓組骨首刻辭與左右胛骨的關係》，《出土文獻研究視野與方法》第一輯，台北秀威資訊科技發行，2009年。

林宏明：《賓組骨首刻辭與左右胛骨的關係》，《出土文獻研究視野與方法》，秀威信息科技發行，2009年10月。

林宏明：《利用綴合更正卜辭釋文舉例》，《古文字研究》第28輯，中華書局2010年版。

林宏明：《殷墟甲骨研究札記》，輔仁大學中國文學系、中國文字學會主辦：《第十八屆中國文字學國際學術研討會論文集》，2007年5月。

林宏明：《"正反互足例"對釋讀卜辭的重要性》，《第八屆中國訓詁學全國學術研討會論文集》，2007年5月。

林澐：《從武丁時代的幾種"子卜辭"試論商代家族的形態》，《林澐學術文集》，中國大百科全書出版社1998年版。

林澐：《商代兵制管窺》，《林澐學術文集》，中國大百科全書出版社1998年版。

林澐：《無名組卜辭中父丁稱謂研究》，《古文字研究》第13輯，中華書局1986年版。

劉風華：《小屯村南系列甲骨綴二》，《鄭州大學學報》2006年

1月。

劉風華：《小屯南地甲骨2667版與歷草類》，《古文字研究》第28輯，中華書局2010年版。

劉桓：《釋甲骨文辻字——兼說"王辻於（某地）"卜辭的性質》，《考古》2005年第11期。

劉一曼：《論殷墟大司空村出土的刻辭甲骨》，《古文字研究》第28輯，中華書局2010年版。

劉一曼：《試論殷墟甲骨書辭》，《考古》1991年第6期。

劉一曼、岳占偉：《殷墟近出刻辭甲骨選釋》，考古學集刊第18輯，2010年7月。

劉義峰：《無名組卜辭綴合十組》，《甲骨文與殷商史》第1輯，綫裝書局2008年版。

劉影：《賓組牛胛骨新綴四組》，《故宮博物院院刊》2011年第1期。

劉影：《典賓類骨首卜辭與骨扇卜辭對貞的文例》，《中國國家博物館館刊》2011年第3期。

劉影：《甲骨新綴四則》，《故宮博物院院刊》2010年第1期。

劉淵臨：《殷墟"骨簡"及其有關問題》，《中央研究院歷史語言研究所集刊》，第39本上册，《慶祝李芳桂先生六十五歲論文集》，1969年1月，又收入《甲骨文獻集成》第29册。

劉源：《讀殷墟花園莊東地甲骨卜辭劄記二則》，《東方考古》第4集，科學出版社2008年版。

劉源：《花園莊卜辭中有關祭祀的兩個問題》，《揖芬集——張政烺先生九十華誕紀念文集》，社會科學文獻出版社2002年版。

劉源：《歷組卜辭新綴二則》，《故宮博物院院刊》2008年第4期。

劉源：《試論殷墟花園莊東地卜辭的行款》，《故宮博物院院刊》2005年第1期。

劉源：《殷墟花園莊東地甲骨文所見禳祓之祭考》，東海大學中國文學系編：《花園莊東地甲骨論叢》。

劉源：《再談殷墟花東卜辭中的"□"》，《甲骨文與殷商史》新1

輯，綫裝書局2008年版。

劉釗：《古文字中的合文、借筆、借字》，《古文字研究》第21輯，中華書局2001年版。

劉釗：《釋甲骨文中的"秉棘"——殷代巫術考察之一》，《故宮博物院院刊》2009年第2期。

劉釗：《談甲骨文中的倒書》，《于省吾教授百年誕辰紀念文集》，吉林大學出版社1996年版。

麥里筱：《商代甲、金文是否已使用合文符號》，王宇信等主編：《紀念王懿榮發現甲骨文110周年國際學術研討會論文集》，社會科學文獻出版社2009年版。

莫伯峰：《北師大所藏甲骨新綴五則》，《民俗典籍文字研究》第七輯，商務印書館2010年版。

莫伯峰：《國家圖書館所藏甲骨綴合九組》，《文獻》2011年第3期。

莫伯峰：《花東子卜辭和歷組卜辭新綴四組》，《故宮博物院院刊》2011年第1期。

彭裕商：《殷代卜法初探》，《夏商文明研究》，中州古籍出版社1995年版；又收入《甲骨文獻集成》第17冊。

崎川隆：《"字排特徵"的觀察對殷墟甲骨文字體分類研究的重要性》，《古文字研究》第28輯，中華書局2010年版。

齊航福：《花東卜辭的賓語前置句試析》，《河北師範大學學報》（哲社版）2008年第5期。

齊航福：《花東卜辭前辭形式探論》，《中州學刊》2011年第1期。

齊航福：《甲骨新綴五組》，《故宮博物院院刊》2011年第1期。

齊航福：《談花東卜辭中"在某"之歸屬》，《語文知識》2009年第4期。

齊航福：《〈殷墟花園莊東地甲骨·釋文〉求疵》，《中州學刊》2006年第2期。

齊航福：《〈殷墟花園莊東地甲骨·字詞索引表〉勘正》，《殷都學刊》2007年第4期。

齊航福、章秀霞：《〈甲骨文合集補編〉著錄重片分期較訂》，《殷都學刊》2004年第1期。

齊文心：《釋讀"沚馘再冊"相關卜辭——商代軍事制度的重要史料》，《2004年安陽殷商文明國際學術研討會論文集》，社會科學文獻出版社2004年版。

裘錫圭：《"丮"字補釋》，《古文字論集》，中華書局1992年版。

裘錫圭：《關於殷墟卜辭的"瞽"》，《2004年安陽殷商文明國際學術研討會論文集》，社會科學文獻出版社2004年版。

裘錫圭：《"花東子卜辭"和"子組卜辭"中指稱武丁的"丁"可能應該讀為"帝"》，《黃盛璋先生八秩華誕紀念文集》，中國教育文化出版社2005年版。

裘錫圭：《甲骨文中所見的商代農業》，《古文字論集》，中華書局1992年版。

裘錫圭：《甲骨文中重文和合文重復偏旁的省略》，《古文字論集》，中華書局1992年版。

裘錫圭：《論"歷組卜辭"的時代》，《古文字論集》，中華書局1992年版。

裘錫圭：《論殷墟卜辭"多毓"之"毓"》，《中國商文化國際學術研討會論文集》，中國大百科全書出版1998年版。

裘錫圭：《釋"叚"》，《古文字研究》第28輯，中華書局2010年版。

裘錫圭：《釋"弘""強"》，《古文字論集》，中華書局1992年版。

裘錫圭：《釋"厄"》，王宇信、宋鎮豪主編：《紀念殷墟甲骨文發現一百周年國際學術研討會論文集》，社會科學文獻出版社2003年版。

裘錫圭：《釋"勿""發"》，《古文字論集》，中華書局1992年版。

裘錫圭：《釋"衍"、"侃"》，《魯實先先生學術討論會論文集》，台灣萬卷樓圖書有限公司，1993年。

裘錫圭：《釋殷墟卜辭中的"卒"和"禕"》，《中原文物》1990年第3期。

裘錫圭：《說"口凡有疾"》，《故宮博物院院刊》2000年第1期。
裘錫圭：《說殷墟卜辭的"奠"——試論商人處置服屬者的一種方法》，《中央研究院歷史語言研究所集刊》，（台灣）第64本第3分，1993年。
裘錫圭：《殷墟卜辭所見石甲兔甲即陽甲說》，《古文字論集》，中華書局1992年版。
裘錫圭：《殷墟甲骨文字考釋（七篇）》，《湖北大學學報》（哲社版）1990年第1期。
裘錫圭：《再談甲骨文中重文的省略》，《古文字論集》，中華書局1992年版。
沈建華：《從花園莊東地卜辭看"子"的身份》，《中國歷史文物》2007年第1期，收入《初學集——沈建華甲骨學論文選》。
沈建華：《甲骨金文釋字舉例》，《第四屆國際中國文字學研討會論文集》，香港中文大學中文系，2003年，收入《初學集——沈建華甲骨學論文選》。
沈培：《商代占卜中命辭的表述方式與人我關係的體現》，《古文字與古代史》第二輯，"中央研究院"歷史語言研究所，2009年12月。
沈培：《釋甲骨文、金文與傳世典籍中跟"眉壽"的"眉"相關的字詞》，復旦大學出土文獻與古文字研究中心網站，2009年10月13日。
沈培：《說殷墟甲骨卜辭的"枎"》，《原學》第3輯，中國廣播電視出版社1995年版。
沈培：《談殷墟甲骨文中"今"字的兩例誤刻》，《出土文獻語言研究》第一輯，廣東高等教育出版社2006年版。
沈培：《殷卜辭中跟卜兆有關的"見"和"告"》，《古文字研究》第27輯，中華書局2008年版。
沈培：《殷墟卜辭正反對貞的語用學考察》，《漢語史研究—紀念李方桂先生百年冥誕論文集》，"中央研究院"歷史語言學研究所、美國華盛頓大學，2005年。

沈之瑜、濮茅左：《套卜大骨一版考釋》，《上海博物館集刊》（1982）總第 2 期，建館三十周年特輯，上海古籍出版社，1983 年 7 月宋鎮豪：《甲骨文"九十"合書例》，《中原文物》第 4 期；又收入《甲骨文獻集成》第 18 冊。

沈之瑜、濮茅左：《殷墟卜辭的辭式與辭序》，《古文字研究》第 18 輯，中華書局 1992 年版，又收入《甲骨文獻集成》第 18 冊。

宋鎮豪：《甲骨文"九十"合書例》，《中原文物》1983 年第 4 期，收入《甲骨文獻集成》第 18 冊。

宋鎮豪：《論古代甲骨占卜的"三卜"制》，《殷墟博物苑苑刊》（創刊號），中國社會科學出版社 1989 年版。

宋鎮豪：《商代的疾患醫療與衛生保健》，《歷史研究》2004 年第 2 期。

宋鎮豪：《再論殷商王朝甲骨占卜制度》，《中國歷史博物館館刊》1999 年第 1 期。

孫亞冰：《百年來甲骨文材料再統計》，《中國文物報》2003 年 9 月第 7 版。

孫亞冰：《卜辭中所見"亞"字釋義》，《紀念殷墟甲骨文發現一百周年國際學術研討會論文集》，社會科學文獻出版社 2003 年版。

孫亞冰：《〈甲骨文集錦〉校勘記》，《雲間朱孔陽藏戩壽堂殷虛文字舊拓》，綫裝書局 2009 年版。

孫亞冰：《甲骨綴合六例》，王宇信等主編：《紀念王懿榮發現甲骨文 110 周年國際學術研討會論文集》，社會科學文獻出版社 2009 年版。

孫亞冰：《"衍"字補釋》，《古文字研究》第 28 輯，中華書局 2010 年版。

唐蘭：《卜辭時代的文學和卜辭文學》，《清華學報》1936 年第 11 卷第 3 期。

唐蘭：《關於"尾右甲"卜辭——董作賓氏典冊即黽版說之商榷》，《北京大學國學季刊》1937 年第 5 卷 3 期。

王蘊智、門藝：《關於黃組祊祭卜辭性質的考察——附祊祭甲骨綴合六例》,《鄭州大學學報》(哲社版) 2008 年第 3 期。
王蘊智、齊航福:《〈甲骨文合集補編〉著錄片較重(上)》,《殷都學刊》 2003 年第 1 期。
王子揚:《"朿"的本義及甲骨金文中的朿族》,《民俗典籍文字研究》第七輯,商務印書館 2010 年版。
王子揚:《釋甲骨文从"戈"之"祼"》,清華大學出土文獻與保護中心編:《出土文獻》第二輯,中西書局 2011 年版。
王子揚:《說甲骨文中的"逸"字》,《故宮博物院院刊》2011 年第 1 期。
魏慈德:《花園莊東地甲骨卜辭的幾組同文例》,《華東人文學報》 2004 年第 7 期。
魏慈德:《殷非王卜辭中所見商王記載》,逢甲大學中文系主編:《第十七屆中國文字學全國研討會論文集》,聖環圖書股份有限公司,2006 年。
魏建震:《從兩條卜辭同用前辭例看甲骨的契刻》,王宇信等主編:《紀念王懿榮發現甲骨文 110 周年國際學術研討會論文集》,社會科學文獻出版社 2009 年版。
吳明吉:《殷墟花園莊東地卜甲刻辭行款略說——以中甲刻辭特殊現象為例》,《雲漢學刊》2007 年第 14 期。
吳振武:《古文字中的借筆字》,《古文字研究》第 20 輯,中華書局 2000 年版。
吳振武:《"弋"字的形音義》,《紀念殷墟甲骨文發現一百周年國際學術研討會論文集》,社會科學文獻出版社 2003 年版。
蕭良瓊:《卜辭文例與卜辭的整理和研究》,《甲骨文與殷商史》(第二輯),上海古籍出版社 1986 年版。
肖楠:《安陽殷墟發現"易掛"卜甲》,《考古》1989 年第 1 期。
肖楠:《〈小屯南地甲骨〉綴合篇》,《考古學報》1986 年第 3 期。
謝明文:《"🐛""🐛"等字補釋》,《中國文字》(新三十六期),藝文印書館 2010 年版。
徐寶貴:《出土文獻資料與詩經學的三個問題論考》,《出土文獻與古文字研究》第二輯，復旦大學出版社 2008 年版。

徐寶貴：《甲骨文考釋兩篇》，《古文字研究》第 26 輯，中華書局 2006 年版。

徐寶貴：《殷商文字研究兩篇》，《出土文獻與古文字研究》第一輯，復旦大學出版社 2006 年版。

楊升南：《商代的水上交通工具》，《殷都學刊》2006 年第 4 期。

姚孝遂：《讀〈小屯南地甲骨〉劄記》，《古文字研究》第 12 輯，中華書局 1985 年版。

姚孝遂：《甲骨刻辭狩獵考》，《古文字研究》第 6 輯，中華書局 1981 年版。

姚萱：《花東甲骨"多丯臣"與相關問題》，《史林》2010 年第 6 期。

姚萱：《試論花東子卜辭的"子"當爲武丁之子》，《故宮博物院院刊》2005 年第 6 期。

姚萱：《殷墟卜辭"朿"字考釋》，《考古》2008 年第 2 期。

姚萱：《殷墟花園莊東地甲骨卜辭考釋》，《漢字文化》2004 年第 4 期。

姚萱：《殷墟花園莊東地甲骨卜辭考釋（三篇）》，《古漢語研究》2006 年第 2 期。

姚萱：《〈殷墟花園莊東地甲骨釋文〉校補舉例》，首都師範大學語言研究中心與首都師範大學文學院主辦：《語言》第 5 卷，首都師範大學出版社 2005 年版。

喻遂生：《〈殷墟花園莊東地甲骨〉中的"疾"字》，《蘭州學刊》2009 年第 10 期。

章秀霞：《〈北京大學珍藏甲骨文字〉校重》，《殷都學刊》2009 年第 4 期。

章秀霞：《從花東甲骨看殷商時期甲骨占卜中的若干問題》，《中州學刊》2010 年第 6 期。

章秀霞：《花東卜辭行款走向與卜兆組合式的整理和研究》，《紀念王懿榮發現甲骨文 110 周年國際學術研討會論文集》，社會科學文獻出版社 2009 年版。

章秀霞：《〈甲骨文合集補編〉釋文續較一百例》，《平原大學學報》2006年第23卷第5期。

章秀霞：《晚商後期的貢納、徵求與賞賜——以花東卜辭為例》，《中州學刊》2008年第5期。

張秉權：《卜龜腹甲的序數》，《中央研究院歷史語言研究所集刊》第28本上冊，1956年。

張秉權：《甲橋刻辭探微》，《漢子研究》1984年第2卷2期。

張秉權：《論成套卜辭》，《中央研究院歷史語言研究所集刊》外編第4種上冊，《慶祝董作賓先生六十五歲論文集》，1960年。

張桂光：《古文字中的形體訛變》，《古文字論集》，中華書局2004年版。

張桂光：《花園莊東地卜甲刻辭行款略說》，東海大學中國文學系編：《花園莊東地甲骨論叢》。

張世超：《花東卜辭祭牲考》，《南方文物》2007年第2期。

張世超：《商代的卜日與祭日》，《古文字研究》第24輯，中華書局2002年版。

張世超：《釋"妰"》，《古文字研究》第27輯，中華書局2008年版。

張世超：《殷墟花園莊東地甲骨字跡與相關問題》，《古文字研究》第26輯，中華書局2006年版。

張新俊：《殷墟甲骨文"臀"字補論》，《古文字研究》第28輯，中華書局2010年版。

張玉金：《甲骨卜辭中"惠"和"唯"的研究》，《古漢語研究》（創刊號）1988年第1期。

張玉金：《殷商時代宜祭研究》，《殷都學刊》2007年第2期。

張政烺：《殷契"㕣田"解》，《張政烺文史論集》，中華書局2004年版。

周忠兵：《歷組卜辭新綴三十例》，《古文字研究》第26輯，中華書局2006年版。

附錄一：分上、中、下三部而用的 賓組龜腹甲行款佈局 類型總表

一　上部

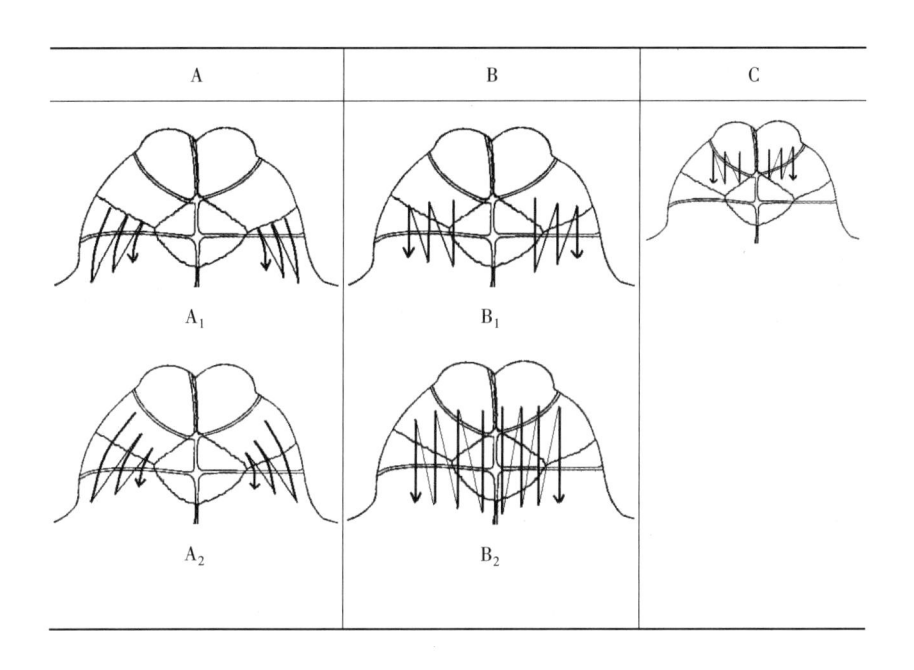

A	B	C
A₁	B₁	C
A₂	B₂	

殷墟王卜辭龜腹甲文例研究

二　中部

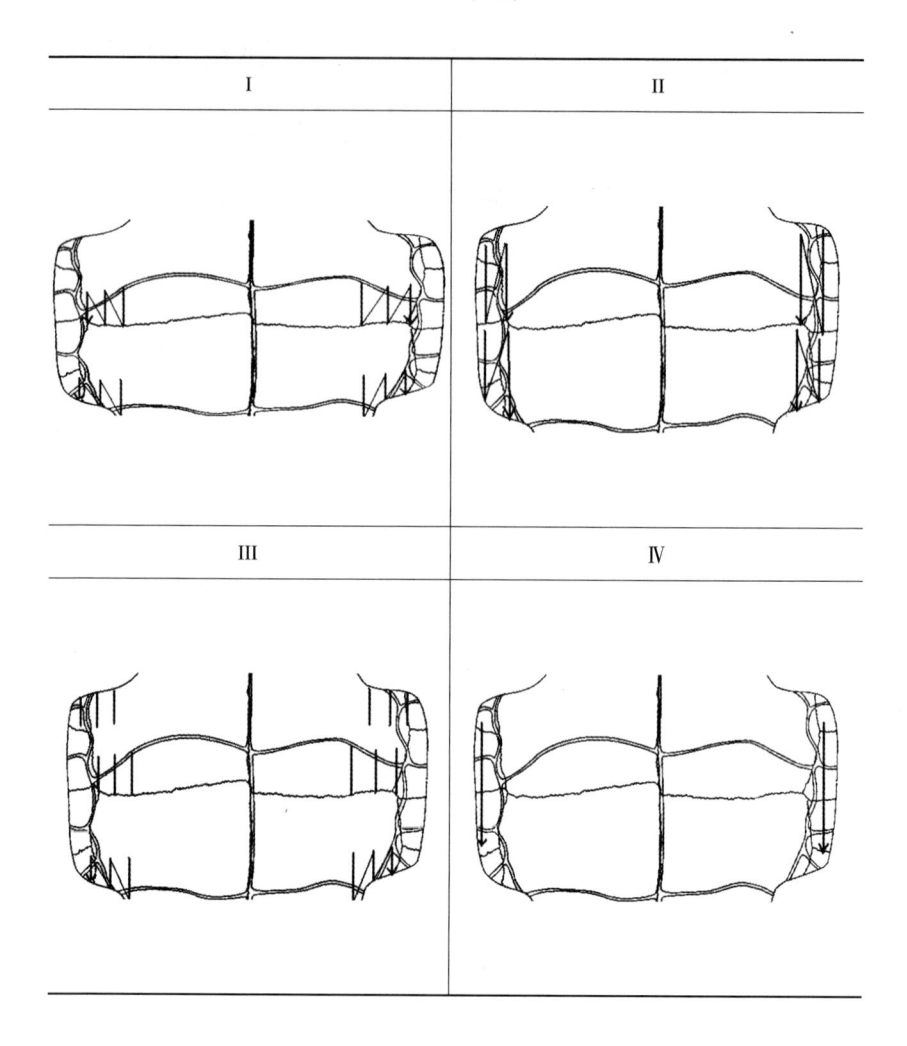

I	II
III	IV

附錄一：分上、中、下三部而用的賓組龜腹甲行款佈局類型總表

三　下部

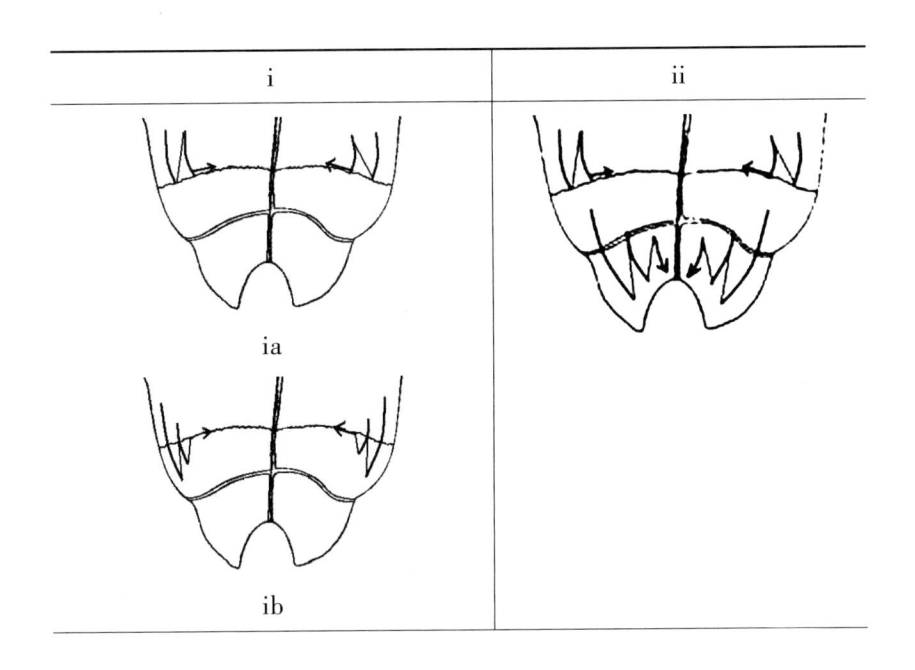

i	ii
ia	
ib	

353

附錄二：龜腹甲新綴五十七則

第一則

一　綴合號碼：

A：《合集》297（南師1.40、外157、續存上295）

B：《合集》431（續存下272、歷拓3076）

二　綴合圖版：

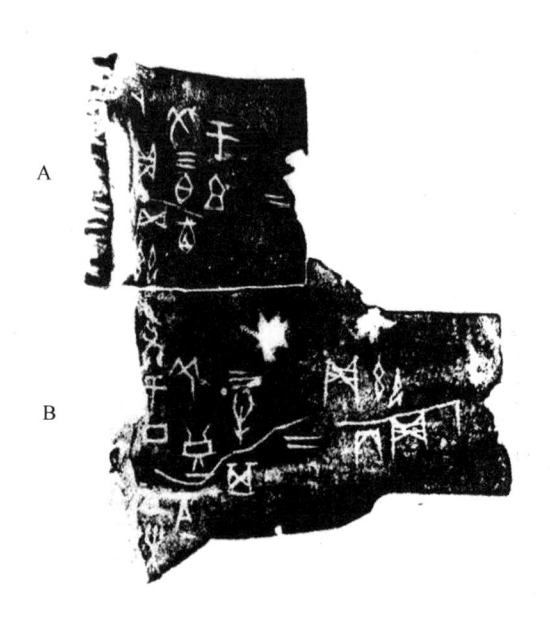

三　釋文及說明：

(1) □□卜，貞：☒羌三百☒于祖☒。

(2) 貞：钾畫于丁百羌，〼（盅）① 三牛。二

(3) ☒貞：☒钾☒。

(4) 丁未［卜，貞］：今其☒。二

(5) 丙□［卜］，貞：☒十☒。

A、B兩版均位於千里路右側，屬於賓組三類字體，斷痕完全密合，從 A 版上的兆序辭 "二" 來看，此斷裂是由卜兆造成的，因此斷痕較為平直。綴合後辭例完整，属于卜辭中常見的 "钾某于祖先名" 句式，如：

(1) 己卯卜，殼貞：钾［婦］好于父乙，〼（盅）羊屮豕，酉十牢。

《合集》271 正 ［典賓］

(2) 貞：钾于父乙〼（盅）三牛，酉三十伐，三十牢。

《合集》886 ［典賓］

(3) □戌卜，☒钾子央于母［己］二小牢。

《合集》3009 ［賓三］

第二則

一　綴合號碼

A：《合集》649（甲 1168 + 甲 1134、甲釋 56）

B：《合集》10538（甲 1287 + 甲 1288、甲釋 60）

---

① 此字從裘錫圭先生釋，見裘錫圭《釋殷虛卜辭中的 "〼"、"〼" 等字》，香港中文大學中文系編集：《第二屆國際中國古文字研討會論文集》，1993 年。

355

殷墟王卜辭龜腹甲文例研究

二 綴合圖版

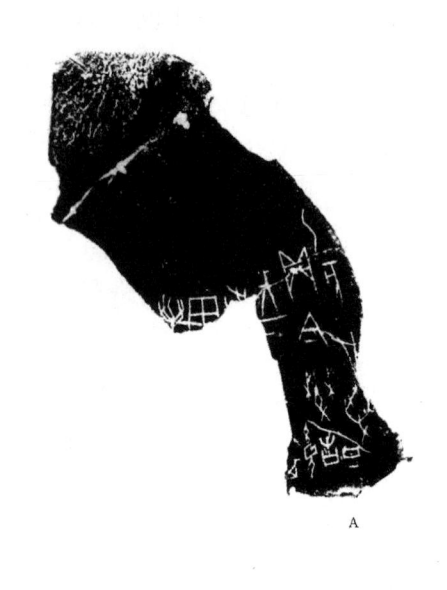

B
A

三 綴合理由

A、B 兩版甲骨均是殷墟第三次發掘時出土之物，字體相同，均為典賓類，另據《甲編考釋》兩版字中均塗墨。辭例雖不完整，但基本上可以看出 A、B 兩版上有關於"王出田"與"王勿出田"的正反對貞卜辭。從龜腹甲的部位上來說，A 版為右首甲和部分右前甲，B 版為左前甲，因此，A、B 兩版可以遙綴。

第三則

一 綴合號碼

A：《合集》1590（續 1.14.3、歷拓 5496）
B：《合集》19152 正（北圖 2159 正、文捃 1062 正）

附錄二：龜腹甲新綴五十七則

二　綴合圖版

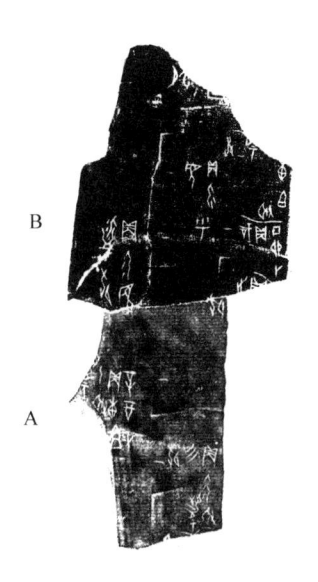

三　綴合理由

A、B兩版字體上均屬於賓組三類，A版為左後甲（有殘缺），B版為完整的左前甲，兩者形態部位正相吻合，且可以看出此版甲橋是經過修治的，邊緣較為圓滑。另外，A、B兩版上的殘字"九"和"視"[1]筆劃相合。這裡需要說明的是A版拓本又見於《北京大學珍藏甲骨文字》[2] 260片，其上"視"字的豎筆清晰可見。

---

[1] 此字從裘錫圭先生釋，見裘錫圭《甲骨文中的見與視》，台灣師範大學國文系、"中央研究院"歷史語言研究所編《甲骨文發現一百周年學術研討會論文集》，文史哲出版社1998年版。

[2] 《北京大學珍藏甲骨文字》，上海古籍出版社2008年版。

第四則

一 綴合號碼

A：《合補》5066（歷藏6729）

B：《合集》13868（簠天39＋簠天47＋簠帝205、續4.15.1＜不全＞、簠拓43）

二 綴合圖版

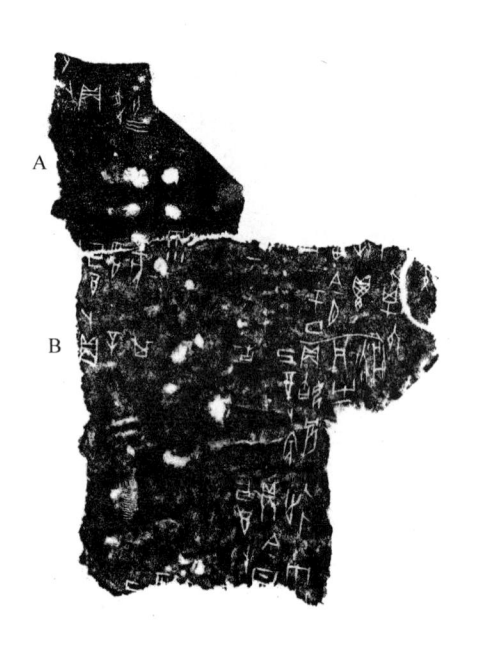

三 說明及釋文

A、B兩片字體均為賓組三類。A片從殘甲拓片形態看，其在龜腹甲上所處的部位應為右前甲；B片為右後甲。A、B兩片殘甲斷痕密合，且斷痕處的"己""翌""雨"三字殘劃亦相吻合，當為一版之折。綴合後，卜辭可隸釋如下：

(1) □［寅］卜，□貞：☒逐☒亡災。

(2) 己酉卜，貞：翌辛亥其雨。

(3) □寅卜，□［貞］：㠯以☒新邑☒惠今夕☒于丁。

(4) 己酉卜，賓貞：㞢肩凡（興）① 有疾。

(5) 己酉卜，貞：今日延雨。

(6) ［己］☒［翌］☒。

第五則

一　綴合號碼

A：《合集》4066（歷拓 469）

B：《合補》1223（歷藏 7081）

二　綴合圖版及同文卜辭

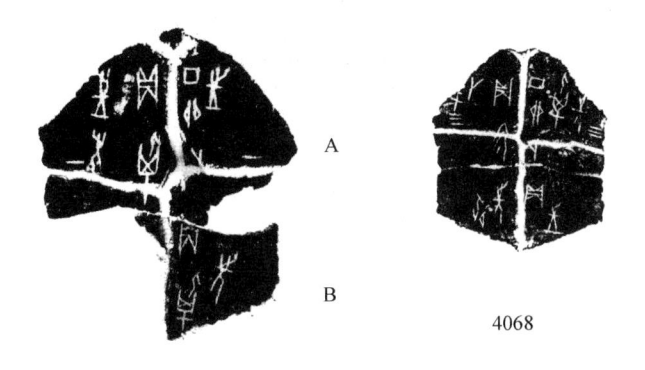

4068

三　綴合理由

A、B 兩片龜甲字體相同，均屬於賓組三類。從龜腹甲部位上

---

① 此字釋讀可參看裘錫圭：《說"𠬝凡有疾"》，《故宮博物院院刊》2000 年 1 期；蔡哲茂：《殷卜辭"肩凡有疾"解》，台灣高雄師範大學國文系，中國文字學會編：《第十六屆中國文字學國際學術研討會論文集》，2005 年。

359

來說，二者為中甲的殘片，綴合後中溝可貫通，且"丁卯卜，貞：
㞢往先"一辭辭例完整，可參同文卜辭《合集》4067、《合
集》4068。

第六則

一　綴合號碼

A：《合補》2793（歷藏 20398）
B：《合集》4173（續存上 1100）

二　綴合圖版

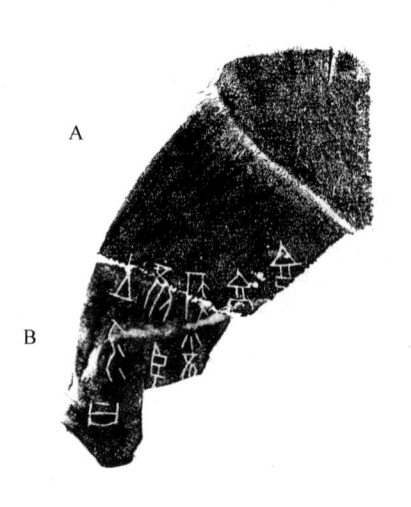

三　綴合理由

A、B 兩片龜甲字體上均屬於師賓間類。從龜腹甲部位上來說
A 片為左首甲，B 片為左前甲（部分），兩片可以綴合，且"王"、
"隹"、"侯"三字殘筆亦可補足。綴合後卜辭可隸釋為：

王勿曰隹（？）望□侯雀□㠯□辥□。

第七則

一　綴合號碼
A：《合集》2091 正（歷拓 28 正）
B：《合補》865（懷特 535）

二　綴合圖版

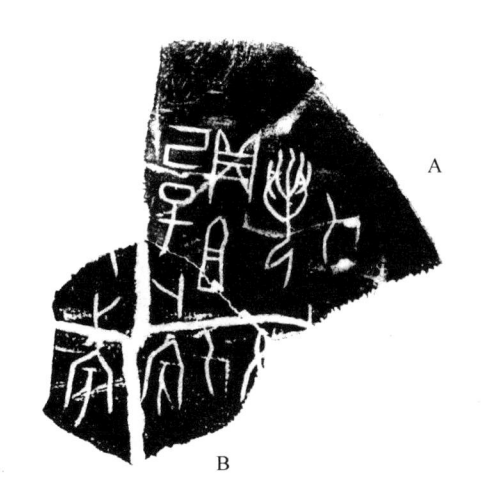

三　釋文及說明
　　A、B 兩片龜甲，字體相同，均屬於典賓肥筆類。從龜腹甲部位上來說，A 片為右首甲，B 片為中甲，二者可以綴合，且綴合後"巳"、"且"字殘筆亦可補足。綴合後卜辭可隸釋為：

己巳卜，賓貞：祖乙若□乙☒。
［己巳］卜，賓［貞］☒。

殷墟王卜辭龜腹甲文例研究

第八則

一 綴合號碼

A：《合補》1991（《天理》B171）
B：《合集》4326（《歷拓》8563）
C：《合集》18032（《國博》076）
D：《合集》7015（《安明》S0586）

二 綴合圖版

三 綴合理由

　　A、B 兩片殘甲字體相同，均屬於師賓間類。從龜腹甲形態看，B 片上有"倒八字"形盾紋，由此可斷定 A＋B 為右後甲殘片。且 A、B 兩片殘斷處 "王"、"弜"、"祖"、"妣" 四字殘劃亦能互相補足。據此，說明筆者將 A、B 兩片實綴應該是正確的。這裡要指出的是 A 片原著錄號為《天理》B171 片，從其標號 "B（bone 縮寫）" 可以看出《天理》將 A 片視為卜骨殘片，細查拓片，可見 A 片右側靠近甲橋處有殘存的盾紋，由此可知 A 片為龜甲而非獸骨。

C、D 兩片殘甲為齊航福師兄遙綴，可參看先秦史研究室網站：《国博所藏甲骨新綴一例》http://www.xianqin.org/blog/archives/1875.html。C 為右前甲殘片，D 為左前甲殘片，字體均為師賓間類。

黃天樹先生在審閱筆者綴合過程中指出 C、D 兩片亦可與 A、B 兩片遙綴，A、B、C、D 四片遝一版之折。綴合後卜辭可隸釋如下：

丙子卜：用☒。
壬申卜：王禦弜于祖乙。
戊戌卜，貞：弜弗其伐丵。乙酉妣。
☒乙酉妣。
[戊]戌卜，[貞]：弜伐[丵]。
☒伐丵，乙酉妣。

第九則

一　綴合號碼

A：《合集》7078（歷拓 11613、京 1523、續存下 494、華東師大 3）

B：《合補》1680（歷藏 11088）

363

殷墟王卜辭龜腹甲文例研究

二 綴合圖版

三 釋文及說明

A、B兩片殘甲字體相同，均屬於賓組一類。從龜腹甲形態看B片為右後甲，與A片綴合後，"辛"字殘劃可相互補足，綴合後卜辭可隸釋如下：

□□卜，爭貞：翌辛卯王步。一
☑雀［㞢］卣［邑］。二

其中"□□卜，爭貞：翌辛卯王步"一辭的刻寫行款，在右後甲部位較為常見，《合集》6834正右後甲部位"庚申卜，王貞：余伐不。三月"一辭的刻寫行款便與此辭相類。"☑雀［㞢］卣［邑］"一辭的隸釋，可參看《合集》7077"［貞］翌癸□［雀］弗其㞢卣邑"。

第十則

一 綴合號碼

A：《合集》13312 =《鐵》13.3 + 69.1（《京人》86）+ 85.1 + 110.1 =《綴新》264 =《叕》5

[《合集》15162]（《合集》15162 已綴入《合集》13312 中）

B：《合集》13213 =《善》2194

二 綴合圖版

三 綴合理由

A、B 兩片殘甲字體相同，均屬於典賓類。A、B 綴合後"六月"的"月"字和"其"字殘筆可相互補足，且界劃綫亦可相連貫。綴合後卜辭可隸釋如下：

365

□□卜，爭貞：翌乙卯其宜易日。乙卯宜，允易日，昃陰于西。六月。

翌［乙］卯不其易日。

貞☒窒☒亡☒。

第十一則

一 綴合號碼

A：《合集》11725 正反（北圖 2281 正反、文拊 1215 正反）

B：《合補》4180（歷藏 21775）

二 綴合圖版

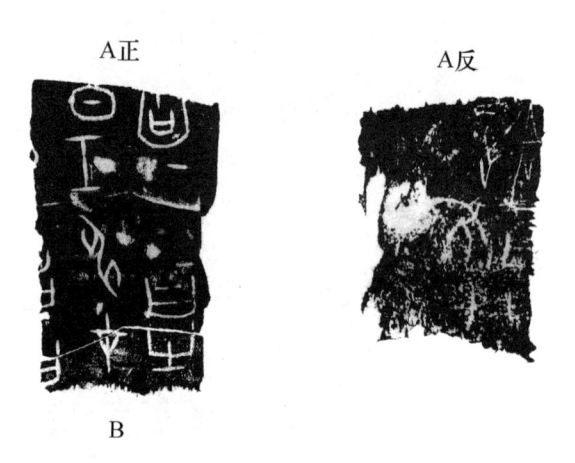

A正　　　A反

B

三 綴合理由

A、B 兩片殘甲字體相同，均屬於典賓類。從龜腹甲形態看，A、B 兩片應為右後甲殘片。綴合後"出"、"在"、"曰"三字殘筆可相互補足。綴合後卜辭可隸釋如下：

正：☒［王］占曰：出☒☒日壬申在☒告曰☒。一
反：王占曰：☒正隹☒。

第十二則

一 綴合號碼

A：《丙編》284（《乙編》2908 + 5500 + 6552、《合集》10198）+《乙編》507

B：《乙補》306 +（《乙補》318 = 正《乙編》695）

C：《乙編》5104

D：《乙補》4138

二 綴合圖版

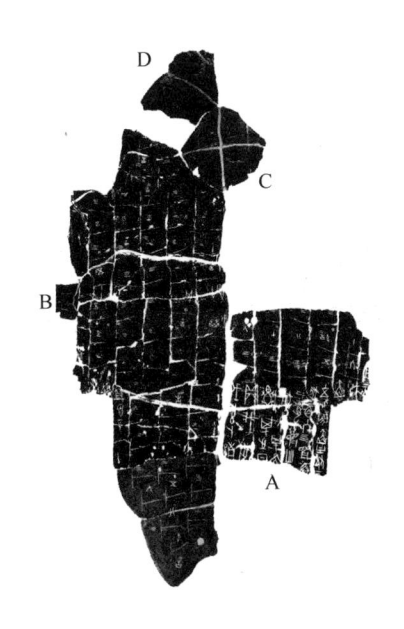

三 綴合說明

A 版為史語所舊綴（見史語所網站甲骨綴合記錄），B 版為林宏明先生加綴（見《醉古集》369 組），C 版為張惟捷先生加綴

（見先秦史研究室網站 http：//www.xianqin.org/blog/archives/1976.html），今筆者據龜腹甲部位、兆序辭排列、密合程度等加綴 D 版。後煩請張惟捷先生代為實物驗證，張先生回覆："綴合是對的，亦已經過蔡哲茂先生目驗，齒縫咬合與尺寸，盾紋接合都沒問題，僅有左下殘去一小部分無法確認，但並不影響結論。"在此對二位先生的幫助，深表感謝！

第十三則（附校重二例）

一 綴合號碼

A：《合集》17059（後下 4.16、綴 91 甲）
B：《合集》17060（前 5.41.3、綴 91 乙、山東 491）
C：《合補》1502（歷藏 4764）

二 綴合圖版

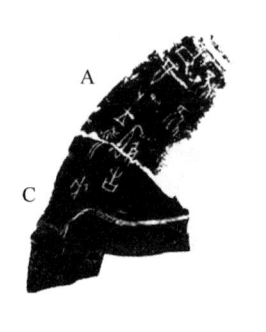

三 綴合說明

A、B 兩片為曾毅公先生遙綴（見曾毅公《甲骨綴合編》91 甲、乙），今據字體特徵、龜腹甲部位、盾紋、殘字（"弜"、"死"）等因素，將 A 片與 C 片實綴。綴合後卜辭隸釋如下：

己酉卜，王：弜隹（唯）死。九月。

己酉卜，王：弜來告，不隹（唯）死。

附重片二例

《合補》1680① =《合補》3221

《史購》78 =《合集》1271

第十四則

一　綴合號碼

A：《合集》8672②（《合補》6511甲、重博9）

B：《合補》1327（歷藏18548）

二　綴合圖版

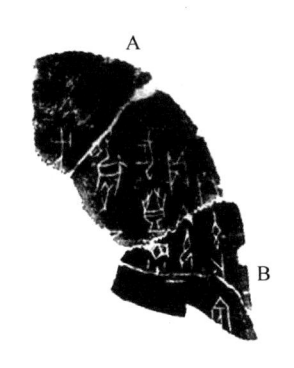

三　綴合說明

A、B兩片字體相同，均為典賓類字體，從龜腹甲部位上看A片為右首甲，B片為右前甲，二者部位相吻合，且拼合處"令"、"罙"二字殘筆亦可補足，故此兩片殘甲可以綴合。綴合後卜辭隸釋如下：

---

① 此片筆者已綴合見先秦史教研室網站 http：//www.xianqin.org/blog/archives/1932.html。

② 方稚松師兄在《讀〈殷墟甲骨拾遺（續五）〉劄記》中將此片與《殷墟甲骨拾遺（續五）》第四片綴合，見先秦史教研室網站 http：//www.xianqin.org/blog/archives/1602.html。

369

丙午卜，賓貞：令犬登眔麋［視］□方☑。

第十五則

一　綴合號碼
A：《英藏》1545（庫方1919）
B：《合補》1358（歷藏6118）

二　綴合圖版

三　綴合說明

A、B兩片殘甲，從龜腹甲部位上看A片為左首甲，B片為左前甲，二者部位相合，且拼合處"弗"字殘筆可相互補足。綴合後卜辭隸釋如下：

貞：勿乎（呼）伐舌方弗［其］受有［又］。

附錄二：龜腹甲新綴五十七則

第十六則

一　綴合號碼
A：《合集》8563（前 6.34.3、吉博 1）
B：《合補》2039（歷藏 5609、北大 842）

二　綴合圖版

三　綴合說明
A、B 兩片字體相同，均為典賓類字體，從龜腹甲部位上看，二者均為右首甲殘片，拼合後斷痕吻合，且"沚""吾"二字殘筆亦可互足。綴合後卜辭隸釋如下：

甲☑沚戓☑吾方☑眔土方［其］☑卒［今］☑。

殷墟王卜辭龜腹甲文例研究

第十七則

一　綴合號碼

A：《合補》2109（歷拓 12394）

B：《合補》2080（歷藏 6399、誠 341）

二　綴合圖版

三　綴合說明

A、B兩片殘甲字體相同，均為典賓類字體，拼合後斷痕吻合，且"沚"、"余"二字殘筆亦可互足。綴合後卜辭可隸釋如下：

甲子卜，［王］貞：沚啓再冊余☒。

第十八則

一　綴合號碼

A：《合集》17195（京人 257 + 京人 258）

B：《合補》2575（歷藏 6942）

附錄二：龜腹甲新綴五十七則

二　綴合圖版

A

B

三　綴合說明

《合集》17195 將《京人》257 與《京人》258 遙綴在一起，但其擺放位置有誤，應將左右對調，這一點白玉崢先生已經指出①。今據字體特徵、龜腹甲部位、盾紋、斷痕等因素實綴 B 片。綴合後肱胸溝可貫通，"其"字殘筆亦可互足，且辭例完整，可隸釋如下：

庚戌卜，爭貞：王其狩亡災。一
庚戌［卜，爭］貞：王其［狩］出災。九月。三

第十九則

一　綴合號碼

A：《合補》6112（歷藏 15211）［《合補》5870］②
B：《合集》7627（書 7、京人 344）

---

① 見白玉崢《簡論甲骨文合集》，此處參蔡哲茂先生《甲骨綴合續集·〈甲骨文合集〉誤綴號碼表》，文津出版社 2004 年版，第 133 頁。
② 此重片為李延彥師妹指出，參先秦史教研室網站 http://www.xianqin.org/blog/archives/1731.html，2009 年 10 月 30 日。

373

殷墟王卜辭龜腹甲文例研究

二 綴合圖版

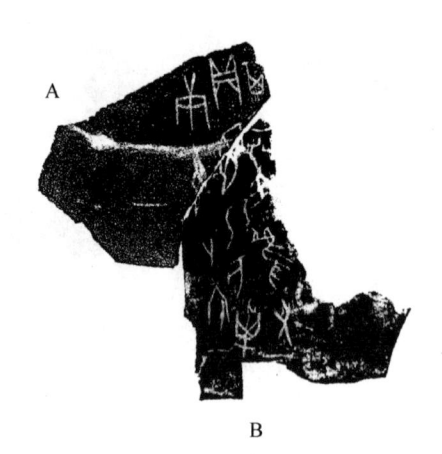

三 綴合說明

A、B兩片均為右前甲殘片，二者字體相同，均為賓組三類字體，拼合後"午"、"翌"、"🦴"三字殘筆亦可互足，且卜辭辭例完整，可隸釋如下：

庚午卜，賓貞：翌乙亥🦴其🦴受隹又。一

此外，據綴合可知其兆序辭為"一"，而同文卜辭《合集》7628兆序辭為"二"，且位於龜腹甲的同一部位，因此，二辭很有可能是成套卜辭。

第二十則

一 綴合號碼
A：《合集》2752（上博112）
B：《合補》415（東大1124）
C：《合集》2733（誠398、善11036）

二　綴合圖版

三　綴合說明

A、B、C三片殘甲字體相同,均為典賓類字體,拼合後斷痕吻合,A片右上內縫與B片上內縫可貫通,同時,A片左上內縫與C片上內縫亦可貫通,且"先"、"姘"二字殘筆亦可互足。綴合後卜辭可隸釋如下:

☒乎（呼）婦姘先于黍［不］🐛。一月。一
貞：翌☒［勿］乎（呼）［婦］姘先☒。二

第二十一則

一　綴合號碼

A：《合集》3037（簠典95、簠拓333、續2.24.6）

B：《合集》7187正（歷拓5761正、南師2.11、北大2049正、續4.30.8）

《合集》7187反（歷拓5761反、南師2.12、北大2049反）

二 綴合圖版

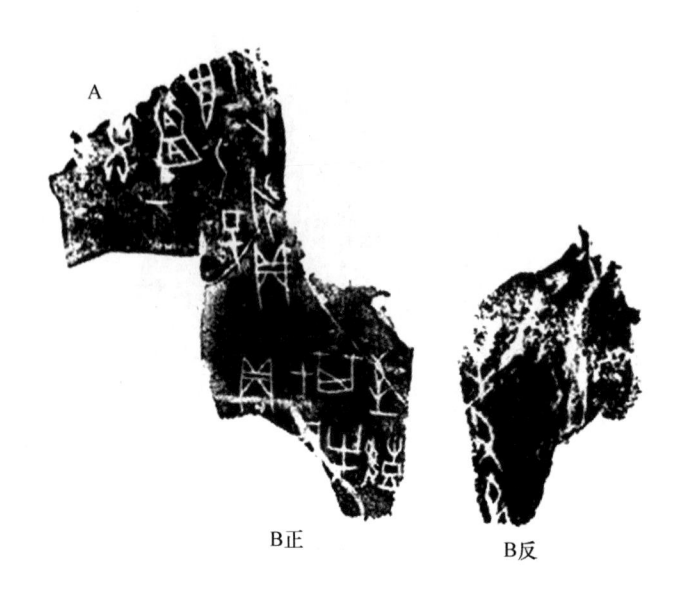

B正　B反

三 綴合說明

A、B兩片殘甲字體相同，均為典賓類字體。從龜腹甲部位來說，兩片同為右前甲殘片（B片包括修治的甲橋，其背面有記事刻辭），二者部位相合，且拼合後斷痕吻合，"永"、"巳"二字殘畫亦可互足。綴合後卜辭可隸釋如下：

［甲］辰卜，永貞：翌乙巳宜□畫☒。
貞：［翌］甲辰其有至艱。

第二十二則

一 綴合號碼

A:《英藏》457（庫方1909）
B:《合補》1420（歷藏4472）

附錄二：龜腹甲新綴五十七則

二　綴合圖版

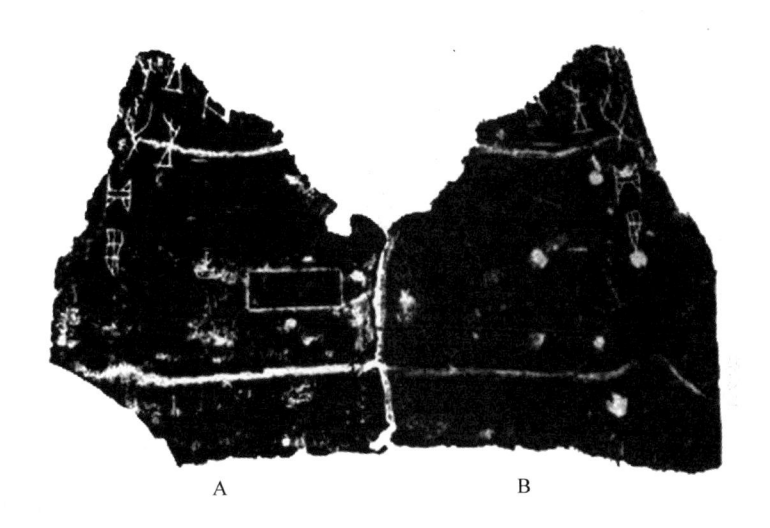

A　　　　　　B

三　綴合理由

A、B兩片殘甲字體相同，均為典賓類字體。從龜腹甲部位來說，A片為左前甲，B片為右前甲，二者部位相合，且拼合後中縫斷痕吻合，第三道盾紋（胸腹溝）① 亦可貫通。綴合後卜辭可隸釋如下：

　　□□卜，爭貞：翌☒往☒。一
　　□□卜，爭貞：翌☒王往☒。一

第二十三則

一　綴合號碼

A：《合集》11231（善708）

---

① 術語可參黃天樹先生：《甲骨形態學》一文，見《甲骨拼合集·附錄》，學苑出版社2010年版。

殷墟王卜辭龜腹甲文例研究

B：《合集》1438（鐵175.4、天理S019）

二　綴合圖版

三　綴合理由

A、B兩片殘甲字體相同，均為師賓間類字體。從龜腹甲部位來說，A片為右首甲殘片，B片又見於《天理》S019，《天理》拓本較《合集》清晰，可見B片中間為上舌縫，左側有上內縫和內舌縫，因此，B片應為部分右首甲、右前甲和中甲組成的殘片。A、B兩片殘甲部位相合，且拼合後斷痕吻合，"六"字殘畫亦可互足。綴合後卜辭可隸釋如下：

辛未卜，王貞：[翌]甲戌禱大甲四⻊四羊卯六牛禱☐正。一

第二十四則

一　綴合號碼

A：《合集》1636（歷拓11014）

B：《合集》17557正（歷拓1414正、南輔3、鄴三下35.4）

《合集》17557反（歷拓1414反、南輔4）

附錄二：龜腹甲新綴五十七則

二 綴合圖版

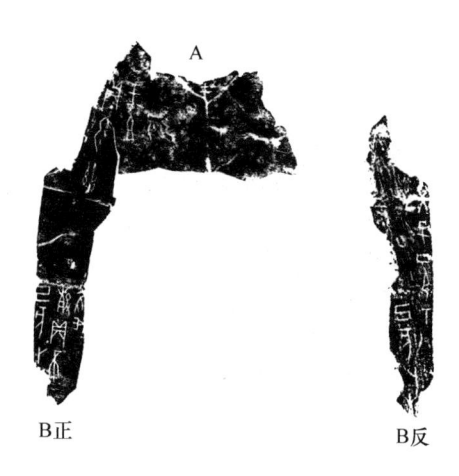

三 綴合理由

A、B 兩片殘甲字體相同，均為典賓類字體。從龜腹甲部位來說，A 片為部分首甲、前甲、中甲組成的殘片，B 片為左前甲殘片（B 片包括修治的甲橋，其背面有記事刻辭），二者部位相合，且拼合後斷痕吻合，"勿"字殘畫亦可互足。綴合後卜辭可隸釋如下：

貞：勿禦于祖乙。
☒乙。
己亥卜，殼貞：不隹我☒。
癸巳邑示八。
己亥卜，殼☒。

第二十五則

一 綴合號碼

A：《合集》11107（善 1386）
B：《合集》1325（京 663）

二　綴合圖版

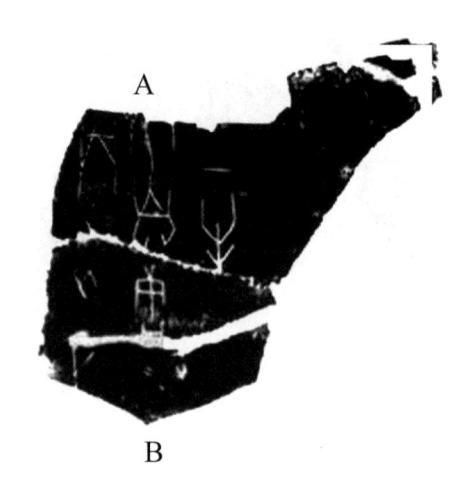

三　綴合理由

A、B兩片殘甲字體相同，均為典賓類字體。從龜腹甲部位來說，A片為左首甲殘片，其上殘有第一道盾紋（喉肱溝），B片為左前甲殘片，其上殘有第二道盾紋（肱胸溝）。A、B兩片殘甲的分離是由於上舌縫的分解造成的。A、B兩片拼合後"申"字殘畫可以互足，卜辭可隸釋如下：

丙申卜，□貞：自唐☒一牛。

第二十六則

一　綴合號碼

A：《合集》43［歷拓6375、前7.3.1（不全）、通504（不全）］

B：《合補》3166（歷拓368）

附錄二：龜腹甲新綴五十七則

二 綴合圖版

三 綴合理由

A、B兩片殘甲拼合後斷痕吻合，"貞"、"翼（翌）"二字殘畫亦可互足。從龜腹甲形態來說，B片為左前甲殘片，與A片拼合後第二道盾紋（肱胸溝）可貫通。從字體上來說，A、B兩片綴合後雖然"翼（翌）"字的寫法存在差異（右側接近典賓類"翼（翌）"字的寫法，而左側則更接近於賓組三類"翼（翌）"字的寫法），但從整體風格來看此版卜辭仍應屬於典賓類，同時，它又體現出典賓類字體向賓組三類字體過渡的特徵。綴合後卜辭可隸釋如下：

戊辰［卜］，□貞：翼（翌）辛［未］亞气以眾人✶□彔乎（呼）保我。二

丙戌卜，爭貞：翼（翌）丁亥业（？）于丁三牛。二

丁亥卜，貞：復牀求，牵。二

貞：☑其☑。

第二十七則

一 綴合號碼

A：《安明》S0589

B：《合集》5666 正反（歷拓 10752 正反）

二　綴合圖版

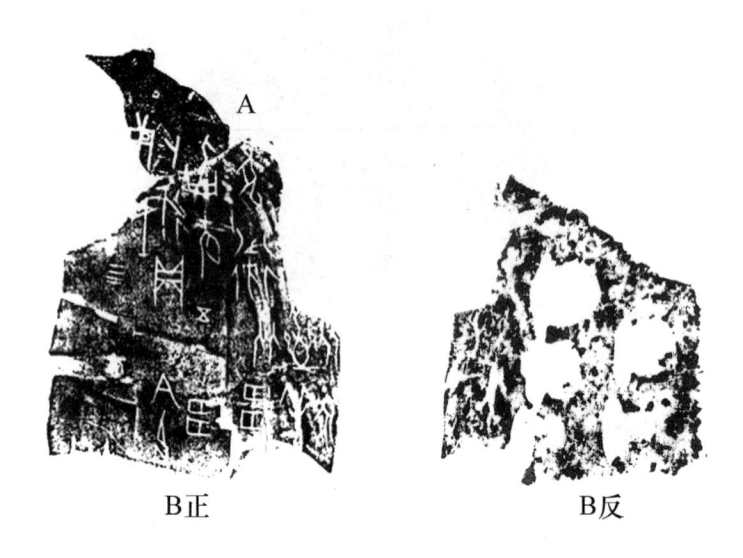

B正　　　　　B反

三　綴合理由

A、B 兩片殘甲字體相同，均為典賓類。從龜腹甲部位上來說，A 片為右首甲殘片，B 片為右前甲，二者部位相合，且綴合後"旨"字殘畫亦可補足。綴合後卜辭可隸釋如下：

庚戌卜，永貞：令旨以多犬衛从多羣羊（？）🐾。四五六

第二十八則

一　綴合號碼
A：《合集》13079（歷拓 10079）
B：《合集》15236（歷拓 10010）

附錄二：龜腹甲新綴五十七則

二　綴合圖版

A

B

三　綴合理由

A、B 兩片殘甲字體相同，均為賓組三類。從龜腹甲部位上來說，A、B 為左後甲殘片，A 片右側為千里路。A、B 兩片綴合後"卯"字殘畫可補足，且可見 A、B 兩版上的兆序辭均為"二"。綴合後卜辭可隸釋如下：

貞：勿乎（呼）。五月。二
貞：勿告。二
貞：今丁卯啟。二
貞：勿用，哉（待）[①]。二
貞：哉（待）。二
貞：惠庚☒。二

[①] 此字從裘錫圭先生釋，見裘錫圭《說甲骨卜辭中"哉"字的一種用法》，《古文字論集》，中華書局 1992 年版。

383

殷墟王卜辭龜腹甲文例研究

第二十九則

一 綴合號碼

A:《合補》2793（歷藏 20398）
B:《合集》4173（續存上 1100）
C:《北大》2341

二 綴合圖版

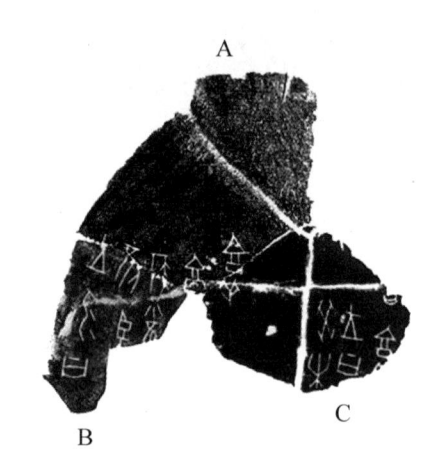

三 綴合說明

　　A、B 兩片係筆者所綴，見《甲骨拼合集》第 256 則，今加綴 C 片。A、B、C 三片龜甲字體相同，均屬於師賓間類。加綴 C 片後，"𦎫"字殘劃可以補足。綴合後卜辭可隸釋為：

　　王勿曰隹（？）望□侯雀□㕣□𦎫。
　　癸未☒王曰☒𦎫。

附錄二：龜腹甲新綴五十七則

第三十則

一 綴合號碼

A：《北大》2455

B：《北大》1584（《合集》18661、歷拓5593）

二 綴合圖版

三 綴合說明

A、B兩片字體相同，均為典賓類。從龜腹甲部位來說，A、B兩片均為左首甲殘片，拼合後第一道盾紋（喉肱溝）和界劃綫均可貫通，且"甲"、"余"①、"六"、"廼"四字殘劃亦可互足。綴合後卜辭可隸釋為：

甲申囗余勿囗六月在囗。
囗廼肈囗。

---

① 陳劍《甲骨金文考釋論集》163頁，將B片上"余"字的殘劃釋為"中"字的另一種寫法，不確。

殷墟王卜辭龜腹甲文例研究

第三十一則

一 綴合號碼

A：《合集》10749（鐵 246.3、合補 2630 正反、日天 206 正反）
B：《合集》10362（鐵 110.3、考孫 1）

二 綴合圖版

三 綴合說明

A、B 兩片龜甲，字體相同，均屬於典賓類。從龜腹甲部位上來說，A 片為右首甲殘片，B 片為右首甲和右前甲殘片，二者可以綴合，且綴合後"陷"、"占"二字殘筆亦可補足。綴合後卜辭可隸釋如下：

戊申卜，□貞：今日其陷麋擒。王占曰：其☒在①☒。

---

① 參《合補》2630 正"在"字清晰可見。

第三十二則

一　綴合號碼

A：《合集》5620（京 2338、善 5960）

B：《合集》19479 正反（歷拓 6046 正反、北大 69 正反、北大考古與藝術博物館登記號 8.1758 正反）

二　綴合圖版

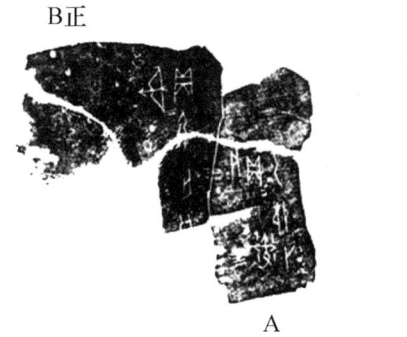

B正

A　　　B反

三　綴合說明

A、B 兩片龜甲，字體相同，均屬於賓組三類。從龜腹甲部位上來說，A、B 兩片均為左後甲殘片，二者可以綴合。綴合後斷痕密合，兆序辭"三"的殘筆可以補足，第四道盾紋（腹股溝）亦可貫通，且"乙卯"日占卜之辭辭例亦可完備，有同文卜辭《合集》5621 為證，可參看。綴合後卜辭可隸釋如下：

乙卯卜，貞：束尹亡憂。
貞：勿射。

第三十三則

一　綴合號碼

A：《北大》1798（北大考古與藝術博物館登記號 8.0597）

B：《合補》2200（安明 355）

二　綴合圖版

三　綴合說明

A、B 兩片龜甲，字體相同，均屬於賓組。從龜腹甲部位上來說，A、B 兩片皆為左前甲殘片，二者可以綴合，且綴合後"弗"、"月"二字殘筆亦可補足。綴合後卜辭可隸釋如下：

貞：弗其及今三月。

第三十四則

一　綴合號碼

A：《合集》10364（歷拓 7008）

B：《合集》10350（歷拓 6254、契 410、通 22、北大 67）

二　綴合圖版

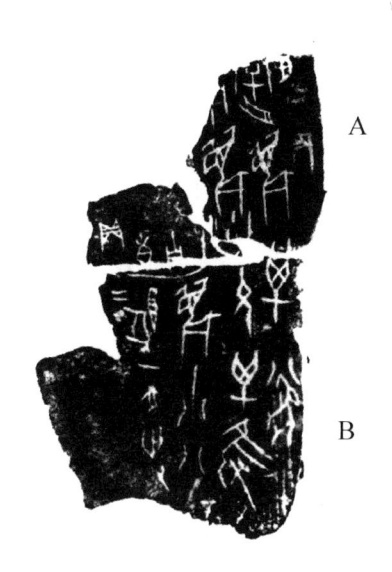

三　綴合說明

A、B兩片殘甲，字體風格相同，均為賓出類。從殘甲拓片形態看，A、B均為右尾甲殘片，二者部位相合，當為一版之折。二者拼合後斷痕吻合，且"擒"、"陷"二字殘筆亦可互足。綴合後，卜辭可隸釋如下：

☐翼（翌）庚辰☐☐麋擒☐☐陷。允擒，獲麋八十八、兕一、豕三十又二。

☐貞☐惠☐子☐。

第三十五則

一　綴合號碼

A：《合集》8597（歷拓758、續存上337）

B：《合集》8014（歷拓5821）

二 綴合圖版

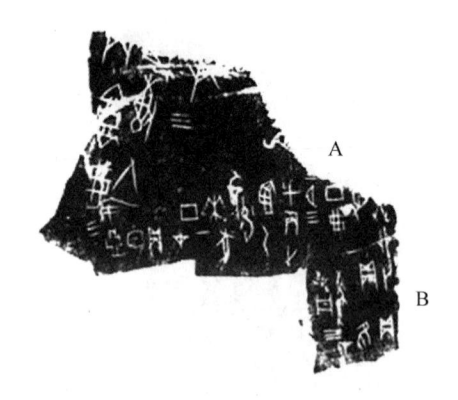

三 綴合說明

A、B兩片殘甲，字體風格相同，均為賓組三類。從殘甲拓片形態看，A、B均為左前甲殘片，二者部位相合，當為一版之折。二者拼合後斷痕吻合，辭例完整，且"卯"字殘筆亦可互足。綴合後，卜辭可隸釋如下：

貞：郭弗其專入絴。三
癸卯卜，爭貞：丁弗求三月在丹。三
甲辰卜，［貞］翌乙［巳］㱃（殺）☒來豕☒丁在☒。一
貞☒日☒于亞☒。三
貞☒隹☒在☒。三

第三十五則補綴

一 綴合號碼

A：《合集》8597（歷拓758、續存上337）
B：《合集》8014（歷拓5821）
C：《合集》8600（前4.50.5）

D：《合集》3750（前 5.12.1）

二　綴合圖版

A

B

C

D

三　綴合說明

C、D 兩片殘甲，從形態看，均為右前甲殘片，二者部位相合，可以實綴。綴合後"［辛］丑卜，爭［貞］：郭專［入］絴"一辭與 A 片之辭對貞，且兩辭的兆序辭均為"三"，故 C、D 又可與 A、B① 遙綴。A、B、C、D 當爲一版之折②。C、D 綴合後，卜辭可隸釋如下：

［辛］丑卜，爭［貞］：郭專［入］絴。三
☒［雀］③ ☒于☒酉☒日☒。

---

①　A、B 筆者所綴，見先秦史研究室網站：http://www.xianqin.org/blog/archives/2148.html，2010 年 11 月 26 日。
②　綴合完成後從黃天樹處得知，幾乎同時李延彥師妹也有同樣綴合發給黃師。
③　黃天樹查閱前 5.12.1（較清晰），認為應是"雀"字之殘。

殷墟王卜辭龜腹甲文例研究

第三十六則

一 綴合號碼
A：《合集》23（歷拓3084、續存下321）
B：《合集》3401（歷拓9986）

二 綴合圖版及同文卜辭

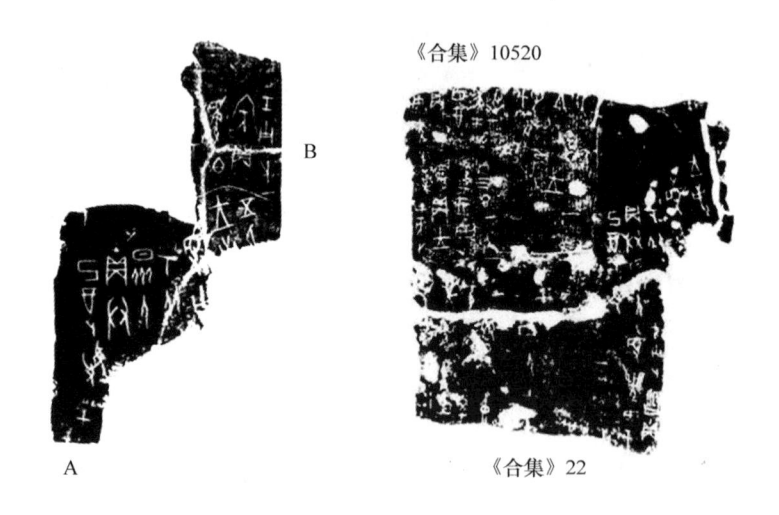

《合集》10520

B

A

《合集》22

三 綴合說明

　　A、B兩片殘甲，字體相同，均爲賓組三類。從形態看，A爲右後甲殘片，B爲右甲橋殘片，二者部位相合，可以實綴。綴合後倒"丫"字形盾紋①左支可貫通，細辨拓本"受"字殘筆似可互足。卜辭刻寫行款和辭例可參看同文卜辭《合集》22+《合集》10520。綴合後，卜辭可隸釋如下：

―――――――
① 術語參黃天樹《甲骨形態學》，《甲骨拼合集·附錄》，學苑出版社2010年版，第519頁。

己酉卜，爭貞：𠬪眾人乎（呼）从受屮（堪）[①] 王事。五月。
壬子卜，賓貞：𠂤伯☒。
甲☒。

第三十七則

一　綴合號碼

A：《合集》18792（龜 2.15.8 + 2.15.9）

B：《合補》2294（合 7962 + 合 17947、白簡 17、東大 68）

C：《合集》18795（簠雜 115、簠拓 515、續 6.7.7）

D：《合集》13377（歷拓 6935）

二　綴合圖版

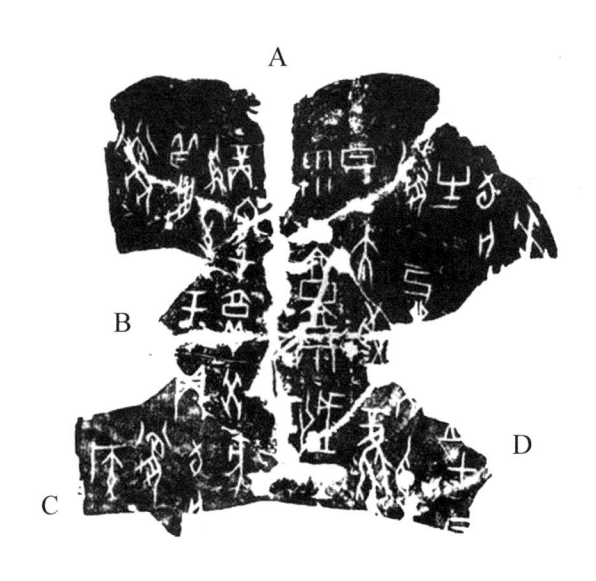

---

① 從陳劍先生釋。參看陳劍《釋"屮"》，載《出土文獻與古文字研究》第三輯，復旦大學出版社 2010 年版，第 1—89 頁。

三　綴合說明

A、B、C、D四片殘甲，字體相同，均為典賓類。從形態看，A為首甲殘片，B為中甲，C為左前甲殘片，D為右前甲殘片，四者部位相合，可以實綴。綴合後第一道盾紋（喉肱溝）可貫通；"驟"、"六月"、"至"、"⍰"、"貞"等字的殘筆亦可互足。從綴合的情況看，A版《合集》18792（龜2.15.8+2.15.9）原綴合圖版需稍作調整，左右首甲的位置應該稍微分開一些，使中縫適當變寬，這樣也可以與中甲上的盾紋相呼應。綴合後，卜辭可隸釋如下：

癸☐旬亡［憂］。☐出七日⍰己卯［大］采日大驟①風，雨⍰。五［月］。

☐⍰龜②☐再，至于商，六月，在敦。

癸亥☐貞：旬亡［憂］。☐⍰☐侯☐。

第三十八則

一　綴合號碼

A：《合集》5080（歷拓5724、北大2318）

B：《合集》17331（歷拓5605、北大1159）

C：《合集》9572（歷拓1151、續存下166）

D：《合集》16399（歷拓5600、北大2033）

E：《合集》17464（歷拓10246、佚344、甲零139、北大1號9）

---

① 此字從于省吾先生釋，見《甲骨文字釋林》，中華書局1979年版，第11頁。
② 此字釋讀可參李學勤先生《夏商周年代學札記》，遼寧大學出版社1999年版，第72頁。

附錄二：龜腹甲新綴五十七則

二　綴合圖版

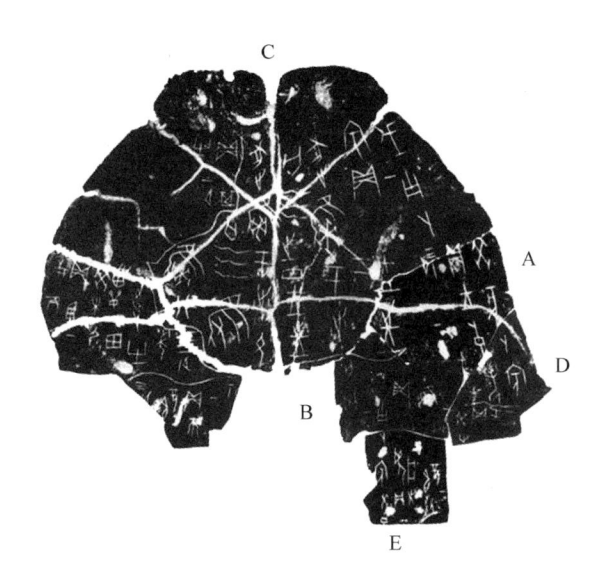

三　綴合說明

A、B、C 為林宏明先生所綴①，今加綴 D、E 片。A、B、C、D、E 五片殘甲，字體相同，均為賓組三類。加綴後斷痕密合，辭例暢通，且第二道盾紋（肱胸溝）可以貫通，兆序辭"一"的殘筆亦可補足。綴合後，卜辭可隸釋如下：

癸亥卜，賓貞：王㞢，若。十三月。一
丙子卜，賓貞：㞢隹孽。一
貞：不［隹］孽。十三月。
庚辰［卜］，囗貞：翌癸未㞢西單田，受有年。十三月。一
癸未☒貞：☒于☒。一
☒亡勾。

---

①　見先秦史教研室網站：http：//www.xianqin.org/blog/？s＝17331，2010 年 6 月 15 日。

☐十三月。一

戊子卜，賓貞：王往逐☐于沚亡災。之日王往逐☐于沚，允亡災，獲☐八。一

貞：其有。一月。一

癸巳☐貞：☐往☐剎☐。一

第三十九則

一　綴合號碼

A：《合集》22791（關西2）

B：《合集》25059（安明1298）

二　綴合圖版

三　綴合說明

A、B兩片殘甲，字體相同，均為出組二類。從形態看，A、B均為右尾甲殘片，二者部位相合，可以實綴。綴合後"宰"字殘筆可以補足，卜辭可隸釋如下：

［己卯卜］，旅［貞］：［翌庚］辰其又于大庚三宰。

［己卯］卜，旅［貞］：翌庚［辰］其又于☒一宰。

第四十則

一　綴合號碼

A：《合補》7005（日天338）

B：《合集》23153（續2.2.1、簠拓260）

二　綴合圖版

三　綴合說明

A、B兩片殘甲，字體相同，均為出組二類。從形態看，A、B均為右前甲殘片，二者部位相合，可以實綴。綴合後"酉"、"大"、"祖乙"等字的殘筆可以互足，卜辭可隸釋如下：

庚申［卜］，□貞毓☒歲惠甗酒。

辛酉卜，大貞：毓祖乙歲延。

□□卜，大［貞］：翌辛☒。

第四十一則

一　綴合號碼

A：《合集》24325（歷拓11797、真6）

B：《合補》7570（歷拓11806）

二　綴合圖版

三　綴合說明

A、B兩片殘甲，字體相同，均為出組二類。從形態看，A、B均為右尾甲殘片，二者部位相合，可以實綴。拼合後"月"字殘筆可以補足，盾紋亦可貫通。綴合後，卜辭可隸釋如下：

□□卜，肩［貞］：☒窟☒叙☒尤，四月，在師裝（勞）[①]。

[①] 此字從李學勤先生釋，見李學勤《從兩條〈花東〉卜辭看殷禮》，《吉林師範大學學報》2004年第3期。

第四十二則

一 綴合號碼

A:《合集》23164（上博新拓 36）
B:《合補》8589（懷 1057）

二 綴合圖版

三 綴合說明

A、B 兩片殘甲，字體相同，均為出組二類。從形態看，A 為右首甲，B 為右前甲殘片，二者部位相合，可以實綴。拼合後"呇"、"毓"二字殘筆可以補足。綴合後，卜辭可隸釋如下：

甲午卜，囗貞：翌乙〔未〕呇于毓祖乙卒亡〔祟（害）〕。

第四十三則

一　綴合號碼

A：《合集》22734（上博新拓 129）
B：《合補》7117（上博 54803 <4>）

二　綴合圖版

三　綴合說明

A、B 兩片殘甲，字體相同，均為出組二類。從形態看，A、B 均為右前甲殘片，二者部位相合，可以實綴。拼合後"卜"字殘筆可以補足。綴合後，卜辭可隸釋如下：

甲申卜，旅貞：翌乙酉酚于大乙亡☒在☒。
癸巳［卜］，旅貞☒。

第四十四則

一　綴合號碼
A：《合集》23147（庫1320、美324）
B：《合補》7860（懷1035）

二　綴合圖版

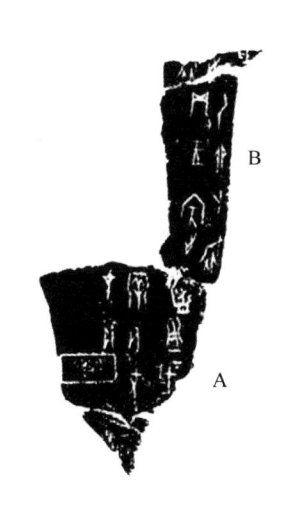

三　綴合說明
A、B兩片殘甲，字體相同，均為出組二類。從形態看，A為右尾甲殘片，B為右後甲殘片，二者部位相合，可以實綴。合23147為卡內基博物館所藏甲骨，周忠兵先生博士論文《卡內基博物館所藏甲骨的整理與研究》有摹本，列為174號，可以參看。綴合後"毓"字殘筆可以補足，卜辭可隸釋如下：

乙卯卜，旅貞：王宾毓祖乙歲牢，亡尤。在十月。
□□[卜]，旅[貞]：☒宾☒歲☒。

第四十五則

一　綴合號碼
A：《合集》22785（善1032）
B：《合補》7738（懷1062）

二　綴合圖版

三　綴合說明
A、B兩片殘甲，字體相同，均為出組二類。從形態看，A、B均為右前甲殘片，二者部位相合，可以實綴。綴合後，斷痕密合，辭例暢通，且"貞"、"二"二字殘筆亦可補足，卜辭可隸釋如下：

癸未卜，王貞：翌甲申酯于大甲，亡憂。在二月。
〔甲戌〕卜，王〔貞〕：〔翌〕乙亥☑。

第四十六則

一　綴合號碼
A：《合集》25819（契 323）
B：《合補》7543（歷藏 2045）

二　綴合圖版

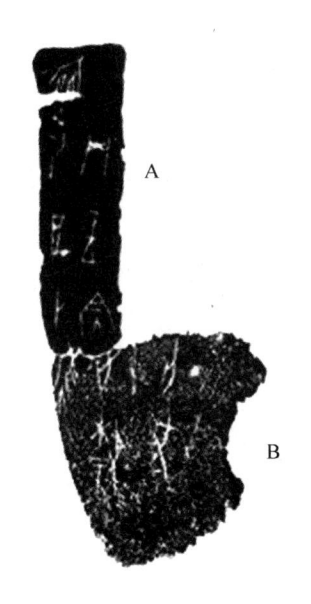

三　綴合說明
A、B 兩片殘甲，字體相同，均為出組二類。綴合後，斷痕密合，辭例暢通，且"旅"、"寇"二字殘筆亦可補足，卜辭可隸釋如下：

乙酉卜，旅貞：王寇叔，亡尤。
□□［卜］：旅［貞］☒。

殷墟王卜辭龜腹甲文例研究

第四十七則

一　綴合號碼
A:《合集》25967（《珠》12）
B:《合集》23494（《續存上》1542、《善》775）

二　綴合圖版

三　綴合說明
　　A、B兩片殘甲，字體風格相同，均為出組二類。從殘甲拓片形態看，A、B均為右前甲殘片，二者部位相合，可以實綴。拼合後，斷痕吻合，且可以看出A、B兩片殘甲是沿"兆邊"斷裂的。綴合後，卜辭可隸釋如下：

　　壬申卜，旅貞：翌癸酉［气］酒。在□［月］。一
　　乙亥卜，旅貞：妣［庚］歲牛☒。三

乙酉［卜］，旅［貞］：其饗☒。在八月。一

☒兄庚☒今☒。一

☐☐［卜］，旅［貞］：☒。

第四十八則

一　綴合號碼

A：《合》22664（《善》2104）

B：《合補》8615（《歷藏》11045）

二　綴合圖版

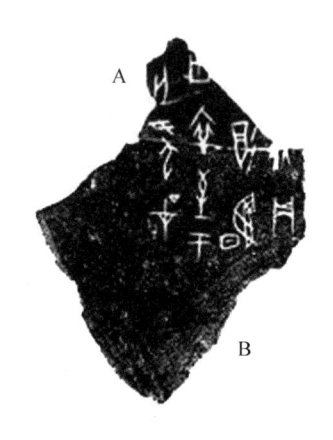

三　綴合說明

A、B兩片殘甲，字體風格相同，均為出組二類。從殘甲拓片形態看，A、B均為左尾甲殘片，二者部位相合，可以實綴。拼合後，斷痕吻合，且"酒"、"卒"、"害"三字殘筆亦可互足。綴合後，卜辭可隸釋如下：

☐☐［卜］，旅貞：［翌］☐☐［气］酒䘏［自］上甲卒至于［多毓］亡尤（害）。在☐［月］。

405

殷墟王卜辭龜腹甲文例研究

第四十九則

一　綴合號碼

A：《合集》23640（《海巴》17）
B：《美藏》185

二　綴合圖版

三　綴合說明

　　A、B兩片殘甲，字體風格相同，均為出組二類。從殘甲拓片形態看，A、B均為右前甲殘片，二者部位相合，可以實綴。拼合後，斷痕吻合，盾紋貫通，辭例完整，且"子"、"丑"二字殘筆亦可互足。但因A片屬"輾轉所得外來縮影膠捲，且無比例尺，難以按實物原大翻印"[①] 之列，故我們所做的綴合圖版可能不甚完美。綴合後，卜辭可隸釋如下：

---

①　見《甲骨文合集·編輯凡例》，中華書局1982年版，第1頁。

丁酉卜，旅貞：其㞢西子。六月。
庚子卜，旅貞：翌辛丑其又于祖辛。
□□卜，旅☑。

綴合發出後，承蒙王子揚師兄告知《合集》23640 不全，並提供《海外所見甲骨錄》中收錄的圖版，現附于此。深表感謝！

第五十則

一　綴合號碼
A：《合集》22802（《佚》334、《歷拓》585）
B：《掇二》205（合補 3153）

殷墟王卜辭龜腹甲文例研究

二　綴合圖版

B

A

三　綴合說明

A、B兩片殘甲，字體風格相同，均為出組二類。從殘甲拓片形態看，A、B均為左前甲殘片，二者部位相合，可以實綴。拼合後，斷痕吻合，辭例暢通，且"己"、"彡"、"害"三字的殘筆亦可補足。綴合後，卜辭可隸釋如下：

[丙]寅卜，旅[貞]：翌丁卯☑。
己卯卜，囗貞：翌庚辰彡于大庚，　[卒亡]蚩（害）。在囗[月]。

第五十一則

一　綴合號碼

A：《合集》428（《歷拓》6270、《契》290、《北大》339）
B：《合集》17172（《京》1698、《善》18593）

二　綴合圖版

三　綴合說明

A、B兩片殘甲，字體風格相同，均為賓組三類。拼合後，斷痕吻合，界劃綫亦可貫通，且"屮"、"上甲"等字的殘筆亦可互足。故A、B當爲一版之折，可以實綴。綴合後，卜辭可隸釋如下：

甲辰卜，貞：惠翌乙巳告上甲。
☐卯〔卜〕，☑葬☑于屮師。
貞：屮羌于丁。十三月。二
貞：令𠂤師般。十三月。二
☑牢。
貞：☑受☑。二
☑十〔二〕月。二

殷墟王卜辭龜腹甲文例研究

第五十二則

一　綴合號碼
A：《合集》15253（《簠典》29、《簠拓》358）
B：《合集》19290（《歷拓》12117）

二　綴合圖版

三　綴合說明

　　A、B兩片殘甲，字體風格相同，均為典賓類。從殘甲拓片形態看，A、B均為右前甲殘片，二者部位相合。且拼合後，斷痕吻合，辭例暢通，"辰"、"令"二字的殘筆亦可互足。故A、B當為一版之折，可以實綴。綴合後，卜辭可隸釋如下：

　　甲辰卜，爭貞：令□①往于☐（？）。七［月］。
　　☐翌☐［令］受☐告于☐一牛。

----

① 此字下部殘缺，又見於《合集》23684中"令"下面的那個字。

第五十三則

一 綴合號碼

A：《上博》2426.1343（P212）

B：《合補》85（《文捃》817、《合集》1272＜不全＞、《前》1.47.1、《歷拓》6508、《通》256）

二 綴合圖版

三 綴合說明

A、B兩片殘甲，字體風格相同，均為典賓類。從殘甲拓片形態看，A、B均為右前甲殘片，二者部位相合。且拼合後，斷痕吻合，"永"字的殘筆亦可互足。故A、B當爲一版之折，可以實綴。綴合後，卜辭可隸釋如下：

　　□寅卜，永貞☒。
　　甲寅卜，㱿貞：㞢于唐一牛，其㞢曰☒。

第五十四則

一 綴合號碼

A:《上博》17645.622（P322）
B:《合集》2698（《六中》62）

二 綴合圖版

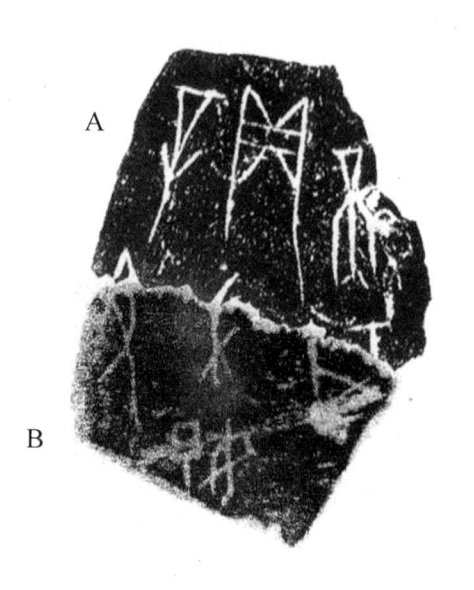

三 綴合說明

A、B兩片殘甲，字體風格相同，均爲典賓類。從殘甲拓片形態看，A爲左首甲殘片，B爲左前甲殘片，二者部位相合。且拼合後，斷痕吻合，"丑"、"婦"、"其"三字的殘筆亦可互足。故A、B當爲一版之折，可以實綴。綴合後，卜辭可隸釋如下：

辛丑［卜］，□貞：婦好☒不其☒。

第五十五則

一　綴合號碼

A：《合集》43（《歷拓》6375、《前》7.3.1＜不全＞、《通》504＜不全＞）

B：《合補》3166（《歷拓》368）

C：《合集》16116（《旅博》1268）

二　綴合圖版

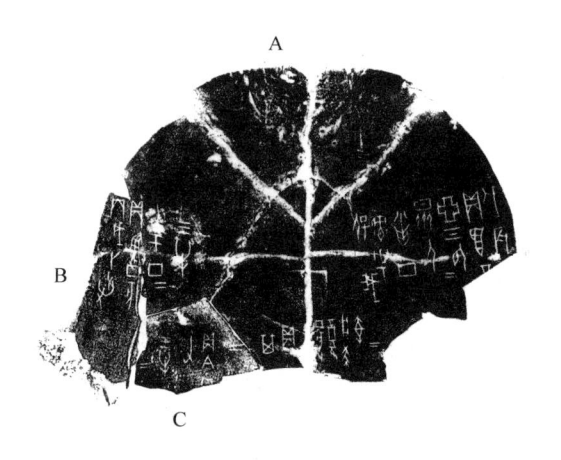

三　綴合說明

A、B兩片係筆者所綴①，今加綴C片。C片與A、B兩片字體相同，兆序辭都是"二"，且拼合後斷邊吻合，故此三片當爲一版之折，可以實綴。綴合後卜辭可隸釋如下：

---

① 何會：《龜腹甲新綴第二六則》，見先秦史研究室網站：http://www.xianqin.org/blog/archives/2047.html，2010年9月5日。

戊辰［卜］，□貞：翼（翌）辛［未］亞气以眾人❏□彔乎（呼）保我。二

丙戌卜，爭貞：翼（翌）丁亥⺁于丁三牛。二

貞：今日［丁亥］⺁［于丁］三牛。二

丁亥卜，貞：復牀求，夲。二

貞☒其☒。二

第五十六則

一 綴合號碼

A：《合集》8401（《珠》575、《書博》34）
B：《合集》18937（《珠》462）

二 綴合圖版

三 綴合說明

A、B兩片殘甲，字體風格相同，均為賓組三類。從殘甲部位來說，A片為右前甲，B片為右後甲殘片，二者部位相合，可以拼

合。拼合後，斷痕吻合，"己"、"貞"二字的殘筆也可以相互補足，且整版卜辭的兆序辭都是"一"，故 A、B 兩片腹甲當爲一版之折，可以實綴。綴合後卜辭可隸釋如下：

己亥卜，爭貞：及龍方。一

丁未卜，爭貞：勿龃用。一

乙卯卜，貞：㞢出㞢。一

貞：乎（呼）戈人徨黽。

第五十七則

一　綴合號碼

A：《丙》217（《合集》1901 正）

B：《乙》5484

C：《乙》6660

二　綴合圖版

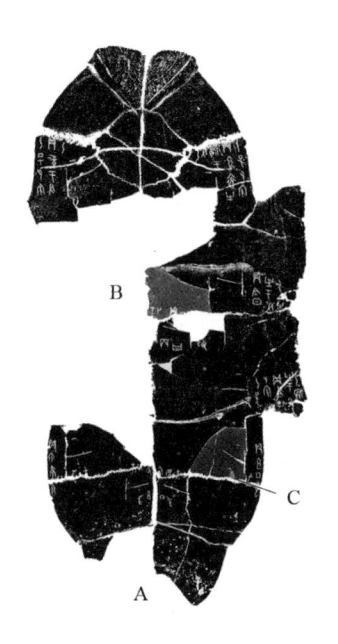

三 綴合説明

A、B兩片為鄭慧生先生所綴①，今筆者加綴C片。C片與A片拼合後，序數與卜辭相合，且斷邊也可以密合，又因它們同是出自YH127坑之物，故此三片當爲一版之折，可以實綴。綴合後卜辭可隸釋如下：

乙巳卜，賓貞：勿卒屮祼于父乙。一

乙巳卜，賓貞：祼于父乙。二

乙巳卜，賓貞：今日屮于父乙宰。一

貞：今日屮于父一牛。

貞：祖丁𢌭（害）王。一二告

貞：不隹祖丁𢌭（害）王。一

祖丁弗𢌭（害）王。

隹祖丁𢌭（害）王。

壬□卜，內貞：甘□得□。

---

① 參蔡哲茂：《甲骨綴合彙編》239，花木蘭文化出版社2011年版。

後　　記

　　時光荏苒，小文即將付梓，思緒萬端。

　　時至今日，與黃天樹師相識，與甲骨結緣，已十餘載。

　　2006 年碩士複試時，黃師說："學習古文字是門苦差事，要做好吃苦的準備，冷板凳是要能坐得住的，你要想好了"。

　　2009 年博士複試時，黃師說："學習古文字很苦，你也知道，你一定要想好了，要讀博士，我看將來恐怕要一直做下去"。

　　誠如黃師所言，這的確是一門苦差事，但多年的朝夕相處，卻令我今生再也無法割捨，這與黃師一直以來的言傳身教及對我的鼓勵和諄諄教導是分不開的。

　　仍記得剛開始從事甲骨學研究時，由於生性愚鈍，下了不少功夫，卻沒有什麼進展。黃師每次見到我都會不厭其煩地給我講具體的研究方法，打電話時也盡是鼓勵的話語。我深深地體會到黃師內心的焦急與期待，很是感動，無以回報，唯有努力，再努力！

　　本書是以我的博士學位論文《殷墟王卜辭龜腹甲文例研究》為基礎，修改增訂而成。在論文的選題和具體撰寫上，黃天樹師花費了很大的心血。特別是論文的指導和修改方面，大到謀篇佈局，小到標點符號，黃師都一一批註。黃師嚴謹的治學態度、淵博的知識以及高尚的人格魅力都深刻地影響了我，並將使我受益終身。在此謹向黃天樹師表示最衷心的感謝！

　　感謝論文答辯委員宋鎮豪先生、趙平安先生、劉源先生、魏德勝先生、陳英傑先生、張富海先生在百忙之中擠出時間，悉心審閱文稿，並提出許多寶貴的修改意見。先生們的精心點撥、評議，使我的論文得到了進一步提升與完善。先生們，辛苦了！

感謝山東師範大學文學院諸位領導的關懷和厚愛，使得拙著能有幸榮獲山東師範大學中國語言文學山東省一流學科建設經費資助，也非常感謝古籍所韓品玉先生、張金霞先生等諸位同仁的關愛和幫助！

感謝中國社會科學出版社郭鵬先生為本書的編輯和出版費心費力，感謝排版人員、封面設計人員為本書付出的辛勞！

再次感謝上面提到的諸位先生的指導和幫助。限於學力，本書難免存疏漏和不足之處，懇請各位專家、師友批評指正！

最後，我還要感謝家人對我的支持與理解，尤其是公公婆婆的全力支持和辛苦付出。如果沒有二老幫我照看孩子，料理生活，我論文寫作的完成是難以想象的！

除了感謝，最讓我愧疚的是作為一位母親，一直在為做科研和寫論文而忙碌，根本無暇顧及女兒。寶貝剛出生不到五十天，就隨我一起回到了北京。最初因為寶貝實在太小，白天晚上都要吃奶，我的論文寫作大部分是在夜深人靜的時候偷偷進行的。論文定稿寶貝滿 21 個月，正在咿呀學語，每次寶貝從夢魘中驚醒，哭著喃喃地說："媽媽不走"時，我的淚水便會奪眶而出。

寶貝對不起，媽媽愛你！僅以此文獻給我最親愛的寶貝！

何會

2020 年 8 月 26 日於濟南